何以大明

历史的局内人与旁观者

章宪法 著

团结出版社
北京

图书在版编目（C I P）数据

何以大明 ：历史的局内人与旁观者 / 章宪法著.
北京 ：团结出版社, 2025. 9. -- ISBN 978-7-5234
-1612-9

Ⅰ. K248.09

中国国家版本馆 CIP 数据核字第 2025TQ5109 号

责任编辑：宋　扬
封面设计：谭　浩

出　　版：团结出版社
（北京市东城区东皇城根南街 84 号　邮编：100006）
电　　话：（010）65228880　65244790（出版社）
（010）65238766　85113874　65133603（发行部）
（010）65133603（邮购）
网　　址：http://www.tjpress.com
电子邮箱：zb65244790@vip.163.com
经　　销：全国新华书店
印　　装：三河市东方印刷有限公司

开　　本：170mm×240mm　16 开
印　　张：25.25　　字　　数：438 千字
版　　次：2025 年 9 月 第 1 版　　印　　次：2025 年 9 月 第 1 次印刷

书　　号：978-7-5234-1612-9
定　　价：89.00 元

目录

序章

历史是悬在头顶的星座

改变世界还是被世界改变，偶然际遇还是必然发生？1368年正月，朱元璋即位南京，大明王朝横空出世。这个自秦王朝大一统之后，最后一个由汉民族统治的封建王朝，他们载之竹帛汗青，令人惊叹不已又嗟叹唏嘘。

大明王朝的建立是一个奇迹，开国皇帝朱元璋本是一介布衣，早年荒庙为僧，乡野行乞，在群雄逐鹿的元朝末年最终胜出，成为中国历史上出身最低的帝王。朱元璋以极低的起点冲上权力的顶点，他究竟拥有怎样的智慧？

明朝的国号，同样是一个谜。明朝之前，所有汉民族王朝使用的国号，秦、汉、隋、唐、宋等，都是周王朝之地名。朱元璋终结了这一传统，定国号为“大明”。有人认为，“明”字源于摩尼教中的“明王”；有人认为，“明”字源于“五行说”，或《汉书·礼乐志》中的“朱明盛长，旉与万物”。但是，明朝官方文献中找不出明确的答案。

正式称帝前的朱元璋，被推为“吴王”。吴是地名，也是他称，朱元璋开创的王朝，理应以“吴”为国号，而不是抽象的“大明”。清初著名学者王士祯说：朱元璋本想将国号定为“大中”，甚至已铸钱币“大中通宝”，但还是拿不定主意，便祈于上天，上天认为应该叫“大明”。

天命是一个传统的理念，上天的权威至高无上。朱元璋一直高举重振中华的大旗，国号选择的细节，又表现出明朝并不是一个复古的王朝，而是想在传统的基础上重建一个理想社会。大明王朝一度国力强盛，经济繁荣，文化昌明，涌现了“洪武之治”“永乐盛世”“仁宣之治”“成化新风”“弘治中兴”“嘉靖中兴”“隆庆新政”“万历中兴”，这在中国历史上非常罕见，也为当时的世界所独有。后继者清朝，称之为“治隆唐宋”“远迈汉唐”。

大明王朝共传十六帝，国祚二百七十六年，横跨了十四世纪到十七世纪这四个世纪。从十五世纪开始，世界历史发生了根本性的变革，全球各民族、各地区不再处于各自独立的分割状态，文明的冲突与融合势同潮流，华夏独尊面临着空前的挑战。面对世界的风云变幻，大明王朝眼光锐利，振作有为，但最终又腐朽垂死，草枯雪崩，真实的历史更加惊心动魄。

历史之父司马迁曰：“究天人之际，通古今之变。”明王朝历史的典型意义，不仅是“古今”纵向坐标上的民族自豪感，而是回望历史所能汲取的镜鉴价值。明代的史料十分丰富，但总结前朝又谈何容易。《明史》自顺治二年（1645 年）开馆修纂，到乾隆四年（1739 年）正式纂成，前后历时九十四年。官修之外，各类撰述汗牛充栋。磨出一面历史之镜，不在于其难与艰辛，而在于其价值。披沙拣金，本书选取了十八个明代人物：帝王将相、江南富商、风流才子、科举状元、旅游达人、无用文人、书生英雄、忠烈奸佞等，他们是历史的书写者，也是历史的旁观者，犹如十八个瞬间，以此勾勒成独特的明王朝轮廓。

一切历史都是当代史。中国航海日（7 月 11 日），中国旅游日（5 月 19 日），凡此种种，明朝的烙印在当下生活熠熠生辉。以史实为依据，取材明史、明实录、起居注以及相关文人著述、稀有文人札记等，在正史与传说之间寻找更为隐秘的落脚点，在体察个体人物命运的同时，将之置于更为真实的历史场域中，依据史实而不偏听，尊重历史而不盲从，以期透过光怪陆离的表象，还原历史真相，揭示事件本质，寓史论之骨于故事之中，形成生动性、知识性、趣味性兼备的非虚构历史长篇，深入浅出地展现大明王朝，执古绳今，裨益读者。

历史是悬在头顶的星座，为今天定位，为未来导航。“看清世界，参透生活，认识自己”，历史从来就不是尘封的故纸。

第一章

胡惟庸：
历史的车轮与车祸

1368年，“远迈汉唐”的明王朝驶入历史轨道。十年后，明王朝首都的一场车祸，胡惟庸与丞相宝座一齐消失，“试车期”的大明王朝将如何上路？

权力打斗

元朝的江山是打下来的，明朝的江山也不例外。大凡开国君臣，都具有打斗的天赋。但有所不同的是，打江山时代是明刀暗枪，坐江山时代需明拳暗脚。明太祖朱元璋从建立政权到巩固政权，君臣之间单为权力模式即打斗了十年。作为太祖手下的最后一位丞相，同时也是中国历史上的最后一位丞相，胡惟庸将为太祖探索权力专制祭刀。

胡惟庸（？—1380年），定远人。胡惟庸是一个“资深”造反者，龙凤元年（1355年），朱元璋攻克和州，胡惟庸投其帐下。与元末无数起事的草莽英雄不同，胡惟庸有一定的文化，有较强的管理能力，但这些在“打江山”时代并不重要。

因为缺少横刀跃马的硬功夫，胡惟庸一直都是默默无闻的地方小官。朱元璋的事业实现了“打江山”到“坐江山”的转变，人才需求从此转型，胡惟庸政治前途出现转机。更为幸运的是，明朝的“第一文臣”是李善长，胡惟庸与这位算是“老乡”。在李善长的推荐下，开国前夕胡惟庸从地方调到中央，担任了太常寺卿。

太常寺主要是负责朝廷的礼仪活动，文臣、武将的实权它都没有。但是，胡太常赶上了好时候——王朝刚刚建立，从登基仪式到封赏、纪念，各种礼仪活动都是高峰期，这一来二去，胡惟庸与皇帝朱元璋混得很熟，与顶头上司李善长则非比寻常。

胡惟庸的名字似乎有点寒碜，其实他既不“平庸”，也不“中庸”。是不是“胡作非为”，一时还轮不上他。至于他迅速上位，全靠同人们争斗的德行，这时他不过是离螳螂很远的一只小鸟。

参与改朝换代的，一般都不是凡人，并且一般都不太守本分。朱元璋开国后，较之于姜子牙的“封神”又少了些公平，本来就不守本分的人自然更不安分了。洪武初年的政坛上，有两大政治势力：一是淮西集团，二是浙东集团。淮西集团的首领李善长，封的是韩国公，担任的是左丞相，年薪四千石；浙东集团的首领是刘基，封的是诚意伯，担任的是御史中丞，年薪只有二百四十石。这差别，一到发工资的时候，心中全都是恨啊！

朱元璋为什么会作出这样的安排？照顾“老乡”，可能更接近事实真相。说太祖如何谋略高超，可能有点人为拔高。毕竟，太祖原本布衣出身。政治文明，不存在无师自通。

不过，朱元璋的谋略是绝对不可低估的，否则他也不可能在群雄中笑到最后。在朱元璋的权力设计中，让不属于淮西集团的刘基担任御史中丞，为的就是对淮西集团与李善长的相权形成有效牵制。两大权力集团之间的矛盾与冲突，也因此不可避免。

洪武元年（1368年），明军攻打开封，朱元璋决定亲自前往开封督战。这是一场没有任何悬念的战争，朱元璋可以借此进一步彰显自己的英明伟大，同时实地考察一下建都开封的可能。临行前，朱元璋命李善长、刘基辅助太子留守南京。正是在这期间，刘基与李善长间的矛盾开始爆发。

刘基饱学而智慧，认为宋、元以宽政失天下，应吸取教训，严肃纪纲。朱元璋离朝后，刘基令御史们加大监察力度，然后禀报太子处理。“纠劾无所避，人惮其严”，刘基的人气大为上升。更让刘基高兴的是，他逮到了一个出气的机会，当然是针对李丞相的。

中书省都事李彬是李善长的亲信，奉李善长之意干了许多见不得人的事情，自己也贪赃枉法捞取好处，这次被刘基逮个正着。李彬依律当斩，李善长坐不住了。李善长平时瞧刘基不用正眼，这回有事要求人，不得不弯腰，装出欢乐状。李善长亲自找刘基说情，刘基心里很明白，嘴里则不断地打哈哈。刘基一面将李彬逮捕下狱，一面急报给在开封的朱元璋。案子事实清楚，证据确凿，朱元璋立马批示：杀！

皇上的批示执行起来，程序上必须经过丞相这里。李善长拿着李彬案的批复，又气又急。皇上的批示就是圣旨，只有遵照执行一条路，自己实在没什么好主意。解铃还须系铃人，刘基是个办案高手，绝对也是个抹案高手，李善长只好硬着头皮再求刘基一次。

李善长这次是有备而来，直奔主题，就小儿科了。见面之后，李善长只与刘基聊天气。上识天文，下识地理，刘基应该对自己的专业感兴趣。

李善长说：京城很久没下雨了，这个时候杀人不好吧？

按照当时的科学原理，人命关天，随便杀人，老天会有报应。怎么报应呢？归结到气象领域，逻辑上有两个：下雨，或不下雨。当然，不杀人的结果，也会是这两个。

这个时候的刘基，应该将自己的专业知识温习一遍，算算最近天气的变化。毕竟当时全世界的科学都不发达，人命与气象的必然联系，所有人都信的。

但是，刘基摆出了气象泰斗的架子。刘基答：杀李彬，天必雨！

李彬死了，雨就是没有。传说中的气象权威，刘基面子全无。

未做风险评估，刘基很麻烦，朱元璋也很麻烦。古代的天灾被看作是上天的警示，君王应该反省自己。这个时候的刘基，偏偏又犯职业病了，他给朱元璋提了三点建议：解散安置阵亡士卒妻的寡妇营，任其改嫁或还乡；官府安葬死亡工匠；原张士诚手下将吏免于充军。

药到病除，药到病未除，那药一定有问题。刘基开出的药方，朱元璋一一照办了，但雨还是没下。李善长趁机找茬，朱元璋迁怒于刘基，但只处理了他手下的一些御史，以示惩戒。刘基日子不好过，决定辞职回家。临行前，朱元璋为刘基点了个赞：你是个厚道人，满朝文武都拉帮结派，只有你不，我一定不会让厚道人吃亏的。点完赞，朱元璋还送刘基一首诗：

妙策良才建朕都，亡吴兴汉显英谟。不居凤阁调金鼎，却入云山炼金炉。事业堪同商四老，功劳卑贱管夷吾。先生此去归何处？朝入青山暮入湖。

尽管写诗不是朱元璋的强项，但御诗的内容很重要：对刘基的全面肯定，遣词比悼词都大方啊！

刘基就这么体面地退休了。其实，说刘基是精明人，肯定没错；说他是厚道人，那就不全面了。刘基要是真厚道，又有文化，当年大约会找个财主，教书育人混口饭吃，怎么会出来造反呢？刘基精明透顶，又有文人的懦弱，当有风险无收益时，他才选择退出。并且，退出前他给了朱元璋极不厚道的一招：推荐杨宪接替自己，做了御史中丞。

杨宪，刘基的同党。杨宪长期担任检校，俗称就是“特务”。这种人通常智商很高，手段诡异，朱元璋自己都把他们比作“恶狗”，不过很喜欢。杨宪与刘基相同又不同，共同点是老谋深算，不同点是敢打敢拼。刘基看中的，主要是后一点。

上台后的杨宪，果不负刘基的期望，迅速打开了格斗局面。最大的亮点有两处：一是朱元璋再也不相信老乡李善长了，二是朱元璋又请回刘基了。

这回，轮到李善长难过了。李善长的能力水平不同凡响，但这个刘基也有。李善长混得比刘基好，主要是朱元璋对他更信任。现在领导不想让他干了，厚着脸皮去求，没效果，没意思。

刘基会的，李善长当然也会：自己退休前，必须安排好接班人，这个人自然是自己同党，能耐上必须有干啥都不眨眼睛的真功夫。

李善长推荐的接班人，便是胡惟庸。

打开局面

失去对李善长的信任，朱元璋开始筹划丞相的人选。论资排辈，等着上位的有那么一排，胡惟庸怎么就顺利接班了呢？这与刘基过于精明有很大关系。

朱元璋曾找刘基征求意见。关于刘基的智商，朱元璋是绝对相信的。但刘基太过自信，弄巧成拙，让对手梦想成真了。

朱元璋问：李善长该退休了，谁做丞相合适呢？

这道题，貌似平白直露，其实很深奥：简单的一句话，既要问出那个“他”，还要问出这个“你”，让你们一齐“裸身出镜”，思想深处见灵魂。所以，武侠小说中笛子吹死人的事，一定要相信是真的。

刘基不上当，回答很得体：这么大的事，当然陛下说了算。

这个回答很好，关键不在于答案，而是回避了皇上的大忌，还趁机给对方挠了把痒痒。朱元璋对权力最敏感，刘基的回答让他很满意。他接着问：杨宪怎么样？

刘基脸上很镇定，心脏明显怦怦怦地加速了。这不甚合我意吗？但问题来了：杨宪是自己的人，朱元璋不可能糊涂吧？说杨宪行，犯忌；说杨宪不行，自己人打自己人的事也不适合干啊！于是，刘基给了个没有答案的答案：杨宪有丞相的才能，没有丞相的器量。

朱元璋肯定明白对方，又换了一题：汪广洋行吗？

这一题，仍然没有超出刘基的认知范围。汪广洋不属于浙东集团，也不属于淮西集团，但与浙东集团关系比较近。朱元璋的题目看似改了，考的还是同一个问题啊！

汪广洋毕竟不是自己人，刘基直接给出了否定的答案：汪广洋浅薄，胜任不了！

这回朱元璋真换题目了：胡惟庸如何？

刘基不可能说行，说不行又太直白，于是打了个比喻：“区区小犊，一经重用，偾辕破犁，祸且不浅！”——一头小牛犊，眼下当然耕不了地。问题更在于，就算它长大了，还是不能耕地，并且还将专门破坏劳动工具！这个否定，也太彻底了。

朱元璋根本就不是凡人，也不是你讲个故事就能将他打发掉的。他抽出更狠的一道题：这丞相之位，看来非你莫属了？

刘基说，我知道自己可以当丞相。但是，刘基又说了一个“但是”：但是我这个人疾恶如仇，陛下您别急，有得是时间，您慢慢挑吧！

刘基自认为很得体，其实是说了一辈子最昏庸的一句话。疾恶如仇，对坏人当然要这样，这正是可以胜任的理由，怎么反成了相反的理由呢？恶，莫非另有所指？朱元璋堵得慌，从此对刘基反感起来。

朱元璋对丞相的安排，不可能慢慢挑。洪武元年（1368 年），他提拔杨宪担任中书参知政事，就是丞相助理。朱元璋这么做，并不是顺着刘基的路子走，而是让杨宪在中书省作为制约李善长的一颗棋子。为了加大杨宪的权重，朱元璋第二年又将他提了一级，担任中书右丞。进展太顺，杨宪既忘乎所以，又误解了朱元璋的意思，矛头直指李善长。杨宪多次向朱元璋进言：李善长无大才，不堪为相。

其实，在朱元璋的心目中，十个杨宪也抵不上一个李善长。朱元璋的本意，杨宪的作用是制约李善长，而不是取而代之。

李善长对朱元璋的意图则很清楚，如果对杨宪直接下手，同样是犯忌。敲山震虎，李善长把杨宪的兄弟杨希圣给罢黜了。不出手有副作用，出手也有副作用，杨宪与李善长的仇恨进一步加深了。

杨宪制约李善长的性质发生了变化，朱元璋便将陕西参政汪广洋调入中书省，担任中书左丞，位列右丞杨宪之前。这形势一变，杨宪功力欠佳，他的矛头又指向了汪广洋。

汪广洋擅长治理，人品不错，但性情柔弱，朱元璋称其“廉明持重”。这时的李善长又生病在家，杨宪开始恶整汪广洋。汪广洋官品不错，“特务”出身的杨宪居然找不到把柄。但杨宪搜集情报的本领毕竟过硬，他发现汪广洋对住在老家的母亲不孝顺，于是唆使御史弹劾汪广洋“奉母无状”。大明“以孝治天下”，朱元璋将汪广洋骂了一通，让他回家好好孝顺老娘。

汪广洋走了，李善长因病不能上班，中书省的力量需要充实。朱元璋将胡惟庸调入中书省担任参政，杨宪如愿成了中书左丞，成为中书省的实际负责人。仕途局面，杨宪算是“打”开了。

对胡惟庸的到来，杨宪丝毫不介意，也不把他放在眼里。事实上，胡惟庸从清水衙门太常寺来到权力中心中书省，关系比谁都硬：后台老板是李善长，与朱元璋的关系也不在杨宪之下。

极度膨胀的杨宪，瞄的是李善长这个位子，咬的便是李善长这个人。杨宪在中书省的这一切，胡惟庸看得一清二楚，他悄悄来到李善长家，告诉李善长：杨宪若做相，我们两淮人就做不得大官了。

论官场打斗，李善长才是老手。他亲自出马，弹劾杨宪“排陷大臣，放肆为奸”。排陷大臣，主要是指杨宪设计排挤汪广洋；放肆为奸，可以指杨宪的工作作风。反正，刚上任一个月的杨宪人头落地了。

杨宪具体的犯罪事实与罪名，史书上含糊其词，只有“犯事被诛”，很可能与他的“特务”出身有关，知道得太多，又无法解密。后世的文人笔记称杨宪外甥科场作弊，被抓了个现行，朱元璋不知内情让杨宪审理，杨宪趁机徇私舞弊被人告发……这就扯了，明朝的科举洪武四年（1371 年）才有首场，杨宪外甥若在乡试中犯事，层次太低，根本轮不到丞相审理！

杨宪蹊跷地从政治舞台上消失，最大的赢家只有胡惟庸。杨宪死后，汪广洋官复原职，不久获封忠勤伯，在文臣中地位高于刘基，仅次于李善长。洪武四年（1371 年）初，两大权力集团的大佬李善长、刘基，一个月内相继退出政治舞台，汪广洋升任右丞相，因无左丞相，汪广洋等于是中书省的最高长官。胡惟庸接替汪广洋为左丞，成为中书省的“二把手”。

重回权力中枢，汪广洋知道是李善长、胡惟庸帮了大忙，对胡惟庸怎么干一点也不计较。汪广洋原本就为人较忠厚，吃了杨宪的亏后，现在更忠厚了，没事就吟吟诗，写写字，喝喝酒，中书省的事任凭胡惟庸处理。

胡惟庸也不谦让，凡事大胆做主，“二把手”净干“一把手”的活。汪广洋虽然“行政不作为”，中书省的工作却一点不乱，胡惟庸“亦自励”，会揽事，也是会干事的，朱元璋大为赏识。洪武十年（1377 年），胡惟庸升为左丞相，汪广洋反过来作了他的“副手”右丞相。

肆意横行

登峰造极的胡惟庸，如果要开展破坏活动，应该抓紧开始，否则也太对不起刘基的预言了。

但是，胡惟庸的表现，令浙东集团有点失望：他工作兢兢业业，处世谨慎细微。加之思想素质好，工作能力强，各项工作都干得有声有色。朱元璋很满意，对其“宠遇日盛”。

制度之外的德才，毕竟是靠不住的——就像后世的腐败分子一样，身居高位的胡惟庸，慢慢滋生了官僚主义、享乐主义。他选人用人中的不正之风，更是十分突出。一人之下的胡惟庸，想提拔谁就提拔谁，想处罚谁就处罚谁。胡惟庸的双管齐下立竿见影，想升官的、不想升官只想保“帽子”的，全都一个劲地给他送钱、送物。几年下来，金帛、名马、玩好，不计其数。

贪点钱，在朱元璋看来也不是什么大事。但胡惟庸的忘乎所以，朱元璋就来气了。一人之下、万人之上的胡惟庸，对中央各衙门和地方上报送的文件、材料，必先取阅，如果对自己有利，赶紧让皇帝知道；如果对自己不利，到此为止，隐匿起来。“生杀黜陟，或不奏径行。”杀人这种天大的事，胡惟庸也自己做主了。

肆意横行，朱元璋得给胡惟庸先亮个“黄灯”。洪武十年（1377年）七月，朱元璋决定设置通政司。以往所有的奏章都先送中书省，小事丞相直接批给办理，大事上呈皇帝裁决。胡惟庸当了丞相，什么事都办，皇帝被晾在了一边，外面的信息被胡惟庸给截断了，官员什么事也直接找丞相去了。这样下去不行，朱元璋改由通政司收发各公文，畅通皇帝的信息渠道，中书省的权力则削去一块。

第二年，朱元璋又下诏诸司奏事不必同时抄报中书省，直接奏报皇帝即可。知情权没了，前面什么情况都不清楚，这也等于给喜欢独裁的胡惟庸亮“红灯”了。

闯“红灯”的人一直与财大气粗有关，朱家天下胡家党，一手遮天的胡惟庸对此已浑不自知。这时除了受贿、享乐，一般的具体事情，也不需要再亲自动手了。因为他的朋党，已够多。朝野上下，文臣武将，几乎全投到了他的门下。不需要看胡惟庸脸色的，估计只有李善长这样的少数元老了。但胡惟庸心思缜密，不留空白。办法就是将哥哥的女儿，嫁给李善长的侄子李佑为妻。这门亲戚，胡惟庸把老领导拉得牢牢的。

不过，有一件事还得胡惟庸亲自操办，就是对付刘基。刘基一生处世谨慎，出于安全的考虑，不招皇上怀疑，他要求从乡下住到了京城。皇上的顾虑是没了，但胡惟庸的眼里很不舒服。这回刘基又生病，朱元璋派胡惟庸带御医去探视。丞相，御医，是领导对老同志的关心，也是面子呀！

胡惟庸让御医给刘基开了一服方子，刘府连忙派人出去抓药。刘基吃下药，病情加重，三四个月后，与世长辞。

刘基一死，胡惟庸就无所顾忌了。顾忌是没了，但祸事差点上了身。刘基死得蹊跷，学士吴伯宗逻辑一分析，果断举报了胡惟庸。但胡惟庸有惊无险，皇上没怎么追究，事情也就过去了。所以，后人怀疑朱元璋借刀杀人，不是没有道理的。

朱元璋天生就是当皇上的料，对胡惟庸绝对信任，那是不可能的。胡惟庸也不是一只温顺的鹰犬，而是一个好大喜功且勇于搏击之人，不干出格的事，他也做不到。几年下来，朱元璋感到自己被晾在一边了，但还是忍着。接着一件事，他就不能忍了——

洪武十二年（1379 年）九月，占城国来贡。外交无小事，但胡惟庸不这么想。自己国内早出尽风头，得在国际新闻中露露脸。所以，什么亲切会见、国宴招待等，全包了。可事情就这么不凑巧，这些事被内宫的宦官撞见了。这位老同志赶紧回去报告皇上。朱元璋勃然大怒：这是怎么回事啊？！

胡惟庸一惊吓，脑子又转错了，三下五除二，责任全推到礼部。礼部知道轻重，挨顿批评的事倒好说，可杀头的事，为领导背黑锅不是犯傻吗？于是，赶紧给皇上回话：这事按规定早给丞相报告过的。

丞相说礼部，礼部说丞相，这不是大家一齐指兔子让皇上撵吗？到处撵兔子，还是皇帝水平？朱元璋快刀斩乱麻：统统拿下，统统问罪！

京城车祸

单纯的外交事件，无非是工作失误，检讨，求情，不一定就非死不可。但一场车祸，让胡惟庸进入了万劫不复之深渊。

胡惟庸有个儿子，至于他这个儿子是个什么样的人，历史上并无记载，但大体可以推测：有钱，任性！

那时，不仅没有机动车，自行车也还没有问世。胡公子虽说没有宝马，但有真马。京城的主干道，胡公子有事没事，都要去策马飞驰，赚得回头率，这天一不小心就从马上掉了下来。马速太快，摔伤、摔残，有重力加速度科学理论的支撑，绝对没有什么问题。但摔得太离奇：正好摔到一辆马车的轮子下，当场死亡。

这场车祸，有没有“阴谋论”？有的，说不准有人悄悄而及时地在马屁股上扎了一针，真马猛提速，胡公子来不及打方向盘（缰绳）。如果真有阴谋，会是谁？

嫌疑一：徐达的亲信。徐达是与李善长同样的元老辈，他能服谁呀？但胡惟庸没有将侄女嫁给他的侄子，没有搞定他。所以徐达曾几次向朱元璋，还有朱元璋的接班人——太子朱标，举报过胡丞相的胡作非为。出手杀人，也是徐达的专业。

嫌疑二：朱元璋的亲信。有可能，但胡惟庸自己也不敢这么说，不敢这么想。

嫌疑三：刘基的后人或利益相关人，或无利益关联的粉丝。因为刘基的各种神通，他属于大众偶像派。况且，刘基吃了胡惟庸开的药，三四个月后就死了。什么药有这种功效呢？砒霜、鹤顶红之类见血封喉，不合理。但有一种苗疆的蛊毒，据说能让人服下后，几个月的时间或者更长的时间都没事，而在未来某一天突然暴毙。有蛊毒，就有可能发生在胡惟庸与刘基之间。并且，适当的时候，刘家后人会及时将这种传闻放出去。

"阴谋论"是真是假？只是一个历史之谜，因为这桩交通肇事案的调查在当时无从下手：马车驾驶员作为唯一活着的当事人，被悲伤加悲愤的胡惟庸，一刀给解决了。

丞相亲自杀人，按理也可找个顶包的。但是不行，早有密探报告了朱元璋。朱元璋发话了：杀人偿命！

有史料记载，胡惟庸就此被杀了。其实不是，事情还在交涉。胡惟庸想拿钱了事，只是朱元璋没有批准。这个时候的朱元璋，直接把胡惟庸给灭了，不合算。为什么？因为朱元璋发现了比灭掉胡惟庸更重要的东西。

把人推到死亡的边缘，又不手起刀落，存心让人煎熬、挣扎。《明史》载："惟庸惧，乃与御史大夫陈宁、中丞涂节等谋起事，阴告四方及武臣从己者。"从写文章的角度看，顺理成章，逻辑严密。事实上，胡惟庸的恶行，包括乱中出错，那是需要不断"培养"的。

但胡惟庸的心理素质出奇的好，超镇定：儿子死了，就像什么都没发生。自己涉嫌死罪，也全不当回事。公务活动照常进行，公众场合谈笑风生。大过年的，居然想到请朱元璋吃顿饭。

洪武十三年（1380 年）正月，胡惟庸报告朱元璋，自家的水井里突然涌出醴泉，祥瑞景象啊，您一定要来欣赏欣赏！朱元璋居然也不想许多，欣然前往。走到西华门时，太监云奇猛地拉住缰绳，那个急啊，话都说不出来了，只拼命指胡家的方向。

皇帝出行中的意外突发事件，护卫们措手不及，第一反应是上前就打。还好，打人的工具是棍子，不是刀，否则云奇早没命了。但无论怎么打，云奇就是不肯松手，另一只手还始终坚持指着胡惟庸家的方向。还是朱元璋反应敏捷，感到事情不妙，知道事态严重，大喊了一声：倒车！

大小车辆，一齐原路返回。朱元璋登上宫城，看明白了：胡惟庸家上空，尘土飞扬，墙道里面藏有伏兵——这哪是请我吃饭，分明是要搬掉我吃饭的家伙啊！

事件真与假，姑且不说。这种现场报道，写得有些蹩脚：胡惟庸要谋反，家里埋伏刀兵，城墙上都能看见，跟月球上看到长城有得一拼。写对还是写错，反正朱元璋的眼力好，只是专业出身的护卫们视力不行，还失职、渎职。

“云奇告变”，那位身为内使的云奇，平时居西华门，离胡宅非常近，闻知胡惟庸谋逆，可能性是有的。他为何不先期告发，一定要事情迫在眉睫时，才拦驾告发？朱元璋也有点鲁莽，谋反这么大的案件，应该查个水落石出，免留后患。但是，胡惟庸当天下狱，当天就被处死。

有一个情节，则是真的：《明太祖实录》记载，四天之前，中丞涂节已经密告了胡惟庸谋反之事。明知山有虎，偏向虎山行，为瞧个热闹，冒险去胡家，朱元璋要显示什么英雄气概？

——谋害皇上，密谋造反，真是过分。“枉法诬贤”，“蠹害政治”，胡惟庸即被处死，诛九族。

重新改道

明代史籍中胡惟庸案的记载多有矛盾，对其是否确实谋反，明代史学家郑晓、王世贞等皆持否定态度。但胡惟庸及胡惟庸案中这批人，毕竟都是“人人皆欲更试”的元末乱世过来者，造反的胆子确实挺肥的。

无论真假，反正胡惟庸都是死了。胡惟庸的具体死法，也很难弄清，除了枪决和注射，什么都有流传。有史料记载，胡惟庸被凌迟处死，共割两千刀；也有说胡惟庸是被痒死的，就是将其绑在野外，让一堆蚊子过来咬，直到咬死……两种死刑执行方法，前者符合法律规定——罪大恶极，适用酷刑；后者有利于解恨，让精神与内分泌全部调节到正常状态。

朱元璋为什么如此痛恨胡惟庸？因为他不仅痛恨这个人，还痛恨他的位子——丞相！爱屋及乌，恨乌及屋。丞相不是皇帝的助手吗？是的。“丞”，甲骨文字形，上面像两只手，下面像人掉在陷阱里，合起来表示救人于陷阱之中，引申为帮助。帮忙，还招惹人恨，这种董事长与总经理的关系，历来缺少和谐。朱元璋要解决的，正是这个问题。去“丞相制”有如大厨操玩锅碗瓢盆，哪样不好使，换上操作起来顺手的。类如胡惟庸，“丞相”对皇权不仅碍手脚，而且非常危险。

朱元璋废除丞相制，并不单纯是减少一个官位。唐代，实行中书、门下和尚书三省分职制，负责政事决策、审议和执行，政务的划分与相互间的制约，已经趋于完善与合理。这三个部门的长官，就叫宰相（丞相）。宋代门下省退处无权，宰相只剩下个中书省的长官——这种状况，延续到元代。现在，朱元璋将中书省废去，只剩尚书省。但尚书省又不设尚书令（正长官）及左右仆射（副长官），没有长官，六部就分头负责。唐宋时六部中的第一个司称本司，如吏部的吏部司，户部的户部司，现在一改革，等于升本司为部长，成了各不相属的多头衙门。

多头的衙门变成无头，办事又需要有个“头”来拍板，皇帝自然就成了这个“头”。所以，朱元璋的政治改革，主题很明确——除了皇上，没有人总成政事，也没有人能总揽官员。他这一刀，让皇帝重新回到独裁者的宝座！

万事独裁，是要消耗精力的。明朝的皇帝一天有三次公务活动，即早朝、午朝和晚朝。上完朝，不等于是下班，还有更多的事在那里堆着。据统计，洪武十七年九月十四日至二十一日，八天中内外诸司送到皇宫的奏章便有一千一百六十件，汇报的事情是三千二百九十一件。平均一天看一百五十道奏章也就算了，但一天要处理四百多件事情，并且还都是大事，皇帝受得了吗？

这样的独裁者，朱元璋能干，因为人家不仅脑子聪明，身体更棒——别人还在上学，他就混出几年工龄了，并且练的还是体力活。当年随便喝口白菜汤，照样拎刀上马向前进。他儿子朱棣也还凑合，毕竟跟老子一道创业，座位也是亲手打来的。再下去，“太子党”中自然找不到合格太子。明朝后来的皇帝多被称作“昏君”，其实人家智商平常，根子在于缺少“贤相”。但事实上，朱元璋、朱棣之后的明朝维持了二百多年，就是因为朱家后人并不都是傻蛋，太祖不准设丞相，没有规定不准配秘书、设立秘书处。皇帝的秘书处即内阁，秘书即内阁大学士。他们都在内廷办公，像中极、建极、文华、武英四殿，文渊阁、东阁两阁，所以被称作内阁学士或内阁大学士，官阶只五品，而六部尚书则是二品。

有丞相时，奏章批答是丞相的事。现在改革了，当然要归皇上批答。太多了，皇上批不了，便口授大学士。对皇上而言，这是脑力劳动；对大学士而言，这是体力劳动。千万不要以为内阁里的人都成了丞相，政治大权绝对在皇帝那里。所以，明朝的“内阁”是与“内宫”差不多的东西，旨在提高皇帝的幸福指数。看看圣旨是怎么出炉的就知道了：内外章奏，大学士一一过目，然后每道上面贴张签条，签条上写出处理意见，再送给皇帝——这叫“票拟”，又叫“条旨”。后来很多人喜欢写“条子”走后门，估计就是受这个“条旨”的启发。

票拟之后，皇帝一看，没有什么新的意见，就把小条子撕了。但条子上的字，得亲自用红笔批下——这就叫“批红”，也叫“朱批”。正式的谕旨，就算文件生成了。这样看起来皇帝是轻松了，但也轻松不到哪儿去，因为国家太大，哪天的事情都会有一堆。所以，后来的皇帝要保证幸福指数的稳定增长，就只能再革新公务处理方式：皇帝有事交给太监，太监再交内阁；内阁有事送太监，再由太监呈皇上。皇帝若还嫌麻烦，就干脆直接吩咐太监批，效力是同等的。宦官乱政在明朝经常出现，这是朱元璋政治改革时没有想到的。但他想到了一点——纵观明朝，直到它断气的那一天，都没有出现皇权以外的哪一方，能够在体制内真正做大做强，天下也没有形成汉末、唐末的割据势力。有的就是乱，以乱为代价的，王朝得以苟延残喘……

明朝经历一场“车祸”，朱元璋就此改道，皇权与相权合一逆转，大明朝真正驶入了专制之路。

草薙禽狝

胡惟庸案，朱元璋其实早已深思熟虑。胡惟庸是一个枭滑阴险专权树党之人，明太祖是一个十足的自私惨刻怪杰，君相的冲突在情理之中。朱元璋手下的丞相，只有徐达、李善长、汪广洋、胡惟庸四个，后三个被杀，前一个也未能善终。洪武十八年（1385 年），徐达患上极为凶险的背疽，中医的说法忌吃蒸鹅，朱元璋及时送去一只。当着使者的面，徐达和泪而食。不毒死，也吓死，或气死……一想到“丞相”二字，从头到脚都是一身冷汗，朱元璋要的就是这效果。

——所以，胡惟庸身死，不是落幕，只能是大戏的正式开场。

刘基的事，首先被抖出来——是胡惟庸毒杀了刘基。这事现在放出来的好处是，刘基已经死了，树个死人作正面典型，不用担心什么，也不用付出什么。同时，激励全社会对胡惟庸之流的痛恨之情，同时感受到皇上的正义，以后需要主持公道的，唯一的希望在皇上。与胡惟庸同为丞相的汪广洋，不同意是胡惟庸毒杀了刘基，赐死。不同的声音，灭掉。

舆论的主动权掌握了，剩下的就是真刀真枪。

陆仲亨，征战中功勋卓著，封吉安侯，现在居功自傲，危险！有一阵子公车私用、公款吃喝，受到处分后老是找胡惟庸倾诉衷肠。这些事，被陆仲亨的家奴封贴木给举报了。这就对了——胡惟庸要谋反，到外面收集兵马，必定有人，并一准是他。怎么办？杀！不过，陆仲亨虽说冤死，死后还不错。洪武二十八年（1395 年），朱元璋自己把这个案子给纠正了。

因胡惟庸案被诛杀的，有三万多人，只有拣个大的说：淮西集团势力太大，自太祖登基，李善长就是左相，徐达还是右相（吴王时为左相），到胡惟庸为相时势力简直是无处不在。怎么一揽子解决？世上无难事，只怕有心人。恰在此时，李善长在家建房，想省几个人工费，便向信国公汤和借三百个士卒，充当临时工。汤和胆小怕事，惹不起李善长，更惹不起朱元璋，便答应了李善长，又密报了朱元璋。

朱元璋正要找李善长，李善长自己送来了：李善长家有个下人叫丁斌，获罪徙边，李善长想找朱元璋说个情，将他免了。本来，李善长自己不说，这等小事朱元璋根本不知。李善长犯糊涂就在这里，他等于给朱元璋指了一条路：丁斌被单独提了出来，不过不是回家，而是挨打。丁斌这小子既经不起打，又不厚道，于是想到立功赎罪，“供说”出不少李、胡两家的往来之事。实际上，你只是一个下人，哪知道许多啊！没关系，李善长的弟弟李存义落网就行了。

洪武十八年（1385 年），朱元璋为表示皇恩浩荡，免了李存义父子死罪，将其贬到崇明岛闲住。李善长很不服，谢恩的话都没一句。这就叫不见棺材不落泪啊！

既然如此，那就继续研究，天下哪有烧不热的锅？洪武十九年（1386 年），明州卫指挥林贤通倭事发，审讯得知，原来胡惟庸早就派其出海招引倭寇，连具体的接头时间都有。洪武二十三年（1390 年），又捉拿到了封绩。封绩，元朝的旧臣，后归降于明。他经常往来于蒙、汉之间，是友好使者还是双重间谍，不清楚。审案的时候，发现他曾为胡惟庸给元嗣君送过信，胡惟庸在信中称臣，并请元嗣君出兵为外应。并且，早在洪武二十一年（1388 年），大将军蓝玉出塞时，捕获过封绩，是由于李善长的干预，封绩被放，事情被灭。

——多好的案子啊！绑定了胡惟庸，又绑定了李善长。里通外国，与境外敌对势力相勾结，骇人听闻！除此之外，李善长还参与了什么？李善长的家奴卢仲谦说，胡惟庸策反过李善长，李善长不答应，胡惟庸一而再，再而三，李老丞相最后一声叹息：我老了，等我死后，你们想干什么就干什么吧……

表态？算数！朱元璋办案不计较这些。现在，李善长想谢恩，也没机会了。“元勋国戚，知逆谋不举，狐疑观望怀两端，大逆不道。”七十七岁的李善长被赐死，其妻、女、弟、侄等一门七十余人被杀，只有长子李祺及两个儿子，因为临安公主的缘故，免死流徙江浦。

胡惟庸案，历时十三年，株连一公二十一侯，被诛杀者计三万余人，直到洪武二十五年（1392 年）方告结束。朱元璋以《昭示奸党录》布告天下，丞相之制彻底终结，皇帝至此拥有至高无上的权力。在朱元璋的意识里，搬掉“丞相”这块石头，他的辇毂便从此驶入平安辇道……

第二章

沈万三：财富与权力的假想敌

宫城，皇城，京城，层层叠叠，合拢为森严。偶尔的鹰隼越过天空，成为对太祖威严的俯视。龙椅上的明太祖，双眼阴鸷——这才是真正的猛禽，从不缺失自己的警觉，在捕杀显现的猎物后，依旧时刻寻觅潜在的敌人！

二十五岁起兵，十七年征战，这个名唤重八的凤阳僧人，荡平了天下所有的敌手，于南京登帝王宝座，朱重八成为了响当当的朱元璋，更成为万民仰视的明太祖洪武皇帝。与那些守成、享乐的帝王迥然相异，大宝上的朱元璋大兴土木，则在南京城圈起了一道又一道高墙，为权力打上坚硬的铁箍。还有权力的觊觎者吗？一只不祥的猎物，在太祖的视线里渐渐明晰——这，就是沈万三。

“聚宝盆”的秘密

沈万山（约1306—1393年），本名沈富，又名沈秀，字仲荣，祖籍浙江湖州，父辈时徙居吴县，后移居苏州。明初的这位沈秀，因巨富名闻天下，世称“沈万三”。

《明史》中数度提及的沈秀，其实是个熟悉的陌生人：正史、族谱以及文人笔记中的沈万三，大约有一百二十种不同记述，甚至有人怀疑沈万三是否确有其人。但是，沈万三代表的财富与王朝权力潜在的冲突，始终是真实的。

董谷《碧里杂存》言：明初年社会流行称巨富为“万户”，有钱人多被姓后添个“万”字。富裕的程度，则分“奇、畸、郎、官、秀”五等，“秀”为最高。“沈秀”与“沈万”，全是标识。称其“沈万”，后面再不厌其烦地加个“山”字，约等于着重号，意思就等于“沈秀”；而冒出个“三”字，据说是地方富豪排行榜，沈氏曾经屈居“第三”。后世著述中沈万三的各种混乱，实际上又是相通的。

沈万三在民间的魅力，并不在于其钱的多少，而在于他富贵荣华的因果奇异——这类致富传说，足以催生无数人的“富贵梦”：无须辛劳，运气来了，便有花不完的金山银山。

传说沈万三的财富，源于“聚宝盆”：盆中放金子，取出金子又生出金子；盆中放银子，取出银子又生出银子，取之不尽，用之不竭。总之，沈万三确实是个大款，并且还是不劳而获。

沈万三是如何得到“聚宝盆”的呢？文人著述也乱了。虽是众说纷纭，却不外乎两类：基于道德，或基于智慧。一说沈万三救了一批青蛙，从而发现“聚宝盆”。一说这年大旱，草木基本上都已枯绝，但沈家负责割草的佣人，每天却能顺利完成割草任务，早早收工。沈万三顿生奇怪，琢磨了一阵子，决定悄悄跟在佣人的后面，瞧它个明白。累出一身汗味的沈财主，很快眼睛一亮：万木皆枯，山中竟有一小块地，长着绿油油的青草，佣人前面割掉，后面它又长出来！待佣人走远，兴奋的沈万三赶紧拿锹来挖，挖出一个铁盆。结果，“聚宝盆”横空出世……

——相信很多人都知道这个故事，但可以肯定，并没有多少人真正明白：故事的谜底，旨在证明沈万三聪明绝顶！如果脑子不好用，不能透过现象看本质，就算“聚宝盆”近在咫尺，也不过是沈家的佣人，图得快活，始终只知其一，不知其二，沉醉于这一天割草的轻松。

传说中沈万三的异样，实则还有更重要的一条：他能琢磨人，还能不让人知道。这位沈万三，迟早要干出大事来。

一介农夫，满脑智商，即便乡村陋野，沈万三断断不会沉醉在“聚宝盆”的“致富梦”中。

真实的沈万三，究竟如何完成了由农夫到富人的转变？答案：农耕。

元末是一个严重动荡的社会，破产成为乡村的普遍现象，不少土地失去业主或佃户沦为荒芜。沈祐、沈万三父子从南浔卜居周庄，依赖的便是将无主土地收归己有。别人不要的地，是价值太有限，若是耕种不善，很可能血本无归。辛苦一年，只收回种子，不种才是检验智商的唯一标准。所幸沈家父子手脚勤快，头脑好使，他们改良土壤，兴修水利，实施良法，贫瘠的土地一块块地变成良田，再渐渐蔓延成一片，成全沈家父子成为名副其实的乡村地主。

“万物土中生，有土斯有财”，开始富裕的沈家父子，又不断开垦荒地，兼并良田，从此成为苏州地方的富户。依靠土地的占有与经营，这也是元末江南豪家的普遍起点。靠“躬稼起家”，辛辛苦苦取自土地，继而“广辟田宅，富累金玉”，陶煦《周庄镇志》（光绪版）等地方史料中，沈万三的发家史，清晰，而且可信。

年复一年的土地兼并与扩张，沈家的田产越发广大，沈万三也不再“躬稼”劳作，开始雇用长工、短工，同时田地出租给佃户，征收租米。传说中的“聚宝盆”，在这时真的落到了沈万三手中——

所谓“聚宝盆”，无非是让钱再生出钱来。沈万三的“聚宝盆”，便是高利贷。元末盛行的高利贷，同样为其他时代所不及，聪明的沈万三瞅准了这个时机，搞起了以钱生钱。高利贷这只“聚宝盆”，对沈万三的迅速致富，与传说中的“聚宝盆”并无二致。

沈万三除了“聚宝盆”，还有传说中的“摇钱树”——经商。农耕与高利贷积累的资本，让沈万三有了进入商场的实力。他买卖粮食，贩购货物。《逆臣录》中，可以看到沈家买卖过白蜡、珠宝、苏杭缎匹，经商圈覆盖徽州、池州、太平府、常州和山东德州等地。沈家的生意，做在民间，也做到官府，甚至做到了海外。

沈万三还是一个运气极佳的人，因为他是一个信誉极好的人。清《周庄镇志》载：“沈万三秀之富得之于吴贾人陆氏，陆富甲江左……尽与秀。”元末苏州人陆德源富甲江左，沈万三还曾当过他的“管家”，陆对沈氏很欣赏，自己已经老了，也看破了红尘，加之时局动荡，巨额财产极易招致横祸，不如慷慨送人。于是，陆德源将家产赠给了沈万三，自己去澄湖边的开云馆当了道士。

家产送人？有的。李延昰《南吴旧话录》中的诸生唐默，“父以贾起家，积资雄一乡，田亩十余万”，唐书生就与陆道士想到一块了：全部送人！这世间，好事总是有的，只是等人送的常有，要送人的不常有。而从吕毖《明朝小史》相关情节看，陆道士可能有女无子，与沈万三还结有一门姻亲，家财送沈家，并不是随机抽样。所以，对普通人而言，坐等别人送钱的心思，有或是无基本一样。不管怎么说，沈万三人好运气好，有一大笔偶然所得，商海中自然是如虎添翼。

“东走沪渎，南通浙境”，周庄实在是个好地方。沈万三把水路交通发达的周庄，作为商品贸易和流通的基地，把内地的丝绸、瓷器、粮食和手工艺品等运往海外，又将海外的珠宝、象牙、犀角、香料和药材运到中国，开始了“竞以求富为务”的出海通番。《吴江县志》载：“沈万三有宅在吴江二十九都周庄，富甲天下，相传由通番而得。”著名历史学家吴晗也说：“苏州沈万三之所以发财，是由于作海外贸易。”

从第一产业干到第三产业，从国内贸易做到国际贸易，沈万三早已从“地主”晋级成了“资本家”。至于“资巨万万、田产逾吴下”，成为江南第一家，沈万三则另有一根致富魔杖。

乱世之争

对财富的预言，陆道士算得上“半个”预言家。他送给沈万三的财富，很快招惹到了风险。元至正八年（1348 年），方国珍兄弟造反。不过，方国珍造反的地点是在台州，离沈万三还比较远。元至正十三年（1353 年），张士诚兄弟接着造反。这次沈万三麻烦大了，因为张士诚是泰州人，杀人越货的地点主要在高邮。离自己这么近，陆道士的财富预言看来要实现了。

但是，陆道士的预言始终没有实现。

张士诚（1321—1367 年），小名九四，泰州人。在元末诸多的造反者中，张士诚的身份最为特殊——他不是饥寒交迫，无路可走。张士诚贩盐起家，是一个成功的商人，天下大乱时，怀着称王天下的雄心，起兵反元，要做桩大买卖。造反的成果，一度令他自己都感到欢欣鼓舞：1355 年，张士诚建都平江（苏州）；1363 年，张士诚自立为吴王。带什么团队，也没带军队来钱快啊！

张士诚起手这么顺利，绝非因为他是一个商人，有钱招人拉队伍。起兵时早年积累的那些资本，早已作为军饷花得无影无踪。乱世当兵，混的就是一口饭。没钱还带人造反，早被自己人反了。张士诚打仗不愁钱，与他的地盘有着直接的关联。江南富裕，朝廷的税不好收，但造反经费要起来就容易些：关系不好的，拿刀去逼；关系好的，主动送上门，就当朋友间的礼尚往来。换个老百姓都不能活的地方，造反也是非常困难的——人家确实没有钱，就算拿刀去砍，除了死人，钱也不会跳出来。

沈万三那是何等聪明啊！与盐贩出身的张士诚早有过商业业务往来，沈万三商业诚信历来很好，张士诚对他没有恶意。他不用张士诚派人来要，队伍缺钱花，早主动送来了。在张士诚雄心创业的始终，沈万三与张士诚都是朋友。张士诚造他的反，沈万三经他的商，造反要花钱，经商能赚钱，一个就当提供安保服务，一个就当上缴服务费用，无论白道、黑道的特权，对财富而言都是一根魔杖。

张士诚除了坚强的经济后盾，人才资源也相对充裕。自宋代开始，国家的经济、文化中心即已移至江南。起事之初，后来写出流行小说《水浒传》《三国演义》的施耐庵、罗贯中，即投奔到他的帐下，幕府作宾。不过，这些文学青年眼高手低，纸上写起造反来头头是道，干起造反来纯属纸上谈兵，张士诚也不拿他们当回事，他们也不好意思混下去，先后去了别处，没有像沈万三那种韧劲，与张士诚精诚合作，坚持到底。而这些，对朱元璋来说，该是怎样的羡慕嫉妒恨啊！

张士诚造反，沈万三生意兴隆；朱元璋造反，沈万三则被害得不轻。元至正十七年（1357 年），朱元璋率部打下常州，把张士诚的弟弟张士德给活捉了。张士诚赶紧“捞人”，沈万三狠狠地砸了一笔钱，找人为张士德具保，办理出狱手续。朱元璋做事够绝，竟把张士德给杀了。沈万三的银子虽然白花了，但与张士诚的关系更铁了。

比朱元璋更恨张士诚的，当然是大元朝廷。张士诚造反最终不成功，主要是地方选得太好。太好，“辩证法”的观点就意味着太坏——江南，整个朝廷主要靠这块宝地过日子，你把它据为己有，朝廷的日子还怎么过？所以，在众多造反者中，张士诚是挨政府拳头最狠的一个。换个角度说，张士诚拼命闹，就等于给别处的造反兄弟帮忙。这一点，朱元璋很清楚，所以张士诚称王时，他一心埋头干事，不称王显摆，也不随便到张士诚的地盘寻点便宜。

切断元朝的经济命脉，张士诚啃的其实是一块骨头，根本就不是一块肥肉。凡要人性命，必招人死拼。群雄乱战，张士诚处在了朱元璋、方国珍和元军三方夹击之下。面对巨大的压力，张士诚只好投降朝廷，当了个太尉。作出这等抉择，对张士诚来说显然有点无可奈何，对沈万三来说则是利益倍增——过去生意场上只有黑道保护，现在黑道、白道全都齐了。

得益于张士诚的保护，沈万三又名正言顺地利用朝廷的优惠政策，干起了海上贸易。沈万三的两个儿子沈茂、沈旺，则为张士诚督运漕粮，响当当地做了官方生意。沈万三于元末迅速暴富，主要集中在这个时期。

这个时候的张士诚，其实也有风光的一面：脱“匪”为“官”，身份体面，又重兵在握。特别值得一提的是，元至正十九年（1359 年），朝廷还派出使者莅临张士诚的驻地。张士诚在隆平府（苏州）举行隆重宴会，招待朝廷使臣伯颜。

这一次，沈万三接受了一个光荣而神圣的任务，就是为张士诚造一座“纪功碑”，扩大张士诚的社会影响力，并流传后世。

做生意沈万三是强项，搞艺术他就有点勉为其难了，但他弄得非常出色：这座保留至今的“张士诚纪功碑”，高三米，有一百一十八个浮雕人物，人物层次分明，最上方为朝中侍女，二层的正殿正中端坐着张士诚，三层的偏殿为朝中大臣，底层则是身穿铠甲的护卫官兵。沈万三的艺术天赋，是将使臣伯颜处理成一个小人物，居下方作陪：张士诚不是降将，也不是降臣，俨然是面南背北的王者！

张士诚对“纪功碑”的竖立很满意，沈万三对张士诚的内心把握也很准确——这个时候的沈万三，已经熟悉了官场，精于政事，出色的商家已炼成了玩弄政治的行家里手。

沈万三花钱为张士诚涂脂抹粉，也不能说就是富人软骨头。在凭拳头说话的时代，一切取决于拳头的大小，更何况自己与张士诚利益相关。那阵子的张士诚，也确实需要表现与享受，因为有的是实力，即便是后来的明太祖，对他也是低声下气。元至正十六年（1356 年），张士诚一路攻陷平江（苏州）、湖州、松江、常州，然后盘坐在了隆平府（苏州）大殿里。朱元璋派人送信说：您在姑苏（苏州）称王，俺十分仰慕，俺每（俺们）睦邻友好，一起创业吧……

张士诚呢？根本就不搭理。张士诚做的一桩事，就是把使者给扣留了。

天下大势，急转直下。元朝气数将尽时，朱元璋帝王之路上，只剩下两大敌手：楚为陈友谅，吴为张士诚。这两大宿敌，谁都不好惹："友谅最桀，士诚最富。"朱元璋的雄才大略，在于他吃透了陈、张骨子里的秉性：陈敢作敢为，张惯于自保。攻张，陈必出手；攻陈，张不敢趁火打劫。和气生财，那也是商家的古训。所以，朱元璋果断攻陈，而张果然作壁上观，然后成为陈友谅第二。

时事就是这么捉弄人，元至正二十七年（1367 年），解决了陈友谅，朱元璋人马如期而至，大军东进，攻破平江城。彻底失败的张士诚，放火烧死家人，然后投缳自尽。结果，运气太差，没有死成，硬是被朱元璋的手下给活拿生擒。

在应天府（南京），朱元璋准备劝降张士诚。泰山不让土壤故能成其大，河海不择细流故能就其深，能用上的东西，为什么不用呢？朱元璋小时没念过这段话，大了他自然明白了这种精神。大业未成，或是出于统战的需要，或是出于降伏对手的心理满足——将"天子"收到手下当差，马斯洛的层次需求理论，肯定还要再添一层。

但是，张士诚的回答就是这么添晦气："天日照尔不照我！"意思是说：你有什么了不起啊，无非运气好点而已……

张士诚的回答，为自己的人生画上了句号，似乎也找到了自己的心理平衡，但无疑挑起了朱元璋的莫大恨意：他就是不给张士诚痛快而体面的一刀，而是像倒垃圾一样地让人找了个破筐子装着，抬至竺桥，招人围观，然后打家奴一样地打，一棍，再一棍，直到张士诚魂飞魄散。

要说恨，朱元璋何止独恨张士诚一个。多年以后，一统天下的朱元璋，对撑起张士诚的江南，也是恨意未消。为了泄愤，朱元璋对苏、松、嘉、湖等江南地区，课以重税。

现在，张士诚的难题算是一了百了，沈万三的难题则应运而生。张士诚割据江南的十四年里，沈万三捞足了好处。当然，沈万三对张士诚的财力支持也是难以计数的。这一点，让张士诚在自己的地盘免于搜刮，从而获得地方豪强的拥护与民众的支持，同样让朱元璋非常头痛。但是，凭拳头说话的时代，民心并不是决定因素。张士诚最终为朱元璋所败，这时的沈万三又做了一件事：收留了张士诚后人。

有一种传说，沈万三获得“聚宝盆”，是因为他给一批青蛙放生。这个传说可以信一回，因为这符合沈万三的为人与品性。这次他救的是一批人，沈万三能不能再得一只“聚宝盆”呢？

新朝旧主

只有沈万三最清楚，真正的“聚宝盆”是权力。有权力的庇护，才有财富的几何级膨胀。朱元璋问鼎天下，顶级的权力首先关注的是宏观财富，而不是江南一隅的沈万三。元至正二十七年（1367 年）十月，也就是朱元璋正式称帝的前夕，即迁一批江南富户至临濠（凤阳）。不久，再迁十四万富民去凤阳建设“中都”，沈万三之婿顾学文榜上有名，沈万三紧张了。

保住万贯家产，沈万三自然想到再次攀结权力。对待已然称帝的朱元璋，沈万三显示出他作为商人的精明。好在新当家的朱元璋，钱缺得厉害，对送钱的人来者不拒。此时的沈万三，也以为找到了感觉：改天换地，新朝旧主，如此而已。钱与权，什么时候分过家呢？

《吴江县志》记载：洪武初年，沈氏家族献给朝廷有白金二千锭、黄金三百斤，建南京廊房一千六百五十四楹，酒楼四座……费巨万万计。

洪武二年（1369 年），朱元璋开始修筑南京城墙，沈万三奉命筑洪武门到水西门一段，以聚宝门（今中华门）工程最为宏大。

聚宝门城墙工程，由于秦淮河的横贯，以明初的技术条件，施工难度极大，屡建屡塌，几乎烂尾。传说沈万三埋下“聚宝盆”，城墙基础才施工成功。要说这“聚宝盆”，设计上也没有这种功能呀，怎么还能在土木工程中见神效呢？看似舍宝筑城，这其中可想而知：为了国家的重点工程建设，沈万三下了怎样的决心！发家致富的命根子都不要，银子的事谁都别提了。

洪武六年（1373 年），沈氏家族出资兴建的城墙全部完工，工程量约占总量的三分之一。既然社会上都知道“聚宝盆”没了，沈万三应该更清楚，实际上是自己的腰包已掏得差不多了。

作为世间挣钱的高手，沈万三始终不失挣钱的自信。修完城墙的沈万三，心情并没有太多的沮丧——洪武初年，鉴于沈万三的突出贡献，其子沈茂、沈旺被朱元璋赐授为“广积库提举”和“户部员外郎”。官大官小是一回事，身份变了才是关键，地位也是金钱，同时也验证了有投资就有收益的真理属性。

新的社会，新的希望，沈万三的心情豁然豪迈起来——改朝换代，升官发财，几乎奋斗一生的沈万三，褶皱的额头闪动着亮色。明洪武三年（1370 年），沈万三举家迁居南京，府址约在马道街，旧业只留入赘的孙女婿周篪打理，自己在京城过起了奢华的生活。

京城中的沈府比较伤人自尊：围墙即有三道，外层高六尺，中层、内层皆三尺。奇怪的是三尺高的围墙也要修六尺宽，原来人家墙上要种珍贵的花木。花木品种齐全，“春则丽春、玉簪，夏则山矾、石菊，秋则芙蓉、水仙，冬则香兰、金盏”，保证四季花开艳冶，取名“绣垣”。墙内奇石为山，池养金鱼，亭台楼阁，小桥流水，俨若仙居胜境。沈家人居住的楼宇，栏杆皆金银、宝石装饰，四角悬挂的是琉璃灯。沈府的室内、室外娱乐设施齐全，可供十数歌姬舞女表演，还是“温室”，具有“中央空调”效果。

寝室中，用的是貂皮被子，蜀锦枕头，没有一样不是顶级配置。沈家所用的器皿至少也是金银，铺的桌布用的是真丝，搁筷子的则是羊脂玉筷枕。沈家有一把酒壶是玛瑙的，通体透明，宛如水晶，壶上有葡萄与蔓枝，如同水墨画，纯属天然，并不是画上去的，至于怎么生得这般奇巧，没有人知道。沈家人的穿戴就不必说了，因为他们家的僮仆穿的都是绫罗绸缎。

沈万三富极一时，他的弟弟沈贵曾写诗劝他：“锦衣玉食非为福，檀板金樽亦可休。何事百年长久计，瓦盆载酒木棉裘。”一语成谶，这种日子沈万三果然没有维持太久。

犒军事件

修城墙已出了巨资，日子还过得这么滋润，沈万三进入了朱元璋的鹰眼。

据董谷《碧里杂存》记载，这一日朱元璋找来了沈万三，交给他一枚铜钱，说你理财有方，这文钱你去为我放债，一月为限，每日收取一对合。

“一对合”，就是每天利息是 100%，利滚利，每日翻番。管家替沈万三算了半晌，天啦——到期要给五亿四！

沈万三眉头皱都不皱，给了。这不是大款扔几个亿小钱将人砸死，而是沈万三心里怕了——太祖从他这里挣点“利息”，已经是皇恩浩荡了。

洪武年间，《凤阳歌》风行大江南北：“说凤阳，道凤阳，手打花鼓咚咚响，凤阳真是好地方，赤龙升天金凤翔，数数天上多少星，点点凤阳多少将。说凤阳，道凤阳，手打花鼓咚咚响，凤阳真是好地方，皇恩四季都浩荡，不服徭役不纳粮，淮河两岸喜洋洋。”

唱《凤阳歌》的多是乞丐，而乞丐居然有富翁。中都凤阳，太祖老家。朱元璋坐上龙椅，便强徙江南巨户到凤阳府。这不是太祖关心家乡建设，报复江南富户曾支持政敌也只是一个方面。在太祖的眼里，财富意味着势力，也是自己权力的威胁。一个分散的小农社会，有益于朱家的社稷江山。“打土豪分田地”，百姓有日子过，谁愿意不要性命跟皇帝过不去？

但是，江南的富户就惨了。他们聚集中都，原有的土地被剥夺。由于超强度的移民，凤阳地区人口激增，灾荒也不少，这些迁徙的江南巨户，长年返乡梦不断。虽说那里已经物是人非，但有梦总比没梦好，何况人是有情感的。朱元璋乐意吗？严禁他们离开。所以，人急了办法就多：他们假扮卖艺，打鼓唱曲，顺便解决食宿问题，为的就是离开凤阳——唱着《凤阳歌》溜出中都的，夹杂着改头换面的昔日有钱人！

朱元璋没有让沈万三走向陌生的异乡，但成熟的商人是敏锐的。当沈万三再一次听到街头的《凤阳歌》时，他的音乐慧根顿开，彻底明白过来——应该再一次拯救自己了！

保险绳是什么呢？钱！沈家，也只有钱，还算个能出手的东西。现在，京城南京，城墙坚固，是铁打的江山。实在找不出皇上的稀罕物，那就替皇上打造一支王牌军队吧！练军，拉一支队伍，不合适，太危险。沈万三思来想去：那就再挤点钱，犒劳军队吧。

这一次，朱元璋的反应非常平淡：你们有的是钱，可知道俺究竟有多少兵马？

这个，沈万三确实没想过，但必须支撑下去：每人犒劳一两银子，应该还是行的……

沈万三的过度热情，朱元璋醍醐灌顶。太祖打量着眼前的沈万三，一个“敌人”的轮廓，在朱皇帝的脑海里彻底清晰了——

“百花发时我不发，我若发时都吓杀。要与西风战一场，遍身穿就黄金甲。”早年的太祖，敌手太多，无法分辨，犹如西风，横扫水面，但太祖有的就是不含糊。元至正二十三年（1363 年），陈友谅的六十万大军于鄱阳湖灰飞烟灭。

顺我则友，逆我则敌，太祖就是这么敌我分明。消灭了陈友谅，敌人渐少，也渐明晰，那就是江南：“杀尽江南百万兵，腰间宝剑血犹腥！老僧不识英雄汉，只管哓哓问姓名。”哓哓啥？拿下了张士诚，这就乾坤已定……

太祖的诗，烟熏火燎，泥沙俱下，字里行间的明显血污，漫过敌手，最终写成太祖的英豪。太祖的诗“雄深宏伟”，意象鲜明，恨谁打谁，想到的，也就写下了。事实上，太祖正是这么不断地发现敌人，然后，消灭之！

沈万三，两朝的生意做得多，《明太祖集》读得少，根本不明白太祖的忌讳所在。大元朝，张士诚……不搭界的影子来回晃动。他们在哪儿？载舟覆舟，万民是水，恶人是浪，大明朝的江山社稷，那得旦夕提防。现在，沈万三没揣摩出太祖的心思，反惹出太祖的心思，几乎是自露马脚。“犒军”？他觊觎的是什么？太祖翻脸了：杀！

《明史》载：“吴兴富民沈秀者，助筑都城三之一，又请犒军，帝怒曰：‘匹夫犒天子之军，此乱民也，宜诛之。’后曰：‘其富敌国，民自不祥，不祥之民，天将灾之，陛下何诛焉？’乃释秀，戍云南。”

沈万三躲过杀头的噩运，貌似出自马皇后的求情，其实朱元璋要剪除的，是权力威胁，不单单是沈万三式的生命个体。

“朕本农夫，深知民间疾苦。”朱元璋起自贫寒，基于自己的切身感受，视豪强大户为地方之恶，社稷之害。文明与财富的关联面前，太祖以自卑支起自信，不自信，则刀砍之。当他坐上权力的巅峰，便不断与底层联手，挤压中间富民（官绅），建立起皇权、中间层与底层之间的稳定三角。

史料显示，明初移民规模空前：江南富户及无地农户，山西北部和内蒙古的边民，山东、江西等地农户，迁凤阳；各地官吏、富户、工匠、军户，迁南京；塞外降卒或俘获的蒙古军民，迁北方各地；设立卫、所，军户有迁云南、甘肃等地……非军事移民七百万，总移民一千余万。移民原因，十分复杂，强推手段也层出不穷：既有允许百姓垦荒田为己业、免徭役和赋税等政策优惠的引导，更有无端加罪夺其田产、充军流放的黑恶手段。只要有利于皇权的稳固，朱元璋无所不用其极。在他感到潜在的威胁时，最先将中间层视为“假想敌”。沈万三的不幸，就是早早地成为太祖的靶垛。

风烛残年的沈万三，就此走上充军之路，成为又一个富人、穷人多部轮唱的《凤阳歌》传承人。

标本背面

通俗地讲，不为文臣窃取，不为武将劫掠，不为富绅掏空，这就是明太祖朱元璋的权力安全观。朱元璋与沈万三的交集，其实都是权力与财富冲撞的标本。

太祖起自布衣，对危机的警觉与应对，习惯于简略地归于敌我。出于防患于未然，“假想敌”的影子在太祖的脑海中总是不时涌现，然后“被消失”。不断挨揍的沈万三，充当着太祖逻辑的演绎。这种推演，既似是而非，又简单深刻：沈万三早年与政敌联手，唯利是图的商海，他势必将机谋置于目的之下。正面的背面呢？对其背面的猜测，太祖有失分寸在所难免。只是沈万三的背面表露太少，其结局凄凉又赢得善良者的广泛同情。

沈万三的背面会是什么？历史没有关注到这个匆匆而去的人，只将他的背影描成了阴影。沈万三何时故去，除了族谱并无确切的史料。随着沈万三的故去，他的标本意义依旧附会于这个家族，这个阶层，这种现象，抑或延伸。在确凿的史实中，沈万三的子孙确实已难以圈点：败坏法度，为害乡邻，一步一步，为社会所不容。纪纲是明代的一个“奸佞”，沈万三之孙沈文度（《明史》作“其子”）即与之勾结，欺男霸女，欺行霸市，鱼肉百姓。这个家族的是是非非，最终归并到“沈万三”这个“替身”。

财富高度集中的危害性，现代社会学理论有着更深刻的表述。但在传统社会中，则简略为“敌人”。显现的是战场敌，潜在的是假想敌。作为“假想敌”，这样的“沈万三”，朱元璋注定是要斩尽杀绝。

洪武二十六年（1393 年），“明初四大案”的“蓝玉案”发，朱元璋对“假想敌”的猜想，再一次被引爆。

蓝玉，朱元璋争霸天下与开疆拓土时的一柄利剑。“利剑”，指向敌人时是人才的可用性；“利剑”，指向自己时便是宿敌的威胁。这个蓝玉，也确实是个始终不安分的人：领军凯旋时可以打破关门，军中擅权独断专行，对太祖也时常出语傲慢……够了，对皇权的威胁，你便是敌手！当有人告蓝玉谋反，朱元璋未加思索，迅速出手，蓝玉连同一万余党，尽行诛灭。

《明史》对蓝玉不失感慨：“元功宿将，相继尽矣！”《明史》作为正史，又并非字字珠玑，很多时候像是外行写内行。太祖眼里的蓝玉，最终最准确的表述应该是：“元凶宿敌，相继尽矣！”但千人的明史馆，就是没弄明白一个朱元璋，只用准了一个词：相继。

“相继”，就是“举一反三”，不头痛医头，脚痛医脚，达到标本兼治。更何况“出于不得已，而非以剪除为私计”。而彻底剪除蓝玉的枝节与下线，就不能不包括与之确有关联的沈氏家族。

沈万三家族与“蓝玉案”关联，源于沈万三之婿顾学文。顾学文的故事与《金瓶梅》的情节似曾相识，但不知顾学文是不是西门庆的文学原型——《弘治吴江志》记下的情节颇为生动：入赘沈家的顾学文，看上了街坊少妇梁氏，其长相大约如同潘金莲。梁氏的丈夫陈某，长得不比武大差，智力则比武大很低一截：“呆戆”。陈某的父亲官比武二稍大一点，从九品，再小也就不能叫官了。这位官人是洪武朝的序班，也就是在鸿胪寺上班，具体办办会务，安排吃喝等。

顾学文兼任地方的粮长，舟行往来常停泊在梁氏的楼下，他有时唱唱曲子，有时假装上洗手间，如此反复，与梁氏终于熟悉了。怎么引开人家的老公呢？花钱叫人让陈公子喝酒、打牌。好在陈公子智商低，这两招明显见效。接下来就是要找一个“王婆”式的人物穿针引线，这也很容易。顾学文与梁氏的好事，就这么成了。

恽哥这个角色是陈序班的哥哥陈缩头，他吃的盐比恽哥多，处理问题自然比恽哥厉害：陈缩头抓住了顾学文与梁氏的往来物证，打捆寄给了当序班的弟弟。序班这个恨啊！但生气归生气，人家是个有钱人，也不是多重大的杀人越货刑事案件，还能把人家怎么地？

陈序班毕竟是个官场老手，没啥权，但有见识。“蓝玉案”发，陈序班笑了。有一天恰好为朱元璋近身服务，陈序班面奏太祖：“臣本县二十九都正粮长顾学文出备钱粮，通蓝谋逆！”

朱元璋斜睨了一眼：磨蹭什么？抓啊！

从听取口头汇报，到最终拍板决策，一瞬间。

皇上要抓人，那也太容易了。顾学文父子三人，老丈人家的六人，还有顺便搭进来的，八十余人悉数归案。再从重从快，全部杀头……

仅仅一个偷情案，办成一个政治谋反案，朱元璋这么冲动？藐视的随心所欲，其实深思熟虑！沈家是不是掺和谋反，这不重要。重要的是沈家与蓝玉，早有交集，且有人报告。蓝玉本人，也曾数次向朱元璋推荐自己家的教书先生王行，朱元璋也是见过面的。王行曾两次在沈家任门馆先生，与沈家的交往有三十年。这么一个中间人，一头有权，一头有钱，权钱之间勾肩搭背，不正是潜伏的宿敌吗？

自明洪武六年（1373 年）前后的“犒军”事件，到洪武十九年（1386 年）因田赋被人告发，沈万三两个孙子入狱。到“蓝玉案”发，沈家已是十余条人命。前后二十年，沈氏家族遭受朱明王朝三次沉重打击，不衰落，太难了。太祖呢？他不果断出手，“聚宝盆”里生出什么东西来，“摇钱树”上又落下什么怪物，晚上断断是睡不着的。

朱元璋决心铲除以蓝玉为首的武功集团，看准的正是其职务所在，以及上上下下派生出的盘根错节。诛杀潜在的异己势力，而沈家误把冰山当作靠山，覆巢之下，焉有完卵……

六百年过去，沈万三为周庄留下了一块旅游招牌，激起无数过客羡慕的眼神。但在明代，沈氏家族不光有巨富的光环，还有无尽的耻辱，还有恶。明《大诰》为明太祖钦定，法律地位高于《大明律》，累计印制数千万册，以国家力量强力推行，全国臣民户有一册，为中国法制史上空前普及的一部法律。《大诰三编》中的“陆和仲”，即沈万三之婿陆仲和，又因涉“胡惟庸案”而“身亡家破”，其子弟诛夷殆尽，只一幼孙幸存。大明的臣民，没有人不知道这个反面典型！

苏洵曰：“赂权而力亏，破灭之道也。”权与利，有着共同的欲望冲动，这是肯定的。封建专制制度下，作为商人的沈万三，明哲保身，行止“在商言商”的公共表达，或是一种理性的选择，只是做到太难。正义的视角下，选择明哲保身，藐视深刻，实流于肤浅，因为这个前提需要社会静止，阶层固化。士农工商，四民之末，富人与财富的如此定性，亦非太祖一人。令史家扼腕，散发出悲凉。这种悲凉，又恰似中国积贫、积弱的滥觞。中国历史上，历史事件汗牛充栋，但朱元璋始终锁定沈万三及其家族，《明史》里不断提及沈万三（沈秀），看准的都是他的标本意义——沈万三，他标志着一个家族，标志着一个阶层，标志着抽象的资本对现实的权力威胁。当权力意识到这个“假想敌”时，势必将之碾成齑粉。

沈万三归根结底只是元末明初的一个民间商人，《明史》等正史不可能专门为他立传，但好歹有“传说”为其在后世留了个名。而所谓“传说”，不过是对历史最冷血的补偿……

第三章

刘三吾：知识分子的应用功能

明初的知识分子命途多舛，高启因诗“小犬隔花空吠影，夜深宫禁有谁来”被腰斩，陈养浩因诗“城南有安妇，夜夜哭征夫”被溺死。凡此种种，其实都是稗官野史的说法。所谓明太祖朱元璋时代的“文字狱”，正史中基本找不出实据。新朝百废待举，知识分子的有用性，朱元璋曾不择手段地收罗文人。刘三吾因此入朝为官，最终却差一点人头落地，这究竟是因为什么？

田园归来

刘三吾（1313—1400年），名昆孙，字三吾，号坦翁，湖南茶陵人。

刘三吾出生于典型的知识分子家庭，祖父、父亲都是元末知名的文人，父亲刘平野曾担任元朝的翰林学士。两个哥哥也在元朝为官，可惜身逢元末乱世，不幸为匪寇所杀。为避寇乱，刘三吾去了更为偏远的广西教书为业，因为有学问、人品好，被举拔为靖江道的儒学副提举，相当于桂林市的教育局副局长。洪武元年（1368年），明军攻克广西，刘三吾随之返回故里。社会开始安定下来，年届六旬且生性恬淡，暑则豆棚瓜架，寒则地炉活火，晚饭杯酒，促膝言欢，刘三吾感到了满足。

现实中的诗酒田园，总是短暂的。平定四海，收揽英雄；治国安邦，求贤若渴，朱元璋宏图大业的转型，亟须巨量的知识分子承担官府事务，于是“寻人启事”贴满乡野街巷。地方官府的差人们，时常手里拎着钱袋子走街串巷，遇上识字的人，谈好价钱，便一手交钱一手带人，让他们前去官衙听用。这种“求贤”，由于需求量太大，也作为硬任务分配给了朝廷重臣。丞相徐达是个粗人，什么叫知识分子基本上都不明白，为了完成任务，见到识字的就抓，有不愿意的干脆绑起来送到京城，为此还受到了朱元璋的一顿批评。

作为知识分子，多少有些思想，有些见识，有些时局的判断，新朝的这种“求贤”，并非一呼百应，回避或干脆拒绝的也不在少数。江西贵溪的夏伯启叔侄，对新朝的认识不到位，为了避免出来当官为差，竟然自残，砍掉了自己的手指。结果，这对叔侄被押到京城，朱元璋亲自将他们训斥了一通：生下你们的叫父母，有难救你一命的叫再生父母！现在天下太平，你们享受太平，我就是你们的再生父母！不为再生父母效力，要你每（你们）何用？

夏伯启叔侄被骂得心悦诚服，最后高高兴兴地接受了杀头。

较之于普通的知识分子，刘三吾与他们显然不在一个层面上。洪武十八年（1385年），朝廷需要特殊人才，通政使茹瑺举荐了刘三吾。

茹瑺，衡山人。明太祖朱元璋有天梦见“南岳神”来辅佐自己，第二天视察国子监，正好遇见太学生茹瑺，朱元璋大吃一惊：这小伙子跟“南岳神”长得一模一样！一问，居然还是“南岳衡山人”。朱元璋大喜过望，说你别去考试了，直接去当承敕郎，很快又将其提拔为通政使。

衡山距茶陵不远，茹瑺与刘三吾一个是朝廷命官，一个是乡野文人，刘三吾并不知道茹瑺，茹瑺却对刘三吾之名如雷贯耳，因为刘家在地方上实在是太有名了。

这一年，刘三吾已经七十三岁。明朝能活七十岁的人实在稀罕，所以地方官府通常给这些“寿星”发点“政府补贴”，死后还可以有几寸长的“传略”，载入地方志“耆宿传”。

七十多岁的人入朝，是茹瑺混差事，还是刘三吾想混口饭吃？朱元璋感到很奇怪，决定抽时间当面见识见识。倘若有了差错，茹瑺与刘三吾的麻烦那就都大了。

一言之失被“退休”

朱元璋本来想见识一下刘老头就算了，但见到刘三吾后主意又改了。刘三吾知识面太广，朱元璋想问的他都知道。更重要的是刘三吾身体特好，脑子清晰，干力气活都行。朱元璋情不自禁地与刘三吾谈了几个时辰，大有相见恨晚之感，当场决定留刘三吾吃饭，自己酒都比平时多喝了几杯，给了刘三吾一个左春坊左赞善，接着又让他做了翰林学士。朱元璋同时表扬了茹瑺，后来将其晋升为兵部尚书、吏部尚书，还写了个“中流砥柱”的字幅让茹瑺拿回家挂着。

刘三吾入朝后的工作一点都不轻松，因为新朝的治理难点是在“规范化”，不能再像“创业”时期，头目一发话，大家就操起家伙把对方的城墙给拆了。刘三吾担负着教朱元璋三子晋王朱棡读书的任务，还要为朝廷制作大量公文，这种活普通知识分子也确实干不了。还有，倘若哪位王公去世，朝廷需要赏个碑文什么的，都得由刘三吾执笔。特别是碑文这种东西，人家的后人少则也得留个几百年，每个字都得讲究。

当然，饱学之士刘三吾的知识，主要是应用在朝廷的典章、制度上，《存心灵》《省躬录》《礼制集要》《寰宇通志》等御用典籍，都由他主纂。单是这几本书，一般的知识分子都读不了，何况是写。其中有几种，刘基那么神通广大，都没办法完成。刘三吾的学问加上严谨，从来不出错。

帝制《大诰》，是明初最重要的“大明法典”，普及率比《圣经》还高，老百姓家里几乎是一户一册。明初的中国，基本上是个文盲大国，但老百姓一字不识没有关系，朱元璋领导文化工作是弱项，领导文盲工作却是强项，他让全国的村庄村口都建两个亭子："申明亭"与"旌善亭"。前者是张贴朝廷文告，公布本地的坏人坏事，后者则用来宣传好人好事。亭子里面会有个读书人，免费给平民讲《大诰》。但要牢记一条，家里必须有一本《大诰》！因为万一哪天家人犯事了，有《大诰》的可以罪减一等，没有《大诰》的就会罪加一等。

《大诰》的名义是帝制，其实是朱元璋的口谕，也就是他听完案情汇报后，作个口头评点，刘三吾及相关文人将"最高指示"整理出来。整理时需要做技术处理，比方说皇帝评点时发出个语气词"嗷"，那得换成"嗯"什么的，否则给皇上造成精神损失，责任就转换到这帮知识分子头上了。

《大诰》的文字是刘三吾的，意思是朱元璋的，这一点刘三吾处理得很好。洪武十八年（1385 年），同州人王权考中了进士，因为和朱元璋的第十七子朱权同名，朱元璋将他的名字改成王朴。钦赐佳名，王朴经常拿出来炫耀，事实上朱元璋对他也确实不错，让其做了吏科给事中。科道官是皇帝直接领导的，王朴经常与朱元璋见面，有一次王朴逮着朱元璋的错误，便站出来与皇帝较真。朱元璋一生气，就把王朴赶回家了。

其实王朴没有错，所以朱元璋气消了之后便召回了王朴，并把他升为御史。朱元璋召回王朴，目的是让他好好做事，不是要他在自己身上挑刺。王朴则完全误会了皇上的意思，认为敢于直谏就是自己尽职，最后都能得到相应的好处。王朴回来后连夜起草了一篇"时事评论"，朱元璋见后大为光火，要把王朴推出去杀了。过了一会儿，朱元璋气又没了，派人追上王朴，说倘若承认错误、改正缺点，可以从轻处理。王朴这回又错误地总结了经验，认为又是一次升官的机会，毫不犹豫地将筹码押在当"谏臣"上，这就没救了。

一看皇上是真杀，王朴慌了。路过史馆时，王朴冲着刘三吾大喊："学士刘三吾志之——某年月日，皇帝杀无罪御史朴也！"

刘三吾当然听见了，但怎能真的这么写呢？后来，官民们见到《大诰》中"死罪·进士"一条的具体文字是这样的："王朴，任监察御史。一次为水灾受赃一百贯，戴绞罪还职；一次为奸顽诽谤不办事，处决。"

御用文人，关键是体现知识的应用功能。刘三吾厚道，人品好，但不是什么事都要逆着皇上干。刘三吾后来在《大诰后序》中说了段意味深长的话，大意是说：皇上励精图治，忙得连吃饭的时间都没有。言外之意，大概是讲作为皇帝，忙中出错是在所难免。点评王朴案，文中最精彩的一句话，便是“何尤乎人！”刘三吾告诫官员们，《大诰》中被当作反面典型的这些人，罪有应得也好，冤深似海也罢，都有咎由自取的一面，不要怨恨别人！

朱元璋信赖、赏识刘三吾，也并非因为刘三吾的处世风格，而是没有刘三吾这样的学识与智商，换了他人，自己根本没法适应。有一次，地方官送来一捆庄稼，这要是让徐达过来看，瞧个半天，最后一准会说：这不是畜粪浇得多，谷穗长得大吗？

但刘三吾一眼就看出来了：这叫“嘉禾之祥”，祥瑞之物，周成王时出现过。只有明君再世，天下太平，才会天降祥瑞。然后，刘三吾安排人记入史书，还安排画师写生存档。这不叫拍马屁，古代通常都这么处理。况且，领导也需要增强信心，需要鼓励。

后来，南京上空又出现了一次五彩云。这种瞬息万变的东西，刘三吾也及时发现了，并且作了类似的解释，类似的处理。

朱元璋杀人甚多，后人称其为变态。这个，没有医疗档案，不好定论，但心理压力肯定是有的。心情不好，脾气就差，人的本能都是差不多的。心理疗法毕竟也是科学，刘三吾的工作就是在完成任务的同时，还能让朱元璋有个好心情，这是各级官员的好事，普通老百姓的好事，等于是国家的好事。

有一年的夏天，朱元璋办公结束，特意找来刘三吾。朱元璋兴致勃勃地说：朕每观天象，自洪武初有黑气凝于奎壁，今年春暮其气始消，文运当兴。尔等宜考古证今，有所述作，以称朕意。

刘三吾为此迅速写了一首诗，朱元璋跟着和了一首。痛快啊！朱元璋高兴地赏给刘三吾一支笔，还是从朝鲜进口的。

都这一把年纪了，工作尽心尽力到这份上，够不容易了。但刘三吾还是被吏部侍郎侯庸弹劾了一次，说他“怠职”。这些年轻官员也不想想，都跟你爷爷一辈的人了，还跟你一样上班下班，偶尔迟到早退，上班时间打个瞌睡，容易吗？朱元璋很公正，处分要给，但很快取消了。

刘三吾对明朝的贡献，还很微妙，几乎改变了明朝的格局。洪武二十五年（1392 年），太子朱标不幸逝世。悲痛之后，朱元璋不得不将议立太子之事提上议事日程。在众官面前，朱元璋先讲了个意见：燕王英武似朕，立之何如？

这是个很大的难题。燕王朱棣，只是朱元璋的第四个儿子。朱标死了，排在他前面的，至少还有秦王朱樉、晋王朱棡两个。而这时皇室诸王，多拥有重兵，觊觎皇位的，并不止朱棣一个。立储本是大事，现在又不按规则出牌，给人合理的解释，倘若诸王不服，内乱都会有的。

太敏感就不能妄议，有主意、没主意的百官，谁都不敢开口。刘三吾挺身走过来，对朱元璋劝了一句：立了燕王，置秦、晋二王何地？

朱元璋听后，一句话都没有，大哭一声，离开了大殿。

纠结啊！但也实在没有好办法。最后，按照礼制，立了皇太子朱标之子朱允炆为皇太孙。

如果没有刘三吾那一句话，朱棣很可能就是太子，那就没有建文帝，就没有“靖难之役”，就没有郑和下西洋……但是，历史没有“如果”。

一口气出不来的、睚眦必报的朱元璋找了赵勉的茬。

赵勉，湖广夷陵（今宜昌）人，洪武十八年（1385 年）进士，后娶刘三吾之女为妻。皇帝器重老岳丈，赵勉官场直升，洪武二十二年（1389 年）晋刑部尚书，洪武二十三年（1390 年）迁户部尚书。但议立太子事件后不过半年，朱元璋就认为他们夫妇共同贪污，将二人给杀了。女儿、女婿死了，刘三吾也被降职。刘三吾心冷了，要求辞职，朱元璋同意他退休回家。

“八十还乡能有几，当时画锦亦堪夸。”颐养天年，比起丢脑袋，结局也算不错。但回家没多久，朱元璋又将他召回朝廷，官复原职。一件用熟了的工具，朱元璋舍不得啊！

但这一次复出，刘三吾预想不到的祸事来了。

文人的使用

洪武三十年（1397 年）春天，朱元璋交给刘三吾一项光荣而神圣的任务：主持明朝开国以来的第九次科举考试。

这一年，刘三吾 85 岁。

刘三吾主持的是会试。明代的科举考试，考生先要通过县、府、院考试，考中的即为秀才。取得秀才资格，再到省里参加乡试，被录取的即所谓举人。秀才与举人都有相应的经济待遇，举人也可以被安排做官。

有了举人的资格，即可进京城参加会试。中了，再进宫殿，参加皇帝亲自主考的殿试，分成三甲：第一甲，三名，赐进士及第，分别称状元、榜眼、探花；第二甲，不到十名（不同时期数额不同），赐进士出身；第三甲，名额不等（每科少则几十，多则两三百），赐同进士出身。殿试只排出名次，分出等级，没有淘汰，所以科考的关键只在会试，被录取的便是会士，差不多等于进士。刘三吾主持会试，责任重大。

明朝科考的规定文体是“八股文”。究竟什么是“八股文”，很多人会想到《儒林外史》中的范进，天天研究“八股文”，折腾成癫狂，最后靠杀猪卖肉老丈人的一巴掌，才打回了原形。其实，这完全是一种误解。朝廷设计出八股文，为的就是选拔有用的人，替朝廷更加有效地干活。倘若结果选出了一帮疯子、傻子，那朝廷岂不是疯子、傻子吗?

八股文为朱元璋倡导，刘基创制，尔后盛行明、清五百年。八股文的核心，一是题旨，二是程式，即特定内容与形式要求下，写命题文章。其题旨，限定于《四书》《五经》之内。其程式，是必须先破题、承题再起讲，然后在规定的起、承、转、合中阐发题旨。

“题旨”体现的是朝廷意志，是对文章思想性的要求。朝廷招你进来，给你发工资，目的是让你为它做事。你连思想上都不拥护朝廷，那它不是给反对党发钱，当冤大头吗?

内容与形式上的规定，客观上有助于应试者知晓考试范围，考官评卷时有评判标准，体现出科考的公平、公正。

科考也并不是写一篇“八股文”就行了，考试的内容十分全面，无非没有今天的外语与计算机方面的内容。无论乡试还是会试，都要考三场：第一场，考四书义三道；第二场，试论一道，诏诰表内科一道，判语五条；第三场，考经史时务策五道。全部内容，大到治国总论、封建伦理、经济理财、军事武略、文化教育，细到农业生产、水利建设、钱粮赋税、马茶盐铁、公私财产、田亩纠纷，对上的报告怎么写，对下的批复怎么批，断的案子怎么给人家一纸判决书，等等。这一圈下来，被录取的人，放到下面当个地方官，或留在中央做官，直接上岗都是合格的。

所以，科举胜出的人，没有一个是低智商的，除非作弊。事实上作弊也很难，考生进考场前，得从头到脚搜一遍。进了考棚，想抄袭，找不着人——每个考棚里，只有一人，并且吃喝拉撒都不准出来。跑出来抄别人?欠揍了。外面监考的，不光是寸步不离的老师，还有带大刀长矛的军士。交卷后，有五道程序：吏员将试卷弥封、糊名，交给受卷官，盖上戳印后送至弥封所；弥封官将试卷折登、弥封、糊名、编号，送交誊录所；誊录官将考卷用朱笔誊录后，交对读所校对，对读后再交收掌所收藏。接下来，改卷开始，试卷先交同考试官评阅，考官手里拿着的试卷，是专人誊抄后的副本，字迹完全是一样的。同考试官看中的试卷，向主考试官推荐。最后，主考试官再将这些被推荐的试卷进行评阅。整个过程，均由内外监试官监督。

刘三吾主考的会试，就是在这种完备的制度下进行的。刘三吾除了年纪大了些，以其素质与学识，主持一场会试完全不在话下。刘三吾“为人慷慨，不设城府……至临大节，屹乎不可夺”，垂老之年，还受太祖如此器重，承担为国选才的重任，心怀感激，不敢懈怠。会试前后有权贵给他递条子、送礼，他都挡回去了。考前他叮嘱考官，严肃考纪，公正阅卷，杜绝舞弊，报效皇恩。考中不顾年迈，亲临考场。考试结束，刘三吾亲自主持阅卷，反复调阅，直到排出的名次名副其实，才登出黄榜，报告礼部。

一切顺利，只等放榜。

南北榜案

但黄榜放出不久，京城就炸锅了！

会试结束，绝大多数考生都没走，赖在京城等结果。来参加会试的都是举人，大家在地方上没有一个不是出类拔萃的人物，自信心都强，有落第准备的举子几乎没有。黄榜一放出，考中的、没考中的，跟这事毫无干系的，全过来瞧热闹，足足几万人！

会试录取的比例很低，举子们落第的概率其实很大，看完黄榜需要回去自励的人是绝大多数。但这一次是个例外，很多举子看完黄榜，不是认为自己能力水平欠火候，而是朝廷存在严重不公：录取的五十一个人，全都是南方人，没有一个北方人——朝廷是埋汰北方人，偏袒南方人！

“地域歧视”的“问题”发现了，“原因”跟着也被人琢磨出来了：主考官刘三吾，南方人；副考官白信蹈等人，也是南方人；其他考官，还是南方人——刘三吾等考官，顿时成为众矢之的。

科举考试中的“地域歧视”，历史上还确实存在。北宋著名的宰相寇准就“重北轻南”，有一年考出的状元是南方人，寇准直接就把结果改了，并直截了当地对同僚说：状元必须是北方的！直接改考试结果，寇准却一点事没有。

但刘三吾却没有寇准那般好运——中国人的性格，南柔北刚，中榜者如果是北方人“清一色”，南方人说不定发发牢骚，或者写封举报信，也就算了。北方人则不，他们成群结队地来到礼部衙门，要找主考官刘三吾讨说法，闹得礼部天翻地覆。礼部既讲“礼”，也说“理”，但思想工作根本不管用。想想人家情绪激动，也是可以理解的——这些举子哪个容易，苦苦准备了许多年不说，这进趟京城费用就得几百两银子，搁到现在得一二十万元呐！怎么回去，竹篮打水，面子怎么放，给省吃俭用，甚至卖田卖地凑盘缠的家人怎么交代？所以，这闹事的劲头越来越大，情绪也越来越激动。后来，锦衣卫出动了都不管用，抗议的浪潮一浪高过一浪，整个南京城几乎沸腾了。

礼部官员一看事态不对，再捂着，自己又处理不了，生出什么乱子，那不要命吗？赶紧，上奏明太祖。朱元璋正在奉天殿办公呢，听到是举子们闹事，首先给了办公桌一巴掌：这么个事都处理不好，要你等何用？

礼部官员有苦难言，只好将举子们闹事的现场情形与事态发展，作了补充汇报。这等场面，朱元璋听后也皱眉了。朱元璋一面命礼部认真复查，一面又立即召来刘三吾。

刘三吾赶紧过去，朱元璋也不拖泥带水：你说说，怎么没有一个北方人？

刘三吾年纪大了，脑子却很清楚。他告诉皇上：北方不如南方，其实是一种正常现象。过去蒙古人对北方摧残得厉害，文人不能很好地读书，现在他们的文章难免不如南方的举子。

历史与现状的分析，刘三吾显然是对的，但他也动了一下脑筋：北方文人所受的摧残，刘三吾全部推到了前朝身上，当朝的责任那就不提了。

刘三吾的解释，朱元璋既没有责怪他有失全面，也没有感谢他曲意逢迎，因为他要的不是产生问题的原因，而是解决问题的方法。北方举子闹事的事，要是原因解释清楚就管用的话，那礼部早就把事情给灭了。

朱元璋还是有耐心的，毕竟是刘三吾，换了别人，早拖到下面打屁股了。解铃还须系铃人，朱元璋启发刘三吾：先生为何不特地选拔几个北方举子，鼓舞一下北方举子的信心呢？

这下，刘三吾的知识分子昏劲上来了，他大讲了一通科举的重要性和严肃性，根本没接朱元璋的茬。朱元璋怒了：既然北方人受压制那么久，都有一股怨气，那借会试的机会录取几个，安抚他们不正好吗？

刘三吾接下来的这一通，还是科举工作的重要性、严肃性。百分之百的正确，百分之百的无用，朱元璋要的是管用的一招。文人，实际用途确实很有限。

刘三吾的方法正确而无效，朱元璋干脆来个错误而有效的：立即将全体考官都停职，试卷重新审阅。这一招，对所有的人都是一瓢凉水。北方的举子，火气消了不少。谁委屈，那无非涉及几个人，不碍朝廷大局。

朱元璋亲自负责重审工作，张信等六七位翰林、侍讲具体复阅试卷。朱元璋让张信负责这项工作，是很动了番脑筋的：张信是定海人，如果他纠正了“问题”，对南方人来说显得公正；张信是前科状元，复查结果能显示权威性。更重要的一点，张信只有二十四岁，年轻人脑子应该灵活些，不会像刘三吾老大爷那样固执，解决举子闹事的事应该比刘三吾有效些。朱元璋还特意叮嘱张信，发现作弊的蛛丝马迹，立即奏报。

张信复核试卷的消息不胫而走，北方举人看到了希望，心情开始好了起来。

四月十三日，朱元璋亲自在奉天殿和大臣们一起听张信复核试卷的报告，刘三吾和白信蹈也参加了。朱元璋神情严肃：这次会试，录取的都是南方举人，全国上下非常愤懑！朕让张信重新审阅试卷，今天张信等十二位官员已经审阅出结果，即将公布。刘三吾等人需要仔细听着，如果有什么不明白的地方，还可以当面询问。张信等人也要公道，以服天下。

肩负使命，张信的报告非常严肃：臣查阅了北方举子的试卷，这几个在北方举子中属佼佼者，试卷文章通顺。

刘三吾一听，心都冷了：北方举子的试卷，稍微有点学识的一看就清楚，你这都是什么水平啊？

张信接着说：这次中榜的五十一人，最后一名是李容。北方举子中成绩最好的，当属韩克忠。但就这两个人作比较，韩克忠只能排上第五十二名！

奉天殿中的所有大臣，包括刘三吾，全都愣住了。但朱元璋没有，尽管他也是第一次听到这个结果。

朱元璋笑了，指着张信：你接着说，说说你到刘三吾家都干了些啥？

这回，只有张信和刘三吾两个人愣住了。张信说：臣与所有参加复核官的，从接手之日起，家都没回过啊……

朱元璋说：那你就说说，刘三吾的家丁与你的家丁，在你家门口谈过的是什么？

两家家丁见面？张信不知道，朱元璋当然知道，因为锦衣卫就是专干这个的。

朱元璋吼了：翰林院官员相互庇护，会试和复审继续作弊，实在辜负了朕！

老一辈文人与新一代文人，确实太辜负太祖的期望了：太祖要你们泼水灭火，但你们泼出的都是油。

张信、刘三吾以及所有考官，全被拿下，送入大牢！

无用之用

通过主考官员刘三吾主动“纠错”，到张信等复阅试卷，以调整会试结果平抑社会矛盾，朱元璋的心思一个都没实现。刘三吾主持的会试又找不到明显错误，发出的黄榜又不好作废，朱元璋只好下旨再举行一次会试。

第二次会试的结果出来了，一共录取了六十一名，比前榜还多十名。有意思的是，这次黄榜上的名单，全是北方人，居然没有一个南方人。

概率，概率论，反正明朝人谁都没学过。来京城考试的人，考上没考上，全都回去了——是谓“南北榜案（春夏榜案）”。

“南北榜案”，张信、白信蹈等二十多个考官、复查官员被杀。刘三吾老了，又是世子的老师，做过很多具体的事，免于一死，发配边塞充军。

杀二十几个人，比起此前的“蓝玉案”，族诛一公、十三侯、二伯，牵连被杀一万五千余人，已经毛毛雨了。

没有杀刘三吾，是朱元璋讲情面？是，又不尽是。但最关键的，是当初刘三吾给朱元璋解释“南榜”原因时，给朱元璋留了很大的面子，也让朱元璋明白了一个问题——刘三吾说蒙元的长期摧残，造成北方经济、文化落后。这个解释，显然只是事实的一部分，朱元璋心知肚明：北方的落后，最直接的原因，则是朱元璋所兴的大案，特别是“蓝玉案”。蓝玉征战的地点主要是北方，他的属下更多是北方人。“蓝玉案”被杀的一万五千余人，同样主要是北方人。北方经济搞垮了，社会精英被摧残殆尽，主角其实是朱元璋。非常时期，如果此次科举结果反响过大，势必对朝局产生微妙影响。有些文人不懂，朱元璋心里明白着。

科举的最终目的，是为封建王朝选拔执政队伍。纯粹地选读书人出来做官不是目的，当官的根本目的是为朝廷做事。但在客观上，明朝的科举为社会底层开辟了一条上升的通道，使社会阶层趋于垂直流动，整个社会就不至于成为“高压锅”。录取作为整个科举的最终环节，事实上有不同区域政治均衡的考虑，一定程度上需要反映和体现地方民意。封建时代，人民不可能直接掌权，地方及民意的诉求要上达顶层，很大程度上依赖地方官员。而科举制度，则具有某种代议制的色彩。正因为如此，科举制度也被一些人视为相对公平的代议制度，尽管封建时代不乏地方“朋党”之弊。

朱元璋一手兴起“南北榜案”，也与文人游离“应用功能”有关。“南榜”状元陈䢿，也由此吃尽苦头。

陈䢿，闽县人，殿试后被安置到卫所，过渡一段时间后被召回京城。作为自视甚高的状元，陈䢿对自己的工作分配非常不理解，于是在卫所研究天象，发现“今岁文星见闽”，自己中状元属于天意，太祖对自己的安排有违天意。朱元璋知道后，便将陈䢿杀了。朱元璋杀陈䢿，不是为了出气，也不仅仅是他私习天文违反朝廷禁令。要知道，与朝廷的需要背道而驰，在朝廷的眼里，这个文人也就失去了应用功能。

“南北榜案”，在一定程度上体现了全国统一形势发展中南北政治平衡的要求，也体现了朱元璋打击和限制江南地主的一贯政策。事件开启了明朝分南北取士的先例，至洪熙以后遂成定制。在一定程度上普及文化教育，提高落后地区考生的学习积极性，对平衡政治关系，乃至维护国家统一，惠及边远少数民族地区，是有积极意义的。

所谓分卷录取，就是根据全国各地经济、社会发展状况，分南、北、中三卷录取进士，尽可能保障不同地区都有人进入国家治理阶层。到明朝中期，终变成了“南榜”“北榜”“中榜”。南卷的范围包括浙江、江西、福建、湖广、广东五省，以及南直隶的应天、松江、苏州、常州、镇江、徽州、宁国、池州、太平、淮安、扬州和广德州；北卷范围是山东、山西、河南和陕西四省，北直隶的顺天、保定、真定、河间、顺德、大名、永平、广平和延庆州、保安州，以及辽东、大宁、万全三个都司；中卷范围是四川、广西、云南、贵州四省，以及南直隶的庐州、凤阳、安庆和徐州、滁州、和州。录取比例固定在南榜百分之五十五，北榜百分之三十五，中榜百分之十。

经“南北榜案”促成重大的变革，科举录取不再是“全国统一划线”，按照其所处的地域进行排名，分别录取出后再统一参加殿试。这个制度不但此后沿用于整个明清两朝，与今天高考中的“分区划线”，也有异曲同工之意。

作为一个深谋远虑的政治家，朱元璋自然深懂恩威并施之道，在经过了长时间的清洗之后，为缓和与北方知识分子间的矛盾，朱元璋自然不能承认南北考生水平差距的事实，而诸位公正的考官，只好无奈地做了替罪羔羊。朱元璋用“搞平衡”的办法，处理了这次震撼明王朝的科举大案，让刘三吾等一批官员当替罪羊，满足了全国统一形势下南北政治平衡的诉求。

朱元璋在处理完“南北榜案”后，也即将走到其人生的尽头。他在走到人生的尽头前，将能想到的敌人都一一诛之，同时也建立起稳定的秩序。他为朱家江山千秋万代，也只能做这些了。

朱元璋逝后，其孙即位，是为建文帝。建文帝即位后，召还了刘三吾。建文帝召回刘三吾，并不尽然是刘三吾对建文帝的上台曾有不世之功。况且，如今的刘三吾明显太老，几近九十，他为朝廷也干不了什么事。建文帝召回刘三吾，无非是他与太祖的思路是一脉相承的，朝廷还有更多的事件等着知识分子来做，刘三吾是朝廷用人的一个导向。

处罚一个无过之人，起用一个垂暮鲐背之人，意义都是一样的……

第四章

朱　棣：
权力的游戏与规则

民间传说：陈友谅刚过了把“皇帝瘾”，便在鄱阳湖被朱元璋给打败。死不瞑目的陈友谅，死后的第一件事就是找阎王“走后门”，要求投胎做朱元璋的儿子，报一箭之仇并重登权力的巅峰。据说，投胎转世的“陈友谅”，即是朱元璋之子朱棣。

权力之路

朱棣（1360—1424年），明朝第三位皇帝，年号“永乐”，庙号“太宗”，后改庙号“成祖”。

传说中的朱棣前世今生，实现的难度系数极大：陈友谅中箭身亡时，朱棣已经八岁，并不符合传说中的投胎转世规则。陈友谅若有这种重回权力巅峰的临终欲望，只能归于心有不甘而无可奈何。现实面前，倘若朱棣有这种共同的梦想，概率也同样近乎为零——他只是明太祖朱元璋的第四子，帝位继承的规则也将其排斥得很远。但是，种种不可能最终又成为事实，历史又是怎样地充满玄机？

最初，朱棣给朱元璋的第一印象并不太好。朱棣出生时，朱元璋收到的不是喜报，而是陈友谅进攻太平的前线告急文书。一旦陈友谅攻陷太平，应天（南京）就将陷入危险的境地。心烦气躁，朱元璋看都没看这个儿子一眼，便赶赴前线。七年之后，才给这个儿子取了个名字。

朱棣还是个有着先天不足的孩子：他的左脚内倾，走起路来步子一大一小，比较接近唐老鸭的风格。朱棣如果生在农家，将来干农活都有些问题，就算生在帝王之家，也不算天生龙种，有失领袖风范。

但是，衣服都是别人的好，儿子都是自己的好。朱元璋对哪个儿子钟爱是一回事，对自己的儿子一个不亏待又是另一回事。洪武三年（1370年），十岁的朱棣受封燕王——如此尊荣，并无特别，因为这对帝王之子来说，只是个政治、经济待遇，分点权力给他们也是必需的。而早在洪武元年正月，朱元璋长子朱标即被立为太子，也就是未来的皇帝，朱棣的领导。

洪武九年（1376年），按照父皇朱元璋的安排，朱棣来到老家凤阳经受历练。朱棣算是一个争气的小青年，在凤阳住了三年多，“民间细事，无不究知”，不仅在乡亲之间赢得了口碑，也使自己得到了磨砺。

朱棣走路虽有些缺陷，但丝毫不影响他成为出色的军人，因为他无须去当一个普通士兵，纵步走或齐步走。直接当将军、元帅，提刀上马或研究作战地图，腿脚不便也没人知道。朱棣的老丈人又是徐达，这种亲密的师生关系，教学中的一对一，资源利用虽不太集约，学到真正军事领导才能倒是真的。

洪武十三年（1380年），二十岁的朱棣就藩燕京，在权力之路上迈开了实质性的一步。独当一面的朱棣，虽说年轻，却政绩频出：他多次受命参与了北方军事活动，两次率师北征，招降蒙古乃儿不花，生擒北元大将索林帖木儿。

出色的功绩，开始改变朱元璋对这个儿子的印象，朱棣的权力之路露出新的光亮。

规则下的藩王

朱元璋对长子朱标也不是太满意，问题同样出在朱标的脚上。

朱标的脚比朱棣更糟——完全就是一个瘸子。

但是，朱标是皇长子，帝王继位的规则，朱元璋的接班人只能是他，兄弟们的遗憾再多也是枉然。

作为朱元璋的接班人，朱标单纯身体残疾也便罢了，更要命的是朱标的性格太懦弱。怎样才能当一个称职的皇帝，朱元璋太内行——铁石心肠，霹雳手段。而这两点，朱标全都先天不足。规则又不能改变，朱元璋只能费尽苦心。先是传帮带，洪武十年（1377年）后，朱元璋便让朱标协助自己处理朝政。但当了二十五年的学徒工，朱标都达不到转正的标准。

这也就是亲儿子啊，否则朱元璋早就叫他走人了！教都教不会，朱元璋只好帮他修理未来。为了将独家的权力进行到底，朱元璋必须将明天的事情今天做完。洪武十三年（1380年）以后，朱元璋屡兴大狱，特别是胡惟庸和蓝玉两案，株连残杀多达三万和一万五千余人，诛杀之惨烈，为历史之最。大开杀戒，有开国元勋们胆大妄为的一面，朱元璋考虑最多的则是扫除一切障碍，把一个四平八稳的江山，交给朱标。

朱元璋的杀戮，后人多不理解，或视其为变态。其实，何止后人，即便是他的亲儿子——太子朱标，也同样这么认为。

好心当成驴肝肺，朱元璋生气了。他将一根棘条扔在地上，让朱标去捡。朱标很为难，朱元璋说：这就对了！有刺你不敢拿，我帮你削的就是刺！杀掉那帮人，就是为了你顺利当家！

话都说到这份上，朱标应该明白过来。但是，他竟回嘴父亲："上有尧舜之君，下有尧舜之民。"

书上骗人的话居然当真，朱元璋怒不可遏，抡起椅子就朝朱标砸去。朱标赶紧跑，朱元璋拼命追。好在朱标还算聪明，他知道能影响父亲的，只有马皇后。马皇后死了，朱标将她绘作图像，时刻藏在怀里，以防不测。朱元璋这回也是气急了，拼命追打，朱标便计上心来，有意把母亲的图像掉在地上。朱元璋一看，马皇后！感念旧情，气也消了。但是，父子间的嫌隙多少有了。

朱元璋喜欢哪个儿子呢？二儿子朱樉。朱樉身强体壮，敢作敢为，又英勇善战，权力欲望极强，与戎马打天下的朱元璋如出一辙，朱元璋打心眼里喜欢。洪武十一年（1378年），秦王朱樉就藩西安，熟悉工作兼积累资本。洪武二十二年（1389年），朱元璋将大宗正院改为宗人府，有意让朱樉兼任宗人令。朱元璋一度想立朱樉为太子，但权力的交替必须讲规则，打破了这个规则，就失去了秩序。推而及之，谁能力强就谁当皇帝，朱家天下的隐患可能就来了。

三儿子朱棡，也很不错。朱棡一表人才，文才也不错，比识字无多的父亲强得太多，但就是脾气不好。洪武十一年（1378年），朱元璋让晋王朱棡就藩太原。拿老百姓练练手，锻炼锻炼，朱棡许能成就一番大事。

一人之下、万人之上的储君，历来都是权力斗争的焦点。朱标的太子地位，外部威胁朱元璋给整没了，但朱标弟弟众多，强手如林。怎么办？用对付胡惟庸、蓝玉们的办法，那是不可能的。朱元璋的办法还是有的，这就有了洪武二十四年（1391年）朱标的奉命出巡。

朱标巡视的地点，恰是秦、晋二王的藩地。朱标回来后，朱元璋便把朱樉、朱棡叫到了京城。朱棡居然表现不错，也很谦虚，对太子与百官都讲究礼节。朱元璋放心了，装作什么事都没有的样子对朱棡说：边防甚为重要，你回去吧，好好工作，更要一如既往地支持你大哥的工作。

朱樉则遇上麻烦了。朱元璋说：你表现不好，要将你撤职！

真撤呀？是等着朱标出来做好人，让朱樉知道大哥是他的恩人啊！

朱樉被留在京城受教育一年，朱标果然为他讲了几次好话。第二年（1392年），朱樉被教育得差不多了，该卖的人情也卖了，朱元璋命他返回藩地。从此，朱樉确实大有长进。洪武二十八年（1395年），朱樉率军前往洮州征伐叛藩，大获全胜。朱元璋十分高兴，给了他很多奖品。

朱元璋不放心并刻意要重点教育的儿子中，没有朱棣。

好人朱棣

朱元璋为什么没有将朱棣列入不放心人群呢？因为朱棣的表现太出色了！

朱棣将藩地管理得井井有条，对各级官员也要求严格，官员百姓一致拥护。燕王治下风清气正，唯有一个衙役思想品德不好，上菜市场买羊肉，经常不仅不给钱，还对商贩连客气话都没一句。朱棣知道后，决定亲自处理。他悄悄跟着衙役来到菜市场，衙役的臭德行又犯了。朱棣上前就是一剑，将衙役的脑袋一劈为二，并告诉围观百姓：这就是不为民服务、吃拿卡要的后果！

对老百姓，朱棣确实做到了爱民如子。有对山东逃难的父女，身无分文，病倒在路旁。朱棣到地方检查工作时发现了，将这对父女接进王府，给吃给喝，还安排医生给他们治病，并且住院费、医疗费全免。最后，朱棣问他们是愿意留下来工作，还是准备回家？父女俩再也不好意思麻烦王爷了，表示还是回去吧！路费、生活费，朱棣又给他们付足了。这对父女感动落泪，将朱棣菩萨般的先进事迹，一路声情并茂地从河北宣传到山东。

还有一次，朱棣见到一个士兵病了，走不动路，坐在路边呻吟。朱棣跳下马来，让病卒骑上自己的马。随从们说，殿下是万金之躯，怎么可以让一个小兵随便骑自己的马呢？燕王动情地说道："人命与马孰轻重？人病不能行，不载之，是弃之矣。吾岂贵马而贱人哉！且彼从吾，尽力而病，吾乃不恤之，岂为人父母之道？"将自己的马让士兵骑，曹操当年也没有做到。这样的领导，真是比父母都亲！

关心下级，朱棣似乎还是一以贯之。后来朱棣起兵攻打朱允炆，燕军在野外露营，严寒让人无法入睡，随从们好不容易找来几个废弃的马鞍，升起一堆火，让朱棣取暖。远处的士兵看到火光，纷纷跑过来准备取暖，走近一看，发现是燕王，不好意思地停下了脚步。朱棣的卫士发现了这些士兵，上前厉声呵斥要将他们赶走。朱棣制止了卫士，大声训道：这些都是壮士，勿止之！我身穿两件皮衣还冷呢，何况他们！我恨不能让所有的士兵，都来我身边取暖啊！

热血士兵，一齐流下了激动的泪水。

"燕王在国，抚众安静不扰，得军民心。众咸谓其有君人之度。"在朱棣的藩地，没有人不知道这位义气王爷。提起燕王，无人不情不自禁地竖起拇指。

小事无可挑剔，大事也不含糊。洪武二十三年（1390年），朱元璋命朱棣与晋王朱棡联手征讨蒙古丞相咬住和平章乃儿不花。朱棡比较斯文，领着士兵到处找人。朱棣已经凯旋，并且兵不血刃，俘获了乃儿不花，缴获"羊马无算"。

朱棣还是一个讲政治、讲原则的藩王。洪武二十年（1387 年），蓝玉出征蒙古归来，特意将缴获的名马进献给朱棣。朱棣认为这样的战利品应该献给朝廷，而不是个人。他拒绝了蓝玉的礼品，并严肃批评了这种公私不分的行为。

对父皇朱元璋，朱棣更是时刻不忘。远在藩地，朱棣时常派人书信请安。朱元璋六十八岁生日，众皇子费尽心思，搜罗奇珍异宝，备上一份厚礼。朱元璋无所心动，反而怀疑这些皇子苛刻待民，搜刮民间。朱棣呢？他送的是一束嘉禾。望着沉甸甸的谷穗，朱元璋心里乐开了花。棣儿的治下，一定是五谷丰登，一派国泰民安的太平景象！

对朱棣，朱元璋开始喜欢，也开始欣赏。儿子们一个个成才，这是父亲最大的愿望。但是，晚年的朱元璋失望接踵而来……

朱允炆的忧虑

洪武二十五年（1392 年），太子朱标病故。白发人送黑发人，朱元璋怎能不悲痛欲绝？更让朱元璋痛心的是，太子亡故，自己二十多年的心血付之东流。朱家的江山要千秋万代，皇帝之位应该传给何人？

一生不守规矩的朱元璋，这件事他必须遵守规矩。嫡长子制的大位传承规则固定了千年，皇族与社会一并纳于秩序之下，最终为的就是帝王世代相传，而不为他人觊觎。但是，朱标去世，其长子早已夭折，次子朱允炆不过年方十五，弱小的肩膀能否扛得起天下的重任？朱元璋犹豫了，觉得有必要做一次冒险，动动规则，将帝位传给儿子。但传给哪个儿子呢？按理应该是次子朱樉，但他的品性有些问题，朱元璋已有所觉察。三子朱㭎，又显得斯文，刚性不足。四子朱棣，成熟了，也德才兼备，且具威望。

朱元璋将这个想法数次暗示群臣，希望从他们口中主动说出，但谁都不愿开口。朱元璋忍不住了，明确提出让朱棣接班，还是没有人明确表态。大臣们心里精明着呢，圣意不能违，违心的话也不便说，局势不明，又有违礼制，加之太祖反复无常，倘若匆忙表态，那是绝对有风险的。

最后，朱元璋信任的老臣刘三吾出来说话，他提醒朱元璋：立了燕王，置秦、晋二王于何地？

王朝的利益是第一位的，朱棣之前，还有朱樉、朱㭎，完全打破规则，皇位继承的纷争，现在没有，将来完全可能有。总不能为此杀掉两个亲儿子吧？左右为难，难以如愿，朱元璋失声痛哭，接受了刘三吾的意见。洪武二十五年（1392年），立朱标之子朱允炆为皇太孙。

对皇孙朱允炆，朱元璋倒也喜欢，虽然这孩子长得不好看，脑袋有点扁，但十分孝顺，也非常聪明。朱元璋自我安慰：如果自己健康长寿，这孩子还是有培养前途的。

朱允炆虽小，却相当早熟，对很多事情有着与年龄不相称的超前考虑，尤其是“叔叔问题”。由于叔叔太多，朱允炆谈不上印象全面，但对四叔朱棣却印象深刻。有那么两件事，甚至在他幼小的心灵，留下了恐怖的阴影。

一次，朱允炆放学回家，朱棣冷不丁一巴掌拍在后背：小子——没想到你还有今天啊！

朱允炆吓了一跳，以为大混混堵校门口，专找小孩敲诈勒索呢。

还好，朱元璋路过，将朱棣臭骂了一顿。但朱允炆心里总是挥之不去，一放学就想到朱棣，生怕他又从哪个角落溜出来，一巴掌打掉自己的魂。

另一件事，是有一次朱元璋召开家庭联欢会。朱元璋虽然字认得不多，但业余时间经常写诗，因为这玩意消耗不了多少汉字，凑合起来难度较低。联欢会上，朱元璋诗兴大发，出了道上联：“风吹马尾千条线。”朱允炆对：“雨打羊毛一片毡。”

朱元璋觉得应试教育把学生害惨了，扼杀了学生们的创造性思维。羊对马，说是说得过去，但这两个牲畜，一个比一个寒碜，所以相当不欣赏。

朱棣接上了：“日照龙鳞万点金！”

龙都出来了，朱元璋很高兴，对朱棣特别表扬。

朱棣狠狠地看了朱允炆一眼，朱允炆感到有一股蓝光，毛骨悚然，芒刺在背。但恨的不是爷爷，而是逞能的叔叔。

当然，这只是清人笔记小说《坚瓠集》的记载，不一定真实，但朱允炆与朱棣之间的龃龉不是一天两天了。朱允炆对朱棣印象不好，朱元璋对朱允炆印象也时好时坏。心情不好时，朱元璋看着朱允炆的脑袋挺别扭。朱允炆的脑袋不好看，但脑袋瓜子却很好使，这又让朱元璋欣慰起来。

朱允炆确实很聪明。当初，爷爷出题考自己父亲。现在，朱允炆想为老爸挽回影响。这个问题十分尖刻，他思考了很久，没有答案，现在要拿出来考考朱元璋。他想知道，爷爷比孙子究竟高明多少。

朱允炆问：叔叔们都被爷爷封了王，个个手下都有重兵，说是为了对付敌人。如果他们有了异心，用来针对我，那该怎么办呢？

孙子真是聪明啊！这道题爷爷或许想过，但确实没有答案。不过，爷爷终究是爷爷，爷爷不会将没把握的答案轻易拿出来，让孙子见笑。爷爷什么样的难题没见过，所以只反问了三个字：你说呢？

孙子暗暗叫苦，自己出的题目竟然要自己做。爷爷问了，那就讲吧，毕竟这些年读了不少书，文章也写过无数，权当现场作文吧！朱允炆回答朱元璋：如果叔叔们真有了异心，我认为可以一步步来——首先我自己做出榜样，然后要他们都来效仿。再不行就将他们换地方，加强管理。再不行，就没收他们的封地。这些都不行，那只能拔刀相向了！

拔刀？朱元璋心中一顿。但不拔刀又能怎样，总不能谁想当皇帝谁就当吧？朱元璋有点为难。没有更好，就是最好！朱元璋艰难地给出了评语：那只好这样了！

但是，爷孙俩显然忽略了一点：方法步骤这么有条不紊，那得对方配合啊！

洪武三十一年（1398 年）闰五月初十，朱元璋病逝。闰五月十六，朱元璋下葬，朱允炆即皇帝位。朱元璋，堂堂一位开国之君啊！死后才几天就下葬了，发通告让全国人民举行悼念活动都来不及。况且，他老人家那么多儿子，分封在外地，回来参加一下遗体告别也不过分。

朱允炆为什么敢冒天下之大不韪，速葬朱元璋？有史书上称，这是朱元璋自己定的："故即位而葬，同日并举，皆高皇遗命，正以速葬消诸。"如果是朱元璋自己要速办丧事，别人应该没必要说三道四。但这话是朱元璋生前说的，还是"死后说的"，并没有人知道。

秘史则称，朱允炆实际上在即位的前一天，即闰五月十五就把朱元璋给下葬了。朱允炆为什么要这样做？《皇明大政记》称："并初虞致祭，不啻数坛，尚称皇太孙。宁有大葬无嗣皇帝主祭之理？"

这个说法很有道理。朱元璋地位太高，主持仪式的应该是皇位继承人！朱允炆先继位，仪式规格提上来，属于工作需要。

其实，更合理的应该是科学：南京素有"火炉"之称，闰五月已是夏天了，很热。不早早埋了，尸体不雅观。可惜，没见到朱允炆的这种科学解释。而实际上，朱允炆是有更隐秘的一件事等着要办……

威胁来临

隐秘的答案，藏在朱允炆"正式上班"的第一个月"工作日志"里。

这第一个月，朱允炆做了三件大事：办了爷爷的丧事，办了自己的喜事，办了叔叔的倒霉事——叔叔周王朱橚，一位热爱医药事业的藩王！

周王朱橚，太祖第五子。朱橚比较有意思，朱元璋在位时曾被处理过一次，朱允炆登基后，他又被自己的儿子朱有爋举报。既然有实名举报，朱允炆就直接将他逮捕了。

朱橚，没听说朱允炆对他有什么不好的印象啊！只知道朱允炆对朱棣印象差。但是，朱橚是朱棣的同母弟弟。打架亲兄弟，上阵父子兵。朱棣要是干什么事，第一个帮忙的恐怕就是他。朱橚有了问题，必须从重从快，让其享受优先查处的待遇。

朱橚是藩王，所以处理朱橚不叫处理，有个很典雅的专有名词：削藩。

削藩，在历朝历代都是大事。朱允炆上班才几天，就挑这等大的干，太草率了吧？一点都不，早有智囊团谋划好了，无非时间有点不够用。领导大了，钱够花，通常时间不够花。

朱允炆的首席智囊：方孝孺（1357—1402年），明初著名学者，官翰林院文学博士。方孝孺作为朱允炆的首席智囊，是朱元璋钦定的。冲着朱元璋的品牌价值，这个人选应该值得信赖。朱元璋曾对朱允炆说，方老先生知识、能力、水平尤其是素质绝对过关，只是有点傲气，我帮你打压打压他，到时候你用就方便了。什么对你忠诚，治理国家，实现和谐，绝对没有问题的！

爷爷之老到，孙子从来都不用怀疑。方孝孺真是不简单，莫名其妙地被打压了十五年，并且明显的事实就是：自己的父亲方克勤，还由于工作原因被朱元璋亲自判处死刑。但他从来不往坏处想，怀疑领导对自己有成见。对老皇帝、新皇帝，他都只有两个字：忠诚。朱元璋眼睛毒啊！

这十五年，方孝孺突飞猛进的还体现在学问上：什么圣贤话，他都背熟了，且运用自如。朱允炆就是说声“开饭了——”，方孝孺都能找到一句名人名言，恰如其分地表达出来。谁要是不相信，以为老方瞎编，他也能分分钟找出原著，准确地翻到那一页。

朱允炆智囊团中的第二个人物：齐泰（？—1402年），进士出身，曾中过解元，学问没有任何问题，时官兵部尚书。

齐泰也是朱元璋亲自为朱允炆选定的，同样有特长。有一年，朱元璋正在办公桌上批阅文件，突然一道闪电从天而降。朱元璋身手敏捷，及时躲过。但闪电跟着朱元璋后面追，朱元璋绕着办公桌跑，几圈下来，一身冷汗。还好，最终化险为夷。

这等怪事，后来科学家给出科学结论：那叫球形闪电！但朱元璋没看到这个科研成果，所以心里特别害怕，以为是上天要惩罚自己。为此，他决定隆重地搞一次专项祭祀。由于这次祭祀意义特别，陪同人员的要求特别严格：至少有九年没有不良记录！

当九年高官，不干一点坏事，太难！但这么高的选拔标准，齐泰却顺利入选。

朱允炆智囊团中的第三个人物：黄子澄（1350—1402 年），太常寺卿，翰林学士。

这个人，是朱允炆自己加进去的。黄子澄，书读得特别好，洪武十八年（1385 年）会试第一，殿试第三。这位探花郎，从此伴读东宫，并与朱允炆成了铁哥们。

黄子澄很早就与皇太孙朱允炆讨论过削藩问题。朱允炆问：诸叔藩王皆拥重兵，如有变端，怎么办？

黄子澄答：诸王仅有护兵，只能自守，倘若有变，可以以六师监之，谁能抵挡？汉朝七国不可谓不强，最后还是灭亡了。大小强弱之势不同，而顺逆之理更相异啊！

书读得确实多，还知道汉朝七国之事。可惜，黄探花只知道枪杆子，忘记了“推恩令”。

皇太孙变成建文帝，黄子澄与齐泰等认为是实现抱负的时候了，立即鼓动建文帝削藩。怎么个削法？意见不一。户部侍郎卓敬等大臣，主张采用汉代“推恩”的办法：把藩王的权力，分封给藩王的所有子孙，而不是嫡长子一人。而且，还要异地分封。再大的权力，几次一分，也就没有分量了。想与朝廷叫板，只能是力不从心。

曲线削藩，建文帝认为这个主意妙，但又没有去做。以齐泰、黄子澄为首的大臣，则主张动粗。但动粗的顺序，又意见不同。黄子澄认为燕王实力强大，应该先削弱小的周、齐、代诸王，去燕王的羽翼，待时机成熟再削燕王。齐泰则主张擒贼先擒王，拿下燕王，其他诸王自然会如鸟兽散。

黄子澄与建文帝关系最铁，黄子澄的提议有效。

接下来，就是迅雷不及掩耳。

湘王朱柏，朱元璋第十二子。朱柏爱好广泛：爱读书，爱练武，爱旅游，还爱钻研高科技——准备在道术上有所建树。爱好太多，影响专业水准，朱允炆发现了他有一样爱好，但水平太臭：朱柏私印的钞票，典型的“一眼假”。

朱允炆通知朱柏来见自己，让他跟朝廷交代清楚印钞票的事情。但朱允炆不知道朱柏还有一个爱好：气节！

朱柏说，我不是一般人，自己受辱太对不起老爸！说完，关起大门，把老婆、孩子召集到一块，自焚而死。

代王朱桂，明太祖第十三子。朱桂脾气极差，什么人都打，就是不敢打老婆。不知道朱允炆是认为叔叔的作风太丢人，还是对婶婶的素质有意见，反正是将他们全家废为庶人。

齐王朱榑，明太祖第七子。朱榑洪武年间曾参与北征，因此比较骄傲。朱允炆认为他有犯罪行为，具体犯的是什么罪，实际上则一直处于保密状态。最后，老百姓只知道判决结果：废为庶人。

岷王朱楩，朱元璋第十八子。朱楩在家庭教育方面比朱橚“成功”，大小的不法勾当做了不少，但没有一个儿子出来举报。西平侯沐晟有个大胆的逻辑推理：家庭教育做得太好的家庭，做坏事外人肯定不知道！所以，沐晟举报这个家庭存在问题，岷王果然被废为庶人。

朱允炆一气解决了五个“犯罪集团”，狠狠地伸张了正义。但有一个问题，朱允炆忽略了：负面影响太大！素质比老百姓差的，坏事做全，恶事做到顶，居然都是皇亲国戚，难道这高层只有朱允炆一个是好人？

但是，有两个人显然不是这么想——这就是姚广孝，朱棣。

两个人的梦想

姚广孝（1335—1418 年），字斯道，法名道衍，长洲人。

早年的姚广孝，熟读佛、道、儒、兵诸家之书，将严重冲突的理论融为一体，一看就是比苏秦更狠的角色。但所有的人都错了，姚广孝根本不像苏秦那样四处就聘，谋份挣钱的差事，而是出家为僧。明太祖为诸藩王统一配备僧人，姚广孝才随侍燕王朱棣。周王朱橚、湘王朱柏、代王朱桂、齐王朱榑、岷王朱楩相继获罪，朱棣无法镇定。姚广孝却开心起来，认为这是天赐良机，对朱棣说：“梦想还是要有的，万一实现了呢？”

——这句流行语，最初就是姚广孝对朱棣的建言。

朱棣心底没谱：百姓都支持朝廷，怎么办？

姚广孝答：臣只知道天道，不管民心！

于是，姚广孝又向朱棣推荐了相士袁珙等人，使朱棣逐渐下定决心。姚广孝不仅动口，而且动手，他帮朱棣暗中拉拢军官，勾结军队，招募勇士，还在燕王府后苑训练兵马，打造兵器，甚至连用来掩盖打造兵器声音的鹅鸭，都帮助朱棣买好——如此卖力，姚广孝又想得到什么？

什么都不要。朱棣登上皇帝的宝座后，命姚广孝蓄发还俗，他拒绝了；赐他美女，他退还；赠他府邸，他只住在寺庙；赏他黄金，他全部分给家乡族人。

异志，就是异于常人的非凡梦想。姚广孝的一生，就是活在自己的梦想里。一旦实现，别无所求。

梦想，就是这么可怕！朱棣也是一个有梦想的人。他的梦想史，也不比姚广孝短多少。大哥病逝时，他的梦想差一点成真。二哥、三哥相继去世，一次又一次激起他的梦想。可惜有个朱允炆，截断了他的梦想。大难临头之际，姚广孝再次激活他的梦想。为什么坐以待毙，不让梦想成为理想？但是，实现梦想的路，显然漫长而艰难。并且，不能失手，不能丢掉最后一次机会。

一切悄悄地进行，不能让朝廷知道。但有一件事，必须让朝廷知道——朱棣病了，病得不轻，哪都去不了，包括京城。

朱棣的“病”，是疯病，脑子全坏了。但他还不能只在家里发病，这样影响广告效果——朱棣跑到闹市大喊大叫，看见人吃饭就上去抢。然后，露宿街头，一睡一整天——广告时间长，观众自然多。朱棣需要的就是让更多的人都看到，尤其是暗中窥视他的人！

果然，朱棣等到了要等的人。盛夏六月，张昺和谢贵来到了燕王府。

张昺，新任北平布政使（相当于现在的北京市市长）。谢贵，新任北平都指挥使（相当于现在的北京军区司令员）。他们都是建文帝的心腹，来北平的目的无非是两个：监视朱棣，为动手解决朱棣做准备。建文帝的准备比较全面，北平都指挥佥事换成了张信，镇守屯平、山海关的野战部队也换了，政治可靠的宋忠在此率兵三万。

深入燕王府，眼前的情景让张昺和谢贵目瞪口呆：朱棣正身披大棉袄，蹲在火炉前烤火，嘴里嘟囔个不停，也不知说些什么。仔细听了半天，明白了，原来是说“冷”。为了梦想，朱棣也是蛮拼的。

张昺和谢贵相信了朱棣的“病情”，打算回去密报建文帝。如能获得宝贵的准备时间，朱棣离自己的梦想越来越近了。

但是，葛诚几乎让朱棣的梦想化为泡沫。葛诚，燕王府长史，本是朱棣的心腹。朱棣曾安排葛诚到朝廷汇报工作，结果被成功策反。关键时刻，葛诚电文式地对张昺、谢贵说了七个字："王实无病，将为变。"

一个"实"字，一个"将"字，信息量太大。获悉情况，一向犹豫的兵部尚书齐泰果断决定：立刻命令使臣前往北平；授意张昺和谢贵加强对燕王及其亲属的监视，必要时直接采取行动；命令张信立刻逮捕朱棣！

葛诚坏了朱棣的事，这一回张信则坏了朱允炆的事。张信本是朱棣的旧部，并且关系不错。张信接到命令，纠结了。"中央"的指示要执行，"老领导"的感情也要顾，两个都必须有，两个偏偏只能选一个。想来想去，想到了喝酒。喝完酒，便拼命地磨刀。

磨刀声引起了老母亲的注意，老人家一问，儿子原来是要杀燕王。姜还是老的辣，老太太帮张信一锤定音：千万不可以这样做！燕王将来必定会取得天下，他这样的人不会死，你也根本抓不住！

核心机密，老太太怎么都知道？听算命先生说的。

根据老母亲的指示，张信化装后混入燕王府，见到了燕王。呵呵——朝廷来人了，朱棣继续躺在床上，仍旧发精神病。

正常人跟精神病人是无法交流的，张信等了很久，正事也没说上一句。

张信急了，啪的一声亮出敕令：别装了，这是您的"逮捕证"！

一针见效，朱棣神奇地康复了。

出手的理由

别无选择，朱棣一刻也不能闲了。

朝廷，同样也没有闲着。张信那边没有了下文，张昺和谢贵已接到了逮捕燕王官属的诏书。

注意！不是逮捕燕王，是逮捕燕王官属。对张信是否叛变，朝廷尚不清楚，但需要万无一失。朱允炆的谋士，谋略还是有的。

张昺与谢贵重兵包围了燕王府。朱棣也不含糊，召集了王府卫队。再朝外一看，朱棣傻眼了：黑压压一片，根本看不到边，自己的卫队完全不是对手。可自己的大军又来不及集结，远水解不了近渴啊！

这个时候，兵书起作用了。三十六计，先试一计：擒贼擒王。

朱棣毕竟是王爷，他大胆下令张昺和谢贵进王府。张昺和谢贵也不傻，就是不进去。朱棣说，你们执行朝廷的命令，我也要执行朝廷的命令。要抓的人，已按名单抓齐了。验明犯人正身，是你们俩的事。办完交接手续，咱们都完差吧！

张昺和谢贵不能不进去了。进去，也就不可能再出来了。

张昺和谢贵没了，黑压压的士兵也没了——几乎都是自己走的。下级服从上级，他们的顶头上司，应该没王爷官大吧？

事已至此，没有退路，也不必再装。朱棣起兵了，简短的仪式都谈不上，只有一段简短的动员讲话：我根本就没有病，是奸臣陷害我。我不得不这样做啊！

朱棣的讲话，简练，深刻——这不是吹捧他，而是事实。朱棣选择的打击对象，只是“奸臣”，不是建文帝。皇帝灭藩王，是小菜一碟；藩王灭奸臣，也不是多大的事。

建文元年（1399 年）七月，朱棣计杀张昺、谢贵，命燕府护卫指挥张玉、朱能率兵夜夺北平九门，占据北平，以遵祖训、诛“奸臣”齐泰、黄子澄为国“靖难”之名，誓师出征。

出征仪式，却一点都不吉利。朱棣准备喊“出发——”，结果“哗啦”一声，暴风雨突起，王府的檐瓦吹落一地，摔得粉碎。凶兆啊！士兵们汗毛都竖了起来，朱棣的脸色也变了。

姚广孝又笑了：这是吉兆！自古飞龙在天，必有风雨相从。王府的青瓦堕地，预示殿下要用上皇帝的黄瓦了。

八月和十二月，朱棣给朝廷发去两封公函，也给全体官民发出文告。主要精神，是指责皇帝受齐泰、黄子澄等宵小之臣的诱惑，迫害诸皇子，祸害国家。理论依据，是朱元璋的《祖训录》。而根据《祖训录》，自己有责任、有义务作出担当，惩戒“奸臣”，不仅仅是自卫保命。

《祖训录》，确实是这么写的。衡之以儒家的孝道，朱棣还真应该这么做。

朱棣还要强调一个意味深长的谎言。起兵宣言中，朱棣“黑体字”的自称是：太祖高皇帝、孝慈高皇后嫡子，国家至亲……

太深沉了。高皇后名下的嫡子，一共有四个，已经死了三个。剩下还有几个？不用上学都知道，只有唯一的朱棣。

国家至亲，哪一个更亲？相对于高皇帝与高皇后，朱棣是儿子，朱允炆是孙子。一个直接，一个间接。

不过，称作高皇后的嫡子，朱棣就有点蒙人了。高皇后其实终身不育，名下的子女都是根据某种需要加上去的。朱棣的生母，可能是朱元璋的碽妃。正妻生的儿子叫嫡子，非正妻生的儿子叫庶子。对老百姓来说，嫡出与庶出无非名义不太好听。对帝王家来说，嫡子与庶子差别就大了。宗法制度，皇帝死了，皇位由嫡长子继承。嫡长子死得早，嫡长子的嫡长子来继承。庶子，边都沾不上。朱棣坚称是马皇后嫡子，已经在下一盘很大的棋。

朱允炆，必须尽快出招。

战争游戏

朱允炆的招数，就是开打。

这一打，就是四年。时间太长，事情太多，谁也没工夫花四年时间来听打打杀杀的事。其实，只要花几分钟时间，看完三人，就知道这场战争的奥妙，比玩游戏都精彩。

建文元年（1399 年）七月，建文帝派出的首位领军大将军，是长兴侯耿炳文。这一年，耿老将军已经六十五岁。

耿老将军年龄明显偏大，根据洪武年间的朝廷规定，武官五十岁就该退休。如今超龄服役，实在是无将可用。洪武一朝，“元功宿将，相继尽矣”，耿老将军能在洪武朝留下一命，靠的也就是能力有限，谈不上对君权构成威胁。庄子关于无用之树的感悟，最终应验在耿老将军的身上。

耿炳文的大军号称三十万，实际只有十三万人。人数的水分倒不是大事，而问题是很快出现了两件大事：八月初，部队到达真定，在滹沱河的南北两岸分营扎寨，先锋部队九千人驻扎雄县。时值中秋，部队没有多少防备，遭到朱棣军的突袭，先锋九千人全部被杀。接着，耿炳文的部将张保投降朱棣。张保不仅向朱棣报告了军情，还以脱险之名回到了南军，并说服耿炳文转移部队，固守真定城。

——南军实战能力的低下，官员的倒戈或骑墙，战争的一开始就为朝廷所预料不及。

可怜的耿老将军，本来是带兵出来抓人，现在竟要躲在城里提防被人抓。

但身经百战的耿大将军，绝非只会龟息大法。防守，一直是他的撒手锏。当年，耿炳文像钉子一样打入张士诚的地盘，张士诚怎么拔也拔不掉，靠的就是防守能力。现在，又死死钉在朱棣的眼皮子底下，令其不敢轻举妄动。朱棣也像张士诚一样，头痛而又无可奈何。

朱棣对耿炳文是非常了解的，他不可能以己之短攻彼之长。在城外围了三天，然后主动撤兵。

回避问题本不是个办法，但建文帝帮助朱棣解决了问题。根据太常寺卿黄子澄的建议，建文帝派来李景隆取代耿炳文。

耿炳文回到了南京，后来臣服了朱棣。永乐元年（1403 年），耿炳文因服装和家庭生活用品上有龙凤图饰，被人举报“大逆不道”，恐惧而绝望的耿老将军选择自杀。

李景隆（1369—1429 年），朱元璋外甥李文忠之子，袭父爵封曹国公。李景隆被后人讥讽为最愚蠢的将军，其实他是个熟读兵书的人。耿炳文兵败后，李景隆领兵五十万进剿朱棣。对李景隆的到来，朱棣居然持欢迎态度。朱棣高兴的原因，是因为兵法有五败：政令不修，上下离心；气候不适，粮草不足……

一方面熟读兵书，另一方面又将兵家忌讳犯全，李景隆究竟是个什么样的人？

李景隆是个很有争议的人，一时难以说清。真正的高手，还数朱棣与姚广孝，他们完全不相信旁人的胡扯，而是对李景隆慎之又慎。姚广孝协助世子朱高炽留守北平，告诫朱高炽必须坚守，不能出战。朱棣则亲赴大宁，计赚宁王朱权的朵颜诸卫骁勇善战的骑兵。然后内外夹攻，败南军于城下。

李景隆肯定不是凡人。他的奇迹，是他一方面大败，另一方面顺利地跑回了南京，居然还没有被问责。奇怪的是，建文四年（1402 年）六月，朱棣兵临南京城下，又是李景隆打开城门，而后又加官进爵。更奇的是，朱棣即位后，朝廷大事，还安排他为首主议，成为谋臣。

连续大败南军，朱棣感到离权力的宝座越来越近。但是，他遇到了一个无名小辈，还差一点兵败身亡。

这个人便是盛庸。

盛庸是谁？历史学家也没有完全搞清楚。《明史》的介绍是：“盛庸，不知何许人。”专家不清楚，朱棣肯定也不太清楚，所以朱棣有点麻烦。

建文二年（1400 年）冬，盛庸接替了逃跑的李景隆，与燕军对决东昌。朱棣所率的燕军，陷入盛庸的重围，精锐几乎丧失殆尽。最后，只有朱棣率少数残兵，突出了重围。

其实，朱棣的突围都属于侥幸，盛庸完全可以使用火器让朱棣在地球上消失。但是，盛庸没有这么做，因为必须遵守这场战争的游戏规则——朱允炆害怕杀害叔叔的骂名，他的指令是：燕王只能擒获，不能伤害。

不善良，不老到，朱允炆制定的规则，让战争染上了游戏的色彩。正是这条规则，让朱棣获得了“护身符”，免遭“斩首行动”，甚至在两军对垒之前，朱棣还深入南军的眼皮子底下，侦察军情。弓箭与火器都不能对朱棣使用，南军总是眼睁睁看着朱棣独往独行。

朱棣攻入京师后，盛庸最终也率部投降。永乐元年（1403 年），盛庸被都御史陈瑛弹劾“图谋不轨”，自杀身亡。

打仗还要按游戏规则出牌，谁都玩不起。大军刀枪相见，敌友又明暗不清，胜败谁也无法预料。对朱允炆来说，实力自不在话下，但难题无疑更多——既要防人蠢，更要防人精明。

耿炳文，李景隆，盛庸，没有一个是凡人，但最终都是殊途同归。

意外的结果

僵持不下的战局，最终因姚广孝而改变。

朱棣最初的战略思想，除了解决直接的军事威胁外，便是拿下北平周边地区，然后逐步扩大根据地，获取足够综合资源，壮大自身实力，与朝廷抗衡。但是，在山东朱棣遭遇了盛庸与铁铉的顽强抵抗。建文二年（1400 年），朱棣攻打济南，三个月下来，毫无结果，姚广孝让朱棣退回北平。再遭东昌之败，朱棣又再次退军。

这几仗，本都没有捞回来，何谈赢利积累资本。姚广孝建议朱棣：如此攻城略地，不如直取京师！

是啊，拼消耗，垮掉的不是自己还能有谁？山东固然重要，如果拿下京师，登上朱允炆的宝座，山东不就自动过户到自己的名下了吗？

建文四年（1402 年）元月，朱棣挥师出发。盛庸、铁铉严阵以待，但等了好久，也没有朱棣的影子。一打听，朱棣已连克东阿、东平、单县，兵指徐州。盛庸和铁铉明白了，朱棣是要直奔朱允炆的老巢啊！来不及多想，提马便追。

徐州城防坚固，守军只要抵挡一阵，盛庸和铁铉就能赶到，内外夹击解决燕军。但是，朱棣又绕开了徐州，转宿州，进灵璧。灵璧之战，朱棣击溃南军，再进扬州。看来，一场大战不可避免。这时的朱棣不能不拼，因为扬州的对面就是南京。朱棣苦思拿下扬州的谋略，脑袋都想痛了，也没想出来。其实，朱棣的脑力劳动完全是浪费，扬州守军不战而降。

统治集团顶层的内斗，利益相关的人太少，只会有更多的人旁观。意外的结果，应该在意料之中。

形势急转直下，朱棣乐了，朱允炆慌了。他派人去找齐泰、黄子澄，居然一个没找着。还好，方孝孺来了。朱允炆赶紧讨要计策，方孝孺胸有成竹，早有锦囊妙计：募兵勤王，派人谈判。

募兵的事方孝孺安排大臣们去办，谈判的事朱允炆托付给了庆成郡主。

庆成郡主是朱元璋的侄女，朱允炆的堂姑，朱棣的堂姐。见到朱棣，这位中年妇女家长里短说了一大堆。朱棣说：我这次起兵，只是仿效当年的周公辅成王，请皇上按我的要求办。

如果不办呢？朱棣的回答是：如果不答应，请诸位兄弟姐妹及早搬家，免得到时受到惊吓。

回绝了朱允炆的求和，朱棣攻到了南京城下。京城城墙坚固，城内有十余万大军。朱棣知道会有奇迹出现：镇守京城金川门的，是谷王朱橞和李景隆。朱橞，朱棣的亲兄弟；李景隆，朱棣的儿时伙伴，虽然李景隆根据朱允炆的指示打过朱棣，但打出了风格，更打出了感情。

朱橞和李景隆果然打开了金川门。燕王大军蜂拥入城，满朝文武纷纷投降。大势已去，朱允炆下令焚宫。面对冲天的大火光，燕军慌了手脚：他们本是野战部队，不是消防官兵，如何救火，业务水平实在不敢恭维。

朱棣亲自出马，忙了三天，火虽然灭掉了，但没找到朱允炆。

朱棣让人挖地三尺，火堆里扒出一具烧焦的尸体。尸体根本分不清男女，朱棣说：这就是皇上！

活皇上都没几个人认识，何况是烧焦的皇上。

为了增加结论的权威性，朱棣几乎哭了。他心情无比沉痛，接连长叹：小子，你真是糊涂啊！我是来辅佐你向善的，你怎么愚蠢成这个样子啊？

朱棣的话简直妙不可言！真若如此，朱允炆就是个糊涂蛋，朱棣带的就是正义之师。现在又干出更糊涂的事，自己不当皇帝，那也没有第二个选择了！

洪武三十五年（建文四年，公元 1402 年）六月十七日，朱棣正式称帝，成功登上了权力的巅峰。

第十族的奥秘

宝座上的朱棣，不必再给贫病交加的父女免费看病，也不必给路边的病卒试坐御辇。他有了一门新绝活：杀人！

黄子澄，凌迟，灭三族；

齐泰，凌迟，灭三族；

练子宁，凌迟，灭族，弃市者一百五十一人，九族之亲被抄没戍远方者又数百人；

史景清，夷九族，尽掘其先人冢墓，又籍其乡，转相攀染，致使村里为墟；

于建文，剥皮，下油锅……

史书的记载全部录完，那又是一本书。杀人成狂，仅为复仇？看完方孝孺就明白了。

方孝孺名满天下，在朱棣攻打京城之前，姚广孝就请求他：殿下攻下京城，方孝孺一定不降，你一定不要杀他！杀了他，天下的读书种子就绝了。

方孝孺的意义，军师说了，朱棣也明白。方孝孺更重要的意义，军师没说，朱棣更明白——穿衣找领，方孝孺便是领袖。朱棣特意在大殿召见了方孝孺，交给他一项神圣的任务：起草诏书，安抚天下。

其实，不要稿酬，抢着干这活的人已经排队等候了，论文章他们也不一定写得比方孝孺差。比方说鼎鼎大名的才子解缙，为了赶在朱棣进城前叩头称臣，就曾跑得两脚抽筋。但是，朱棣要的是广告效果，什么对巩固权力有利，哪怕多付点出场费，成本可以忽略不计。

但方孝孺拒绝了。方孝孺与姚广孝，本是同类，抱定理想，不可动摇。只是他们坚守的东西，理解的人不多。

一个不写，一个硬逼。不写，再逼……扯来扯去，方孝孺终于写下四个字：燕贼篡位！

朱棣彻底失去理智：你不怕我灭你九族吗？

方孝孺更硬：诛我十族又如何！

大殿之上，双方对骂，朱棣占不到上风，露出狰狞面目，将方孝孺嘴割开。没有效果，再割至两耳。没有征服的迹象，朱棣下令将方孝孺凌迟，灭十族，谪戍者八百七十三人，外亲坐死者复千余人。

中国的恐怖史上，杀人从来只有九族。朱棣发明的“第十族”是什么？朋友与学生（门生）。

为什么要灭“十族”？灭九族算是惩罚，灭第十族则是震慑、铲除对权力的威胁。朱允炆死了还是没死朱棣清楚，谁在为朱允炆募兵朱棣也清楚，这都是朱棣宝座的直接威胁。除此之外，对权力巅峰上的朱棣来说，同样也不能容忍——

桐城人方法，只是受过方孝孺的提携，后来中了个举人，担任四川都指挥司断事。朱棣称帝后，也没有将他作为方孝孺的第十族杀头。这时的四川官员，纷纷上表进贺，同僚们争着签名，方法则坚决不签。不表态，不合作，也是罪不容恕。方法被解南京，船至家乡江面，方法作了一首绝命诗："休嗟臣被捕，是报主恩时。不草归降表，聊吟绝命词。生当殉国难，死岂论官卑。千载波涛里，无惭正学师。"而后，投水而死。

——诛十族，不完全是情急之下的泄愤，而是朱棣的歪打正着。只要能提高权力的安全系数，朱棣无所不用其极。帝王蓄意制造残杀与滥杀，直接目的往往就是营造恐怖，并非仅仅归于其个人性格的残忍。对权力而言，恐怖始终是最好的保障。

权力的秘技

诛灭建文诸臣，对朱棣而言并不意味着权力威胁的彻底解除。对王权的致命威胁，朱棣与朱允炆的认识，恰恰高度一致——藩王。朱棣因反对"削藩"而问鼎权力，又以实施"削藩"而将权力进行到底。

"靖难之役"中，帮助朱棣捅了朱允炆致命一刀的谷王朱橞，不可能摆脱"削藩"命运。

谷王朱橞，明太祖朱元璋第十九子，统领上谷郡地和长城九镇之一宣府镇。燕军南下，朱橞奉建文帝诏赴京师护卫金川门。当朱棣带领燕兵伐至金川门外，朱橞权衡利弊，迎王纳降。但献城有功的朱橞，再也没有回到宣府。次年二月，朱棣将其改封长沙，最终又被朱棣废为庶人，狱中去世。

戏法人人都会，各有巧妙不同。谷王朱橞是被朱允炆请到南京的，宁王朱权则是被朱棣骗到南京的——在宁王的藩地，朱棣骗走了他的军队；"靖难"途中，朱棣又一路骗他为自己卖命，画的一张饼，就是事成之后给他大大的好处："中分天下"。

"中分天下"，暴利！但朱权一直没等到"分红"。宁王朱权算个明白人，分不到权，就多分点钱吧！北方是个贫困地区，朱权要求改封到南方经济发达地区。打拼这些年，总该给些好处吧？朱权对朱棣说：我体质越来越差了，带兵不合适。现在，兵权我不要，照顾一下，让我到苏州过几天舒服日子。

苏州？帝国的权力机器，就靠这地方支持运转呢！朱棣当然是摇头。

朱权接着说：二线城市钱塘，总行了吧？

朱棣说：你再想想。除了这两个地方，全国任你挑！

朱权一脸苦笑：也不挑了，四哥给哪算哪。朱权就这样被封到了南昌，权与钱，什么都没捞到。

其他诸王，恨完朱允炆，接着恨朱棣了：

永乐四年（1406 年），削去齐王爵位和官属，八月，废为庶人；

永乐六年（1408 年），削去岷王官属及护卫；

永乐十年（1412 年），削去辽王官属及护卫……

藩王威胁烟消云散。

但是，权力的魅力是永恒的，权力的威胁也是永恒的——当年，朱元璋冒险封藩，让边地诸王重兵在手，其实说是一柄双刃剑。这把剑既可护卫国家，也可以直插国家心脏。剑没有了，当然就什么功效都没有了。

北方，始终是明王朝政权的最大威胁。朱棣削藩，造成北方防御力量直接削弱，同时造成防线割裂。与此同时，蒙古贵族残余势力趁机犯边，朱棣警觉了：坐在南京，权力的宝座是不保险的。怎么办？迁都。

——问题就这么简单，办法也这么简单。但回过头来看，反而不简单。

迁都原因，有人认为是朱棣在北方生活得太久，在南方生活反而不习惯。这个就免了——朱棣从小就生活在南方。若再说远点，忽必烈从草原来到北京，对他来说北京同样是“南方”。

朱棣背负篡弑恶名登位，南京的“群众基础”不好？权力的利剑，足以削平这个问题。

迁都的唯一解释，只有皇权的千秋大业。也只有这一点，投入与产出才能成比例，成本与利润才大体相符。因为，迁都说起来容易，做起来太难。

永乐元年（1403 年），朱棣改北平为北京。永乐四年（1406 年），兴建北京皇宫和城垣，以北京为“行在”。

行在，就是天子“行銮驻跸的所在”，并非名义上的首都，相当于最高领导人的现场办公场所。朱棣将北平升为北京，便在北京设立六部，称“行在六部”，南京则改为留都。留都南京，除了没有皇帝之外，其他组织机构，各有一套，只是留都南京的六部等实权很小，主要是给北方输送钱、物，维护南方的社会治安。

迁都的筹备工作，用了整整十八年，因为要做的事情实在太多：兴修宫殿，移民屯垦，疏浚运河……通过运河北上，一年的粮食即达四百万石，而保证这条经济命脉的军队亦达十余万人，成本实在难以用金钱计算。也因为经济成本过巨，朱棣死后，明仁宗朱高炽又将北京改为行在，准备还都南京。直到明英宗正统六年（1441 年），北京才正式确立为首都，不再称为“行在”。

朱棣迁都旨在皇权的稳固，对多民族国家的统一、南北经济的发展，都有积极的意义。

永乐十九年（1421 年）正月，朱棣于北京御奉天殿接受朝贺，时人称颂：“并建两京，用南京之财富，会西北之戎马，无敌于天下！”

是是非非，朱棣毕竟将权力进行到底——驾驭规则又逾越规则，权力游戏的大玩家朱棣完胜。

第五章

于　谦：
长城是一群人的生意经

长城是农耕与游牧区的分界线，基本上也是大明朝国土的北部边界。长城内的汉地十三省，乃明帝国的根本，“兴兵轻伐，我亦不祥”，明太祖不主张轻易对外用兵，但“有为患于中国者，不可不讨”，一旦外敌越过长城，踏入汉地十三省，那就必须直接开战。洪武三十一年（1398 年），明帝国告别了它的缔造者朱元璋，迎来了它的捍卫者于谦。

一骂成名

于谦（1398—1457 年），字廷益，号节庵，浙江钱塘人，永乐十九年（1421 年）进士。

于谦是个很奇特的人，七岁时有僧人预言，于谦必是日后的“救时宰相”。僧人的论据是什么，没有记载。《于谦年谱》中有则趣事：于谦十九岁那年，有个姑娘家里闹鬼，于谦亲自去了一趟，吓得“众鬼悉遁”。于谦又书一纸“于谦在此”，姑娘的病立马痊愈。

于谦是否真的传奇，姑且不论。但他绝对是个有才华的人，十二岁的于谦写过一首《石灰吟》：“千锤万凿出深山，烈火焚烧若等闲。粉骨碎身浑不怕，要留清白在人间。”

人格化的石灰，显然与于谦的品格有关。于谦自幼就显出品格、志向的与众不同，他的书斋里很早就挂着一张画像。教书先生一看，这人是文天祥。小朋友于谦很严肃，生怕老师不懂，郑重解释说：我要做他这样的人！

于谦，更是一个极具能力与魄力的人。宣德元年（1426 年），汉王朱高煦谋反，于谦跟随明宣宗亲征。朱高煦投降后，于谦奉命痛斥其罪状——这是一次很重要的即兴讲话，于谦音质磁性十足，音量又大，措辞正气严切，厉声威严激烈，骂得朱高煦瘫倒在地，除了虚汗就剩下发抖。

于谦这场孔明骂王朗式的精彩表现，令明宣宗对其刮目相看。明宣宗曾亲自给吏部写“条子”，以近乎“走后门”的方式，将于谦越级升迁为兵部右侍郎。

兵部，关乎朝廷的政治安危。战争与长城，则又是明朝的高频词。明朝开国以来，说边界几乎连年开打，山海关到大同一线尤甚，集中于大同、宣府、蓟州，全部位于外长城之内。万里长城，不过几米的宽度，蒙元军事势力攻破长城，又可谓是轻而易举。明朝国防建设的重中之重，是在这一带修建内、外双重长城，以护卫京师。但这显然又不是万全之策。所以，明太祖与明成祖时代，持续对蒙元残余势力实施重拳打击。强大的军事打击，终令蒙元残余势力不敢越过长城一步，甚至长城外的五十里非军事区，也很少出现敌人的影子。

于谦的异乎寻常，在于其居安思危。于谦是一个作风扎实的官员，在兵部右侍郎这个位子上，他数度巡抚山西等边关地区，并轻骑简从，遍访边民。于谦敏锐地发现，貌似铜墙铁壁的长城，其实已危机四伏。蒙元势力并没有在长城外日薄西山，而是在经过内部的争斗后，已有新的势力开始崛起。其中的瓦剌部，甚至屡次越过长城，袭扰大明边关地区。

相对于蒙元残余势力的崛起，长城沿线的边防却出现了严重废弛。在明朝边防重镇大同，于谦发现了更为严重的问题：由于大同孤悬塞外，交通条件又差，晴天一身灰，雨天一身泥，掉进雪坑也许还没人知道，所以按抚山西的官员几乎不“下乡”，边备究竟如何，只看看报告、听听汇报。

长城脚下，国防意识很淡，商业气氛倒很浓。缺少有效监督的镇边将领，应付完上级的偶尔检查，剩下的就是一门心思开荒种地。这是一桩不赖的生意，劳动力是士兵，收入归军官自己。天天领兵操练，不划算，没经济效益。

长城显然不能这么烂下去。于谦双管齐下，疏请设立了大同巡抚，加强了边关的监管，并提出了修理城池、整顿军务、充实边关等一系列主张。更狠的一招是切断利益链，将私垦的田地全部收为官家屯田，收入用于资助边防开支，跟镇边将领的利益不发生关联。

于谦的招数应该是管用的，大同的防务确实为此一度得以强化，蒙元残余势力也很少肆无忌惮地再越过长城。于谦早年对明王朝的国防建设能有所作为，其作风的踏实与观察的敏锐，只是其中之一，更重要的是来自权力顶层的信任与支持。明宣宗时如此，明英宗时亦是如此。

明英宗即位时，政权在内阁，朝政为内阁辅臣“三杨”（杨士奇、杨荣、杨溥）主持。英宗与“三杨”对于谦都很器重，于谦所上的奏疏，一般上午呈报上去，下午就获得批复许可。杨士奇甚至大胆预言：于谦乃难遇之奇才，将来必成栋梁。

皇帝与内阁对于谦信任有加，正统十三年（1448 年），于谦升迁为兵部左侍郎，成为兵部的“二把手”。

正是在这个关键位子上，历史赋予了于谦神圣的使命。

瓦剌怒火

于谦的历史使命，来得必然，又有些偶然。其使命的源头，又正与长城有关。

明长城之外，便是蒙古各部，瓦剌乃是其中的一支。元朝灭亡以后，一部分蒙古族退回蒙古草原和东北等地。朱元璋及其后诸朝，持续对蒙元实施了数十年的打击，其内部又遭分裂，处于衰败，又重新整合。明初期的蒙元分成西部瓦剌、中部鞑靼和东部兀良哈三部。至明英宗时，只剩下瓦剌、鞑靼二部，并臣属明朝。瓦剌部脱脱不花为汗，也先为太师，阿剌为知院。瓦剌在蒙元残部角斗中既胜出，又很难继续成大气候，原因就是内部也乱——瓦剌实际权力的操控者，既不是“一把手”脱脱不花汗，也不是“三把手”阿剌知院，而是“二把手”也先太师。也先，兵强马壮，人手众多，大权在握。

瓦剌虽已臣属明朝，但与明朝的冲突又在所难免——长城阻断了传统的农、牧两区，但农业经济区需要畜牧业区提供畜力与物力，也需要向其出卖农副业及手工业产品等；而畜牧业经济不仅需要农业经济地区提供粮食、布匹等各种手工业品，自己的产品同样需要对方的市场。长城南北存在着刚性需求，市场不能人为割断，长城两边的贸易交换，势必会沿长城以不同的方式展开，长城需要用来做买卖。

正常情况下，长城边出现的是公平交易；不正常情况下，出来的便是拔刀抢掠。这种交易，存在一定的国家安全问题，明初采取严密的防范。洪武四年（1371 年），准许在沿边几个地点实行“茶马交易”，并非所有的长城关口都可以打开做买卖。而最危险的是，明英宗时期太监王振把持朝政，接受瓦剌贿赂，与瓦剌贵族进行走私交易。王振甚至还让他的死党、镇守大同的宦官郭敬私造大量箭支卖给瓦剌。军火都卖上了，长城脚下的冲突那是迟早的事。

瓦剌一直与明朝开展贸易。贸易的形式，除了长城脚下的自由市场，以及腐败支撑下的“走私”，更有官方的定期“朝贡”。朝贡，就是到明朝来贡献方物。通俗地讲，就是来做官方买卖。而这种买卖，比民间的小生意利润更大。因为“朝贡”的前提，是对方必须有政治上的“臣属”。政治占了人家的便宜，经济上需要给对方一些好处。对方带来一块钱的贡品，可能赏赐给对方两块钱的钱物，至少不会让对方赔本。明初规定，瓦剌每年到明朝的贡使不得超过五十人，后来发展到几百人。到正统初年，瓦剌贡使增加到二千余人，并一年数贡。来得这么勤快，人还这么多，因为大家都有纪念品（回赐），纪念品也是钱啊！

但是，没有出乱子。原因很简单，瓦剌人会行贿，王振得了好处，便对他们的贡使加礼款待，回赐增厚。大家都得好处，这种生意当然能往下做。国家虽然吃点亏，但国家的肩膀还厚实，能够撑得住。

正统十一年（1446 年）冬，瓦剌部落受灾，粮食奇缺。论实力，瓦剌还不是明朝的对手，瓦剌只好派使臣来大同，找守备太监郭敬要求借粮。这一年，明英宗朱祁镇二十岁了，多少有些自己的主张。获悉此事后，命令郭敬不要见瓦剌使臣，也不准借粮。

白借不成，瓦剌便打算花点本钱，在“朝贡”上做文章。正统十四年（1449年），瓦剌派来了浩浩荡荡的朝贡队伍。人多点倒没什么，关键是瓦剌太师也先相当不厚道：在家架空主子，出国连明朝的皇帝也敢糊弄——来了二千多人，他虚报成三千人；明明是劣等马，却要按上等马价结算。朝贡的路上，一点都不顾及国际形象，搅扰沿途居民，手脚相当不干净，老百姓以为来了“洋土匪”。

更奇怪的是，王振的态度这回一百八十度大转弯：先是下令礼部不给贡使饭吃，后来又狠狠杀价——贡品一律打折，按百分之二十给回赐。明显欺侮人，也先愤怒至极。本想来赚钱，结果本都没捞回，也先不能不生气。

更可气的是，事先讲好的明廷跟瓦剌和亲，这时一询问，礼部答复：那是不可能的。原来，确有明朝的使臣曾经答应过也先，但那只是顺口说说，逗也先玩，目的是让他多给点好处。王振知道这个事，但觉得毫无必要主动跟皇上汇报。

也先本来就不是什么善茬，现在终于找到茬子了，他立即发兵越过长城，攻打大同。长城之南，硝烟顿起。

两袖清风

自作主张惹出塌天大祸，王振究竟是个什么人物？这个人本来很平常，就连他多大年纪、哪年生的都没人知道，但最终成为明朝第一个专权的宦官。

作为宦官，王振也有特殊之处。宦官通常都没有文化，做起坏事就存在先天不足，所以净干些鸡毛蒜皮的坏事。而王振曾是个教书先生，明成祖为了提高宫女素质，帮助她们学文化，动员儒生自宫进宫，尽管这事与儒家观念有冲突，王振还是积极响应领导的号召，自宫进宫做了宦官。明宣宗时，王振又进入内书堂进修。论知识素养与业务水平，王振在宦官队伍中绝对是鹤立鸡群。

进入皇宫的王振，表现一直不错。这时的明朝只有过六位皇帝，王振即侍奉过成祖、仁宗、宣宗、英宗四位，并且这四位对他印象都不错。这四位，成祖是个政治智慧突出的狠角色，仁宗、宣宗当属明君，一同创下了明朝盛世“仁宣之治”。宣宗对王振很是信任，英宗朱祁镇被立为太子时，王振即以东宫局郎之职侍奉左右，并与英宗建立起很深的感情。

让一个皇帝说好容易，让四个皇帝说好肯定不容易。王振在朱祁镇即皇帝位后，工作也表现得非常尽职。一次英宗朱祁镇与小宦官在宫廷内击球玩耍，被王振看见。第二天，王振当着“三杨”的面，跪在地上，边哭边恳请皇帝把精力放到国家大事上。忠心伴热泪，连“三杨”都感动了，一起慨叹：宦官当中，还有这样的人啊！

皇帝喜欢，辅臣夸赞，王振升任司礼太监，提督东厂。登上宦官队伍的顶峰，王振开始为所欲为。不过，没弄出太大的动静，因为刚即位的英宗有张太后垂拱而治，“三杨”忠心秉政。“三杨”是前朝元老，威望太高，王振难以与之匹敌。王振对张太后和“三杨”百般殷勤，毕恭毕敬。王振每次到内阁去传达皇帝旨意，都是站在门外不入阁内，十分恭敬，一副下人的样子。“三杨”觉得过意不去，常劝王振进屋坐坐，喝杯热茶。

太皇太后张氏，确实贤明有德。她对大权在握的王振一直两眼紧盯，稍有异常，就来敲打。张太后的方法很特别，三天两头去找王振，然后劈头盖脸一顿臭骂。骂人本是女人的强项，张太后骂得又稳、准、狠。有次逮着王振的一个错，说他违反大明法律想要干预朝政，必须杀头。后来英宗和英国公张辅、“三杨”等五大臣一起求情，才留了王振一命。王振的尾巴，一直夹得紧紧的。

正统七年（1442年），太皇太后张氏病逝，对王振最有控制力的人没了。“三杨”中的杨荣，已在正统五年（1440年）病逝。杨士奇因为儿子杀人，引咎辞职。杨溥也老了，入内阁的大学士马愉、曹鼐资历太浅，威望不够。王振，解放了。

王振也绝对不是善茬，尤其是没有笼子关着他。即使在太后与“三杨”的泰山重压之下，私下也广交朋友，培植私党，纳赃受贿，无非是以地下活动为主。“解放”后，王振想起了先师赵高指鹿为马的政治试验。不过，他也没敢把一头鹿公开牵到皇帝的办公室，而是悄悄盗去内宫的一块铁牌。明太祖为了防止宦官干政，在宫内竖了个三尺高的警示牌，上铸八个大字：“内臣不得干预政事。”王振连“周公辅成王”的理想都有，如果政事都不能问，那还怎么干大事？从小事做起，王振便把这块牌子藏起来了。

结果，没人报案，甚至什么反应也没有。这下，王振就心里有数了，从此招权纳贿几乎公开，百官大臣争相献金求媚。进见王振者，一般献纳白银百两。王振讲究“公平”，送钱少的留下钱走人，达到千两的留下吃饭，酒你爱喝多少喝多少，王振埋单。

一边受贿，一边摆平，所以王振没出事。不过，王振的这一手用到于谦头上时，双方就起冲突了。

于谦进京奏事，从来都不带见面礼之类。于谦对官场风气的熟视无睹，朋友觉得这样于工作不利，劝导他说：你不肯送银子，土特产总该带点吧？于谦甩甩袖子：在这——两袖清风！

于谦还特意写了首《入京》诗："绢帕蘑菇及线香，本资民用反为殃。清风两袖朝天去，免得闾阎话短长。"——这就是成语"两袖清风"的出处。

正统十一年（1446年），于谦入朝，主要任务是推荐两个地方官。用人这种事，本来就不太容易说清楚。于谦是出于公心，出于工作需要，王振则认为这是以权谋私，替别人跑官要官。既然有这种可能，又不给自己好处，还危及官场"潜规则"，损害自己的长远利益，王振便指使人弹劾于谦，将其下狱，准备判处死刑。于谦知名度很大，消息一传出，一时间群情共愤，百姓联名上书，正直官员也强烈指责。

王振一见条件不成熟，聪明劲很快上来了。他说，这是个误会，确实有个该杀的"于谦"，不过不是这个于谦。有错必纠，这个于谦马上放掉。但这个于谦工作上也有问题，应该降职。

王振想给自己搭个台阶下来，将于谦降为大理寺少卿。但于谦名声实在太大，即便这样还是受到官民的反对，山西、河南两省官民进京伏阙请愿，最后连周王、晋王等藩王都出面干涉。对立面太大，王振便不再坚持自己的意见，让于谦官复原职。

但王振这不是妥协，而是精明。他意识到自己不能一言九鼎，根子在自己。他觉得自己还需要做两件事：进一步树立权威，更加紧紧地拉住皇上。皇上，是真正的"老大"，只有"老大"，才能一锤定音。

树权威，那就找几个替死鬼吧。御史李铎碰到王振，很平常地打了个招呼。王振想，一个普通官员，跪拜都没有，可见我在你心中是什么分量！那好吧，树个榜样——李铎流放到辽东。

大理寺少卿薛瑄，是王振的老乡。这位有点直脾气，按理有王振这样权贵在朝，怎么地也要主动上门套近乎，可他偏偏不来往。有一次王振出席内阁会议，众公卿一齐俯首揖拜。这位薛少卿，若无其事地站在那，王振很是恼火。更可气的是，北京有个指挥病死，王振的侄子王山想将其妾岳氏据为己有，这个指挥的正妻不同意。王山让岳氏诬告正妻毒死丈夫，来了个人财两得。审理这个案子的，恰是薛瑄。薛瑄一审理，判决岳氏诬告。

这回王振不出手不行了，官员如果都这样不给面子，又不听吩咐，那还有什么权威？王振指使党羽控告薛瑄受贿，将其罢官回家。

王振能够长时间得心应手，主要还是他聪明，知道因人而异。他知道用对付官员的招数对付皇上，尽使狠招肯定不行。对付皇上，得为他量身定做些软招。软招，营造自己的软实力。所以，一有机会王振就劝英宗用重典制御臣下，要英宗发展军事，建立武功，说是英明的君主都是这样，否则也就太平凡了。英宗年轻气盛，很受鼓舞。为此，英宗还让王振带领文武大臣到朝阳门外阅兵，王振的威信很快就跟着上来了。

当瓦剌越过长城，劫掠大同的紧急军情传到北京，王振首先想到的是要把这事搞大。

也先入关，只不过是一种报复性的掠夺行为，并无大的政治企图。明廷长城一线，边防有城镇塞堡，京师有数十万机动部队，实力强于瓦剌数倍。明军只要严守边关，坚壁清野，主力伺机而动，完全可以打败瓦剌的进攻。

当然，不重视也是不行的。解决当前军事冲突，成为朝廷的头等大事。于谦与兵部的意见，是派驸马都尉井源率兵四万去增援大同。长城边关本有大军，兵力受损的也只是大同，再派去援军，又有备而去，搞定瓦剌应该没有问题。况且，瓦剌的本意只是报复和抢掠，没有与明朝争夺天下的意思，它也根本没有这个实力。

王振则竭力主张英宗御驾亲征。长城那边的事，王振并非不明白。如果他认为对手太强，去了等于送死，他也不会鼓动皇帝去，至少不会自己跟着去。手到擒来，一招搞定，是王振的设想与梦想。王振，是个有梦想的人。

御驾亲征，这可不是小事。皇帝就是出去玩，都要闹得下面天翻地覆，鸡犬不宁，何况是去打仗。而英宗，居然爽快地同意了。

这么重大的决策最终付诸行动，单凭王振的那个梦想，那也是根本办不到的。

一意孤行

对于谦的军事素养，明英宗并不怀疑。明英宗最终否决于谦的军事主张，而采用王振提出的御驾亲征，恰是他对于谦的认同——瓦剌确实不是大明的对手。舍于谦而就王振，也是王振洞悉了英宗的内心。

明英宗朱祁镇（1427—1464 年），明宣宗朱瞻基长子，明代宗朱祁钰异母兄，明朝第六位皇帝，年号正统。朱祁镇继位时年仅九岁，国事由皇太后张氏把持，贤臣“三杨”主政。在他名下的这十几年，国家打理得还着实不赖，发展经济，社会安宁，边防安定，国力鼎盛，一派欣欣向荣之态。更重要的是，他前面的两任皇帝，创下了“仁宣之治”，天下知晓。这么好的基础，应该接下来干点大事。否则，怎么对得起祖宗，对得起后人，名垂千古？

历史上，与明英宗几近相似的，就有过一个汉武帝。汉武帝接手的，便是前两朝的“文景之治”。仰仗前朝的雄厚基础，汉武帝创下了不世之功：开疆拓土，剿灭匈奴，饱受万世称颂。如今，历史如此惊人相似。能为大明创立万世之功的，应该就等着朱祁镇了。

而在英宗眼里，瓦剌不仅是个臣属的小国，还是小国的一部分。几十年前，他们的祖宗就已败在了自己的祖宗手上。明成祖多次率军越过长城，哪一次不是胜利回师？王振也早就跟他讲过，瓦剌人是不堪一击的。祖宗能做到的，自己也能做到，何况这次是长城内征虏。人生如白驹过隙，机遇则稍纵即逝。天赐良机，丰功伟绩不拿白不拿。

从少年天子长成热血皇帝，朱祁镇有的是定国安邦的壮志雄心。听到王振的建议，朱祁镇立即决定御驾亲征。并且，三天后出征！

三天，不会是开玩笑吧？接到圣旨，朝中大臣们吓傻了，然后在午门外跪成一片，都说御驾亲征可不是儿戏。就算真要御驾亲征，时间也仓促，三个月能不能准备好，还不敢保证。最后，大家的要求都是一条：请英宗收回成命。

三个月，也太长了。总不能对瓦剌人说，现在没有时间，先等三个月，然后陪你玩。但三天，肯定是不行的。非得三天，肯定有风险。这个风险，更不能留给皇上。

明朝的兵制非常特殊，实行的是分权管理，部门之间相互制衡：将领归都督府管，士兵归兵部管，军械归工部管，军费归户部管。除了站岗放哨的，平时将领手上没有兵，士兵手上没有武器，士兵养在卫所上操、干农活，将军手下没有一个真正的兵。这样的军队能打仗？没关系，部队想造反也很难。

真要打仗怎么办？皇帝决定后，几个部门必须坐在一起，然后研究方案，选定将领，分派士兵，分发武器，划拨粮饷，突击操练。三天，除了加班，只有凑合。

英宗的决定，最为难的还是兵部。国家安全，皇帝安危，哪一桩都是天大的事。尤其是这种打法，政治上有风险，经济上也不划算。兵部尚书邝埜与于谦，都极力劝阻英宗，但英宗根本不听。

劝阻英宗的并不仅是邝埜、于谦几个人，最后朝中有专业技术权威们站出来，用上了恐怖手段：说前一阵子，哪个地方起火了，哪个地方地震了，天上的星星位置也不对。反正，上天有种种警告，皇上的决定不符合“科学原理”，应该顺应上天，讲究科学。

大臣们还知道，英宗的这个决定源头最初在王振。有人便跑去吓唬王振，说你家最近新建一处大宅，刚建成不到两个小时，一把火烧了个精光。你要是不顺应天意，一定是大祸临头！

但是，吓唬老百姓的东西，用来对付皇帝与王振，半点不管用。他们都有雄心壮志，都要抓住机遇，创出政绩。政绩，有时真是个害死人的东西。

既然英宗与王振一意孤行，剩下的唯一选择，那就是按御驾亲征的方案办：兵部尚书邝埜随英宗亲征处理军务，于谦留下负责兵部事务；英宗弟弟朱祁钰留守北京，处理朝廷日常事务。这些安排，还算靠谱。

七月十六日，明英宗和王振带着五十万大军，自京师出发开往大同。由于抱有一厢情愿地“吓退瓦剌”的初衷，仓促调来的五十万大军几乎没有后勤准备。出发前两天，才给每个官兵发放了一两白银及衣物、炒麦等物资。军队长期屯田，兵器残破，临时从武库中拿出八十万件兵器分发下去。先进火器，平时存于库房中舍不得给部队用，也匆忙拿出来配给部队，会不会用那是另外一回事了。为了携运物资，又临时给每三个人配备了一头毛驴，队伍中人驴掺杂，混乱不堪。

增派五十万大军去打瓦剌，正常情况下应该不会有意外。但是，存在不正常。这个“五十万”，就很有问题，最早的记载见于刘定之《否泰录》，而他的来源竟是“目击耳闻”，真正亲历者并没有直接记述，《英宗实录》绝口不提出征人数，仅说“官军人等死伤者数十万”，估计属于军事机密。有学者分析，英宗所带的军队，只有二十七八万，能直接投入战斗的则在十七八万。

即使是十七八万，对付瓦剌应该也不成问题。从史料判断，瓦剌人口也只在四万余户，总人口也不会超过明军的兵力。但打仗又不是投票选举拼人数，明军最大的问题还有兵不识将，将不识兵，缺少训练。最致命的是，实际指挥权还不在将领手上。皇帝御驾亲征，直接指挥权在皇帝与王振手上。这二位，很聪明，但太不专业，“目不辨旌旗，耳不谙鼙角”，基本的军事指挥常识都没学会。

在兵将不相习，士兵不能熟练使用新配发兵器，没有随行后勤保障措施的情况下，几十万明军被一个固执的皇帝和一个一无所长的宦官指挥着，一路行阵如蚁，首尾难顾，如同儿戏。

行军第十天，问题就来了：大军断粮。当然，毕竟在国内，不是太难解决。坏的是老天确实不帮忙，风雨交加，部队的死伤，全是累的。京城附近的兵好多年没打仗了，平时管的也不过是治安，现在出来累个半死，上上下下全是怨气。这通折腾，将士与官员打死王振的心思都有。内阁大学士曹鼐与部分大臣密谋，准备实施“斩首行动”，将王振给灭了，再劝阻英宗。可惜，都有这个心，全没这个胆。否则，王振被打死了，英宗也许就半道返回了。

随行群臣中，英国公张辅是德高望重的名将，兵部尚书邝埜也是专业出身，但英宗不许他们参与军政，一切听由王振指挥。

八月一日，栉风沐雨、饥饿疲惫的明军到了大同。身处前线，大家的心情反而好起来——瓦剌人的影子居然都没了，想打，找不着陪练的。

不战而屈人之兵，吓跑敌人也是胜利。大家趁机一起建议，光荣凯旋吧！

这回，英宗倒是痛快地答应了。原来，英宗并不昏庸，他向边关将领一打听，瓦剌军并不像王振说的那样窝囊，更不是那么好对付——就在英宗带领的大军到来之前，也先刚发兵分四路越过长城，自领三五万人直取大同。大同守军，一直在搞大生产，严重影响作战能力。长期务农的大同守军接连失利，七月十一日右参将吴浩兵败被杀，七月十五日总督宋瑛等四万余人几乎覆没。

瓦剌，兵马强悍，机动性太强，真打起来，明军最后能赢是必然，但打的过程中谁死确实说不准。

王振的脑子也退烧了。因为大同城外“僵尸满野”的现场，他也见识了，更重要的是镇守大同的中官郭敬，将战场的惨烈也给他形容得差不多了。

既然如此，目的也算达到了。见好就收，回去怎么宣传，再琢磨吧。

英宗决定，班师回朝。

回家的路

回家的路，还真不好走。班师之日，大风骤起，到晚上又雷电交加，大雨倾盆。部队中的战马还有些见识，可驴就不行了，它哪见过这阵势啊！交叉感染，满营人畜都不安宁。

从大同回北京，有两条路可供选择：北线经宣府、土木堡到达内长城居庸关进京城，这是明军进军时的路线，基本上等于原路返回；南线，经甕城口驿、蔚州驿到达内长城紫荆关进京城，全长六百里，这是明代官方驿站的路线。南线比北线稍远，但道路应该好走，因为有官道，又远离外长城，自然也安全。进军时走北线，靠近外长城边关，有军事打击的考虑，那自然是对的。

既然是回家，英宗决定走南线。据说，王振也主张走南线，因为蔚州正是他的老家，如今有皇上陪着，衣锦还乡，正好抖抖威风。

但走了四十里，王振决定折回北线。决策这么不严肃，使王振想起了一个重要的问题——几十万人马途经蔚州老家，请皇帝吃顿饭是小事，辎重压的，人马踩的，可全是自家的庄稼。对官军，王振就太清楚了：从来就不讲军纪，不打人骂人就不错了，损坏东西要赔，没影的事儿。

南行再拐个弯，明军的侧背正好暴露在瓦剌军的攻击之下。北线道路崎岖，随行的辎重车无法跟上队伍，众大臣纷纷劝阻，但王振没有理会别人的习惯。更坏的是，他也没有主动侦察敌情的习惯。

——瓦剌军进攻大同后主动北撤，明军认为其主力是在大同以北，只要向东，就离其越远。实际上，瓦剌军主力已经东移，早已就位于宣府以北：也先居西，阿剌居中，脱脱不花居东，瓦剌大军正在伺机倾巢出动。

明军进入瓦剌军的包围圈，不是他们的神机妙算，而是多年练就的抢劫经验。因为老在一个地方抢，没有什么利润。瓦剌大军的本意，是换个地方干一票大生意。

坏消息很快接踵而至。明军刚过宣府，也先军就从后面咬上了。如果明军走的是南线，离整个瓦剌军主力就越来越远。如今走的是北线，等于送到眼皮子底下。

也先侦知明军状况，决定趁机干票大的。于是立即率军突入，跟踪追击。八月十三日，也先袭击明军后卫吴克忠部，吴部匆忙交战，全军覆没。英宗急派成国公朱勇等率兵四万迎敌，行至鹞儿岭，遭其伏击，又是全军覆没。

明军阵容大，也先军机动性强，像是羊群遇上狼了。想展开决战，也先又不肯往石头上撞。这一路之上，明军无法掌握主动，始终被也先追着跑。稍不留神，就要被也先军狠咬一口。抢劫与打仗，也先都相当专业。

八月十四日，惊恐万状、又饥又渴的明军，退至怀来县土木堡。王振传令，就地驻扎，等候后面的辎重车辆。

土木堡是当时宣府通向居庸关的重要驿站，也就是官方的招待所。皇上在这里住一晚上，问题不大，但在这里安营扎寨，显为兵家大忌：土木堡地势较高，能供大军饮水的一条河，还在堡南十五里。这么个地形，比马谡当年选的地点还差，因为土木堡周围，百里群峰耸立，无论是瓦剌军围困与攻击，明军都处于不利的地势。

邝埜作为兵部尚书，绝不允许犯这样的低级错误。他与王振争辩，遭到王振的斥责。情急之下，邝埜便硬闯，要进去见英宗。但可以指挥千军万马的人，却叫不动这里的一个卫士。王振一发话，邝埜便被几个人拖了出去。

王振为什么要坚持驻扎土木堡？主要原因是等候辎重车。这对以抢劫为首要目标的也先来说，明军辎重的诱惑同样很大。土木堡距怀来县城只有二十里，进入县城同时等辎重，应该也是不错的选择。但据有关史料分析，这时的怀来县城，很可能已被阿剌军占领，其部已深入明军南侧。即便怀来县城没有被占领，普通县城的城防也很有限，但要比土木堡安全得多。进不进怀来县城没关系，但至少要找一个有水源保障的地方，不能单纯找个高地——王振，不是完全不知兵，而是略知皮毛，知道占领高地，自以为是以权威自居。能坏大事的，往往不是饭桶，而是“半桶水”。

最终，明军几十万人在土木堡就地露营，面临马谡在街亭的命运。

当夜，瓦剌军数路包抄而来，将土木堡团团围住。明军总数虽数倍于对方，但瓦剌军兵强马壮，机动灵活，你摆好阵势，他不过来；一旦拔营，他立马开打。明军打不赢，也甩不脱，困在了土木堡这块高地上。

瓦剌军不断四面奔袭，明军都是被动应战，将士由此疲劳不堪。比疲劳更难过的，还是饥渴。堡南的水源地已被阿剌军控制，明军掘地两丈，也挖不出水。数十万明军断水，军心大乱。

这正是也先需要的效果。与王振的那点军事常识相比，也先算得上是个军事天才。明军开始躁动，仍不是也先等待的最佳效果。

八月十五日，也先主动后撤军队，并遣使前往明营讲和。要知道，胜利者是从来不求和的。瓦剌军的这一点诡计，王振居然没有识破。这也难怪啊，大军已断水两天，兵马饥渴难熬，几乎难以为继。对也先的雪中送炭，英宗马上同意，派人与使者前往瓦剌军营议和。

王振，再次发挥他的军事才能：兵贵神速，抓住机会，立即拔营，前往堡南取水！

没水喝，谁都受不了。明军争先恐后，阵势大乱。向南蜂拥不到三四里，瓦剌骑兵就从四面围攻而来，明军惊恐。混乱之中，明军人人争先逃命，大军完全失去控制。

瓦剌铁骑左冲右突，大肆砍杀，明军死伤无数。瓦剌军对明军大呼：缴枪不杀（解甲投刀者不杀）！尽管瓦剌人普通话不标准，但明军几乎都听明白了。士兵们丢掉刀枪，脱掉盔甲，态度好的索性连上衣都脱干净，光着膀子，表明投降完全是真的。

这一战，明军彻底失败。但几十万明军，多是受伤、投降，并非全部被杀。作为亲历事件的文臣李贤在《天顺日录》中分析说：“幸而胡人贪得利，不专于杀，二十余万人中伤居半，死者三之一，骡马亦二十余万，衣甲兵器尽为胡人所得，满载而还。”

也先的直接目的，本来就是抢劫。但这一次，他喜出望外，不仅抢到无数财物，还抢到了一件连他自己想都不敢想的无价之宝——大明皇帝。

朱祁镇，被俘了，也成名了——他被俘在内、外长城之间的大明王土，他关于汉武大帝的梦想，在历史上被写成“土木堡之变”……

人心长城

土木堡之变，英宗被俘，百官身亡，明军机动主力尽丧，明朝的天塌了。

更令人震惊的是，塌天之祸发生在土木堡，发生在大明朝苦心构筑的内、外长城之间。

惊世之变，于谦走上了历史的前台。而他首先要做的，就是要为大明王朝构筑一座人心的长城。

闯下塌天大祸的王振，混乱之中被护卫将军樊忠击杀。樊忠击杀王振，为的是一解心头之气。而需要这类解气的，实在太多。王振不是一个普通的太监，党羽无处不在。生前他惹下大祸，死后也可能留下祸根。大敌当前，如果处理不当，大明朝可能陷入内乱，自毁长城，半壁江山不保。

这一刻，说来还真的就来了。王振长期大权独揽，文官敢怒不敢言。如今王振犯下滔天大罪，又身死乱军，该是他们扬眉吐气的时候了。

八月二十三日，也就是于谦接替邝埜担任兵部尚书的第三天，一场明朝历史上最严重的乱局，呈现到了于谦面前。

这天，郕王朱祁钰主持正常的朝会，右都御史陈镒突然提出要诛杀王振全族。

陈镒是个正直的官员，处理王振也是他的职责所在。提议一出，百官纷纷响应。陈镒当时愤怒至极，边说边骂，情绪一激动，竟然哭了起来。

大男人们最受不了的刺激，莫过于哭声。陈镒一哭，跟着痛哭的、喊口号的，全都出来了。朝堂之下，一片混乱。

作为大会的主持人，朱祁钰还处于实习阶段。这种现场办公，从来没遇上过。朱祁钰一时没了主意，想到暂时回避。于是他告诉群臣，官员处理的问题下次具体研究，今天要先研究紧急的，解救皇帝，打退敌人的猖狂进攻。

但廷臣的火气已经被点燃，想熄灭已非易事。朱祁钰迟疑不决间，偏偏出来个火上浇油的——马顺。锦衣卫都指挥使马顺，本是王振党羽，一看主子死了，不仅没有被定为“因公牺牲”，还要被灭族。这形势，自己下一步还能有好果子吃吗？趁着朱祁钰迟疑发愣，马顺立即跳出来，厉声叱斥百官。

主子都死有余辜，小爪牙还大耍威风，文官们再也不能忍气吞声了。户科给事中王竑，拿起随身的办公用品（朝笏），就朝马顺砸去。众臣见状，一拥而上。可怜的马顺，也算是个有武艺的人，就这么一人难敌四手，当即死于非命。文臣们斯文，也够狠的，连马顺脸上的肉都咬掉了。

朱祁钰看呆了。更呆的还在后头，大臣们纷纷指责朱祁钰，要他交出王振的同党。

当时在朝为官的，没有几个不是明白人。朝廷重臣糊涂，基本上全是装的。平时忍着不说，特殊环境下谁都不想掩饰。王振为非作歹，背后的靠山当然是皇上。但那皇上是朱祁镇，不是这个朱祁钰，大臣们该是一时气晕了。这时的朱祁钰，已经急得一句话都说不出来了。

朱祁钰身边的侍候太监金英，倒很沉着。他立即溜出去，真的找来了王振的两个同党：毛贵，王长随。

不过，金英可不是帮助朱祁钰完成任务，交出王振同党，是让毛贵、王长随过来收拾这帮大臣。

毛贵和王长随还没弄明白怎么回事，拳头、办公用品全飞过来了。来不及还手，命也都没了。朝堂比刑场都恐怖，朱祁钰顾不了许多，三十六计最后一计，转身开溜。

于谦站出来了，他上前一把拉住了朱祁钰。

不会看看热闹，会看看门道。于谦拉住朱祁钰，并不是附和群臣为难他，而是看出乱局中的玄机与危险——不是王振同党的武功不及文臣，而是有主持人朱祁钰在场，镇住了场面。加之王振惹祸太大，自己人理亏，谁也不敢轻易还手，胡作非为。但是，倘若朱祁钰不在场，大臣们又穷寇死追，真把他们逼急了，包括朝堂上的锦衣卫，情急之下一旦出手，那后果是不堪设想的。

于谦衣服都挤破了，赶到郕王朱祁钰身前，扶着郕王的手臂劝道：“马顺等人罪该诛死，请不要追罪于各位大臣。”

惊慌失措的朱祁钰明白过来了，他迅速将于谦的意思重复了一遍。这是最高声音，危机化解了。

吏部尚书王直同样是个明白人，只是他没有于谦反应敏捷，事后他握着于谦的手叹道：今天这样的情况，即使是一百个王直也处理不了啊！

于谦，已经是捍卫社稷安危的长城了。

万里长城，事实上阻挡不了瓦剌的进军。也先大兵势不可挡，很快又到达内长城，逼近京城。朝廷上下惶惶不安，郕王朱祁钰召集群臣商议攻防之策。翰林院侍讲徐珵，是个研究天体的科学家，他给大家科普：现在星象有变，应当向南迁都避敌。

于谦再一次站出来，高声厉喝道：主张南迁的人，应该斩首！京师是天下的根本，一旦迁移大势将去。难道没看见宋朝南迁的历史吗？！

当年，于谦骂得王爷朱高煦在地上发抖。现在骂在科学家头上，更是立竿见影。于谦这一声厉喝，更是迅速扭转了现场气氛。

郕王朱祁钰支持于谦，留守策略就此敲定。

说起来倒容易，但真的守卫京城，又谈何容易。明军的机动主力，已在土木堡丧失殆尽。京师周围的军营，只剩下老弱残兵，且数量有限。于谦迅速调集河南、山东等地援兵入京，京城附近做杂役的士兵安排百姓替上，以最快的速度充实兵力。于谦又选拔得力将领，镇守京师外围内长城的各关隘。练兵、后勤等，同时跟上。京城的军心、人心，开始安定下来。

与也先死磕，别无选择。但这仗究竟怎么打？大将石亨建议收兵固守城墙，使敌兵劳累衰竭。于谦说：为什么向敌示弱，让敌人轻视于我？

必须城下一战，鼓士气，壮军威，捍京城！

人质危机

土木堡之败，最大的失败并不只是军事，而是丢失了皇上。皇帝被俘，动摇的是国本，这是一个很大的政治难题。如果明英宗在特殊环境下做出一个软蛋的决策，要牺牲国家换取性命，于谦的所有努力，很可能付诸东流，化为泡影。

事实上，也先正是拿着英宗这个人质，作为制胜的法宝。有了这个人质，瓦剌大军才可以在大明的土地上肆意横行。

人质，掐住了明朝的咽喉。能有什么办法解开这个死结？

楚汉相争，项羽与刘邦对峙了两个月，项羽抓了刘邦的父亲做人质，然后通知刘邦：不投降，就将你爹做成肉汤。

按照项羽的脾气，这种残忍的吃法是完全能够做出来的。但刘邦却笑了，说咱俩是兄弟，这“父亲”属共同财产，你真要处理，得给我一碗汤！

这桩著名的“绑架案”，项羽很失败。项羽只有强项血拼，一生只有大好形势，最终没有大好河山。刘邦是个政治家，强项是斗智，道义这一刀，他轻易地转手捅向了项羽。化解了这一刀，对刘邦来说威胁就不成立，真是项羽发疯让他少了个父亲，还没有让他少一个士卒那么严重。

但现在的人质，是皇上。把皇帝做成肉汤，这话能说吗？谁说谁死。

办法终归会有的。当年如果刘邦与项羽没有结拜成兄弟，“我父”与“汝父”的等式不成立，刘邦绝对要耍赖，将父亲说成是看门的老头，让项羽以失职的名义把抓捕人员揍个半死。启示就在这里。如今，面对瓦剌大军前所未有的威胁，于谦等大臣纷纷请皇太后立郕王朱祁钰为国君。呵呵，你捉的皇帝倒是真的，不过皇帝也是有“有效期”的！也先要是听到这个消息，知道值大钱的明英宗被贬值成朱祁镇先生，肯定要当场哭晕过去。

但郕王朱祁钰，却再三推辞，不肯就位。当皇帝，朱祁钰没有这个思想准备，又是非常时期，也一时割不下兄弟之情。

于谦说话了：臣等诚忧国家，非为私计。

国难当头，决策的含金量太大，郕王朱祁钰同意了。

正统十四年（1449 年）九月六日，朱祁钰正式即位，年号景泰，第二年为景泰元年，尊英宗为太上皇。这一重大决策，不仅要迅速在全国广而告之，而且要让也先和明英宗知道。

一个月以后，也先果然挟持英宗来到了北京。本打算握有英宗，奇货可居，向明朝狠狠敲上一笔。可现在，京城里坐着的是景泰皇帝，“国际市场”的价格震荡让也先傻了。更可恼的是，城外等待他的居然是于谦率领的二十二万大军。

既然远道而来，还是先展开人质谈判吧！也先要求明朝派大使，迎接人质朱祁镇，索要金帛无数，并要于谦等入营谈判。景帝拒绝了，他告诉也先，如果送回太上皇，可以象征性地给点赏赐。

这价还的，还不够几万大军的人工成本。也先很失望，但也不能白跑一趟。干脆，开打！

十月十一日，两军城外开战。于谦指挥下的明军，与瓦剌军拼命了。血拼五日，也先闻听各地勤王部队陆续赶来，害怕退路被明军切断。要不到钱事小，保命更重要。于是，也先拥着英宗朱祁镇撤出关外——朱祁镇，这个宝不能丢。贬值的宝贝，毕竟还是宝啊！

棘手难题

绑架案要结案，至少要有两种结果：一种是付了赎金或没付赎金，救回人质；另一种是付了赎金或没付赎金，绑匪撕票。

于谦取得了京师保卫战的胜利，但最终既没有付赎金，也没有救回人质，第一种结果没有出现。

第二种结果，差一点出现。也先退出内长城的第七天晚上，营地遭到了明军“核武器”（火器）的袭击。几十门大炮一齐开火，瓦剌军营一片火海，“死者万人”。运气倘若不好，理论上朱祁镇可以死上一万次。

明明知道朱祁镇在也先兵营，又选择晚上，还动用“核武器”，明军不会连基本的兵棋推演都不做吧?

这只是一种分析。这样处理，也不符合于谦的性格，但符合于谦的强军思路。这个思路是个一揽子工程，包括火器的使用——英宗御驾亲征时，明军同样配备了火器，只是时间太仓促，武器说明书都没来得及阅读，最终“核武器”变成了“瞎武器”。

遭受“核打击”，也先失望而忧伤地回到了长城之北。但问题是朱祁镇确实没死，这个绑架案仍未了结。

于谦继续他的强军思路：整顿军务，充实边防，强化战守。还有一个损招：利用也先与“一把手”脱脱不花汗、“三把手”阿剌知院三人之间的矛盾，离间瓦剌高层，让他们无法对大明合伙威胁，联手敲诈。

于谦显然又成功了。看到脱脱不花与明廷的生意日渐红火，自己只有投入没有收益，也先决定不能一条道走到黑，再做赔本的生意。

冲突因经济而起，必须以经济结束，也先主动与明朝议和，要将形同废物的英宗送回，恢复双方的正常贸易。

到了八月，朱祁镇做人质将满一年，也先频繁派遣使者，请求明朝迎接太上皇。在这之前，已有多位大臣向朱祁钰建议，迎回太上皇，朱祁钰都不予理会。吏部尚书王直，性子也直，老是揪着这件事不放。发现没有效果，老先生琢磨了半天，明白过来了——皇上是怕太上皇回来抢自己的宝座。

大彻大悟的王直，迅速给皇上写了封书面报告，文中特意挑明：您的核心地位已经确定，太上皇回来，不再管天下大事，您给他礼遇，实在是历史上罕有的一大盛事啊！

朱祁钰的心事被王直捅破，气得暴跳如雷。但是，他选择了最文明的方式回应了王直——亲自给王直写了一篇专题文章，指出王直不明白也先的狡猾，不清楚敌人的阴谋诡计。

其实，也先是个业务素质很单一的官员，打仗处处是诡计，谈判一点都不狡猾。心里想着要送还朱祁镇，没有回音他就一个劲地催，催得朱祁钰没办法，只好开会研究研究。

一研究，又乱了。不仅吏部尚书王直，就连礼部尚书胡濙也参与进来。朱祁钰忍无可忍，指着王直质问：“屡以为言，意欲何为？”意思是说，你们三番五次地提这档子事，究竟想搞什么鬼名堂？王直也不含糊，直接顶上去：你早就应该这么做了！

这一顶撞，让朱祁钰一股脑儿发泄了：我本来就不稀罕这个位子，当初逼我做皇帝的是你们这些人，现在说出这些话的怎么还是你们这些人？

皇上的愤怒，让在场的人面面相觑。

于谦走了出来，只说了八个字：“天位有定，无复有他！”

真正有见地的，还是于谦。他虽只说了两句话，但肯定了朱祁钰的核心地位是不可动摇的，并且大家永远都要坚定不移地团结在他的周围。

朱祁钰要的就是这个答案，心中的石头落地了，朱祁钰心情顿时舒畅了，“从汝”二字，连说了两遍。

“从汝”，并不仅仅是“依你”的意思，着重点是在把太上皇接回来，要确保你说的这种局面不能有丝毫的走样。

景泰元年（1450年）八月，太上皇朱祁镇从蒙古王廷还朝，进驻南宫。这一刻，朱祁镇应该后悔回国了。所谓的南宫，实际上就是看守所，外有重兵把守，朱祁镇不能出南宫一步。北国王廷，至少还可以看看草原风光。

景泰三年（1452年）五月，朱祁镇陷入绝望：皇太子朱见深被废——朱祁镇寄托在下一代身上的希望，彻底没有了。

自毁长城

废掉朱祁镇之子朱见深，朱祁钰的心思就再明白不过了。要立自己的儿子朱见济为太子，这话总得内阁先提出来呀！

怎么让大臣们先开口呢？朱祁钰想到了一个办法：行贿。

领导给下级行贿，这等交易比较罕见。朱祁钰给内阁大学士，每人发黄金五十两、白银一百两。奖金，福利，加班费？反正你们知道什么意思就行。

视利益驱动为最深层次动因，朱祁钰的认识是非常到位的。他到太学等部门视察工作，也曾往地上撒些钱让教官们去抢，比之空洞的领导讲话，作风很有扎实的色彩。

朱祁钰的经济学理论是对的，但实际效果不是很好，只有两三个人明确表态，赞成更换皇太子。

拿了钱的人积极性不高，没拿钱的人却积极性高涨。浔州守备都指挥黄竑，想谋取黄𤩽的土司位子，尽管是兄弟，黄竑还是对黄𤩽下了毒手，悄悄将这父子全杀了。事情被人告发，黄竑害怕了，性命比金子更重要，他给朱祁钰上了道奏疏。这道奏疏很奇特，不是请求皇帝关照自己，而是请求更换太子。朱祁钰感动了：万里之外，竟然还有这样的忠臣。

朱祁钰将黄竑提拔为都督，让内阁立即研究黄竑的报告。于谦显得很惊讶，王直则看着皇帝的赏银，又拍桌子又跺脚：羞死我也！

已经闹到这份上，大臣们再不同意，也没有退路了。五月初二，朱见济取代朱见深，成为太子。朱祁钰、朱祁镇兄弟之间，彻底恩断义绝。

可惜，朱祁钰苦心谋划的交易，效益只有一年多。景泰四年（1453 年）十一月，皇太子朱见济夭折，朱祁钰又没有第二个儿子，议立太子从此成为大臣们关注的焦点。至于选谁，意见不统一，有的主张恢复朱见深，有人主张另起炉灶，背后的含义也很深，各方的心思是复杂的，只有关注的目光是统一的。

怎么这么多臣子如此热心大明江山的千秋万代？因为拥立皇太子，实在是桩极有价值的期货投资。其中的不确定性，便是商机。押准了，日后自是一本万利，收益匪浅。

于谦在这件事上也花费了很多心思，因为朱祁钰对他非常倚重，他在群臣中的威信也是很高。于谦生病，朱祁钰甚至亲自给他找偏方，亲自给他备药。无论是当初太子的更换，还是现在的太子难产，朝野都想到与于谦有关。进士杨集，还认为于谦不作为，写信将于谦大骂了一顿。

在议立太子之事上，于谦其实跑偏了：他觉得朱祁钰无子，复立朱见深就是常理。而复立朱见深，又与朱祁钰的思路对不上号。

跑偏，最关键的是于谦过于正直，没有把拥立太子当成一桩期货生意。而除了于谦，实在难找出第二个人，这就是独木难支。

景泰八年（1457年）正月十二,百官正常上班，议题自然转到太子问题上。大学士萧镃写封书面报告，要求皇上“早建元良”。元良，太子的代称。都御史萧维祯帮他将“建”字改成“择”字，笑着补充：我的官职，也想换一下呀！

这就是明白人。知道谁是太子，谁与自己的官职有直接的关联。

人人眼红的生意，于谦没意识，百官没办法。最终，让石亨做成了大买卖，成为一时的大赢家。

石亨不仅是个出色的军人，更是一个杰出的商人，他与所有人的商业眼光都不一样：天底下来钱最快的，就是现货买卖。

景泰八年（1457年）正月，朱祁钰病重，石亨的灵感上来了：还在太子问题废什么口舌啊，让太上皇直接当皇上不就得了？

不过，这桩买卖有点像谋反，至少风险极大，石亨一个人没那么大本钱。他找了两个帮手：张軏，曹吉祥。

人少了点，却是个效率团伙：张軏，都督，动手的事是其强项；曹吉祥，太监，熟悉内宫，情报准确且迅速。

但有欠缺——三个人文化程度都很低，遇上难题怎么办？一物色，选准了徐有贞。

徐有贞，即徐珵。当年也先进犯京师，徐珵从科学的角度作出结论，建议南迁，受到于谦的训斥。京师保卫战后，徐珵便在群臣眼里名声大坏。为此，徐珵对自己进行了版本升级：将名字改为徐有贞。

无论是旧版本的徐珵，还是新版本的徐有贞，徐珵还是有真才实学的。徐有贞后来自学水利专业，领导黄河治理非常成功。这几年下来，徐珵已经被擢为左佥都御史。

徐有贞是难得的技术性官员，热衷于科研，几近一生。天顺四年（1460年）石亨罪发被杀后，徐有贞免职回家乡吴县闲居，仍坚持研究天体物理。一天发现将星位于吴，他兴奋得挥动铁鞭起舞，感到自己复出有望。不久，吴地将军韩雍出征两广立功的消息传出，徐有贞失望了，扔掉铁鞭连连叹息：“想不到这么好的天象，应在了这小子身上！”从此，他与科学家决裂，改行当起了艺术家。

“科学”地寻找出路，徐有贞一生功名心切。当石亨找其研究如何成功实施英宗复辟时，徐有贞大为兴奋，当即开动自费的科研器材，分析天象，并发现了帝星移位。经过科学测算，徐有贞得出结论，最佳时间，是正月十六晚。

石亨等人深受鼓舞，虽然他们读书不多，但科学性作为决策的灵魂，最起码的道理还是无师自通的。其实，徐有贞自己根本心中没底。到了正月十六晚，徐有贞换上朝服出门，忍不住按着猛跳的胸口，凄戚地跟妻女交代：我要去办一件大事，回来了就是神，回不来就是鬼，你们要有心理准备。

徐有贞的思维太过缜密，他的担心似乎有些多余，因为他们这个生意团伙结构十分科学。四鼓时分，张軏领着大队人马顺利进入了皇城。

这时，天气突变，乌云密布，差点把张軏的人马给吓死。徐有贞站了出来，科学地解释说："变天"，本来就是这个样子。我们的事业完全是正义的，正义的事业是任何敌人都颠扑不破的！

南宫的门异常坚固，无法打开。很正常，关死囚的地方怎么会是豆腐渣工程？但攻城的实用技术，石亨最擅长，他叫士兵抱起巨木，猛撞宫门。门没有撞开，右边的围墙震塌了。墙洞更适用，众人一拥而入，找到了朱祁镇。

接下来便是直奔大内，曹吉祥打开了东华门。一行人来到御殿前，守门兵士大概想核对暗号或口令之类，朱祁镇的业务这些年还真没有荒废，他从容地说了一句：我是太上皇！

成了！朱祁镇登上了奉天殿宝座。

天色微亮，钟鼓齐鸣，群臣上朝。但抬头一看，目瞪口呆，宝座上的皇帝不是朱祁钰，而是朱祁镇。群臣犹豫之际，徐有贞上前大喊一声："太上皇复辟了——"

声音洪亮，大有绕梁三日之势。"夺门之变"，英宗复辟。第二天，于谦下狱，一同被捕的还有大学士王文。这个结果，意料之外，情理之中，史称与石亨、徐有贞有关。

石亨与于谦有什么怨仇？他们曾经是亲密的战友，至少也是成功的合作伙伴。京师保卫战中，石亨功不及于谦却因此封侯，石亨心中有愧，还热情举荐于谦之子于冕。但于谦不以为然，认为选拔人才是国家的事，因为私人报答而举荐自己的儿子，根本就不妥当。

高尚，不是所有的人都欢迎。

徐有贞由于于谦的训斥，从此政治抱负多年不得施展。不过，徐有贞没有与于谦为敌，他想到的办法，是通过于谦的门人，进而疏通个人之间的关系。一个要公直，一个要私了，结怨也是可能的。

公直，与官场潜规则背道而驰啊！

时过境迁，今非昔比，他们不需再看于谦的脸色了。更何况恩怨较之利益，本就肤浅，谈不上深沉。石亨、徐有贞集团的拥立之功，分红时节到了，怎么可能让于谦分一杯羹？于谦又远非平凡之辈，而消灭竞争对手，本是生意场上最快捷的手段。

所以，于谦有了“谋逆”的罪名——这个罪名不仅大，还无比科学，如果于谦意欲迎立襄王世子，等于就是与太上皇争夺暴利。什么时候把皇帝拉进来，成功系数都是最大的。于谦的罪名最终查无实据，徐有贞给了个科学的解释：“虽无显迹，意有之。”

明英宗相信“科学”吗？他相信利益。英宗原不想杀掉于谦，认为“于谦实有功”。能为自己干活挣钱的人，何必要少一个？！但明英宗的思维是线性的，徐有贞进一步阐明了科学道理：“不杀于谦，此举无名。”

英宗明白过来：朱祁钰还活着，于谦是个正直的能臣，复辟的最后结果是有变数的。如果到手的皇位保不住，损失的就是核心利益。英宗痛下决心，杀于谦于市，自毁长城。

——这是继土木堡之变后，明英宗干出的第二桩大事。一错再错，他只能成为大明帝国由盛转衰的交接点。

敲诈，劫掠，兵犯，狭窄的长城不能承受时，于谦都是威武的长城。但长城内出现利益剧斗时，墙不如柳，利益冲击波势必摧毁阻挡的墙：

朱祁镇，赚到了皇位；

徐有贞，赚到了兵部尚书；

石亨，赚到了忠国公；

张軏，赚到了太平侯；

曹吉祥，赚到了司礼太监……

——景泰八年（1457年）的春节，真是官场生意的黄金时节，一批人赚得盆满钵满。那个时候的于谦，都在忙些什么？《英宗实录》中于谦正在处理的最后一件公务是“北虏入贡”。来年正月郊祭在即，皇上及文武群臣以及各营军马俱在城外，北国庞大的人马又要久住城内，“其情谲诈难测”。长城沿线，大同至京城，急需周密的综合布防，于谦为此殚精竭虑。光明心地无所谓黑暗，地下涌动的各种交易，似乎与其全然无关。

长城因利益冲突而垒起，也因为利益冲突而毁损。于谦之死，长城倒地。但对成功复辟的英宗来说，他赚到的显然是个大头。

第六章

商　辂：
匡扶社稷的状元神采

肇始于隋唐的科举制度，本质上是一种选官制度。明代科举分为乡试、会试与殿试，乡试第一称“解元”，会试为“会元”，殿试第一即“状元”。从洪武四年（1371 年）至崇祯十六年（1643 年），明朝共举行八十九次科考，诞生状元九十位，而“连中三元”者仅商辂一人。数百年一遇，状元究竟有何神采？

状元曾是“复读生”

商辂（1414—1486 年），字弘载，号素庵，浙江淳安人。

商辂出生在一个有文化氛围的家庭，其父商璉为严州府学庠生，只是功名之路不顺，中年时在官府谋了个差事。其母解氏是一位知识女性，在丈夫忙于公务无暇顾及家庭时，解氏承担子女的教育重任，商辂成才得益于家庭这块基石。

商辂又是一个天赋异禀的人，出众之处是记忆力超群。十三岁时，父亲商璉从京城回乡，商辂与家人到杭州迎接。街头张贴的一份关于浙省钱粮的公文，商辂只看了一遍，便将这篇万字长文背得一字不差。上县学时，回乡官员洪公到县城拜谒地方官。商辂听说洪公带有苏轼《策略》，这本史论地方上没有，商辂恳请洪公让自己录个手抄本。洪公说：《策略》有好几万字，你没几天抄不完，我明日就要离开，没办法借给你。商辂再三请求，说您就借我看一晚上，不会耽误您明天的行程。

这一夜，商辂将《策略》从头看到了尾。月考时，教谕王端发现商辂的文章经史贯通，进步神速，惊问商辂：“此作何迥异平昔？”商辂说：“主要是受苏东坡《策略》的启发。”王先生曰：“这本书你把它抄下来了？”商辂说：“未也，但书中的内容我都记得。”商辂将《策略》默写出来，呈给王先生看。王端是读过《策略》的人，看完商辂默写的《策略》，觉得这孩子也太离奇了。

古代学生获取知识的途径狭窄，要么看书，要么听先生讲授。记忆能力，是古代学者最突出的禀赋，过目不忘成为上天赋予不同寻常的天资与才华。

有这种禀赋，商辂还有童年人少有的志向。永乐二十一年（1423 年），父亲商璉要赴京参加选拔考核，十岁的商辂想跟父亲一道去玩玩。父亲对他说：“我到京城是有大事要办的，待我做了官，带你到我的府衙玩吧。”

被父亲拒绝，商辂很气愤：“你做官，我也做官。你到我任，我不到你任！”

这孩子，几句话堵得父亲无言以对。商瑭私下对妻子解氏说："此子实有志气，可取。尔宜善视之。"

有天赋，有志气，这样的孩子必定成才吗？再好的天资，都不如良好的教育。这一切，商辂全赶上了。商辂六岁时，解氏即为儿子"破蒙"，教儿子识字。完成识字任务后，解氏又教儿子《论语》诸书，这是一般女性根本做不到的。解氏亲授的内容，与一般的私塾课程并无二致，与明代的科举内容也是无缝对接。

在商辂需要进一步深造时，命运中的贵人又及时出现。淳安县教谕王端，是个有学识又有责任感的官员。宣德四年（1429 年），淳安县学的"魁星楼"需要重修，县里又拿不出钱，王端外出募捐，发现了商辂这位俊异之才。现场测试，王端兴奋不已，这募捐的事也不提了，直接回了县里。

知县见王端喜形于色，以为王端找到了一位大财主，募得了一笔巨款。王端说：嘿嘿，你就是把县衙卖了，也不值这个"宝"啊！王端与知县一合计，破格将商辂补录为淳安县邑庠生，即"附学生"。商辂进了县学，王端不仅亲自教授，还免费为商辂开"家教"。商辂天资聪颖，又勤奋好学，顺利从"附学生"进阶为"生员"，也就是"秀才"。

"秀才"，显然不是商辂的奋斗目标。宣德九年（1434 年），商辂进入杭州府学。这是地方的最高学府，也是真正举子业的开始。商辂在府学的表现十分出色，为啥呢？因为有人坚决要把闺女嫁给他。

卢天泽是位退休的推官，幼女卢满聪慧漂亮，自然被视为掌上明珠。卢满十二岁时生了一场病，卢天泽请来一个道士。道士见过卢满后甚为惊讶，说这孩子不是凡人，是个"一品夫人"的命。道士跟江湖术士差不多，说好话多半是为了弄点好处。这道士的一句话，把卢姑娘就害惨了：直到十七岁，都没办法嫁出去。卢夫人听说府学来了个高才生，主动出击，要把闺女嫁给商辂。就这样，商辂成功地娶了个门当户对的老婆。书读了，家成了，商辂剩下的只等立业。

宣德十年（1435 年），商辂首次步入了浙江乡试的考场，一举拿下了"解元"，名列浙江省第一。浙江的文化实力在明朝并不低，"全省第一"在全国也应该名列前茅，商辂在接下来的会试中拿下进士，也是完全可能。但是，商辂的第一次会试失败了。再来第二次，又失败了。

屡战屡败，加上父亲去世，商辂开始灰心了。好在已有举人身份，商辂决定不考了，弄个教职养家糊口。这个时候，官员周叙给了商辂至关重要的帮助。周叙说：你不能把目标定在一个教谕的职位上。周叙让商辂进入国子监深造，在这里，商辂又遇上了他人生中的另一个贵人——大明最高学府的校长（国子监祭酒），历仕建文、永乐、洪熙、宣德、正统、景泰六朝的著名学者李时勉。李时勉视商辂如己出，悉心辅导商辂的学业。两年多的时间里，商辂几乎没迈出国子监一步，专心研习举子业。

正统十年（1445 年），商辂再度赴京参加会试。这一科的考试官钱习礼，翰林学士，“首席博导”就是他了；考试官马愉，侍讲学士，可以给皇帝讲课，专业给人编教材的。马愉对商辂考卷的评语是：“文词明畅，讲理亲切，可取。”毫无争议，商辂不仅被录取，还是第一名：“会元”。

科举考试中的最后一关是殿试，殿试只考“策问”一场，时间以一天为限，日落前交卷。所谓“策问”，跟“国考”中的“申论”很相似，也像命题作文，但考题一般都很长，几百字到几千字都有，甚至“题目”比“作文”还长。考题内阁预拟了一组，考前一天呈送皇帝，由皇帝从一组中钦定一题。

正统乙丑科殿试策题，长达 500 字。商辂经史功底扎实，引古论今，切中时政，下笔老练，条理分明，见解独到，论述精辟，足足写了 2500 余字，而殿试策对一般只要求写到 1000 字。商辂策对最成功之处，在于极易写空之处能写实，完美地呈现一个考生的思想品格与学识修养，获得明英宗的认同与赞赏，钦定商辂为第一。

商辂的科举之路画上了精彩的句号：乡试第一，会试第一，殿试第一，“连中三元”，在大明王朝空前绝后。高中状元的商辂，官场上会有怎样的作为呢？

状元遇上了棘手的事

从童生到状元，商辂无疑是个“好学生”的形象。状元的命运与作为，都是与时代紧密相连的。与历代状元最不同的，商辂生在了一个最不和平的和平年代。

商辂夺得状元，进入了翰林院。这是一个招人耳目的单位，翰林院为皇帝的秘书机构，因为在皇帝的身边，日后晋升的机会很多。商辂在京城的朋友不是很多，过去在太学，主要精力全放在学习上了，与其经常走动的是同乡姚夔。

姚夔也是个厉害的角色，严州府桐庐县人。跟商辂一样，姚夔夺得浙江省乡试“解元”。上一科会试时，也跟商辂一样夺得了“会元”。殿试姚夔只进了“前十强”——全国第九，二甲第六名进士，担任吏科给事中。

有一天，姚夔与商辂聊天。姚夔说：你这种认真工作的精神值得赞赏，但有一件事你忘记做了。

商辂问：我是个新手，有什么疏忽，您得提醒啊！

姚夔说：你应该去拜访一个人。

谁？ 商辂注视着姚夔。

姚夔答：王振。

商辂一听，放下茶杯哈哈笑了起来：他是太监，传声跑腿的，我拜访他干吗？

姚夔道：这可不像你的悟性。太监与皇上之间是“直通车”，你只是皇上身边的一个普通“秘书”，暂时还不在一个层次上。那天王振见到我，还特地提到这茬事，说新科状元先生是严州人，要做好官，怎么不来见我呀！你说，人家这不在惦记你吗？

商辂知道姚夔说的是什么意思，但拜访王振的事，一直没有什么动静。

王振势倾中外，士大夫莫不趋赴，商辂却置若罔闻。并且，还把另一个太监给顶撞了。

王高是与王振同时存在的另一个权势太监，有时皇帝召集身边人商量事情，王高理所当然的列席。王高没文化，还喜欢对文稿发表意见。商辂一听就烦了，说你根本就不懂，公文哪能像你那么写呢？

王高很没面子，尤其是当着皇帝的面被商辂打脸。想来想去，觉得这样不好，便派了手下的人上商辂家，说王公公准备请状元公上茶楼坐坐，有点工作上的事儿顺便沟通沟通。商辂道：“朝廷什么事都是大事，工作上的事应该在办公室或会议室讨论。私居弗往！”

又把王高给得罪了。商辂应该是惹祸了。

但是，王高并没有找商辂的麻烦。太监当中好人也是有的，王高是个正道直行、忠良恭谨的人，只是话多。

商辂把王振晾在一边，王振并没有给商辂找小鞋穿。之所以一时井水不犯河水，是因为王振有“崇高理想”，他让姚夔给商辂带话，绝不是想挣点见面礼这么简单。王振“胸怀大志”，要在文臣中储备“潜力股”，商辂处在优先行列。王振一心想干轰轰烈烈的大事，英宗朱祁镇年轻气盛，也想建立丰功伟业，二人之间产生了共鸣。王振鼓动英宗御驾亲征，攻打瓦剌，最终导致“土木堡之变”，英宗被俘。

皇帝都没了，大明的天塌了。徐珵等大臣主张迁都南京，以避开即将到来的瓦剌大军，负责监国的郕王朱祁钰，不知如何是好。让郕王朱祁钰领着大家一起跑？这下朝堂真的炸锅了。

“一个都不准备跑！”商辂说，“寇非深入之师，国非积弱之势”“迁都则宗庙社稷将谁与守？况圣驾一移，大势去矣！”

商辂数言，足够“稳、准、狠”。首先，形势没有徐珵说得那么严重。其次，先皇的陵墓就在京外，这可是天大的事情，徐珵你有什么办法背着“十三陵”跑吗？跑的严重后果，大家都明白。

状元商辂的反对声，得到了老状元、户部尚书陈循的支持。陈循说，徐珵呀徐珵，你研究了这么些年的学问，这水平怎么跟人家状元差了十万八千里呢？

礼部尚书胡濙说，商状元说得对，陈大人骂得好！主持兵部工作的于谦说：京师天下根本，若一动，宋南渡之事可鉴也。

太监金英没文化，话更直：提议南迁的这小子，得拉出去砍了！

徐珵大为沮丧，气都不敢出了。

不跑，不等于没有问题。瓦剌大军押着大明皇帝直取京城，这就不是说说就能解决的问题了。

接下来，商辂与众臣提出了一个更为大胆的解决方案。

瓦剌俘获了英宗，必然拿人质作法宝。军事上再努力，大明也会被瓦剌掐住咽喉。

正统十四年（1449 年）八月十七日，商辂与群臣具本伏文华门，恳请郕王即皇帝位。

啥意思？郕王“升值”当皇帝，英宗“贬值”当太上皇。

太上皇，荣誉性的。也先要是听到这个消息，值大钱的明英宗瞬间贬值，肯定要当场哭晕过去。

但是，换皇帝这个绝招，英宗之母皇太后孙氏接受不了。虽说这不影响皇太后的地位，但英宗毕竟是亲儿子啊，怎么能把亲儿子的宝座弄没了呢？

商辂说：好办法是有的，让郕王当皇帝，让英宗的儿子为太子。绕一圈，把当前的急事处理掉，皇位将来不就自动回来了吗？

皇太后觉得是这么个理。八月二十日，皇太后命商辂作御策，册立皇太子。

八月二十九日，奉皇太后令旨，召商辂与彭时入内阁参与机务。经历“土木堡之变”，大明不仅损失了良将，也损失了良臣，必须及时予以补充。

九月初六，郕王朱祁钰即皇帝位，遥尊英宗朱祁镇为太上皇。

一个月以后，也先果然挟持英宗来到了北京，但“敲竹杠”不成功，仗也打败了，只得失望地返回瓦剌。

“天字号”难题

“敲竹杠”的事没得手，仗也打输了，也先觉得太不划算。也先太师一琢磨，状元商辂的麻烦就又来了。

江山社稷差点被大哥弄翻，代宗对自己的皇位格外珍惜，从努力学习开始，力争做一个有作为的皇帝。景泰元年（1450 年）正月十六，刚过完年的代宗，就让商辂给自己上课。商辂为代宗讲的是《尚书》中《尧典》《大禹谟》等，开导代宗如何君臣谋议国事，做一个称职的帝王。商辂推演明悉，敷论详细，对代宗的规讽也极为恳切，恰到好处。旁听的大臣个个叹赏，代宗感到受益匪浅，留商辂吃完饭才回家，并赏赐给商辂衣服等物品。在新皇帝代宗这里，商辂受到了信任与重用。

五月二十八日，瓦剌派来使者，主动请和。代宗说，瓦剌人不值得相信，先派人去探探虚实。就这样，礼部侍郎李实被派去瓦剌。

也先说，你们大明皇帝派你来有什么打算？ 李实说，没什么打算，皇上只让我来看看太上皇，听听你们有什么想法。这也太不像话了，也先觉得大明一点都不按套路出牌。实在忍不住，也先又派使者去了大明。

跟上次差不多，代宗再派右都御史杨善出使瓦剌。

也先问杨善：这次有什么新情况？

杨善回答：没新情况。

也先这次实在沉不住气了，说你们把你们的皇上带回去吧，给他白吃白喝我也供养不起。能给什么价，你们说了算，日后咱们正常做买卖得了。

这价码，大明应该没的说了。可是，代宗装作没听见。

到了八月，英宗做人质将满一年，也先频繁派遣使者来催，说求求你们了，把太上皇弄回去，我们瓦剌粮食本来就不多！

吏部尚书王直，性子也直，说皇上这做法不对呀！王直催得代宗特别烦，商辂说，皇上有想法，很正常，咱们得把皇上的疙瘩给解了。

皇上是怕太上皇回来，抢自己的宝座。商辂同于谦商量，在肯定代宗核心地位不动摇的前提下，把太上皇从瓦剌接回来。代宗放心了，也就同意了。谁去迎接太上皇呢？代宗用手一指：就你吧！

谁？大殿下的臣子，纷纷顺着皇上的手指往前找，生怕指的是自己。大臣们精明着呢，皇上对太上皇是有戒心的，接太上皇弄不好会有麻烦，说不定就是祸事。

代宗的手指，指向了商辂。

代宗说：商辂，你是状元，有学识，也先有什么鬼把戏，你一定能够识别，就你去接太上皇吧！

这一说，诸多大臣放心了。代宗也放心，他已经知道，商辂与于谦一样，是忠于自己的。

八月十三日，商辂来到了居庸关。太上皇已经在这里等着商辂携带的诏书回銮疏，好返回京城。

先期赴瓦剌的杨善，引着商辂去见太上皇。“胡天八月即飞雪”，商辂一眼瞥见，太上皇身上穿着臣子的衣服呢。瓦剌人不怕冷，太上皇哪能跟他们比啊！这一年，太上皇也是吃够了苦头，虽说也先没有刻意虐待。商辂一见太上皇这情景，眼泪忍不住就流下来了。

太上皇一见商辂，一把将其拉起，也忍不住哭了：你不是商辂吗？你可是朕亲点的状元啊！

商辂将代宗的诏书进呈太上皇，太上皇浏览了一遍，核心要义弄清楚了，告诉商辂：朕回京之后，愿意退闲。你与朕草书一封给我兄弟，并谕文武群臣，说我今日到此，明日进城，教娘娘们喜欢。

商辂立即起草，然后递给太上皇过目。太上皇说：你写出了我的意思，措辞也很得当，我兄弟（代宗）应该能满意。

太上皇高兴起来，说从瓦剌这么个穷地方，也没带什么贵重的纪念品，这是也先送的酒果，质量不咋地，赐给你尝尝吧。

十五日，商辂迎太上皇还京，代宗亲自到东安门迎接。代宗说：大哥，你可回来了，这皇帝还是你来当吧！太上皇毕竟多吃了几斤盐，哪那么傻呢？他拉着代宗的手，说兄弟啊，大明幸亏有你啊，要不，不知要出什么乱子。这皇帝，当然是兄弟你当，大哥我“退二线”，享点清福。

客套良久，那太上皇就入南宫吧。

南宫，位于今故宫东南方向南池子大街，当时规模不算太小，但属紫禁城的附属建筑。英宗被软禁期间，在南宫跟妃嫔生了九个孩子。什么时候做什么事，什么时候都要想得开。

代宗当时还有想不开的。送太上皇回京的，还有瓦剌使者。礼部等官员商议时，建议以皇帝名义的宴会，地点在奉天门，毕竟人家是送太上皇回来的，大国显示礼节还是必需的。次日，以太上皇名义的宴会，地点就在南宫，毕竟皇上与太上皇还是有区别的，并且这二人间的关系比较微妙。

商辂感到此举不妥："虏人此举实仗大义。若令进南内宴，彼见另居一处，未免退后有言。不若宴俱就文华殿，以示彼此无间之意，庶可服其心。"

这是一个折中方案，目的是不能让瓦剌人看出，皇上对太上皇存有戒心，维护大明的"国际形象"。

商辂的好意，被太监兴安搬到代宗那。代宗一听，勃然大怒，急召商辂等赴文华殿，拍着桌子道："你什么意思，你什么意思？"

皇上盛怒，众人皆不知如何是好，只有一言不发。

石亨见皇帝态度明确，顿时来劲了："有什么话，谁说的？我砍了他！"

石亨是个武夫，"京城保卫战"立下功勋，文官都不敢惹他。于谦不在乎，说石亨你就别火上浇油了，大事已定，便有一言半语，亦不必听。商辂这么建议，不是想把事情办得得体一些吗？

代宗见了台阶，也就顺着台阶下了。说商辂说得也有道理，两场宴会，干脆都在文华殿举办吧！

心思释然，代宗又觉得有点过意不去，说今天的会讨论得很热烈，大家辛苦了，留大家吃顿饭吧。

宴席上，状元商辂正好与老状元陈循坐在了一起。陈循拍着商辂的肩膀说："商状元啊商状元，你不觉得今天这顿酒饭，是从脊梁上吃下去的吗？"

商辂说："为人臣子，当言则言。"

老状元陈循叹了一声："你太自负啦！"

商辂道："陈公，酒肉穿肠，也就过去了，我们应该预计一下明天的天象。"

"难道明天会下雨？"陈循问。商辂笑笑，陈循的眼瞪得更圆。

下雨不下雨并不重要，那只是一种自然气象。天象不一样，那才关乎凶吉。

在商辂的预料中，大明必然有一场异常天象，只是不能断定会在什么时候，以什么样的兆头开场。代宗为宴会地点的问题兴师问罪，这不是小题大做，也不是帝王的心胸问题。

《礼记》曰："天无二日，土无二王，家无二主，尊无二上。"代宗最敏感的神经，就是"二日"问题。

代宗即位，完全基于国难当头。危难之际，大明各方空前统一，以更换皇帝的方式，使也先挟持天子勒索大明的计划落空，同时也救了英宗一命，最终顺利还朝，"靖康之难"徽、钦二宗的悲剧没有重演。这一正确抉择，也是各方妥协的结果。因为有妥协，所以有共识。

这一妥协，也带来了一个历史性难题：前任皇帝与现任皇帝，同时并存。这种现象，明朝没有过。中国历史上曾有过，但多是父子之间，而英宗与代宗则是兄弟之间，并且还是只有一岁之差的兄弟之间。

代宗的担忧是合理的。当他确认"天无二日"后，这种担忧自然就随着宴会曲终人散。但是，事实上曲终并未人散。这个人，就是皇太子朱见深。

当初，孙太后妥协让代宗即位，前提就是立朱见深为皇太子。这样，帝位最终自动回归自己一脉。这是在当时代宗可以接受，现在又无法忍受的现实。前有太上皇，后有皇太子，代宗夹在中间，这是一种什么境地？最可怕的，如果一个人看不到明天的太阳，那又会是一种怎样的心情？

英宗已被降为潜在威胁，注意提防就行了。太子，明天，"明天"的事，必须在今天予以解决。英宗被软禁南宫之后，代宗的关注点放到了太子朱见深身上。无数个主意，目标只有一个：废掉现太子，册立自己的儿子。

这件事，很简单，极困难。代宗想了三年，仍没有答案。不敢轻试自己的智商，状元的智商，应该够的。

景泰三年（1452年）四月一日，代宗召集重臣朝会。代宗说：太上皇二十五岁，朕二十四岁；皇太子六岁，朕长子五岁……说啊，你们，接着说啊！

没人说。诸大臣像是埋头看"手机"。商辂听得明白呢，也在装作看"手机"，不停地在朝笏上画来画去。

说话大家都装作听不见，代宗改为大臣发"红包"，商辂收到了五十两，老状元陈循收到了一百两。银子收到了，内阁大臣们还是一声不吭，从早到晚也没哪个内阁大臣把红包退回来。代宗觉得这就是机会，凡事得往好处想。

没想到的是，收了红包的不办事，没收红包的倒出来尽义务了。广西的黄竑与黄㺹，与英宗与代宗之间的关系差不多，都是同父异母的兄弟。黄家是广西思明的土知府，这是明代少数民族地区世袭的土官。黄竑把黄㻂父子装进大瓮，埋入府中的园圃下。黄竑这样做，好处是自己可以世袭成土知府。黄㻂家的一个仆人，把这事向官方举报了。黄竑很害怕，情急之下想出了高智商的救命绝招：上奏朝廷，请求更换太子。

收到黄竑的密奏，代宗大为感动：真没想到啊，万里之外，竟然还有这样的忠臣！

代宗将黄竑的上奏公开，命礼部尚书胡濙等会集大臣，廷议易储之事。王直、于谦闻言，相互对视，瞠目结舌，好久都没有回过神来。其他朝臣，心中亦认为此事不可，但更不敢公开发声。独有商辂建言："此国家大事，有皇太后在上，臣下谁敢议此？"

商辂这是在踢技术球：谁当太子，皇室内部应先商量好，内阁才帮助完善手续。

但是，有文化的状元，怕的就是没有文化的太监。司礼监太监兴安态度强硬，厉声喝道："此事今不可已，不肯者不用签名！尚何迟疑之有？"

太监兴安这招狠呐：现在只分作两派，要么同意签字，要么不同意不签字，没有第三种选择。

群臣见此，唯有署名，赞成黄竑之议。黄竑，捡了个首功。

《明英宗实录》载：诸臣"联名合奏：父有天下，必传于子，此三代所以享国长久也。惟陛下膺天明命，中兴邦家，统绪之传，宜归圣子。今黄竑所奏，宜允所言。"

孙太后会同意吗？皇帝的翅膀硬了，只能接受这样的结果。

代宗赢了。景泰三年（1452年）五月二日，册立代宗之子朱见济为皇太子，太上皇长子朱见深改封沂王。

代宗很高兴，这次不是发"红包"，而是发"帽子"：皇上大封群臣，晋翰林学士商辂为兵部左侍郎兼左春坊大学士。

现在，代宗完全可以宽心了，无非多安排几个人，看紧太上皇就不会节外生枝。而太上皇，也是挺配合的：居在南宫，一个一个地生孩子。

但是，代宗的苦心谋划，只管了一年多。景泰四年（1453年）十一月，皇太子朱见济夭折。

"兄终弟及"，这也是一条继承原则。可是，代宗并没有第二个儿子。议立太子，再次成为大臣们关注的焦点，并且不厌其烦地争论了几年。

状元商辂怎么想？商辂其实同样关注太子之事，其内心也希望复立沂王为皇太子。但是，商辂觉得这样做太危险：皇上不同意，硬要把朱见深往太子位子上推，这也是把孩子往火坑里推。

另一方面，那就要看天意。代宗还年轻，无子可能是一时的，哪天有了儿子，这问题不就自动消失了吗？频繁更换储君，只会带来政局的不稳。天意让他绝后，那才叫没办法！两种可能性都存在，现在的关键，需要尽力调和代宗与太上皇父子间的矛盾，双方水火不容，于国不利。

自己没有儿子，大臣们又提出复立太子，代宗本能地迁怒于太上皇。代宗开始严密监视太上皇的交往，同时采取极端的防范措施：下令浇固了南宫门锁，增高宫墙，连靠墙的树木都砍尽。此时的南宫，“不特室宇湫隘，侍卫寂寥，即膳羞从窦入，亦不时具。并纸笔不多给，虑其与外人通谋议也”。

这样一闹，兄弟之间彻底反目成仇。

但是，偏偏有哪壶不开提哪壶的大臣。景泰五年（1454年）五月，章纶上疏代宗：“陛下与上皇，形虽异体，实同一人”，您应该带领大臣，初一、十五或其他节假日，去看看太上皇，以示兄弟之情。

章纶疏入，代宗大怒。代宗收到奏疏时，太阳已落山，宫门都关了。代宗将圣旨从门缝中传出，连夜将章纶逮入诏狱，狠狠地杖打。同时被打的，还有参与此事的御史钟同、南京大理寺少卿廖庄。

三人没被打死，是商辂帮了忙。商辂面见代宗，说天意不可违。昨天，皇上打他们三人时，尘沙飞扬，狂风骤起，还是饶他们一命吧！

商辂等臣斡旋，代宗强势回击，总算将势态压了下去。

态势的恶化，也算是天意。景泰八年（1457年）正月，代宗病重不起。正月十四日，代宗病情加重，太监兴安请商辂至右顺门，言曰：“上面病重，万机大事，付托何人？你与文武大臣急计议来。”

商辂道：“付托何人，事属含糊。不如明言请立东驾，使人心有所归向。倘万一有不讳，请东驾往南内迎请，父子之间自有处置，岂不是水到渠成？”

商辂的态度是明确的，现在只剩下唯一的选项：恢复朱见深的太子地位。但是，代宗的态度仍旧是明确的：凡早建皇太子的奏疏，一律驳回。

正月十五日，群臣复请立太子，大学士商辂与礼部侍郎姚夔，率领百官伏阙请求，生命垂危的代宗仍没有答应。

正月十六日，礼部官员在朝房重新草拟奏疏。商辂拿着草稿，说请求事项改一下吧！在奏疏草稿上，商辂写下了十六个字："陛下宣宗章皇帝之子，当立章皇帝之孙。"

没有"朱见深"三个，应该不会挑动代宗的神经，也把不同意见的群臣统一起来。在场与不在场的朝臣，闻听无不拍手叫绝，纷纷表示赞同。签名的朝臣太多，奏疏只能明日进呈宫中。

这下，"天字号"的难题应该可以解决了吧？

天塌总要砸死人

慈不掌兵，义不掌财，情不立事，善不为官。专制时代官场的复杂性，就在于良好的愿望，往往要通过卑劣的途径才能实现。商辂"平衡过渡"的方案不可谓不好，但注定不能实现。官场争斗的一时赢家，往往属于阴谋家。

商辂与石亨，出自两个不同的"专业"：一个文科，一个武科。商辂主攻的是"四书五经"，石亨主攻的是"孙子兵法"。石亨最大的不足，是肚中墨水无多，商辂问鼎文科状元，武科状元石亨也没往那上面想。

没有"文凭"，不等于不能成才。石亨身躯高大，长相奇异，大方脸面，须及膝，善骑射，自世袭的地方小武官宽河卫指挥佥事起步，凭借屡败瓦剌的战功，成为大明镇守边关的大将。确实能干，为于谦倚重。"京城保卫战"，石亨因功而封侯。代宗更换太子，石亨同样是"赞成派"，并且尝到了甜头：被加封太子太师。

与于谦、商辂一样，石亨也是代宗的近臣。景泰八年（1457 年），代宗出京郊祭，疾病发作，不能行祭祀仪，便命石亨代祭。

皇帝的身体健康状况，属于朝廷的重大机密，石亨因为特殊的身份，轻易获悉了这一重要"军事情报"。对商辂提出的和平过渡方案，石亨是清楚的。石亨推演了这个方案的结果：商辂是首功，自己呢？什么功劳没有呀！

这不行，应该谋求再立奇功的机会。商辂的行动是公开的，石亨的行动必须是秘密的。告诉对方，下一步我将采取什么行动，这不是军事家的套路。"声东击西"，一直排在"三十六计"的前十八位。

石亨的行动目标，与商辂也是相同的：朱见深成为太子。但是，二人设计的路径不同，石亨要在代宗去世之前，让太上皇先成为皇帝。什么"立章皇帝之孙"，太上皇又成皇帝了，朱见深不就自动成为太子了吗？

这个方案的结果不用推演：石亨是首功，商辂呢？什么都不是。

不过，这一招风险极大，有点像谋反。高风险才会有高收益，景泰八年（1457年）正月十七日，石亨发动“夺门之变”，英宗成功复辟。

商辂一大早来到殿下，一下子看傻了，手上的请立太子的奏疏，也不知往哪儿放。

散朝，大臣们有的兴高采烈，有的满腹心思。商辂望见于谦，准备过去问个究竟，这等大事，怎么事先也没一点风声？商辂的身子还没动呢，过来一个太监，说皇上召见。

皇上，当然是指英宗。

复正大位的英宗，娴熟地坐在文华殿，身边除了太监与锦衣卫，并无旁人。商辂前脚进来，高谷这才后脚跟了上来。

高谷（1391—1460年），扬州兴化人，永乐十三年（1415年）进士，是历仕永乐、洪熙、宣德、正统、景泰五朝的老臣，时为谨身殿大学士，兼东阁。身为景泰重臣，又年近古稀，不知英宗召见是福是祸，颇为紧张。

英宗见二人都有点不自在，自动打招呼：“你两个无偏心，我都知道。好生用心办事，我要用你们。”

商辂与高谷见状，顿时释然。英宗说，你们都是老臣呢，还都为朕讲过书，这都过去好多年了啊？

这一说，商辂鼻子有点酸。商辂一次一次，都讲了些什么，细细地给英宗数了一遍。英宗开心起来，说你真不愧是状元，事情记得这么清。

见高谷呆着，英宗问：“与你一对讲书的那个，叫什么来着，今在何处？”

高谷道：“圣上说的，是侍讲陈文，臣保他去做云南布政。今儿早朝，他正好赶上了，还未走远呢。”

“下次再找他聊吧，”英宗道。转问商辂与高谷：“先议要事吧，今改年号不改？”

高谷对：“周虽旧邦，其命维新。宜改维新元年。”

商辂曰：“年号多恐与前代同者。臣等具数年号，请陛下自择。”

好吧，英宗点头道，对商辂说：“陈循也是个老状元，可惜老了，怕有七十好几了吧，不能用他了。”

商辂立刻跪地，叩请皇上：“陈循历事累朝，老成练达。陛下初复大位，宜新天下耳目，不宜有此议。”

皇上呵了一声，对商辂道："先生说得是。"

于是，英宗命召陈循，让三人令草诏谕百官，首先让人心安定下来。

接着，商辂准备好了几个年号，请皇上钦定。看见"天顺"二字，英宗眼睛一亮："天顺"，好啊！

景泰八年（1457年），英宗立诏改为天顺元年。

改朝换代，蛮顺利的，看来真的天顺了。商辂彻底松了一口气。

但是，仅仅过了一天，事情便大大出乎商辂的预料。

天顺元年（1457年）正月十八日，于谦被捕下狱。一同被捕的，还有大学士王文等。这个结果，商辂尽管不能接受，但认为似在意料之中。

于谦的罪名是"谋逆"，英宗相信于谦的罪名吗？不一定，但他希望于谦有罪。于谦是一个兵权在握的人，代宗朱祁钰还活着，于谦是个正直的能臣，复辟的最后结果尚存有变数。石亨能够政变推出一个皇帝，于谦难道不能？解除于谦的兵权，需要有个合适的理由。

商辂深知英宗善于玩弄"帝王术"，驾驭权力，消除威胁，高高举起的刀，最终会斩断对手的权力。商辂由此认为，于谦会彻底丢官，不至于丢命。但是，于谦被杀了。

商辂完全没有想到的是，老状元陈循也会在劫难逃。英宗嫌弃的是陈循太老，这个问题经商辂的请求，不是已经解决了吗？但徐有贞还记着。当年，徐有贞几乎跪求陈循，想去干个"大学校长"，代宗不同意，陈循没坚持，这也是一笔账呢。这时的英宗，必须有个依靠力量，并且只能是石亨、徐有贞一派。顺水推舟，何尝不是"帝王术"？

血雨腥风，天下太平的景象还是要塑造的。皇上交给商辂一项任务：起草诏书，大赦天下。这也是新皇登基的惯例，英宗虽是不光彩的"二婚"，喜事还得同"新婚"一般风风光光地办。

商辂正在写稿呢，石亨同张軏、杨善等一行过来了，说是皇上有旨，来内阁检查赦免天下诏的起草情况。

商辂心想，除了杨善是左都御史，石亨这几人，搞文字工作也不是强项呀，能够看出什么名堂？结果，懂文字的杨善没看稿子，近乎文盲水平的石亨倒瞧上了。石亨这一瞧，还真瞧出了问题。

石亨道："皇上说大赦天下，就是一下子都放光吗！过去的事，统统一笔勾销吗！你看你，这写的啥呀？假如军职为事充军等项，有赦的，不赦的，都被缠住了，十分不便，开什么条款呢？”

商辂说：“大赦天下，朝廷有例，什么样的赦免，什么样的不在赦免之列，条件都必须写清楚。您说不开条款，前无此例，有司亦难以办理。”

石亨一听就来气了，拍着桌子问：“照你这么说，是不是文职有犯一钱银子赃者，都发充军，那我岂不是要将天下卫所都补满了！”

商辂回答：“这是旧制，赦免必须按已有的条件开列明确。若要改，亦须请过旨来。”

石亨怫然不悦，起身出门，在门口厉声说道：“这厮们还这等胆大，不依我们说。除非是杀了几个，才会怕！”

商辂这么做，石亨不认为这是按原则办事，而是不依附于己，气冲冲地跑到皇上那告了商辂一状。

英宗毕竟是个老皇帝，律法条文大体清楚。英宗盯着石亨：“商辂没有说错。”

没告倒商辂，石亨找来徐有贞，说这告黑状的事，还真是个技术活，在皇帝那没扳动商辂呢，你物色一个高手，看怎么弄成。

徐有贞果然内行，与言官一商量，商辂就成了于谦的同党，并且在复立太子问题上图谋不轨。

罪名有了，还得往死里整。石亨叮嘱法司：“怎么弄我不管，反正要问成死罪。”

这程序上，还得有个审判的过程。都御史萧维祯审问商辂：“《复储疏》，是不是你写的？”商辂说：“对呀。”“那不就得了吗？”萧维祯道。

商辂辩解：“本在礼部，你也签名在上。不是今日写的，调出来一下就清楚了。”

萧维祯以为商辂的《复储疏》没送出去，没想到居然存在礼部。萧维祯只好实话实说：“今日之罪，有主之者，我也无可奈何。”

商辂，问成了死罪。像于谦一样，马上也要人头落地了。

案子送交英宗钦定，也是商辂运气好啊，太监兴安正好在皇帝身边，对英宗说：“商辂实在太冤啊！”

冤与不冤，英宗不是现在才知道，兴安的话，英宗装作没听见。

兴安聪明，换了一个话题，对皇上说：“从前这些人，若是创议南迁，不知将置陛下于何地。”这一句，打动了英宗，提起朱笔，将商辂改为革职，贬为平民。

阎王门口转了一圈，商辂重新回到了人间。

商辂收拾行李，返回原籍。正准备动身，兴安派人过来报信：再等一等，皇上像又要改主意了。

英宗对商辂确实存有好感，将商辂革职后，又每每念叨：“商辂，是朕选取的士人，曾经与姚夔在东宫侍读。”

念叨了几次，英宗命传令吏部，给商辂安个什么位子吧！正欲降旨，左都御史杨善撞过来了，进言皇上：“刚刚有旨着他回，今如何又取，朝臣岂不认为是朝令夕改吗？”

算了吧。英宗扔掉手上的笔，说朕有点累，休息休息。

商辂始终没等到皇上的新旨。奋斗一生的状元，就这么踏上了回家的路。

“十三陵”的斗争

状元商辂被赶回老家，闲居十年。英宗故去，登基的宪宗就是那位折腾死一批人的太子朱见深。宪宗当了两年皇帝，成化二年（1466 年）十二月，遣使召命商辂复出。

赶到京城，已为第二年的二月。这时的商辂，已经五十三岁了。

商辂头戴方巾，身着青布圆领服来见皇上。

宪宗问：“先生怎么这等打扮？”商辂回答：“陛下，淳安细民，皆这等模样。”

宪宗说了声“何以言此”，即命赐给玉带、官服，官帽也不错：兵部左侍郎兼翰林学士，入直内阁，参与机务。

明宪宗，《宪宗实录》中是这样评价的：“上以守成之君，值重熙之运，垂衣拱手，不动声色，而天下大治。”

什么事不干都天下大治？文人特能写，这段话真实的意思，是说这位属于“不作为”的皇帝。

宪宗很特殊，婴幼儿时期就被“撤职”，遭遇坎坷太多，性格软弱，心理健康状况不是太好，容易办些不靠谱的事情。

商辂对宪宗的经历一清二楚，退休了十年，对当前的朝政也不是太陌生。进入内阁，商辂首先上了《政务疏》，意思就是要让君王靠谱些。人治时代，皇帝决定着社稷的兴衰。

写归写，做归做，商辂逮着了规范帝王的机会。

皇后钱氏为英宗原配，“土木堡之变”中，英宗被瓦剌所虏，钱皇后日夜哀啼残了一只眼，为英宗祈福残了一条腿。英宗被软禁南宫，钱氏伴英宗度过了最艰难的七年。太难得了，英宗临终前遗命：“钱皇后千秋万岁后，与朕同葬。”

遗憾的是钱氏无子，宪宗继位后便出现了两位太后。另一位，即是宪宗的生母周氏。

成化四年（1468年）六月，钱太后驾崩，这时就该兑现政策：让钱太后祔葬“十三陵”的裕陵。这对女人来说，无疑是至高的荣耀。

不过，这时的“十三陵”，尚只有四陵：长陵（明成祖）、献陵（明仁宗）、景陵（明宣宗）、裕陵（明英宗）。

周太后比较霸道，英宗健在时还比较收敛，丈夫死了儿子登基，那就不一样了。钱太后要是入了裕陵，那自己百年后放到哪儿？周太后逼迫宪宗：你说，老娘死后葬在哪儿？

没有办法，宪宗便同意将钱太后择墓地安葬，裕陵那留一块空地方，日后归自己的老娘。

这既不符合先皇遗愿，也不合礼制。更重要的还不止这些：皇权与文臣的权力是相互制约的，皇权随心所欲，挤压的便是臣子的权力。

宪宗的意见一出，内外大臣立即分作两派：彭时、商辂、姚夔等朝臣坚决反对；拥护的只有宪宗母子，外加太监夏时。太监也有权力，太监的权力是依附皇权的。

商辂与皇上对着干，能赢吗？

不对等的权力博弈，结果都是或然的。

周太后本是妇道人家，对群臣的意见不是太重视。对商辂等人的奏请，只派太监夏时当了回“新闻发言人”。夏时的回复，只强调了两点：其一，钱太后无子；其二，钱太后有疾，“不宜入山陵，只宜别葬”。

这哪是理由？商辂再上《陵庙疏》。二十多年前，商辂的临场发挥，策对都能评上“状元”，这一次深入研究，水平完全是专业论文级的。

商辂说，钱太后祔葬裕陵，这是先帝的遗旨。考之前代，一帝二后并祔陵庙者，未易悉数。比方说汉文帝，生母薄太后，嫡母吕太后，与其父汉高祖并葬长陵。又如宋仁宗，生母李太后，嫡母刘太后，便与其父宋真宗同祭太庙。

商辂强调完“制度”与“规矩”，写了一段意味深长的话：按“制度”与

“规矩”办事，“并美无穷，载诸史册，增我皇明之辉，增我皇上孝德之名也”。

看完商辂的《陵庙疏》，宪宗明白了事情的后果，心里开始犹豫起来。

周太后当然不管这些。老娘不依不饶，宪宗性格软弱的毛病又犯了，这便是典型的宪宗。

宪宗说，都退一步：“十三陵”那地方大，选一块风水好的，安葬钱太后，这该行了吧?

商辂意识到，单挑看来是不行的。于是，商辂与彭时等商量，让礼部尚书姚夔出面，把在廷的文武大臣，包括公、侯、伯、驸马等都组织起来，一共 200 多名官员，聚集到了文华门外。

200 多个大老爷们，哇哇地哭了起来，这叫“伏阙请愿”。

宪宗说，都回去吧，跪着哭形象不好。

200 多个大老爷们，依旧哇哇地哭声一片，合唱团的原声效果，也没有这么动人。幸亏明朝的媒体不发达，要么早成轰动世界的特大新闻了。

群臣一致表示，皇上不答应，“合哭团”就不停止。

文华门外，从上班时间到下班时间，始终哭声震天。宪宗受不了，周太后更没见过，母子俩合计，众怒难犯，不如顺从人心，答应算了。

最终，钱太后被葬于裕陵左侧。

“哭谏”形象不是太雅，效果还是有的。后来出了更不靠谱的皇帝明武宗，群臣们用的也是这个办法。

“文华门哭谏”，是明朝历史上的第一次，是状元商辂的成功发明。

状元不是万能的

“十三陵”的斗争，根子出在周太后身上。但明朝的外戚干政问题并不突出，这与制度设计有关：明朝的后妃，基本上都出身平民，显赫的外戚都是后来封赏的。

宪宗的宠妃万贵妃，出身也低。万贵妃的父亲，因亲属犯罪而谪居霸州，生活困难将女儿送进皇宫当宫女。万贵妃自幼乖巧懂事，深得当时的孙皇后喜爱。宪宗朱见深自幼备受打击，照顾宪宗的，就是年长十七岁的万贵妃。生活太紧密，二人的“姐弟恋”什么时候开始的，无法考证。当上皇帝后，宪宗要做的第一件事，就是要册封万贵妃为皇后，结果被生母周太后骂停了。

但宪宗对万贵妃始终痴迷，有一次，皇后吴氏打了万贵妃，宪宗怒而废后，另立皇后王氏。

成化二年（1466 年），三十七岁的万贵妃生下了皇长子，宪宗当场表态，将来立其为太子。但仅过了一年，万贵妃之子即夭折。这个女人，也是相当不幸的。

宪宗在位二十三年，专宠万贵妃二十三年。挺感人，挺坏事，这种持续的一人之下之感，好姑娘最终变成了坏女人。宪宗时期的皇嗣危机，多半与她有关。

商辂始终关注这一“国本”，不能正常产生皇位继承人，大明朝注定就有风险。万贵妃之子夭折，再也没有怀孕，宪宗久而无子，商辂等上疏要求宪宗，以宗社为重，不要专宠，广生子嗣。宪宗回复：“内事，朕自主之。”对这个回复，商辂一时也挑不出什么毛病。

成化五年（1469 年），柏贤妃生下了皇子朱祐极，由万贵妃抚养。成化七年（1471 年），商辂与群臣多次请立皇太子。宪宗说，孩子还小呢！

这一次，商辂找到了反驳的理由：宣宗册立的皇太子，出生只有三个月。

主观上，宪宗希望万贵妃再生个儿子，但是毫无动静。加上周太后干预，宪宗同意册立朱祐极为皇太子。

皇嗣刚解决，问题又来了：两个月后，朱祐极又夭折。

朱祐极是由万贵妃抚养的，太子夭折，万贵妃就算有一万张嘴也说不清。

宪宗依旧专宠万贵妃，宫中也就没有皇子出生。直到成化十一年（1475 年）五月，宪宗突然“冒出”了一个儿子。

这天，宦官张敏为宪宗梳头，宪宗望着镜中的憔悴容颜，想到自己连儿子都没有，不由悲从中来。老宦官忍不住说：“您有啊！”

这儿子是怎么冒出来的呢？《明史》载：宪宗幸纪氏，“遂有身……生孝宗，使门监张敏溺焉。”

当年，万贵妃命张敏溺死纪氏生下的孩子，张敏感于良知，留下了那个孩子。

但是，明人尹守衡《明史窃》给出了另一个答案：“初，皇太子之生也，上为万贵妃特秘之，育于西宫，廷臣鲜知之者。”

宪宗与纪氏育有一子，宪宗是知道的。只是万贵妃的特殊存在，无法公之于世，造成皇子对外公布的问题不好解决。

内阁首辅商辂，在《国本疏》中帮宪宗谋划了一个合适的方案：父子见面；皇子归宗；纪氏正名；再行册立。

成化十一年（1475 年）十一月，明廷正式册立朱祐樘为皇太子。

内宫的问题，外臣是很难干预的，但不干预内宫又必然影响朝政。状元商辂的智慧，是妥善处理万贵妃与其他嫔妃之间的关系，也不挑拨皇帝与万贵妃之间的关系，便将内宫问题解决至恰到好处。

明朝制度上的问题，商辂亦试图解决。

宦官乱政，在明朝就不如外戚问题那么轻松了。

宦官弄权与明朝“宰相制”的取消，是直接关联的。皇帝需要兼做宰相的事，精力受不了，就得授权，包括授权内阁，也包括授权太监。太监王振、汪直的出现，就是这种制度的一种必然。

汪直，广西大藤峡瑶人。明军伐瑶，汪直被虏，阉割后入宫为宦官，因得万贵妃宠信升为御马监太监，成化十三年（1477 年）提督西厂。

汪直提督西厂，完全是瞎胡闹，《明通鉴》称：汪直“气焰熏灼，凡西厂逮捕朝臣，初不俟奏请”“民间斗詈鸡狗琐事，辄置重法”。心理不健全的小人，若走上重要领导岗位，做起事来容易失去底线。汪直随心所欲，老百姓吃了哑巴亏，一般也就算了。有天有个进京汇报的“省长”（布政使），被汪直莫名其妙地抓了起来。关了几天，啥问题没找到。那为啥要抓呢？汪直说：我看他像坏人。

这位“省长”，也算是够幸运的了。比之杨晔，简直幸运了无数倍。

成化十三年（1477 年）二月，建宁卫指挥使杨晔与父亲杨泰，因被仇家所告来到京师的姐夫董玙家。董玙找了韦瑛，请他帮忙解决杨家的官司。

韦瑛感到，发财的机会来了。韦瑛以为杨晔很有钱，与汪直合计准备发笔横财，竟将杨晔抓了起来。三次酷刑，杨晔痛苦不堪，妄言有黄金寄存在叔父、兵部主事杨士伟家。汪直抓了杨士伟，黄金还没得到，再去打杨晔。这一打，杨晔死了。

动静闹得太大，太不像话，商辂感到很震惊。此时的商辂，担任内阁首辅。派人一查，杨晔完全是冤枉的。商辂又觉得，这是个机会——必须把汪直解决掉，这比救杨晔更重要。

商辂写了一封奏折，声言“不除汪直，天下大乱”。宪宗一开始不相信，后来见了一堆材料，感到汪直确实恐怖，将其逐回了御马监。

商辂这一刀，很有效果。

手术有疗效，商辂并不感到高兴万分。商辂的认识是深刻的：之所以有汪直，是因为有西厂。西厂不是个东西，谁提督西厂，谁迟早都会不是个东西。西厂，背后有着更深层次的问题。

解决汪直的同时，商辂已经剑指西厂，要求废除。成化十三年（1477年）五月，内阁首辅商辂与万安、刘诩、刘吉等阁臣，上疏检举汪直自提督西厂以来的滔天罪行，要求对汪直及其党羽治以重罪严刑，撤销西厂。

商辂在《修政弭灾疏》中问责有度，认为宪宗立西厂本意是好的，但容易被奸小所利用，可能导致“曹钦之乱”这样的恶性事件。

曹钦，太监曹吉祥的嗣子。天顺五年（1461年）七月，曹钦领兵冲入皇宫，差点把宪宗的父亲英宗给干掉。

商辂言：由于西厂的存在，“商贾不安于市，行旅不安于途，士卒不安于伍，庶民不安于业，承平之世，岂宜有此？”后果很严重，反对声此起彼伏，宪宗被迫处理了汪直，罢去西厂。

但是，危害社会的东西，有时对加强皇权又有益处。西厂被罢后，宪宗仍密召汪直，伺察外间动静，伺机恢复西厂。

这时，一个“机会主义者”就诞生了。戴缙，广东南海人，成化二年（1466年）进士，时任南京监察御史。南京官员本来就没什么权力、地位，戴缙在御史的位子上，干了九年都没提拔，总想着弄点什么动静，引起皇上的关注。人人厌恶的汪直，戴缙夸他好；人人唾骂的西厂，戴缙建议要恢复。

“窥帝旨，盛称直功”，戴缙的奏疏命中宪宗心坎，宪宗顺势恢复仅废一个月的西厂。提督西厂，还是汪直。

这个戴缙很有意思：官升得快，数年升至南京工部尚书；人死而不烂，1956年其墓被发掘时，还是完好的干尸。

戴尚书心满意足，商状元心灰意懒。商辂愤上《乞恩休致疏》，请求告老还乡。宪宗客套都没客套一下，“诏加少保，赐救驰传归”。一代状元仕途生涯就此落幕。

状元不是万能的，但没有状元匡扶江山社稷的智与识，大明王朝势必失去应有的光彩。

第七章

唐　寅：
悲情人生

很多人因为《三笑》式的娱乐片，形成了关于唐寅的欢乐主题印象。其实，唐寅是一个悲情角色：他循规蹈矩时被人陷害，逾越规矩时又被人欣赏，“风流才子”的浪漫与之相去甚远。此时的明朝已开国一百年，杂乱无章的时代烙印，一股脑儿地刻在唐寅身上。

人生波浪

唐寅（1470—1524年），字伯虎，又字子畏，号六如居士、桃花庵主等，吴县（今苏州吴中）人。

唐寅的祖辈，大约于明英宗年间落籍吴中，到他父亲这一辈时，依旧是一介市井平民。唐寅的父母做一点小生意，还在街市开了一处“酒肆”。不过，这种酒肆档次很低，来喝酒、喝茶的都是一些市井小民，唐寅自幼就处在这种生活环境。

少年唐寅没有家传的责任和义务感，甚至没有道德的负担，习惯于闾巷街头，有着狂放不羁的秉性，这些或是他日后遭遇挫折，与儒林渐行渐远，走上“才艺”之路的重要原因。

唐寅的少时朋友，亦多为市井出生。有个街头小混混式的张灵，与唐寅交往甚多。直到十几岁时，二人还时常一齐脱光衣服，跳进水塘洗澡。家庭生计有父母操持，唐寅时常终日浪荡街市。

唐寅的幸运之处，在于他的生活大环境。苏州地区经济发达，科甲繁盛，唐寅的父母在耳濡目染中对社会有了新的认知。明代的科举制度有着公平、公正的一面，客观上打通了社会上下之间流动的通道。科举成功便功成名就，比上不足比下有余的唐寅父母，不能不为之怦然心动。小生意的一点积累，他们将其押在唐寅身上，期望他一举成名改变家族的命运。

传统社会，一个家族的脱胎换骨通常需要“三步走”：第一代完成财富积累，奠定子弟读书的前提；第二代形成文化意识，子弟开始尝试读书；第三代挑战阶层跃升，子弟正式进军科举。苏州大环境，让唐寅的父母三步并作两步走，并且极有可能一举成功。天赋是成功的重要因素，唐寅“性极颖利”，自幼聪敏，是块读书的好材料。唐寅十六岁时参加童试，以第一名的成绩考中生员，成为家族中第一个有“功名”的人。小小年纪即为“秀才”，整个苏州城也为之轰动。

少让唐寅人生前景一片光明，地方富家子弟纷纷与唐寅交往，唐寅也有了与张灵截然不同的一帮朋友。十九岁时，唐寅更娶了当地有身份的秀才徐廷瑞的次女。妻子徐氏贤淑，唐寅夫妻二人感情甚好，并诞有一子。唐寅有了童话般的青年时代，开始享受着幸福的生活。

但命运总是无常的。弘治七年（1494 年），二十五岁的唐寅陡然进入人生低谷。一年之内，唐寅先后失去了五位亲人：首先是父亲操劳过度一病而故，接着母亲伤心过度悄然辞世，不久妻子也因病而逝，唯一的儿子不幸夭折，最后是刚刚出嫁的妹妹也撒手人寰。

人生如梦，唐寅坠入痛苦的深渊。他在悼念妻子的《伤内》中写道："凄凄白露零，百卉谢芬芳。槿花易衰歇，桂枝就销亡。迷途无主驾，款款何从将。扶景念畴日，肝裂魂飘扬。"

家庭的变故，对唐寅的打击并不仅仅限于精神层面。从小生活于顺境中的唐寅，精神本来就很脆弱，对齐家治业更是完全陌生。家人的亡故，接踵而至的便是家庭破落。人生的沉重挫折，使唐寅几乎崩溃，从此又回到了张灵的队伍，自甘堕落，纵酒街头，读书求进更是无从谈起。

困顿中的唐寅，所幸得到好友祝允明的帮助。祝允明的外祖父，乃是迎英宗复辟有功而鼎鼎大名的徐有贞，在地方享有极高的威望。祝允明为人风趣洒脱，才华横溢，与唐寅、文徵明、徐祯卿被称为"吴中四才子"。对唐寅的不幸遭际，祝允明深为同情。文徵明的父亲文林，更是对唐寅"痛切督训"。祝、文二氏是地方有名的官宦之家，正是因为他们的同情与帮助，唐寅才重新鼓起生活的勇气，振作精神，继续致力科举，一心谋取仕途功名。

唐寅的努力，果然如期成功。弘治十一年（1498 年），二十九岁的唐寅到南京参加乡试，一举中举，并名列第一，成为"解元"。乡试中的第一名"解元"、会试中的第一名"会元"与殿试中的第一名"状元"，那是读书人梦寐以求的"连中三元"，而唐寅无疑成功走出了梦想中的第一步。

更可喜的是，乡试获中"解元"的唐寅，受到了主考官梁储的赏识，并将其推荐给了另一位京官程敏政。

程敏政（1446—1499 年），字克勤，休宁人。程敏政的父亲程信，是个精通经术的儒臣，历官至南京兵部。程敏政从小跟随在外地做官的父亲，十岁时被巡抚罗绮称为"神童"，并推荐给明英宗。明英宗见后非常高兴，将其留在翰林院读书。成化二年（1466 年），程敏政进士及第，尔后进讲东宫。明孝宗即位后，又擢程敏政为少詹事，兼侍讲学士，为皇帝讲解经学。

程敏政是个典型的“官二代”，岳父李贤曾官至吏部尚书。有着神童经历的程敏政，一生恃才自负，很少正眼看人。自己瞧不起别人，同样不招同僚喜欢，“颇为人所疾”的程敏政，免不了在官场上要吃哑巴亏。弘治元年（1488 年），大明朝很多地方暴雨成灾，御史王嵩等认为这与程敏政的德行有关。官德影响气候，倒也符合传统的“气象理论”，程敏政由此被免去职务，四年后才重新复职，最后又一步一步爬到了礼部右侍郎的位子上。

看不起同僚，程敏政却对青年才俊情有独钟，大概这就叫气味相投，惺惺相惜。程敏政看到唐寅的文章，大为赞赏，一高兴还将唐寅请到家中。从此，唐寅与程敏政有了密切交往，唐寅无疑就是程敏政的门生。

唐寅与程敏政之间的交往，有着文人交流切磋的属性，但二人的资历远不在一个层面上，所以师生的属性更精准一些。唐寅对程敏政同样非常崇拜，作为一个才华横溢的青年学子，目空无人在所难免，但程敏政以其真才实学征服了唐寅。程敏政有一篇文章写得非常精彩，唐寅找其索要，程敏政痛快地抄给了他，唐寅郑重地送给程敏政一个金币，算作“润笔”。

从唐寅与程敏政的个性看，这种“付费阅读”并不带有贿赂的性质。唐寅付钱，是一种对师长知识产权的尊重；程敏政收钱，属于礼尚往来，并且他不是一个贪得无厌的人，也根本不缺这一个金币。

唐寅结识程敏政，对自己的仕途进步显然是有益的。这种未来前景的鼓舞，更使唐寅摆脱了家庭灾难留下的阴影。在这期间，唐寅也重新娶妻，开始了正常的生活。美好的明天，又在向唐寅招手……

飞来横祸

弘治十二年（1499 年），唐寅赴京参加会试。作为乡试的“解元”，通过会试应该是正常的。文化发达地区全省第一的考生，如果在全国统考中名落孙山，反而有点意外。

与唐寅一道进京应试的，还有两位同乡朋友：一个是徐经，另一个是都穆。徐经与都穆，同样很有才华。其中的徐经，家里还特别有钱。

明代的会试，制度相当健全。会试之前，主考官究竟是谁除了皇帝与礼部尚书，主考官本人也不曾知道，更别说普通的社会人士。但这一年会试的主考官，恰恰是程敏政与李东阳。李东阳与程敏政一样，同样是个饱学之士，当年参加殿试，名列二甲第一，也就是全国第四，并且“以文章领袖缙绅”。遇上这样的主考官，只能说唐寅的运气有点好。

两个考官学问太大，对考生来说则完全是一件可怕的事。以他们的学问，随便一道题，肯定都要折磨死一批考生。会试要进行三场，第三场是“策问”。这一场的试卷刚发下来，整个考场就炸锅了！

炸锅的原因，是大家基本上看不懂题目。题意都看不懂，下笔还不全靠蒙？《会试策问》的第三道题为程敏政所出，原题是这样的：

“问：学者于前贤之所造诣，非问之审、辨之明，则无所据以得师而归宿之地矣。试举其大者言之：有讲道于西，与程子相望而兴者，或谓其似伯夷；有载道而南，得程子相传之的者，或谓其似展季；有致力于存心养性，专师孟子，或疑其出于禅；有从事于《小学》《大学》，私淑朱子者，或疑其出于老。夫此四公，皆所谓豪杰之士，旷世而见者。其造道之地乃不一如此，后学亦徒因古人之成说，谓其尔然。真知其似伯夷、似展季、疑于禅、疑于老者，果何在耶？请极论之，以观平日之所当究心者。”

题中“旷世而见”的四位“豪杰之士”是谁？只有程敏政知道是宋代的张载、杨时、陆九渊和元代的许衡。但作为考生，要知道这个答案，除非将汉代到元代的“中国思想史”通读一遍，并且熟知这四位的专著，何况那时根本就谈不上有这方面的专著。既然这样，绝大多数考生只有开启想象功能，撞撞自己的运气了。

虽说是难题，但较真起来，程敏政的这道题，又没有超出明朝“考试大纲”的范围。因为那四位，都是理学名家。所以，答不上题，只能怨自己读书少，不能怪老师出题刁。

自古而今，走出考场的考生，骂自己不用功的历来就少。考砸的考生，从来都习惯归罪于试题“雷人”。与满面悲愤众考生不同的是，竟有两个考生笑逐颜开。这两人，一个是唐寅，另一个便是徐经。

从《明史》“程敏政传”看，唐寅与徐经考前曾在一起“预作文”，也就是模拟考试。恰恰有一次模拟考试，出现了奇迹：“预作文与试题合”。这种巧合概率当然很小，但中“六合彩”的事毕竟是有的。这到底是唐寅与徐经的运气，还是涉嫌程敏政“鬻题”（卖试题）？应该是前者，因为“预作文”之事完全与程敏政无关。

唐寅与徐经走出考场，看到“同学”们个个苦脸，居然觉得不可思议。别人说太难，他们说太易，并且大肆炫耀自己猜中了考题。正常的情理，一个向人买题的人，通常都会装作没考好。不卖惨而故意向人卖弄，那就是不够聪明。而唐寅与徐经，显然属于智商发达的人。

如果唐寅与徐经的智商出现短路，程敏政的智商肯定正常。想出这么冷僻的题目折磨考生，程敏政也显得自鸣得意。评卷时，程敏政发现很多考卷牛头不对马嘴，动作夸张地讥讽举子不用功。当发现有两张试卷答题贴切，文辞优雅，程敏政又开始卖弄自己“神算子”的奇功：这两张卷子，肯定是唐寅和徐经的！

其实，作为考官的程敏政，这是在猜想，因为评卷人员拿到的试卷，考生信息是弥封的，试卷上的字迹也是统一誊录的。如果自己做了亏心事，打死他也不会这么说的。

重要的一场考试，众人考砸，唯有唐寅、徐经猜中“标准答案”，唐寅又是乡试第一，其会试第一的概率越来越大了。唐寅的兴奋难以言表，另一个人的郁闷便理所当然。这个人，当然是都穆。

唐寅、都穆、徐经，三个人一道前来应试，如今两个人考得很得意，失意自然只剩下他一人。心情糟透的都穆，来到马侍郎家喝酒，作陪的还有给谏华昶。几个人在一起闲谈起来，话题很快从大家给都穆宽心，转到了对试题的质疑上。出题的是程敏政，猜中的恰恰是他的门生，这天下的事，怎么可能这么巧呢？最后达成共识：一定是程敏政将试题卖给了唐寅和徐经。

程敏政平时在官场不得人缘，但与华昶也没有直接的冤仇。不幸的是华昶有个朋友傅瀚，与程敏政同在礼部。人缘好坏是表面的，利益冲突才是根本的，傅瀚与程敏政正在暗暗竞争礼部尚书的位子。一个人的失败，可能意味着另一个人的成功，这个道理过于简洁，傅瀚这回看到了机会。

傅瀚立马鼓动华昶参劾程敏政，华昶就此给了程敏政致命一击：“国家求贤，以科目为重，公道所在赖此一途。今年会试，臣闻士大夫公议于朝、私议于巷，翰林学士程敏政假手文场，甘心市井。士子初场未入，而《论语》题已传诵于外；三场未入，而策之第三、四问又传诵于外。江阴县举人徐经、苏州府举人唐寅等狂童孺子，天夺其魄，或先以此题骄于众，或先以此题问于人。此岂科目所宜有、盛世所宜容？臣待罪言职，有此风闻，原陛下特敕礼部，场中硃卷，凡经程敏政看者，许主考大学士李东阳与五经同考官重加翻阅，公为去取，俾天下士就试于京师者咸知有司之公。”

明孝宗接到华昶的奏疏，立即责成礼部调查。“凡经程敏政看者”，都要重新核查一遍。李东阳进行审查时，发现由程敏政看过并拟取的考生中，根本就没有唐寅与徐经。程敏政拍案叫绝的那两份试卷，其实是另外两位高手的。

按理这件事应该到此为止，但言官和朝中一些大臣又提出新的质疑：李东阳与程敏政都是考官，这种查法有失公正。为了取信于社会，明孝宗遂令锦衣卫查处。

锦衣卫的专业与科考对不上号，但他们查案子讲究手段，方法对不对那是另外一回事了。锦衣卫人员根本就不看试卷，而是直接将华昶与徐经、唐寅叫来对质。结果，公说公有理，婆说婆有理。审不清，断不明，锦衣卫便使出自己的"专业技能"：打！

身陷囹圄的徐经、唐寅，受尽折磨，所谓"身贯三木，卒吏如虎，举头抢地，夷泗横集"。书生说理，尚能道出个一二三四，这棍棒猛打，骨头就太嫩了。唐寅扛不住，被迫服诬认罪，供称程敏政尝受其金币，出卖试题，虽然自己买的是程敏政的另一篇文章。

文人怕打，也怕失气节。打的时候，徐经与唐寅承认买题。不打的时候，二人又喊冤叫屈。锦衣卫的这通操作，定罪的证据，除了口供，什么证据都没有。另外的言官便站出来讲直话，认为这样办案也不公平。

这桩案子，闹了四个月，事实真相其实一开始就很清楚，只因诸多官员介入，哪一方都不好收场。最后，明孝宗以程敏政"临财苟得，不避嫌疑，有玷文衡"为由，勒令程敏政致仕；徐经、唐寅有"夤缘求进之罪"，责令"黜充吏役"；华昶"言事不察实"，降职调离北京，任南京太仆寺主簿。因为官场的明争暗斗，程敏政、华昶与徐经、唐寅等谁都没得到好处，一齐沦为输家。

最后的赢家是傅瀚与都穆。弘治十三年（1500 年），傅瀚如愿以偿，升礼部尚书。考官们为避免惹祸，违心地将本来已排名在前的考生，一齐"褫名"。都穆的排名本来靠后，现在自然靠前了。不过，这位高中进士的都穆，由于人品太差，终因"陷寅为世所薄"。

文人的自虐与自救

"黜充吏役"，对唐寅的处罚有点重，但也算不上绝对致命。"黜充吏役"说白了，就是不能当官，只能做办事员，"就业"还是没问题的。按照这个处分，唐寅日后不能再考进士，但平反的机会还是有的，毕竟是个冤案。眼下做个小吏，也并不意味着一辈子仕途无望。

但唐寅一生自视甚高，这场打击几乎将其精神摧毁。科举蒙羞，唐寅根本就不甘为小吏，从此绝意仕途。归家后的唐寅纵酒浇愁，陷入曾经的堕落。不久，又对绘画情有独钟。

传统文人画，有着“书画同源”的特质，唐寅步入其途并无太大的障碍。绘画与人性的中心价值统一，绘画往往成为渴求心灵完善者的精神需求。唐寅决计以诗文书画终其一生，绘画的引路人是周臣。

周臣，字舜卿，号东村，与唐寅同乡。周臣乃是吴门画派的先驱，其院体画功力深厚。周臣的两位高徒便是唐寅、仇英，师徒让明代的绘画史异彩纷呈。艺术是基于天赋的，唐寅天赋异禀，在周臣的帮助下完成了文人画家向职业画家的身份转换。

唐寅的身份转换有着很大的意气成分，也是社会价值观嬗变背景下的个性使然。功名之外的从艺之路，正在被社会接纳为精英。接下来唐寅要做的一件事，便有一些“违法”的色彩——

“读万卷书，行万里路”，一直被视为“脱去尘浊”的文人行径。其实，这在明朝是完全违法的。明初的朝廷规定，“旅行”只能是一种公务行为，平民未经官方批准离开居住地百里，即构成违法，要杖责八十。唐寅只在与周臣商量之后，便开始了游历名山大川。但唐寅的行为并未受到追究或指责，百年后的王朝，一些律法开始成为一纸空文。

明弘治十三年（1500 年），唐寅离开苏州，乘船至镇江，复至扬州，游览瘦西湖等名胜。然后，溯江而上，芜湖、九江、庐山、黄州等，在赤壁之战遗址前留下了《赤壁图》。而后，唐寅又南行湖南，登岳阳楼，游洞庭湖，攀南岳衡山。再入福建游武夷山，由闽转浙游雁荡、天台，又渡海去普陀，又沿富春江、新安江上溯，抵达黄山、九华山。

唐寅壮游千里，历时近一年，因囊中告罄而返回苏州。这时的家中，早已一贫如洗。贫贱夫妻百事哀，正常的日子都过不下去，妻子无语，唐寅无奈，二人就此分手，剩下一个孤零零的所谓“才子”。

一无所依的唐寅，住到了街头的一座旧楼里，与其说以丹青自娱，实际上是靠卖文鬻画为生。文人淡泊名利，掩盖了背后的生活困顿。他在一首诗中写道：“不炼金丹不坐禅，不为商贾不耕田。闲来写幅丹青卖，不使人间造孽钱。”

唐寅的生活是极度的贫困，除夕来临，百感交集，笔下的诗意其实全是泪水：“柴米油盐酱醋茶，般般都在别人家。岁暮天寒无一事，竹堂寺里看梅花。”

三十六岁时，唐寅移居城北桃花坞。桃花坞，听起来倒是有几分诗意，过去这里曾有宋代名人章楶的别墅，但那已是几百年前的事了。如今，历尽风雨沧桑，这里早变成一片废墟。但在唐寅的眼里，荒凉就是幽静，破败即是风光，忽悠自己，唐寅的水平绝对在开发商之上。唐寅用卖画的钱在这片荒地上建了几间茅屋，“豪华装修”是在檐下挂上“学圃堂”“梦墨亭”“蛱蝶斋”等牌匾，人称“桃花坞别墅”。

唐寅一生酷爱桃花，将茅屋取名“桃花庵”，并自号“桃花庵主”。高兴的是，好友沈周、祝允明、文徵明等常来此饮酒赋诗，挥毫作画，尽欢而散。

这种落魄文人的生活，唐寅将其抒写成《桃花庵歌》：“桃花坞里桃花庵，桃花庵下桃花仙。桃花仙人种桃树，又摘桃花换酒钱。”

这就是风流？祝允明在唐寅“墓志铭”中是这样写的：“日般饮其中，客来便共饮，去不问，醉便颓寝。”

孤独，无疑是唐寅的真实写照。

才艺的凶险

遭受科场与生活重大打击后的唐寅，变得相当颓废。他频频流连于烟花柳巷，诗词和绘画作品的主题，多在女色与享乐，唐寅生活在以自我为中心的世界里。主观上的远离社会，客观上又不可能与社会隔绝。这时，有一只黑手悄悄伸向了唐寅。这个人便是宁王朱宸濠。

朱宸濠乃明太祖朱元璋五世孙，宁王朱权后裔，明孝宗弘治十年（1497 年）袭封于南昌。朱宸濠生性不羁，却善于以文行自饰。宁王朱权一脉，一直不甘于寂寞。当年明成祖朱棣许以“天下中分”，最终却给了一张空中画饼。尽管概率渺渺，但太祖这一脉的政治企图生生不息，等到明武宗即位，宁王朱宸濠的政治野心急速膨胀。

明武宗朱厚照（1491—1521 年），明朝第十一代皇帝，在位十六年，年号正德。

朱厚照的生辰是个“吉祥号”：他生于亥年、戌月、酉日、申时，倒过来看顺序正是申、酉、戌、亥。如果命理也是个理，他的一生应该工作顺利，万事如意。但事实上他的一生始终相当别扭，让后人难以看懂。《明史》认为他一生贪杯、好色、尚武、耍无赖，荒淫暴戾，怪诞无耻，并成为后世的谈资。但他的事迹，又显出他刚毅果断：曾瞬间诛灭大太监刘瑾，轻易平定安化王、宁王之乱，指挥出应州大捷。朱厚照时代的国泰民安，并不都是吹的。

朱厚照其实是个很守规矩的皇帝，零花钱不够，他想到的是自己开店，没办法的时候才跟户部耍赖。正德元年（1506年）九月，朱厚照要添置龙衣，派人找户部要剩余的盐引。盐引即“盐钞”，经营食盐的凭证，属于“有价证券”。户部尚书韩文根本不买账，说食盐专买收入只能用于国防建设。结果，钱没要到手，六科、十三道加上都察院，几乎所有的言官都像打了鸡血似的，一起来讨伐皇帝。户部在大臣和皇帝之间夹着，难以做人，提出一个折中的办法，能否给一半——就是开价一万二，给个六千引。皇帝与户部讨价还价，不仅没有结果，反而引来更多的反对声。

最后，朱厚照的无赖劲上来了：你们不给一半，就给百分之五十吧！

通过这件事，朱厚照看出来了，皇帝不好当；大臣们也看出来了，这个皇帝不好控制。

任何一桩买卖，都是要为自己谋得利益。正德初年的经济风波与政治风波，无非是朱厚照改革与执政的试水，朱厚照就此巩固了自己的权力，也学会了当外廷对他产生威胁时，毅然选择内廷作为平衡工具。后来权倾一时的太监刘瑾，也是凭借着自己超强的政治能力，就此走上明朝的政治舞台，开始了他三年零十个月对明朝影响巨大的政治生涯。但刘瑾的聪明是有盲点的，他没有明白当自己威胁到皇权的时候，自己同样会被灭掉。这是明王朝政治体制的精妙之处，也是刘瑾的悲剧之源。

对朱厚照来说，比他做买卖更有魅力的事是豹房。豹房的持久魅力，对后人来说在于它的娱乐性，认为豹房里面有标准更高的“服务”。这种国家最高级别的性服务机构，标准高到什么程度？智商有多高，标准就有多高。

所谓“豹房”，本是一个不可或缺的官办动物园，因为珍禽异兽往往是“祥瑞”之物，养起来对国家太平与人民幸福有好处；另一重意义，珍禽异兽有些是狄夷属国的“贡物”，是国家的国际地位象征，人家送来了你必须好好养着，如果人家送你“大熊猫”，你把它杀了、煮了，这就是“无赖国家”，至少没有品位。

明武宗的豹房，实际上是个办公场所，与享乐主义和奢靡之风没有太大的关系。而是跟领导不在办公室，到宾馆办公是一样的，图的只是一个方便。并且，明武宗就是病死在这个工作室里。硬说他病得起不了床还淫乱，那是很不合逻辑的。荒淫，又日理万机，明眼人应该看出一些端倪。

朱厚照的性格，又是相当柔弱的。按照制度，皇帝不能轻易出城，朱厚照想到的是化装成老百姓。巡关御史张钦发现了皇帝，便以休息为名将朱厚照扣留在自己的办公室。在办公室里，朱厚照不耐烦地要求张钦放行。张钦说，这个得有文件啊！一个要出去，另一个不准出，这就叫扯皮。朱厚照试探性地问："如果我们非要出去怎么办？"张钦放出狠话："擅自出关，公事公办，杀！"论权力，论杀人，皇帝肯定是老大，可以将御史杀了，但朱厚照选择了回家。

失败是成功之母，后来朱厚照改名"朱寿"，自己任命自己为"威武大将军"，文件手续也齐全了，才成功地出了一次京城。

窥视中的朱宸濠，正是看中了朱厚照的懦弱，决定夺取最高权力。他先准备智取，企图以己子入嗣朱厚照，兵不血刃取得皇位，但没有成功。智取不成，朱宸濠只有做全面的准备。

正德九年（1514年），宁王朱宸濠派人来吴地进行大规模的人才招聘。江西是个出人才的地方，怎么就找不到人才呢？这不好说。这一年，朱宸濠再次被恢复护卫、获得兵权，他的"人才工程"显然是为自己的"宏图大业"招兵买马。唐寅的几个朋友，都进入了宁王朱宸濠的视野，但实际招聘结果并不理想。朱宸濠亲自给文徵明写信并送去重金，让其担任幕僚，但文徵明以身体欠佳，没有答应。

朱宸濠同样看上了唐寅，派人送去了重礼。没听说唐寅有造反方面的天赋呀，朱宸濠为什么会想到唐寅呢？其实，朱宸濠是在做人才储备，他的人才清单意图也相当明显：一个是政治失意，另一个是社会名流。为图大事，朱宸濠"欲招致四方材名之士"。唐寅中过解元，诗书画的知名度很高，宁王朱宸濠主要是"慕其书画名"，有蹭流量的意思。实际上，唐寅的特殊才能，朱宸濠将会派上更特殊的用场。

长期失意的唐寅，建功立业的心愿并未完全消失，始终希望能有个机会，一展自己的抱负与才华。朱宸濠的"诚意"，显然打动了唐寅。正德九年（1514年）秋，唐寅来到了南昌。在这里，宁王特地为唐寅建了一套别墅，另外还为他准备了十位美女模特。仕女画，唐寅最为擅长。但朱宸濠不惜重金收罗美女，并不是为了提高唐寅的业务水平。在朱宸濠的眼里，朱厚照是个好色的昏君，朱宸濠希望唐寅的"十美图"尽快震撼面世，然后送给朱厚照，从而产生绝妙的功效。

宁王也算是一个风雅之人，经常与唐寅谈诗论画。以一个文人雅士的眼光，是看不出阴谋家的险恶的。但有一天，唐寅拜访了一个朋友，自己的幻想也就此破灭。

这个人，就是王秩。

王秩，字循伯，官江西南赣备兵副史。王秩认为朱宸濠是个“有异志”的藩王，现在的所作所为非常值得怀疑，断言朱宸濠“必且为乱”。并大胆预言：宁王朱宸濠犯上作乱，“不出十年矣！”

王秩的启发，使唐寅有了警觉与观察。他发现宁王的交往十分复杂，除了风雅之士，更多的是些不三不四的人，甚至还有社会流氓。而宁王与自己的交谈，于“酒间语涉悖逆”。唐寅如梦惊醒，感到了恐惧。

唐寅现在必须考虑如何避嫌，逃离宁王府。方法，是装疯。唐寅全身一丝不挂，大张着两条腿，生殖器露在外面，还用手乱弄。唐寅的疯傻之举，宁王既失望，又害怕。一个疯子在府上，对自己既无用处，还可能坏了自己的大事，最好的办法，就是把他遣送回家。

正德十年（1515 年）三月，唐寅重新回到了吴中。

名节之痛

正德十四年（1519 年），宁王朱宸濠叛乱事败，与朱宸濠过从甚密的尚书陆完被逮，嬖人钱宁等人被籍没其家。李梦阳因为其作《阳春书院记》，以“党逆罪”第四次被关进了监狱，后经杨廷和等人营救才最终得以免祸。

一度投在宁王门下的唐寅，自然受到牵连。据《风流逸响》记载：朱宸濠事败后，唐寅涉案。唐寅离开朱宸濠是在他叛乱之前，也没有唐寅实质性介入宁王谋反的证据，查处宁王案的官员，对唐寅比较同情，只发现他在宁王府曾写过一首赠宁王的诗：“信口吟成四韵诗，自家计较说和谁？白头也好簪花朵，明月难将照酒卮。得一日闲无量福，作千年调笑人痴；是非满日纷纷事，问我如何总不知？”

这首诗谈不上有诗意，但正是这首诗把唐寅给救了。官员们认为这首诗表达的根本就不是什么异志，说明唐寅算不上朱宸濠的同党，也就顺手把唐寅给放了。

其实，对唐寅最致命的打击恰在宁王这里——唐寅是怀着建功立业的初衷，投奔了宁王。最终为了脱离灾祸，又不惜自辱而逃离。归途中，唐寅又写了这样一首诗：“东风吹动看梅期，箫鼓联船发恐迟。斜日僧房怕归去，还携红袖绕南枝。”

唐寅为什么“怕归去”？因为他建功立业的理想没能实现，佯狂行为更让其陷入名节之痛，与亲友相见都感到难堪，立德、立言的文人理想，不得不就此彻底放弃。唐寅自述：“夫太上立德，其次立功，其次立言。寅遭青蝇之口，而蒙白璧之玷，为世所弃。虽有颜冉之行，终无以取信于人；而夔龙之业亦何以自致？徒欲垂空言，传不朽，吾恐子云剧秦，蔡邕附卓，李白永王之累，子厚叔文之讥，徒增垢辱而已。且人生贵适志，何用心镂骨，以空言自苦？”

杨雄作过《剧秦美新》歌颂王莽新朝，蔡邕曾为汉贼董卓的嘉宾，李白做过永王李璘的座上客，柳宗元也曾是王叔文集团的骨干分子。唐寅所说的四个人，与自己非常相似。但这些人，对古代的士人来说都是非常不光彩的。在唐寅自己的意识中，已经属于失节之人。这四人在立言上有很大的成就，还是被人垢辱，何况是不能与之同日而语的自己呢？

身心俱被摧残，痛苦绝望的唐寅从此放弃了立言之想，不再空言自苦，彻底投入诗酒书画的怀抱，追求适意人生。而对唐寅的心灵之痛，同辈好友给予莫大的理解与同情。祝允明《唐子畏墓志并铭》中，更多谈到的是唐寅科场案的不幸，刻意回避唐寅做客宁王府的经历。

逃过宁王之劫，唐寅思想日趋消沉，从此遁入佛教，自号“六如居士”，他给自己治了一方印——“逃禅仙史”。

现实生活中的唐寅，后半生基本上靠卖文、卖画为生。生意好时，还能遇上“大客户”。聚集苏州的徽商很多，唐寅传世之作《椿萱图》，便是为歙县商人黄明芳所作，供其父六十大寿时祝寿之用。这样的作品，酬金自然不菲。但这种好生意毕竟很少，加之年老多病，不能经常作画，且画也卖不出去，以此谋生的唐寅，更多的时候生活窘迫，甚至断炊。才子的风流，多是后人的想象。

“只当漂流在异乡”

唐寅的人生轨迹，因朱宸濠而巨变。朱宸濠的人生轨迹，则因王阳明而彻底改变——正德十四年（1519 年）六月，朱宸濠发布檄文，声讨朝廷，集兵号十万蔽江东下，欲攻取南京即帝位，但在短短的四十三天，即被王阳明所消灭。

王阳明与唐寅，弘治十二年（1499 年）一起参加朝廷的会试。在这次会试中，唐寅身陷震动朝野的科场舞弊案，开始了潦倒、放浪的生活。王阳明则高中二甲，开始了他坎坷而辉煌的政治生涯。同一场会试，将他们偶然地拉到了一起，又将他们抛向不同的境地：一个处于政治斗争的中心，为朝廷建立了丰功伟业；另一个则流落于市井，成为一个落魄文人。一个历经曲折，成为一代学人的精神导师；另一个则放浪形骸，自娱自乐，成为一个靠卖画为生的艺人。二人相较，不啻天壤之别。

这时的唐寅，已经离开了朱宸濠四年多，唐寅与王阳明似乎找不到什么瓜葛。但是，唐寅恰是一个被王阳明改变的人。王阳明是继朱熹之后的一位大儒，其“心学”开一代风气，引爆了明朝后期思想解放的大潮。中晚明的思想革新潮流，催生了王阳明的“心学”。而王阳明的“心学”，又加速了唐寅式的个体意识觉醒。唐寅一生豪迈任侠，精于书画，好酒色，诗文迥异时流。作为一个时代的牺牲品，一个被上层社会所拒绝的人，在这种风气下，迅速为下层文化、民间文化所认同。被上层文化、精英文化所摒弃的唐寅，由于主动接近下层民众，成为众所追随的先行者。作为艺术形象的唐寅，其实远离了真实的唐寅。

唐寅流传最广的传奇，当然是“三笑”，见于万历年间项元汴的笔记《蕉窗杂录》，而类似的故事，更见于元代的传奇。《蕉窗杂录》中的秋香，则是明朝成化年间的南京妓女林奴儿，她比唐伯虎足足大二十岁。林奴儿，一名金兰，号秋香，也曾学画于沈周，算是唐寅的同门师姐。林奴儿后来脱籍从良，有旧相好欲与之再叙旧情，她画柳于扇，题诗婉拒：“昔日章台舞细腰，任君攀折嫩枝条。如今写入丹青里，不许东风再动摇。”

唐寅的真正红颜知己，是苏州名妓沈九娘。青楼之中，唐寅认识了这位官妓，但她嫁给唐寅时，早已人老珠黄。这对唐寅来说，也是落魄之际的无奈选择，很难涂上“风流”的色彩。最多就是在他最困难的时候，沈九娘给了他精神上的慰藉。不幸的是，两年之后沈九娘病逝，这令他十分悲痛，常常借酒消愁。在《扬州道上思念沈九娘》中，唐寅发出了无奈的悲声：“相思两地望迢迢，清泪临门落布袍。杨柳晓烟情绪乱，梨花暮雨梦魂销。云笼楚馆虚金屋，凤入巫山奏玉箫。明日河桥重回首，月明千里故人遥。”

“我愧虽无李白才，料应月不嫌我丑，我也不登天子船，我也不上长安眠。姑苏城外一茅屋，万树桃花月满天。”郁郁坎坷一生，五十四岁的唐寅终于在穷困潦倒中故去。他有这样一首绝笔诗道：“生在阳间有散场，死归地府也无妨。阳间地府俱相似，只当漂流在异乡。”

各放异彩的唐寅故事，都是唐寅生命结束之后的事。其实，唐寅从未自称过“江南第一才子”，也没有银子与“秋香”风流，妻子在其蒙冤下狱后离去，落魄的他中年娶沈九娘为妻。大概是沈九娘的“九”，让世人以为他“娶”了九个“妻妾”……

第八章

严　嵩：
坏人的生长与接力

明朝的文官，尽皆文士。同出儒学之源，一旦为皇权所用，又有了忠奸分流。《明史》中的六大奸臣之一严嵩，呈现出历史对“坏人”的刚性需求。

寒门才俊

严嵩（1480—1567年），字惟中，号勉庵、介溪等，江西分宜人。

分宜严氏，是一个官宦望族。严嵩有先祖出仕两宋，明初亦有严孟衡官至四川布政使。但自严嵩曾祖起，家道中落，沦为布衣。至严嵩降生时，家境寒微，经常要靠外祖接济。严嵩十六岁时，父亲严淮又去世了。“涉世畸单，起家寒素”，“赖祖父抚育以成人”，严嵩在孤独清贫中度过了青少年时代。

严嵩自幼聪慧，给三代无有功名的家庭带来了希望。为使严嵩接续官宦余泽，全家无不为之呕心沥血。严嵩孩童时，父亲严淮将其抱在怀里，教其识字，接着“日授之书”。严嵩阅读经史，过目不忘，令其父兴奋不已：“惟教此子，他不足计也。”严淮弥留之际，寄语严嵩：“吾期汝一第，以成吾志。”严嵩就是这样生活在家族的期待与鼓舞中。

跻身仕途，光宗耀祖，科举则是唯一的通道。江西文化氛围浓厚，从政为宦者众多，明初有“朝士半江西”之誉。弘治元年（1488年），莫立之出任分宜县令。莫立之是一位正途出身的老贡士，对地方儒学甚为重视，一心想振兴县学。一天，莫知县下乡路过严嵩的家乡，闻听这里有个天资聪颖的孩童，大为惊喜，决定面见。在对严嵩一番面试后，莫立之大赞这就是“神童”，并当即表示要带严嵩到县学读书。

天上掉下来的馅饼，严家却为难了。严嵩的父亲不好意思地说：家里太穷，给先生见面礼都拿不出啊！

莫立之爱才心切，也是个好人，他帮严家解决了生活上的困难：免了严嵩的学费，自己掏钱为严嵩准备了拜师礼。就这样，严嵩成了分宜县学里年纪最小的学生。

严嵩的学业果然出色，在县学很受器重。江西提学使巡视县学，特意对严嵩进行面考，将其补为廪膳生，严嵩的生活费问题也解决了。朝廷又有御史到分宜视察，也对严嵩这个“神童”非常感兴趣，约严嵩到县衙，畅谈到深夜。临别之时，莫立之带严嵩送御史到城外，御史有感而发：“一马五更三十里。”严嵩对曰：“三呼万岁九重天。”天下起了小雨，一行人不得不就此道别，御史叹曰：

“关山千里，乡心一夜雨丝丝。”严嵩即对：“帝阙九重，圣寿万年天荡荡。”御史心中再次一怔：小小的年纪，出语不凡，他日定是前途无量！御史叮嘱莫知县，一定要对严嵩悉心培养。

严嵩文思敏捷，勤奋好学，学业与日俱增。莫立之调任后，继任知县曹忠对严嵩更为赏识，甚至视严嵩如子。曹忠让严嵩与自己的儿子住到一起，并要儿子以严嵩为楷模。县学苦读八年，严嵩如愿成为“秀才”，取得参加乡试的资格，严家终于摆脱了庶民身份。

这一年，严嵩年仅十六岁。

弘治八年（1495 年），严嵩走到了幸运的路口。十六岁的他踌躇满志，即将赶赴省城参加乡试。但是，命运拽回了早慧的严嵩。

乡试前夕，严嵩父亲严淮突然亡故。按照礼制，严嵩必须在家守孝，不能赴考。三年之后，严嵩终于一举成名，并填补了分宜县连续七科共二十一年无人中举的空白。严嵩返乡之日，县令以酒相迎，全城轰动。

也许是命运注定要严嵩晚点入仕为官，第二年会试，严嵩落第。弘治十八年（1505 年），二十六岁的严嵩高中二甲第二名，并被选为庶吉士，进入翰林院。储才馆阁，严嵩仕途一片光明。这时的明朝，“非翰林不入内阁，南北礼部尚书、侍郎及吏部右侍郎非翰林不任”，官场惯例，意味着严嵩的升职空间。在翰林院，严嵩成绩名列前茅，阁臣们“咸伟其才”，更得到了内阁首辅李东阳的赏识。正德二年（1507 年），严嵩成为七品编修。

步入官宦行列，严嵩仕途却意外中止了。正德三年（1508 年）五月，严嵩的祖父病逝。次年六月，母亲欧阳氏又不幸病故。根据官员“丁忧”制度，严嵩回乡守孝，前后四年。守制期满，按照规定严嵩可以赴京复职，但是严嵩没有，而是在老家开始了“钤山十年”的隐居生活。

人生的黄金期，矢志光宗耀祖的严嵩，为什么不及时在官场打拼，而退居乡里？直接的原因是“少孤多病”——严嵩的体质从小就不好，因为养病，严嵩需要改善居住环境，把家从乡下迁到县城，借居东堂。所谓“东堂”，是当时分宜教谕署的一个“视学之堂”，严嵩用了东头的一半。其子严世蕃，即出生在这里东边一间的“御书楼”上，所以别号“东楼”。王世贞后来撰写《严嵩传》，将之记成严嵩读书“钤山中”，可见他写起传略来也是很随意的。

东堂近山临水，环境幽美，是一个理想的读书之园。在这里，严嵩把自己埋进了故纸堆。早年的严嵩，对官场的迷恋并没有达到痴迷的程度，读书，交游，访友，赋诗作文，严嵩完全是一副远离尘世的隐士形象。

祸兮福之所倚，福兮祸之所伏。严嵩的家庭变故与身体原因，客观上恰恰帮助其逃离了官场祸乱。正德一朝，官场争斗无常，频繁惨烈。宦官刘瑾之祸，朝中数百官员卷入其中，甚至身死。刘瑾被磔后，继以钱宁、江彬之祸，最终同样引发官场地震。涉世未深的严嵩，毕竟儒学出身，在官场无论是沆瀣一气，还是游刃有余，显然都难以做到。严嵩意外地置身其外，虽失去了进阶的机遇，也避开了惹祸的风险。也许，这就叫命运。

正德十一年（1516 年），三十七岁的严嵩重返京城，复任翰林院编修，次年受命讲学于内馆。正德十三年（1518 年），严嵩以册封副使的身份前往桂林，传制朱经扶袭靖江王。

本来，这趟公差是桩美事，因为是代表朝廷去做好事，还能与宗室攀上关系，皆大欢喜。但是，严嵩在公差途中遇上了很大的麻烦。正德十四年（1519 年）六月，严嵩返京途中行至江西临江，恰逢宁王朱宸濠举兵叛乱。严嵩应王守仁密约，与袁州知府徐琏一起参与平叛，由于“赞助有力”，曾受到王守仁的褒奖。宁王谋反，是正德朝的重大政治事件，暴露的是帝王的荒政与宗室的不轨。这时的严嵩，复出已有两年，对朝政应该有更深的认识，但驾驭时局还是困难的，也很难避免陷入政治旋涡。恰在此时，严嵩生病，他就此上书朝廷，在家乡养病。

这是严嵩的第二次归隐。这次归隐，严嵩退避政治风险的意图比较明显，因为他一刻也没有闲着，完全不像一个病人：除了读书，就是交友，跑个不停。诸多名流来分宜都少不了严嵩的影子，严嵩还专程跑到南昌拜会王守仁。“的的徐亭树，廖寥霜署乌。微言欢欲奉，清赏未云徂。”这首诗，就是欢聚南昌明远楼时，严嵩送给王守仁的。

隐居的严嵩还搞起了工程建设，将东堂改建为钤山堂书院。为此，王守仁特意给他送了块“钤山堂”牌匾。“上下之交深，故其积之也久；经纶之业厚，故其发之也迟”，严嵩的两次隐居，不仅才学大进，更博得了社会舆论的好评。

但是，钤山堂刚刚落成，武宗驾崩，世宗继统，严嵩便被召返京师。这一次，严嵩又将面临怎样的命运？

靠山倒塌

向严嵩发出邀请的人，是内阁首辅杨廷和。严嵩得到杨廷和的召唤，绝对是心潮澎湃。十年之前，严嵩参加会试，正是杨廷和点中了严嵩的卷子。在杨廷和的眼里，严嵩是难得的人才；在严嵩的眼里，杨廷和是尊敬的恩师。官场上的这种特殊关系，局外人都懂得意味着什么。

杨廷和（1459—1529年），字介夫，号石斋，四川新都人。杨廷和历仕宪宗、孝宗、武宗、世宗四朝，正德七年（1512年）出任首辅。这时的杨廷和，无疑处在仕途的巅峰——论官位，他官居首辅；论功劳，他有拥戴之功。武宗朱厚照驾崩时无子，杨廷和力主立武宗从弟朱厚熜为帝。

严嵩进京的第一件事，就是去拜访恩师杨廷和。但是，严嵩敏感地发现，杨廷和对他并不热衷，严嵩郁闷了。更郁闷的还在后头：严嵩此番进京，并没有在京城谋得一职。吏部例行公事，分配了严嵩的工作——翰林院侍读，但地点是南京。明明是“靠山”杨廷和叫自己进京的，如今怎么又坐上了“冷板凳”呢？直到走的这一刻，严嵩都没闹明白这究竟是为什么。

其实，并不是杨廷和抛弃了严嵩，而是杨首辅自己惹上了天大的麻烦——杨廷和与新皇帝干起来了。

明武宗死后，张皇太后（明武宗之母亲）和内阁首辅杨廷和决定，由近支皇室、武宗堂弟朱厚熜继承皇位。在朱厚熜未至京师前，杨廷和总揽朝政三十七日。这三十七天，杨廷和是大明朝实实在在的“一把手”。

正德十六年（1521年）四月，十五岁的朱厚熜来到了京城。进城之前，杨廷和派人送来接待方案：从东安门进宫，到文华殿暂住。朱厚熜立刻翻脸，提出自己的接待方案：大明门进宫，进奉天殿！

这有区别吗？区别大了。前者是皇太子的待遇，后者才是皇帝礼遇。杨廷和坚持自己的意见，朱厚熜更是没有商量的余地。最后，朱厚熜说这皇帝我不当了！这事继续闹下去无法收场，只能是杨廷和认输，朱厚熜躺赢。

首辅与皇帝之间的斗争，这仅仅是个序幕，很快便进入高潮——这就是“大礼议”事件。

嘉靖帝朱厚熜，在位四十五年，“大礼议”事件便闹了将近二十年。在这场惨烈的政治斗争中，无数官员落马折腰，内阁更被清洗一空，换上权贵“新生代”登上舞台。

什么事情这么复杂，需要花费这么长时间，还要皇上与“宰相”之间来争得你死我活？其实很简单，就是嘉靖帝朱厚熜的“父亲”到底是谁？

朱厚熜是兴献王朱祐杬的独子，朱厚照是明孝宗朱祐樘的独子。朱厚照死后无子，明孝宗自然也就无后。杨廷和出于对明孝宗的深厚感情，提出要以朱厚熜为朱祐樘之子，朱厚熜与亲生父亲的关系改为叔侄关系。这一改，涉及朱厚熜生父的封号，也让生父名下无子，明世宗对杨廷和勃然大怒。

“大礼议”之争，表象是“礼”，实质是“权”，君权与相权发生碰撞。杨廷和本以为朱厚熜还是个孩子，没想到这孩子这么不好对付。杨廷和的立论本身存有问题，一开始就处在极不利的地位。明世宗通过“大礼议”之争，成功地打破了杨廷和一手操纵朝政的局面，固有的权力结构就此变化，张璁、桂萼等一批新生力量崛起政坛。

嘉靖三年（1524 年），杨廷和罢归故里。明世宗推倒了杨廷和这堵墙，也让严嵩失去了一座“靠山”。远在南京的严嵩，这回算是看明白了当初恩师不冷不热的原因，心里无疑也冰凉透了。

山重水复

既是偶然，也是必然，南京赋闲的严嵩，遇上了“大礼议”中的两个红人：张璁，桂萼。

张璁和桂萼在朝廷属于“议礼派”，也就是杨廷和的对立面。杨廷和不是明世宗的对手，但以首辅的身份对付这两个人，还没有太大的难度。明世宗也不想鱼死网破，顺水推舟，张璁和桂萼就这么被赶到了南京。

对严嵩来说，这两个人很难简单地归于“敌人”还是“朋友”。从恩师杨廷和这儿理出来，明显是政敌。但严嵩与张璁、桂萼，又一直没有直接的冲突。张璁和桂萼任的是南京刑部主事，任职在南京，官职却升了，有失有得，这就是皇帝与首辅既斗争又妥协的结果。这明显是两支“潜力股”，世宗的地位稳固后，张璁得以奉召赴京获世宗重用，重新挑起议礼之争，直到登上首辅的位子。

桂萼对严嵩的意义就更大了。桂萼，字子实，号见山，江西省余江县人，严嵩的老乡。嘉靖二年（1523 年），桂萼担任南京刑部福建司主事。同在南京，严嵩显得无门无派，每天喝喝茶，谈谈京城的新闻八卦，日子过得十分滋润。但桂萼是身在金陵，心在北京。这时的嘉靖皇帝朱厚熜，因其生父不能受太庙享祀伤透脑筋，桂萼提出在太庙之侧建祠祭祀，即使嘉靖争得面子，又较好地解决了“统嗣”问题。从此，桂萼依靠“议礼猝贵”，虽然没有像张璁权力冲顶，同样坐上了升职火箭：嘉靖四年（1525 年），桂萼升詹事府兼学士，很快再升礼部右侍郎，不久转左侍郎，旋又晋职礼部尚书、调任吏部尚书，加太子太保衔，并升太子少保兼武英殿大学士。桂萼退休时，嘉靖还送了他“忠诚敬慎”“绳愆匡违”两方银质印章。

担任南京翰林院侍读的严嵩，除了自娱自乐，基本升迁无望。但是，官场人脉太重要了。嘉靖四年（1525 年），在老乡桂萼的帮助下，严嵩意外得到一个要职：担任国子监祭酒，连升三级，调回北京。

嘉靖初期，国子监祭酒绝对是个好差事：除了要抓好国子监的日常教育工作，还得参加“经筵日讲”。对于志向远大的文臣来说，有幸参加经筵日讲，便是最好的露脸机会。严嵩给朱厚熜讲过《孟子国君进贤》等，这时的明世宗还处于治理国家的探索期，对严嵩剖析的节用爱人、勤恤民隐、图为治道，很是感兴趣。

这类露脸机会，严嵩抓得很牢。官场需要机遇，更需要抓住机遇，尤其需要抓住机遇的能耐。严嵩学问一直好，而且口才极佳，每次充任讲官，都能表现得风采飞扬，口吐莲花，句句说到朱厚熜的心里。

在明朝历代皇帝里，朱厚熜属于极难伺候的一位：性格刚愎自用，对身边官员更是百般苛察。作为大臣，越接近权力中心，生存环境也就越险恶。桂萼不仅举荐了严嵩，而且对严嵩的启发很大：除了自己积极工作，还要摸准皇帝的思路。严嵩是个聪慧之人，他很快磨炼得如鱼得水。比较有名的，就是嘉靖七年（1528 年）他在礼部侍郎任上的一件事：当时严嵩作为副使，前往朱厚熜家乡安陆办理祭祀等事务，回来后严嵩别出心裁，上了两份奏折，一份奏折妙笔生花，描绘沿途所看到的各种“祥瑞”，哄得朱厚熜高兴不已。接着，捎带又上了另一份奏折，这份奏折却是写实手法，如实汇报了河南地区的灾害，请求减免赋税。朱厚熜这会儿正高兴着，当即大手一挥：准了。

既拍了马屁，干桩无聊的事，也没耽误干桩正经事。类似的事情，严嵩一直没少干。严嵩虽然时常逢迎拍马，但名声依然很好，因为他是个苦心与良心并存的人。自此之后，严嵩步步高升：嘉靖七年（1528 年）四月，任礼部右侍郎；次年三月，晋左侍郎；嘉靖十年（1531 年）十月，改吏部左侍郎，同年十二月升任南京礼部尚书；嘉靖十二年（1533 年）六月，改南京吏部尚书。嘉靖十五年（1536 年），严嵩赴京朝觐考察，被世宗留下，任礼部尚书兼翰林院学士。

严嵩能够平步青云，除了自己的努力，世宗的青睐，还有夏言帮了一把。

不是外人

夏言（1482—1548 年），字公谨，江西贵溪人。

历史上的夏言，豪迈强直，正直敢言自负。明世宗继位后，夏言疏陈武宗朝弊政，受世宗赏识。又因议礼而受宠，成为新朝的中坚。朱厚熜登基后，内阁的要员们，几乎天天开打，没个消停的时候。嘉靖三年（1524 年），内阁首辅像走马灯：杨廷和二月去职，蒋冕二月上台五月下台，毛纪五月上台七月下台，然后老好人费宏担任首辅。从嘉靖五年到嘉靖十四年，杨一清、费宏、张璁、翟銮、方献夫、李时差不多轮流上任。嘉靖十七年（1538 年），夏言成了内阁的当家人。

夏言成为内阁首辅，有其必然性。这个人是块从政的料，论水平有水平，论能力有能力，敢于较真，又不失谋略。清理皇庄，清查贵族侵占土地，裁撤皇帝身边的冗员，夏言都敢干，并且干得相当漂亮。夏言在官场的口碑也相当好，公事、私事，都不收人黑钱。廉洁的干才，明世宗要是不喜欢，未免就太昏庸了。事实上，他不是昏君，只是一个有毛病的人。

明世宗的毛病，也是够怕人的。从他当皇帝的时候开始，就迷上了道教。据说道教能让人长生不老，著名的秦始皇就痴迷过这个，问题是明世宗的“道龄”比秦始皇还长——从青少年时代一直到死。

明世宗追求的长生不老之术，主要体现在两个要点上：一是嗑药，二是青词。嗑药在中国从来就没有断层，魏晋的文人雅士中，极其流行这个玩意。这些文人雅士，个个都是“高知”，药吃得人神经兮兮，最后艺术才华横溢。至于青词，只是道教仪式中的一个，大约是给神仙歌功颂德，但口头说的不算，必须白纸黑字，向神仙表忠心，最后烧掉，让神仙“签收”。这是一个技术活，明世宗艺术细胞不够时，需要文臣帮忙。所以，世宗朝的官员，如果不熟悉嗑药与写青词，可以直接定为“不称职”等次。

夏言的仕途成功，政绩仅仅是一个方面，更重要的是他的文采好，特别擅长写青词。满朝的大臣，没有一个比他写得好。明世宗想修道出成果，不用夏言的文艺成果，肯定是不行的。如果就此说夏言对世宗投其所好，那也是很不公平的：在世宗朝当大官，谁都得这样，除非打道回府。“十项全能”的夏言，深得世宗的信任。夏言从此春风得意，严嵩也就跟着一路沾光。

夏言看上严嵩，一是赏识他的才华，二是两人属于老乡。作为江西乡党，夏言与严嵩等经常相聚小酌。嘉靖十年（1531 年）九月，夏言荣升礼部尚书，江西乡党为之设宴庆贺。宴会上，夏言与严嵩最为活跃，相互赞赏对方的才识，结成“吾党之士”。后来，严嵩从南京礼部尚书任上调回京城，也有夏言举荐之功。

夏言入阁后，举荐了严嵩接替自己的礼部尚书职务。这时的夏言与严嵩，都是正派官员，夏言对严嵩提携、欣赏，除了老乡的关系，二人走得近，中间没有什么见不得人的东西。

夏言与严嵩的关系亲密无间，彼此都不拿对方当外人。但严嵩是谨慎的，夏言作为一个成功人士，开始有点忘乎所以起来。

夏言本来就个性鲜明，嘉靖十七年（1538 年）登上内阁首辅之位后，变得日益专横，明世宗找他探讨道教问题，夏言居然打起了瞌睡。三年之间，他数次惹怒世宗，世宗很生气，两次将其罢官。奇怪的是，每次罢官不久，世宗又将其复职。问题更严重的是，夏言产生了一个认识上的模糊：皇帝是离不开自己的，首辅的位子非自己莫属。

对皇帝尚如此，对同僚就可想而知。对严嵩这样的朋友，夏言也完全根据自己的好恶。有次严嵩宴请夏言，酒菜准备好了，陪客的也到齐了，夏言突然心情不好，说不来就不来了。严嵩只好亲自去请，夏言竟然面都不见。严嵩回到家，对着空荡荡的主席，恭敬地下拜。他要给夏言面子，自己的面子全丢光了。从此，严嵩有了自己的想法。

生存技巧

礼部是个重要部门，上到祭祀天地，下到皇子命名、理发，反正皇帝家里无小事。“大礼议”与“玄修”，几乎伴随了世宗一生，而这二者又成了世宗朝礼部的新业务。对礼部尚书严嵩来说，新专业技能不过关，便意味着走人。技能出类拔萃，必定是官运亨通。

严嵩与世宗的走近，正是从担任礼部尚书开始。世宗对制定礼乐，有着异乎寻常的热心。礼部成为热门，礼部尚书自然闲不了。严嵩经常被世宗召见，有时一天就有两三次。要知道，有的尚书想见皇上，一年恐怕也只有那么几次。频繁召见，还要加班，有时直到深夜才能下班回家。严嵩住在城西，离内宫约有四里。世宗有时突然召见，总不能让车夫二十四小时待命，严嵩只好骑着马跑，要么干脆睡“办公室”。

对严嵩来说，要伺候好皇帝，单靠勤奋显然是不够的，重要的是要弄清圣意，想皇上之所想，这跟常说的“溜须拍马”，根本不是一回事。官僚政治与专制统治相结合，是封建社会人治的特点。人治背景下，皇帝拥有支配一切的权力，臣下必然恐惧；而皇帝为了不失去权力，同样也心存恐惧。臣下迎合了皇帝的意图，皇帝获得的是安全感，君臣才有和谐。揣摩圣意，是处于弱势地位臣下的生存技巧。

对这种生存技巧的掌握，严嵩同样经历过风险。嘉靖十七年（1538年），有人上疏请献皇帝庙号称宗，以入太庙。世宗令群臣商议，没吃过亏的严嵩实话实说，认为这样不妥，结果引起世宗愤怒。幸亏脑子好使，及时一百八十度大转变，否则严嵩的仕途很可能画上句号。

献皇帝入庙称宗，世宗满意，“大礼议”进入尾声，礼部的难题也就此去掉了百分之五十。剩下的一个，就是服务于世宗玄修。

即使是专心这一项工作，严嵩要把它做好也相当不易，毕竟已是六十多岁的老人。为了帮助世宗玄修，严嵩“朝夕直西苑板房，未尝一归洗沐”。寒冬十月，严嵩多次与世宗商讨礼制。有一次讨论到三更时分，世宗十分高兴，爽朗的笑声响彻窗外，还找出两瓶好酒，送给严嵩。临行，世宗又让人请严嵩去吃火锅。

写青词、贺表，尚是严嵩的强项，属于脑力劳动。但要替世宗试服仙丹，难免就有生命危险了。新制成的丹药，世宗经常“赏赐”给严嵩试服。所谓的“仙丹”，其实就是铅汞化合物之类的有毒化学品，严嵩充当的就是一只“小白鼠”。服食“仙丹”的严嵩，“遍身躁痒异常，不可一忍”，经常口鼻流血。有一次，严嵩竟“痛下淤血二碗”。礼部员外郎徐纬，曾动情地称严嵩是不计个人得失、一心为国的“世之君子”。忠诚于皇帝，谋自己一官，严嵩也是蛮拼的。

按照明朝文人笔记的说法，严嵩的质变，便是从此时开始的。严嵩的官位蒸蒸日上，生活水平直线上升，贫寒早已没有了踪影，答案肯定是有“经济问题”。所有的官僚机构，只要是部门，都会有权力。严嵩执掌的礼部，同样有权利，藩王赐封袭爵，首先就必须过礼部这一关，藩王给严嵩送点好处，以便谋取更大的利益，完全是可信的。

利益冲动而引起人性的变化，最通俗，也最深刻。但是，严嵩的非法利益是以合法的权力为前提的，对一个年近古稀的老人来说，严嵩是怎么握紧权力的呢？

贴身助手

严嵩官场上的辉煌时期，是在他六十三岁至八十岁期间。人生七十古来稀，严嵩从小多病，老来身体怎么这么好呢？就算身体还勉强，脑子为何仍然好使呢？原因很简单：严嵩有个好老婆，老婆又生了个好儿子。

严嵩夫人欧阳淑端，娶自同乡，比严嵩大一岁，天然胖妞，脸上还有麻点。长得丑点，但为人贤惠，严嵩对她十分尊重，《家谱》的说法是“白首相敬，别无姬媵”。

严世蕃（1513—1565年），字德球，号东楼。严世蕃长得短颈肥白，是个大胖子，与其父“瘦削长身”的外貌正好相反，估计遗传了他母亲的肥白基因。严世蕃出生于老家分宜，这一年严嵩三十四岁了。这时的严嵩，“一官系籍逢多病，数口携家食旧贫”，“信有膏肓在泉石，十年从宦竟无成”。家中“七字”短缺，健康状况不佳，仕途渺茫一片，严嵩心情沮丧，甚至落发为僧的心思都有了。但中年得子，激起了严嵩的人生希望。而日后，严世蕃果然成为严嵩的得力助手。

严世蕃长得不好看，身材矮短，胖得找不着脖子，更要命的是有一只眼睛视力为零。但作为一个“官二代”，严世蕃还是相当出色的：他聪明机智，记忆力特强。长大后，严世蕃熟习典章制度，畅晓经济时务，而且精力旺盛，是个工作狂。十九岁时，严世蕃恩荫进国子监读书，毕业后选授为左军都督府都事，累迁至尚宝司少卿、工部左侍郎。

严世蕃的官来得容易，但并不等于是白混的。严嵩成为内阁首辅后，小心翼翼地侍奉世宗，几乎没有闪失，世宗赐了枚“忠勤敏达”的银印，以资鼓励，这是相当不容易的。世宗是个学习型的皇帝，喜欢阅读经史诸书，遇有不明白的，便顺手写在纸片上，让太监到严嵩等值班阁臣那要答案。有天晚上，世宗的纸条子又到了，严嵩与徐阶等值班阁臣一看，吓坏了：一群饱学之士，居然没有一人知道。

顶级文人还有不知道的事，实在丢人。严嵩飞马去找严世蕃，这小子真不含糊，立马给出答案，还告知出自某书第几卷第几页。严嵩找出该书，果然如此，遂将书与解释呈送给了皇帝，世宗感到很满意。

严嵩的青词写得好，有“青词宰相”之称。其实，严嵩的青词作品相当一部分出自严世蕃之手，只是老子侵犯儿子知识产权的事，没人抖出来。当然，不是没有人知道这个奥秘，“皇上不能没有严嵩，严嵩不能没有儿子”，说的就是这档子事。

严世蕃并非只有一点小聪明，政治智慧也不在其父之下。他除了收买内廷宦官，帮助父亲掌握世宗的举动，以便揣摩圣意外，还实质性地参与政事决策，并且极具水平。有一回，世宗深夜交办了一桩公务，严嵩与大学士徐阶、李本紧急商议，就是拿不定主意。严嵩派人去找严世蕃，结果这小子不知道跑到哪儿去玩了。一边找不到人，一边太监在催，三个人只好硬着头皮拿了条意见，呈报给皇帝。世宗觉得这个意见欠水平，退了回来。万幸的是，四更将近，严世蕃找到了。严嵩一看严世蕃送来的纸条，拍案叫绝，誊录之后送给世宗，世宗本来脸是绷的，看过票拟终于满意了。

但严世蕃的贪玩，确实是个大问题。严世蕃无论怎样公事繁忙，喝酒、玩女人都必不可少，并且越来越频繁。但这小子娱乐的水平挺高，有时女人堆里烂醉如泥，老父的救援信到了，他立马将大脸塞进热水盆里，再大毛巾扎上额头，“天上”很快回到了“人间”，把父亲的正事料理得妥妥帖帖。

严世蕃是拴在父亲与世宗之间的一根螺丝，让严嵩与世宗之间从未分离。严世蕃的智慧与能耐高得可以收费，但父子俩如此处理公务却并不合法。京城内外，更是流传着“大丞相、小丞相”的说法。“小丞相”严世蕃，最终要成为严嵩头顶上的一颗炸弹，只是目前离爆炸的时间还有点远。

一决雌雄

当官基本上是一条不归路，如何将仕途进行到底，封建官员对机谋的深刻领会和运用，随便哪类人都不可小觑。中国人有概念化认识历史人物的传统，臣有忠奸之分，人有好坏之别。忠臣与好人的机谋，叫策略；奸臣与坏人的机谋，叫诡计。处在嘉靖朝权力顶峰的夏言与严嵩，都是玩弄机谋的高手，伴随嘉靖朝重大历史事件，最终二人一决雌雄。

夏言与严嵩由最初的同乡、好友，最后反目成仇成为政敌，并无多少是非之分，而是彼此视对方为自己权柄的威胁。消灭对手，也并不是仅凭哪一方的几句谗言。由于对重大国事处理出现得失，而后由帝王分出高低，乃至生死。

嘉靖朝最突出的外患，是所谓的“南倭北虏”，这也是明朝一百多年来的疑难杂症，嘉靖朝尤为严重。倭患的直接起因是海禁，作为首辅的夏言，认为“倭患起于市舶”，结论是如果没有对外贸易，日本人就不会来到大明，也就没有“倭患”。夏言力主撤销置市舶司，结果合法的贸易没有了，只能依赖走私，海商转变为“倭寇”。真日本人、假日本人，都以“倭寇”为旗号在沿海地区杀人、放火，甚至武装劫掠内地。严嵩推荐赵文华督察军务，起用了抗倭名将胡宗宪、阮鹗、戚继光等，成功地解决了倭患问题。

北方边患，困扰明朝竟二百余年。朱元璋驱蒙古于大漠，明成祖五次御驾亲征，随后明朝与其战事不断，但始终未摧毁其游牧经济基础和军事力量。矛盾的平息办法，都是明朝不得不采取怀柔政策。鞑靼问题与前朝的瓦剌问题，性质完全是一样的。

瓦剌瓦解，鞑靼兴起。游牧经济的单一性，迫使他们向明朝求贡。自孝宗时起，当时的蒙古首领达延汗就多次遣使求贡。嘉靖十三年（1534 年）起，蒙古新首领俺答汗几乎无年不请求明朝“封贡”，但此类要求屡遭明廷拒绝。最后的结果与当年的瓦剌一样：北虏南侵劫掠，双方军事冲突不断。

围绕北虏问题，嘉靖朝形成战、和两派。中国的历史传统，“主战”一直具有“爱国”色彩，“主和”通常与“卖国”相关。夏言与严嵩，前者主战，后者主和。北虏问题的最终解决是在隆庆四年（1570 年），俺答孙把汉那吉与明廷和议，双方建立通贡关系，体现的仍是“主和派”策略与思路。

明世宗最初的观点是主战，以军事手段解决北方边患，甚至准备御驾亲征。为此，明世宗曾两次召见严嵩，提出亲率大军“巡边”。严嵩一听吓得不轻，万一又弄出“土木堡”那档子事，又该如何收场？不能赞成，又不能反对，严嵩只好对世宗说：这事皇上亲自做没那个必要，边疆的将士吃饭就得干这个事。

河套地区自景泰年间起即被鞑靼部落占据，不仅养肥了他们的骑兵战马，更成为其南下的一块跳板。对这个具体问题，夏言与三边总督曾铣力主收复，严嵩及翁万达、唐顺之等则不赞成。明世宗对武力收复河套给予了肯定，其他臣僚也纷纷附和。在朝野上下一片喊打声中，夏言与曾铣成功地实施军事行动。但是，夏言正因为成功而失败，并造成他与严嵩权力斗争形势的逆转。

明世宗天性猜疑，“驭臣术”是其机谋的核心。随着夏言在朝野威望的急剧上升，明世宗决定打压夏言。严嵩敏锐地抓住了这个机会，赢得了一场权力争夺。

严重的政见相左，是严嵩与夏言之间矛盾冲突的深层次原因。但作为精于权谋的官场老手，事实上也不热衷于对对手政绩的评判，通常都是抓住对方的细节失误，无限上纲，拼命放大，借助皇帝的认可，成功地放倒对手。严嵩与夏言之间的争斗，就是这般充满趣味。

嘉靖二十一年（1542 年）五月，严嵩便以一桩小事击倒夏言。明世宗痴迷玄修，还特意制作了五顶沉香木的黄冠，赐给夏言、严嵩等五位最亲近的大臣。

严嵩则将其视为殊荣，只要是公开场合，都紧紧戴在头上，还特地用轻纱笼住以示郑重。夏言则觉得，戴着道士帽上班很丢人。世宗不能容忍这种自我膨胀，严嵩也巧妙地掐准了世宗的脉搏。在一次世宗单独召见时，严嵩从夏言拒戴道士帽的细节生发开来，斥责夏言藐视世宗。世宗共鸣顿起，从此夏言回家，翟銮取而代之，严嵩入阁。

两年后，严嵩取代了翟銮成为内阁首辅。但严嵩的好运只维持了一年，嘉靖二十四年（1545年）十二月，夏言再次复出，成为内阁首辅。

严嵩这次败得有点莫名其妙：这一年，太庙工程顺利竣工，明世宗刚刚给予严嵩表扬奖励，"加太子太师"。其实，严嵩的问题正在这里，他犯了夏言同样的毛病：居功自傲，飘飘然起来。"帝微闻其横，厌之。"明世宗要的是臣下螃蟹一样地咬在一起，绝不允许哪一方做大做强，成为帝王之外的"二把手"。起用严嵩的对手，夏言与严嵩间相互监督的自觉性，世宗就再也不用操心了。

重新上台的夏言，也正是这么干的，甚至相当出格。在内阁，夏言连公文都不让严嵩看，还不时给严嵩脸色瞧。平时在单位工作，需在单位食堂就餐（堂馔），夏言与严嵩的桌子正好是面对面。夏言觉得单位食堂的伙食太差，喜欢从家里自带美味。高兴时，夏言大声招呼同僚们过来分享，但就是不叫对面的严嵩。严嵩似乎成了一个多余的人，完全被夏言晾在了一边。

坐坐冷板凳也便罢了，夏言又逮着了严嵩的把柄——严嵩的宝贝儿子，水平不一般，坑爹也不一般。严世蕃担任尚宝司少卿，收受贿赂，被夏言逮个正着，准备上报明世宗。严嵩知道事情的后果，把柄在人手，不得不低头。严嵩带着儿子去求情，夏言连门都不让他们进。

严嵩想想，钱或许能起点作用。但他不是送钱给夏言，而是送给了夏言家的看门人，终于见到了夏言的面。在夏言面前，严嵩父子跪倒在地，痛哭流涕。夏言想了想，说过去的事情就算了吧！

相逢一笑泯恩仇？错了。两位老乡心知肚明，夏言觉得自己掌握了对手的软肋，正面打击如果不能置其于死地，那还不如牵住鼻子。严嵩固然老实了，但他与夏言的关系决然成了死结。

夏言确实过了两年痛快日子，世宗肯定就不痛快了。世宗还是一心玄修，需要大臣奉献青词。严嵩倒是有始有终，对每一篇青词都是斟词酌句，而夏言送上来的则是粗制滥造。因为夏言的青词，根本就不是自己写的。让人代笔也就罢了，至少自己要把把关，但夏言连这份耐心都没有。

更为犯忌的是，世宗最看不惯夏言在内阁一言九鼎。谁把首辅当成这样，谁就离回家快了。夏言甚至忘了，世宗在将他重新推到首辅的位子时，同时也给严嵩加爵为少师。“少师之官，文臣极品”，明世宗将他们拉得差不多高，目的是让他们合作共事。

夏言的厄运来得非常突然。嘉靖二十七年（1548 年）春，陕西澄城地震，京师又狂风大起，负责天象的官员不检查科研设备有没有问题，反而胡出主意，称是上天示警。朝政有什么问题呢？世宗的第一反应是收复河套有问题，“土木之变”会不会重演，或是大臣“擅权自用”扰乱朝政。按照朝廷官员的排名顺序，第一嫌疑人自然是首辅夏言。

——明世宗有时极其情绪化，正月初一刮大风，正月初二他就决定停止收复河套之事。世宗的心事最早被严嵩猜中，他顺势给世宗分析后果：上天警示的正是“开边起衅”，再由着收复河套这事闹下去，皇上的健康都可能受影响。

严格地说，严嵩进的不完全是谗言，而是顺着皇上的意思接下文，对皇上的反复无常作出体面的解释，从而证实皇上的英明预见。夏言不愿这么看，认为严嵩想趁机加罪于自己。本来皇上这次的决策，是对事不对人，夏言这么一搅和，让世宗真的改变了主意。接下来的二十多天，夏言又似乎成了“预言家”：明世宗让曾铣下狱，让夏言保留原待遇退休。这就坏了——好像严嵩当初的解释，并不是投皇上所好，真的是要加害夏言。

官场上落井下石的人从来都不鲜见，夏言失势之际引起了群起而攻之。这些人力倒夏言，并不是给严嵩帮忙，而是有怨报怨。夏言的清正廉洁是有名的，但他的跋扈专横也是有名的。平时大家忍气吞声，关键时刻就该出口窝囊气了。弹劾夏言误国的有吏部尚书闻渊等文官，有驸马都尉崔元这样的皇亲国戚，还有陆炳。

很多人已经不知道，陆炳究竟是何许人物。嘉靖朝的陆炳实在是极为特殊，他的母亲是明世宗的乳母，他本人是武进士出身。嘉靖十八年（1539 年），陆炳随明世宗南游，深夜四更时行宫起火，陆炳冒死将世宗从火海中救出。陆炳，是明朝唯一一个三公兼三孤的官员，因为他是对世宗有救命之恩的人。

失败的夏言，本来也不是非死不可，但气急之下的夏言完全失策。他不断上书大骂严嵩，指责严嵩蒙蔽皇上，绝口不提自己的过失。让夏言下台是世宗的本意，夏言连个检讨的姿态都没有，还间接认为皇帝昏庸。

帮倒忙的，还有曾铣的部下。当锦衣卫前来逮捕曾铣时，他的五千亲兵嚷嚷声、磨刀声响成一片，差点哗变酿成事端。世宗震怒了，曾铣走上了断头台。曾铣案的升级，接着又导致夏言下狱。

这时的严嵩，已与夏言分出胜负。与后人想象正好相反，夏言出事后严嵩上疏申救，而不是落井下石。如果前面上疏解救夏言，后面又跑到世宗那里要杀夏言，那等于是拿世宗当傻子，事实上严嵩与世宗都不傻。世宗决定杀掉夏言，源于一则夏言毁谤世宗的传言。夏言遭遇不公正待遇，说了一些对世宗不满的话。依夏言的心态与性格推测，不是没有可能。但究竟是谁恶意告密，至今还是一个谜。

嘉靖二十七年（1548 年）十月，夏言被问斩于西市。血雨腥风中，严嵩重新出任内阁首辅，开始了所谓的擅专朝政。

高手过招

权力的金字塔顶，往往是明枪暗箭的靶垛。夏言的结局，同样让严嵩体味出了悲凉。嘉靖二十八年（1549 年）正月，严嵩过完七十岁生日，给世宗写了封辞职报告，要求退休安享晚年。世宗指示：朕需要老成持重的辅臣，“岂可引年求退”。这一年的三月、八月，严嵩又几度求退，均为世宗所不允。

明世宗的倚重，让严嵩此番重掌内阁前后长达十五年。正是因为这十五年，严嵩成为明朝的重量级“奸臣”。但是，忠奸是相对皇帝而言的。将严嵩定性成为明朝“奸臣”，最初在“明史馆”即争论不下。而乾隆帝对严嵩“窃弄威柄”很感兴趣，国史从此盖棺定论。

论明朝的首辅，严嵩是个打破任期纪录的人。但作为操握权柄的高官，严嵩这个首辅一刻都不曾安宁。他虽长期权倾朝野，却极少有超级奸臣那种指鹿为马的功夫，显示一呼百应的豪迈。其论一出，总是常遭同僚们的攻击。每每此时，严嵩总是一阵尴尬，但又总能化险为夷，反败为胜。严嵩的一块制胜法宝，就是把自己连上主子的神经：“讦嵩”，等于“污帝”。

如果说熟习尔虞我诈的封建官场，严嵩确实是做到了。至于严嵩的过恶，诸如贪污受贿，卖官鬻爵，顺我者昌，逆我者亡，以及为清除仕途上的障碍而纵横捭阖，排挤诛杀等，有个人品格的因素，更是封建体制下的官场之弊。后世普遍认同的严嵩之奸，还因为严嵩屠害忠良。

所谓“忠良”，其实是个非常复杂而不确定的概念。在古代，当制度不能有效扼制时，社会遂以权力道德化的洁癖，对抗官场权力状态下的道德畸变，道德的旗帜成为涤荡官员的皂纛。严嵩屠害的忠良，影响较大的是这两个人：

第一个人，叫沈錬。沈錬（1507—1557 年），字纯甫，号青霞，会稽（今绍兴）人。沈錬嘉靖十七年（1538 年）进士，当过溧阳等地的县令，为官比较清廉，在老百姓中的口碑也不错。但这个人脾气很坏，仇官、仇贵心理明显，每每龃龉权贵，加上才识一般，所以很难在官场上混下去，最后文官几乎混成了"合同工"——锦衣卫经历，管管文书与档案。

沈錬与严嵩交恶，其实是因喝酒引起的。沈錬与他的上司陆炳关系不错，陆炳与严世蕃过从甚密。沈錬与严世蕃有共同的爱好：嗜酒。因为陆炳的介绍，沈錬与严世蕃成了"酒友"。酒友们经常在一起斗酒，严世蕃的脾气很坏，喝到面红耳赤时，便拎着对方的耳朵灌酒。沈錬本是个性格偏狭的人，受不了严世蕃的气，两人便从酒友变成了仇人。这事传到严嵩耳里，老首辅气不打一处来，大骂儿子有失体统，也骂沈錬不是个好东西。以沈錬的身份，严嵩是犯不着跟他计较的，无非借机教育教育儿子。

沈錬知道严嵩发脾气后，气愤又害怕。首辅都认定自己不是好人，还有什么前途？一时兴起，沈錬上疏弹劾严嵩，一气写了严嵩十大罪状。就算严嵩当时真有什么罪，沈錬应该是搞不清的，最多只是道听途说，所以当时的兵部官员徐学谟在《世庙识余录》中说：沈錬据言的"嵩十罪，俱空虚无实"。

严嵩教训儿子时，肯定是将沈錬作为反面典型来痛骂的，目的是解气，把儿子给镇住，真的假的一起来。沈錬疏劾严嵩，目的也是解气，同样是真的假的一起来。但是，两件事完全是两个性质。

明世宗看到沈錬的这份奏疏后，非常生气，将沈錬狠狠打了一顿，最后将他赶到保安种地去了。

沈錬在保安仍不安分，没事就骂严嵩父子消气。自己骂，还喊周边的老百姓帮他骂。当地老百姓对朝廷的事根本就不明就里，权当这是一项娱乐活动。沈錬还扎了几个稻草人，写上李林甫、秦桧、严嵩等人的名字，喝醉酒后又领着一班人拿箭射之，不像一个正常人的所为。

沈錬直接招人忌恨的事，是经常找地方官的茬，制造纠纷。当然，为他叫好的老百姓还是有的。总督杨顺看不下去了，觉得这个酒鬼也教育不好，留着实在是个麻烦，还不利于地方稳定，便找个理由把沈錬给杀了。杨顺算不上严嵩的党羽，沈錬之死完全是性格缺陷所致，无涉忠奸。

另一个人，便是鼎鼎大名的杨继盛。杨继盛（1516—1555 年），字仲芳，号椒山，容城人，嘉靖二十六年（1547 年）进士，初任南京吏部主事。

夏言与仇鸾都是严嵩的政敌，首先向仇鸾发起攻击的，正是杨继盛。以敌我画线，逻辑上就是我敌，杨继盛应该属于严嵩派，所以严嵩将杨继盛调到兵部任武选司员外郎。

杨继盛固然恨仇鸾，但也恨严嵩。怎么会这样呢？杨继盛是明朝著名的音乐家，艺术家的思维方式通常有点反逻辑。唐顺之在嘉靖朝仕途不顺，后来潜心做起了学问。唐顺之与杨继盛是朋友，曾给杨继盛写过一封信，暗示杨性格上的弱点和才识之不足："颇觉慷慨，激发之气太胜，而含蓄沉机之力或不及焉。"

唐顺之的看法是很中肯的，杨继盛的个性与沈鍊非常接近。清初明史馆的编纂们在讨论《杨继盛本传》时甚至说："分宜（严嵩）在当日，尚可为善。可恨杨继盛无知小生，猖狂妄行。"

杨继盛毕竟不是拿出场费过日子的艺术家，吃的是一碗政治饭。官场之中，杨继盛并非无门无派，在国子监时，他即为徐阶的门生。正是徐阶，让严嵩彻底败下阵来。

嘉靖三十二年（1553 年），杨继盛上《请诛贼臣疏》，向严嵩发起了进攻。杨继盛罗列了严嵩"十大罪五奸"，居然是从"科学"论证入手的——这一年，出现了日食、地震，春雷也比正常年份来得晚，从"天人感应"的"科学原理"出发，那就是朝臣中必定有坏人。严嵩位居百官之首，如果不说坏人就是严嵩，反而显得欺软怕硬。

这时的严嵩，已经七十四岁了，体力、智力日见不济。严嵩也想通了，国事当中问题确实很多，天天提心吊胆地过日子，也没多大意思。见到杨继盛的指控，严嵩便向世宗请求辞职，说杨继盛批评这批评那，都是冲着自己来的，无非是想"邀誉卖直"。

明世宗没有批准严嵩的请求，而是决定拿杨继盛开刀。这个结果，完全出乎杨继盛的预料，但确实又是他自找的。国家治理如果真的不成样子，严嵩不过是奉命办事，真正的"一把手"明世宗，又将承担什么责任？杨继盛没悟出这个道道，形成明攻严嵩、影射世宗的重大涉嫌。

杨继盛为了提高奏疏的可信性，更是出了一个昏招。他对世宗说：我讲的严嵩诸多罪恶，您如果不信，可以去问您的三儿子朱载垕、四儿子朱载圳。这就更坏了，民间最常见的骂人方式，就是骂大人还不如儿子。儿子都知道而父亲不知道，这老爷子岂不昏聩到家？换了明世宗，别人也会这么想的。嘉靖三十二年

（1553 年）十月，杨继盛被弃尸于市。

临刑前，杨继盛作了一首诗：“浩气还太虚，丹心照千古。生前未了事，留与后人补。天王自圣明，制作高千古。生平未报恩，留作忠魂补。”作为文艺工作者，杨继盛的作品感人肺腑，但历史并不是诗人写的，历史的改写有待他的老师徐阶。

严嵩任首辅十五年，遭遇明枪暗箭无数，始终毫发无损。能与一位脾性暴躁而又嗜杀的皇帝相处如此之久，严嵩似乎是个政治高手。但这种高手，显然是相对的，更不是唯一。

世宗崇奉道教，痴迷玄修，这事实在是太折腾人了。这事没把严嵩折腾死，差点把世宗自己折腾死。玄修这档子事，不仅仅是折腾严嵩等朝中大臣，连内宫的宫女都无法忍受。为了炼出长生不老药，宫女半夜就要起来采集露水，还要被取经血，真是受不了。嘉靖二十年（1541 年），宫女杨金英等企图用丝带勒死世宗，慌张中丝带打成了死结，明世宗大难不死，逃过了一劫。

“宫婢之变”，导致明世宗失去了安全感，搬家住到了西苑。而在西苑永寿宫，明世宗又被吓得不轻——嘉靖四十年（1561 年）十二月三十一日晚，明世宗与尚美人举行烛光晚会。尚美人突发奇想，要在寝宫里燃放烟花，世宗觉得这是个好主意，但安全工作不到位，引起了火灾。明世宗逃了出来，寝宫当然是没了。

明世宗为此又临时搬到了玉熙殿，这里的居住条件肯定差了许多：地方不宽敞，还比较潮湿。世宗特意找来严嵩和徐阶，问他们如何重修永寿宫。严嵩是首辅，徐阶是次辅，徐阶当然是不表态。

这时的财政相当紧张，奉天殿、华盖殿、谨身殿三大殿正在修建，哪里还有钱开工重建永寿宫。拖一拖，这是严嵩遇到难题的老办法。《明史纪事本末·严嵩用事》中有分析说：“帝以刚，嵩以柔；帝以骄，嵩以谨；帝以英察，嵩以朴诚；帝以独断，嵩以孤立。”唯有如此，才能将世宗暴戾的脾气平和下来，难题得以淡化，朝政不致变得更坏。

世宗是因为住房问题不满意，才找这二位的，所以严嵩的办法肯定行不通。真要换住房，严嵩想起了一个不错的地方：南宫。

严嵩自以为这个建议世宗会同意，不料世宗大怒，指着严嵩鼻子：你想把我关起来吗？！

南宫，“逊位受锢之所”，当年明英宗被也先俘虏，放回之后就被明景帝安置在那里，虽说只有几年。选这么不吉利的地方，严嵩是一片好心图节约，犯的却是低级错误。

皇帝与首辅的底牌都看清楚了，徐阶及时打破沉默：三大殿工程确实浩大，但“余料”也很多，综合利用，既省钱，又能修复永寿宫。

徐阶这话不仅假，而且毒：余料都可以修一座宫殿，如此浪费，负责三大殿工程的官员，可以全部杀头。

徐阶的建议明显不靠谱，却令世宗龙颜大悦，当即拍板动工，并命徐阶之子督视。第二年三月，永寿宫如期修复，徐阶进爵少师，与严嵩享受同等的政治待遇。

徐阶与严嵩没有撕破脸皮，更没有刀枪相见，但两位高手已过完招了。

严嵩八十二岁了，但没有老糊涂。久居相位，岂有常青之树？未来，必定是徐阶的。严嵩作出了一个正确的判断，也作出了一个正确决策：不仅不与徐阶为敌，而且还拉近徐阶。他特意置备了酒席，专门宴请徐阶。席间，严嵩令子孙一齐拜在徐阶脚下，自己举杯对徐阶道：“嵩旦夕死矣，此曹唯公哺乳。”

老领导分明是托孤啊！徐阶感动异常，连称“岂敢”，声言让老领导放心。

严嵩这一招，果能如愿？

坑爹到底

海瑞曾骂徐阶为朝廷的“甘草国老”，其实徐阶是传说中的“夺命红花”。以其官场机谋，徐阶是让对手了无“解药”，绝杀无血。

严嵩不与自己为敌，但他也舍不得告老还乡，依旧占着首辅位子。这个位子不腾出来，徐阶自然就没有机会。即便首辅的位子空出来了，谁坐上去仍未可知，因为真正的决定者只能是世宗。徐阶不会作无谓的付出，他必须耐心等待时机。

严嵩谈不上有多好，但也谈不上有多坏。这个人做官的秘诀，是小心敬慎，柔媚取容。明世宗威福自操，严嵩如临深履薄。国政上建树无多的严嵩，只刻意奉承皇上，如今日见垂老，这一点也难以做到。正是在这种情形下，徐阶掌握了角斗的主动。

严嵩的倒势，是从家庭变故开始的。嘉靖四十年（1561 年）五月，严嵩的夫人欧阳氏过世。按照礼制，严世蕃必须丁忧三年，回乡料理母亲的后事。严嵩年事已高，无论是公务处理，还是取悦世宗的青词，都必须依赖儿子的帮助。一旦儿子离开京城，后果是可想而知。严嵩知道这事的后果，但这事没有难倒严嵩，他以自己需要照料为由，恳请世宗留下严世蕃，只让孙子回乡处理夫人的后事。严嵩的意图是明显的，如果仅仅是自己需要照料，留儿子与留下孙子，都是一样的，没有必要非得留下儿子。庆幸的是，世宗同意了严嵩的要求。

严嵩的难题看似解决了，其实并非如此。作为首辅，严嵩多数情况下都要“直庐”，食宿都要在办公室。严世蕃尽管没有回乡，仍需在京城住所为母亲服丧。身着丧服，严世蕃便无法进宫入朝房。涉及公务处理，严嵩只能派人跟严世蕃联系，效率很受影响。严嵩年纪太大，有时接到世宗的诏书，甚至根本不知所云。

更坏的是，闲住的严世蕃根本闲不住。大多数时间，严世蕃都是外出鬼混，严嵩要找人，很难找得着。每每如此，批阅公文，撰写青词，严嵩只好硬着头皮亲自动手。八十多岁的严嵩，老眼昏花，脑筋也转得慢，办公效率与办事效果大不如从前，世宗越来越感到不满。严嵩在世宗心目中的分量，开始直线下降。

不务正业的严世蕃，还到处惹是生非，又为政敌提供口实。严世蕃显而易见的问题就是捞钱，手段不好使时，便打出老爹的旗号。官员找老爹汇报工作的，他索要“问安”礼；找老爹要官的，他索要“讲缺”礼。被老爹安排到肥差上的，他还提醒人家别忘了付“谢礼”。掏钱如割肉，世上有几个人不心痛？严世蕃为此受到弹劾，严嵩提出免去严世蕃的职务，以免惹下祸端。但世宗对官员贪腐之类的问题并不计较，没有同意严嵩的要求。

严嵩的处境日见困难，除了这个亲儿子，“干儿子”们也多不争气。有严嵩这棵大树，他们大多没有低调的习惯。在严嵩当政的这些年里，这些人既是严嵩的帮手，也是严嵩倒台的推手——惹是生非只是一个方面，当这些人翅膀硬起来的时候，难免都有自立门户的冲动。最为典型的，当数赵文华。

赵文华在严嵩的提携下，一路升迁，成为了工部尚书。这个时候，他决定自己搭上世宗这根线，但手段却比政敌还歹毒。赵文华向世宗进献百花仙酒，为了让世宗深信不疑，诡言这种配方只有自己、严嵩和世宗知道。还说严嵩正是靠这个仙酒，才能如此长寿。这真是一箭双雕，既拉近自己与世宗的距离，又让世宗怀疑严嵩对自己的忠诚。这么好的东西，严嵩居然从未告诉自己，这让世宗心里百味杂陈。坑干爹，没有人比赵文华更狠了。

赵文华的行为，同样是极其危险的。“仙酒”导致了严嵩对他失去信任，内部生隙，又给对手提供了机会，赵文华成为严嵩势力中最先倒下的一个。对手弹劾赵文华贪污，赵文华被吓死。赵文华的手脚不可能干净，但显然也被人陷害了：对赵文华追赃的事进行了十几年，赵的财产不够便由他的子孙以充军来代赔。这笔钱一直赔到了万历十一年（1583 年），还只赔了一半。有人实在看不下去，说干脆算了吧！然而，明神宗谨记爷爷的教诲，一定要他的子孙接着赔：要么赔光，要么死光。

权力斗争只有残酷，没有同情。

连环绝杀

权力对徐阶来说，既是毒药，更是春药。一心冲顶的徐阶，无时无刻不惦记着严嵩。要扳倒严嵩，常规战法是指使亲信联手弹劾。这一招徐阶曾经试过，根本不灵。嘉靖三十七年（1558 年），徐阶的门生、刑科给事中吴时来等三人，同日上疏弹劾严嵩。结果，明世宗一眼看穿：严嵩这么老，徐阶居然等不及，想要抢班夺权，这性子得治治！

世宗下旨，将徐阶的三个亲信逮捕入狱，发往烟瘴卫所充军。案子定性为“相为主使”，属“诬罔大臣”。徐阶长了记性，不得不继续韬晦。

如今，明世宗对严嵩态度的变化，严嵩集团或曰严嵩帮派的自身变化，正是徐阶等待的时机。

严嵩与徐阶之间鱼死网破的大战，导火索则是蓝道行。

蓝道行是山东人，嘉靖年间以扶乩预卜祸福闻名京师，徐阶访得此人推荐给了世宗。显而易见，蓝道行是徐阶布在世宗旁边的一颗棋子。

明世宗特别信奉神仙，遇事需要决策，喜欢将事情写在纸上，在神坛焚烧，再让蓝道行卜测结果。明世宗要问卜的事是密封的，但蓝道行每次都说得八九不离十。如此神奇，让蓝道行在世宗这里迅速走红。

明世宗兴趣的转移，徐阶意识到扳倒严嵩的时机成熟了。这天徐阶获悉严嵩有事上奏世宗，事先通报给了蓝道行，让蓝道行以神仙的名义作出预测：“今日有奸臣奏事。”

世宗正在疑惑，严嵩的密札到了。狐疑的明世宗进一步咨询蓝道行，蓝道行直奔主题：神仙明示，严嵩就是当朝的奸臣！世宗问：我也知道严嵩父子很贪婪，老天怎么不处死他们呢？蓝道行以神仙口吻回答：我如果处死他们，就会加深了重用他们的人的罪责，所以留给你自己处置。

世宗深思沉吟起来。一直信赖严嵩的明世宗，有了严嵩孰忠孰奸的疑问。

后来，邹应龙出手，上疏弹劾严嵩父子。

御史邹应龙的及时出现，也并不复杂：蓝道行已将世宗的态度变化，明白无误地告诉了他。

邹应龙选择的打击目标，是非常讲究策略的：重点不是严嵩，而是严世藩及其子与家奴。收受贿赂，居丧淫乱，严世蕃确实是劣迹斑斑，不难找到铁证。而最能打动世宗的，是严嵩“植党蔽贤，溺爱恶子”。严家父子上下勾结，这是世宗最不能容忍的。

嘉靖四十一年（1562年）五月十九日，严嵩被勒令致仕，严世蕃及其子与家人充军。

实际上，严世蕃充军的处罚都没有执行，在朝廷睁一只眼闭一只眼中，严世蕃跑回了老家隐居。对明世宗来说，他反感的只是权臣操控朝政，这等小事不值一提。但严嵩却就此倒台，徐阶如愿成为首辅。

没有联系就没有矛盾，严家的案子到这里，本来可以画上句号。但如此这般被人算计，严嵩实在咽不下这口气。更坏的是瘦死的骆驼比马大，树大根深的严嵩，轻而易举买通中官，中官揭发蓝道行弄虚作假：这位神仙，其实一点都不神通，他每次神奇地卜出世宗的旨意，原来是与有关中官合伙作弊，事先偷看世宗的纸条，然后以神仙的名义糊弄世宗。

欺君，简直是愚弄！世宗怒不可遏，将蓝道行打入监狱。

严嵩顺藤摸瓜，理到了徐阶这个幕后黑手。严嵩的同党鄢懋卿等迅速出手，要蓝道行供出徐阶。但是，蓝道行既不是英雄，也不是傻瓜：徐阶是自己的救命稻草，只要保住了徐阶，自己就有希望。但是，可怜的蓝道行一直到死，都没有见到徐阶的援手。

严嵩没有扳倒徐阶，徐阶也吓得不轻，尤其是明世宗与他谈话之后。严嵩父子获罪后，明世宗向徐阶谈了自己的两点想法：第一，准备退休，集中精力专门研究成仙的事情；第二，明确表态严嵩已经退休，这个案子今后谁也不准再提，否则格杀勿论。自己专心玄修，还真需要严嵩这样的人。

第一个问题，徐阶没有中套，且迅速作出了正确反应：徐阶旗帜鲜明，坚决反对世宗退位！

徐阶是个高智商的人，他的正确反应，让世宗感到了莫大的满足。

第一个问题解决了，自然就不存在第二个问题。但世宗的想法，无疑又是提醒了徐阶：对严嵩，只能至此为止。说不准，日后还有变数。

明嘉靖四十一年（1562 年）六月，严嵩满怀悲伤地踏上了回乡之路。内阁里的徐阶，一副与世无争的模样。实际上，徐阶在做的是不声不响地剪去严嵩的羽翼。嘉靖四十一年（1562 年）九月，工部左侍郎刘伯跃等数十人被清除。十一月，严嵩最重要的门生太子太保、兵部尚书、总督胡宗宪下狱。

对这一切，严嵩已是无能为力，但世宗对严嵩也并不太反感，还几次赐给他银币、金币。严嵩在老家开始修建房子，安度晚年，这也是他唯一能做的事了。

严嵩与严世蕃在老家的一举一动，都处在徐阶的监视之中。严世蕃毕竟是从戍所偷偷逃回的，因找人建房的事，被整理成“聚众四千人”谋反，举报到了世宗这里。这时，严嵩之孙严绍庭还在锦衣卫任指挥，闻讯后立即派人赶在圣旨下达之前到家报警。严世蕃得报，想逃回戍所，却早在徐阶的监视之中。

嘉靖四十三年（1564 年）十一月，严世蕃被解往京城。严嵩上疏乞求世宗开恩，放儿子一马，世宗没有理会这件事。解铃还须系铃人，严嵩再次低头去求徐阶，送去重金。徐阶钱照收，人还是要杀的。徐阶的道理很简单：不收钱，严嵩必然怀疑是自己主使，是出于个人恩怨。这位“甘草国老”，他要人临死还尝到他的甜味。

“二进宫”的严世蕃，并不怎么惊慌。三法司会审时，一没动刑，二没逼供，严世蕃主动承认自己是“奸党”，招认当年害死了杨继盛、沈鍊。刑部尚书黄光先、都御史张永明和大理寺卿张守直，觉得再审也没什么意思了，就这几条定严世藩死刑已经足够了。

但是，徐阶一眼看出了破绽：杀杨继盛、沈鍊，是皇上定的，严家这是拖皇帝下水。世宗要是看到这个结果，必然勃然大怒，严世藩不久就会咸鱼翻身，你们就等着掉帽子吧。

面面相觑的三法司大佬，吓出一身冷汗。怎么办？徐阶说，严世藩犯的实际上是三条大罪：勾结倭寇，聚众谋反，图谋不轨。

勾结倭寇，说的是著名的徽州制墨商人罗龙文，由于得到世宗赏识被任为中书舍人。罗龙文与倭寇首领王直是同乡，胡宗宪曾利用其招降王直。严嵩当权时，罗龙文成为严世蕃的幕宾。罗龙文与严世蕃一道被判充军，又一同逃离戍所。徐阶认为，罗龙文逃亡的这段时间是在与倭寇联络。至于聚众谋反，说的则是严家请人建房子的事。图谋不轨，据说是严家争夺有“王气”的土地，严家的生活用品上有龙的图案——这无疑是谋逆之心。

为什么列这三条罪名呢？因为皇上最痛恨的就是“犯上”与“通倭”。世宗对严世蕃是痛恨的，对严嵩是了解的。而对严嵩之罪，徐阶只字不提。

艺术的最高境界是神似，政治也是。

嘉靖四十四年（1565年）二月，严世蕃被杀。严嵩及其诸孙，削籍为民，抄没家产。

严嵩的赃物被"估银二百三十五万九千二百四十七两余"，但追缴了半年只有十万两入库。明世宗很奇怪："三月决囚后，今已十月余矣，财物尚未至，尚不见。是财物既不在犯家，国亦无收，民亦无还，果何在耶？"

严家的钱到哪里去了呢？皇上不知道，严嵩也不知道，因为他没有更多的钱。抄家之后，严嵩行乞为生，寄食野寺。隆庆元年（1567年），八十七岁的严嵩贫病交加，在他写完人生感慨的几个字后，掷笔而逝。严嵩的绝笔是："平生报国惟忠赤，身死从人说是非。"

严嵩活着的时候，名声远不像后世那么坏。但历史必然发展，后人需要答案，显性的印象是：好人感动历史，坏人推动历史。嘉靖后期的政治失败，泛德论下的道德冲突，诠释着"坏人"与朝政的因果。这个坏人，只能是严嵩之流，不能有世宗之辈。作为政治一塌糊涂的"替罪羊"，打倒"坏人"的人，其实也并不等于就是"好人"，"坏人"的接力棒很快将传到徐阶的手上。

第九章

戚继光：
英雄的立面与剖面

在中华民族成长壮大的宏伟进程里，无数民族英雄辉映其中。“千古不朽的豪杰”戚继光，以其卓越的军事才能和高尚的品德，四十余年里南征北战，屡战克捷，不仅是明朝的“抗倭英雄”，也是中华民族的精神象征。

幸运与不幸

戚继光（1528—1588 年），字元敬，号南塘，晚号孟诸，汉族，登州人。

正常情况下，戚继光应该是个很普通的人，史册上不可能出现他的名字。但他的家族很幸运，又很不幸，这种显性的矛盾，使戚继光成了一个不普通的人。

戚继光的先祖本居定远，跟明太祖朱元璋的老家有点近。地利之缘，元末朱元璋起兵时，戚继光的六世祖戚祥也跟了进去。打了三十年的仗，明朝开国时，戚祥的功劳不算大，但枪林弹雨中活下来，也是相当不容易。论功行赏，戚祥在应天卫当了个六品百户，大约就是首都卫戍部队的团级军官。但胜利的果实戚祥没有分享太久，明洪武十四年（1381 年），明军收复云南，戚祥随军远征，不幸中箭牺牲。这位并不起眼的老乡阵亡后，让太祖很是感慨，授其子戚斌为“明威将军，世袭登州卫指挥佥事”，职级较他爹连升了四级——正四品。

戚斌捡了个官帽，却离开了繁华的京城，来到荒芜的登州安家落户。正所谓塞翁失马焉知非福，在明初纷繁的政治角斗中，这个家族远离了是非之地，官职顺利世袭罔替。但这种世袭只限于嫡长，戚继光的祖父戚宁系次子，世袭权属于其兄戚宣，戚宁需要回到平民堆里，孙子戚继光自然就是“民三代”，大名只能留在家谱上了。

命运的改变往往是偶然的——戚宣很不幸，始终没有子嗣。最终，戚继光的父亲戚景通成了戚宣的嗣子，戚继光幸运地由“民三代”变成了“官二代”。

戚景通世袭了登州卫指挥佥事一职，他为官清廉，为人正直。作为一名军官，戚景通武艺高强，先后任江南漕运把总、山东总督备倭、大宁都司掌印官、神机营副将等。明军三大营之神机营，是明军的精锐，布置在京城。戚景通入选神机营，可见其政治合格、军事过硬。

因为父亲的缘故，戚继光在京城度过了童年。六岁时，戚继光潜入神机营玩耍，一不小心点着了火药。不知是火药质量太差，还是戚继光的命运太好，他竟然死里逃生。否则，这位伟大的民族英雄，早已夭折在意外事故中。

这场意外事故，戚继光的父亲吓得不轻，赶紧把这个好奇又捣乱的儿子送回老家。从此，戚继光与祖母生活在了一起。到了读书的年龄，祖母让他在登州读书。军营卫所的教育质量很平常，戚继光的书也读得很一般。比较出色的是打架，并且是个领头的。换个角度说，这对靠读书谋取功名的人来说是个坏事，而对日后的职业军人来说反而是个好事。

嘉靖十七年（1538 年），戚景通辞官归里，一家人在登州团圆。不幸的是，戚继光母亲张氏不久故去。十岁的戚继光悲伤至极，所幸的是继母王氏贤惠，视戚继光如己出。晚年的戚景通一心教子，激励儿子要做顶天立地的英雄，从而使戚继光从少年时代起，树立起宏大的志向。

十三岁时，戚继光有过一次街头的见义勇为，救了一对受人欺负的母女。虽然这只是一个少年的性情冲动，倒见出戚继光是一个有血性的人。这件事引起了总兵王栋的注意，他特意召见了戚继光，见其“状貌庄严，丰神朗润，隆准方颐，声语洪远，沉毅有大度”，遂对这个少年有了很好的直观印象。戚继光的父亲趁机上门提亲，王总兵虽觉得这有点不够门当户对，但又看上了戚继光。天下哪有十全十美的事，王总兵将就着答应了。

嘉靖二十三年（1544 年）六月，戚继光的父亲一病不起。自知来日无多的戚景通，让戚继光到吏部办理袭职。这一去，竟是父子的诀别。这年八月，戚景通去世。两个月后，戚继光办完了袭职登州卫指挥佥事的手续，回到了登州。

这一年，戚继光年仅十六岁。

嘉靖二十五年（1546 年），十八岁的戚继光被正式授予登州卫指挥佥事之职。也就在这一年，娶妻“万户南溪王将军栋女”。戚继光的青少年时代，虽有父母故去的家庭不幸，但没有任何艰辛与努力，轻松地成为了正四品的官员，并且还拥有了总兵老岳父这座“靠山”。如果不是命运的垂青，从寒门子弟起步，戚继光再努力十八年，也不一定能跻身官场。进而继续奋斗十八年，也不一定能成为“高干”。

幸福生活，唾手而得。但戚继光并没有就此安逸，因为他是一个有志向的人。这也是英雄与凡人的云泥之别。

奋斗的尝试

靠运气，一步登天很简单。真正要自我奋斗，没有一个是容易的。明代的武职约在八万，这也是戚继光奋斗的起点与背景。

戚继光担任了卫指挥佥事，秩正四品，看起来是个大官，其实并无多大的权力，想有所作为就更难了。明朝的军制是实行军屯，卫所里的士兵大部分时间是种地。一个卫一般有五千名士兵，长官是卫指挥使，副手是卫指挥同知，下面是一大堆卫指挥佥事。戚继光担任的登州卫指挥佥事，不过是个二级机构负责人。卫指挥佥事一般分掌训练、军纪，而戚继光具体负责的又是登州卫的屯务，说好听点是分管后勤工作，实际上就是分配士兵种地，属于在专业部门干非专业的事。种地都能种出英雄，起码是到明朝为止，还找不出相关的历史记录。

明朝的官场风气，世袭的官员因为来得容易，也普遍被人瞧不起。没有“进士”这张“文凭”，你的身份就是非法得来的。被社会尊重的，是科班出身。戚继光决心改变自己的身份，毕竟他是一个有理想的青年，与纨绔子弟大不相同。

刻苦准备了三年，嘉靖二十八年（1549 年）戚继光参加了武举乡试。一分汗水一分收获，戚继光一举中举。

踌躇满志的戚继光，第二年赴京会试。不过，戚继光考得很糟糕，就像现在的艺体类高考，戚继光的专业出色，文化课真的不行。虽说戚继光是“一颗红心，两手准备”，但做梦都没有想到，还要有第三种准备。

交白卷也是可能出英雄的，戚继光鼓起勇气准备交卷。就在这时，兵部侍郎杨守谦跑来了，在考棚里大声喊：都把笔扔了，赶紧跟我抄家伙！

考生们以为是试题有错要换卷子，其实是俺答的大军来了——这就是“庚戌之变”。

“庚戌之变”，是明朝继“土木堡之变”后的第二次重大危机。嘉靖二十九年（1550 年）秋，蒙古俺答部攻陷京城外围的密云、顺义，进逼京城九门。京城兵力不足，朝廷只好将前来应试武举人投入战斗。戚继光临时受任总旗牌，督防京城九门，就是负责向九门传达命令，并监督命令的执行。

真打仗，戚继光这还是第一次。当兵这么多年，戚继光也是第一次见到了真敌人。

“庚戌之变”危机解除，明朝北方的局势依然严峻。为了加强边防，明廷令各地卫所选拔一批精壮士兵，到长城一线协防。从此，戚继光开始了戍边生涯。

以科举谋取功名，不适合戚继光，他也没有继续往前走。应试很麻烦，戍边更艰辛。戚继光在一首诗里写道：“歧路驱驰报主情，江花边月笑平生。一年三百六十日，都是横戈马上行。”

这诗的解读，相当麻烦：有人读出了志气，有人读出了怨气。到底什么意思，只有戚继光自己最清楚。机械地重复单调的工作，正常人都会有点牢骚。

戚继光驻守的地方又是蓟门，蓟门为明朝的四大防区（宣、大、蓟、辽）之一。因为太重要，所以高级军官多，戚继光的四品衔根本排不上号。在这里，戚继光只能巡哨。指挥军队，那是领导的事。站岗放哨，那是士兵的事。戚继光的日子不爽，好歹轻松。

真正的英才，大多是业余时间里成长起来的，戚继光正是这样。业余时间里，戚继光没有拿来打牌、喝酒，而是认真地写了篇专业军事论文，对明朝的边防进行了系统的理论思考。明朝的武将多是大字不识，戚继光的一篇《备倭答策》，引起了兵部官员注意，发表在兵部“内刊”，供京师一带的守将学习，戚继光很是风光了一阵。但红了一阵，就再也没有下文。几乎白白混了三年，边境形势趋缓后，戚继光重新回到了山东。

五年后的嘉靖三十二年（1553 年），戚继光升任山东总督备倭。这个时候，明朝的“南倭”形势明显压过“北虏”问题。正是“倭寇”问题的升级，戚继光走上了历史的前台。

倭寇的面目

中国的“倭寇”之患由来已久，十四、十五世纪日本进犯朝鲜半岛，构成对中国的军事威胁。元朝曾两次攻打日本，但最终庞大的海军因遭遇台风而告失败。明初方国珍、张士诚余部曾勾结倭寇进犯山东，但同样没有造成太大的影响。地理常识告诉我们，中日之间大海阻隔，渡海太难了——日本船史著作《船的世界史》写道：“自公元 630 年到 894 年的 264 年间，虽计划派出遣唐使计 18 次，然而实际成行的有 15 次，其中得以完成任务并安全返国的，只有 8 次。”

十六世纪出现“嘉靖大倭寇”，确实让人匪夷所思。千里之遥的日本武士，为何冒着生命危险，航行到中国沿海来抢点生活品？这得从朱元璋说起。

明朝建立后，张士诚、方国珍余部逃亡海上，出于政权安危的考虑，实行了“海禁”，就是不准老百姓做外贸生意，并将禁海令列入《大明律》。不过，这个政策后来执行得并不好，“时禁时开，以禁为主”，毕竟过去了许多年，张士诚、方国珍的那些部下估计也死得差不多了。日本这时已进入“战国时期”，哪有心思和能力到中国来捣乱，用不着自己吓唬自己。

禁海令针对的主要是民间，蕃国到明朝“朝贡”还是容许的，但“朝贡”只能在指定的三个地点：浙江、福建和广东的“市舶司”。“朝贡”有点“面子工程”的色彩，明廷“厚往薄来”，以高于“贡品”价值的货品“赏赉”朝贡国。明成祖把侄儿赶下台，急于得到国际社会的承认，日本国要“进贡”，交通工具不好解决，他很大方地白送了一艘“远洋货轮”，所以日本国对来华“朝贡”很积极，双方也没闹出什么乱子。

一两百年都没出乱子，怎么到嘉靖年间就乱套了呢？主要原因，是日本更乱了。地缘政治，什么时候都存在。

嘉靖元年（1522年）五月，日本的两个诸侯大内氏与细川氏，都以日本天皇的名义来明朝朝贡。按理谁是真代表团，需要日本方面先确定好。但明朝官方并不在意，因为业务越多，经办官员的好处也就越多。

大内氏派了宗设谦导，细川氏派了鸾冈瑞佐、宋素卿，一个国家两个使团，先后到了宁波市舶司。前者后到，后者先到，按规定进港验货要以时间为序。但鸾冈瑞佐和宋素卿会来事，懂得中国的官场潜规则，给市舶太监赖恩狠狠地送了一份礼。赖恩也不白拿别人的东西，招待宴会都让鸾冈瑞佐坐首席。宗设谦导咽不下这口气，当场杀了鸾冈瑞佐，烧了他的船，把宋素卿从宁波追到绍兴。这一路，宗设谦导的人马坏事也干了不少，沿途抢掠，杀死大明官兵——这就是嘉靖元年的“争贡之役”。

争贡事件震动朝廷，朝廷作出的反应，不是彻查“外贸部门”的腐败问题，而是总结出不做生意就不出乱子的经验教训。根据夏言的提议，撤销了浙江市舶司。举一反三，又撤销了福建市舶司，“惟存广东市舶司”。

天底下最来钱的生意，就数外贸。罢市舶司，影响的不仅仅是中日两国间正常的贸易，而是整个到中国来做外贸生意的。货物好不容易运到中国，生意却不准做，这路费也耗不起。洋人没办法，就私下把货物卖给明朝的“个体户”。明朝的“个体户”大多本钱小，这种私下交易很多都是赊销。明朝的商人厚道的也少，赊了别人的货物，很少记得付货款，洋人连本钱都捞不回来。

中国“个体户”的诚信，洋人算是见识了。转而觉得有权有势的家族，素质应该高一些。实际上，素质是个最靠不住的东西。权贵们赊了洋人的货物，压根儿也没有给钱的意思。洋人彻底惨了，是官商的回去无法交代，是单干的恨不得跳海。不能合法“入境”，他们就住在近岛，一天又一天地等，伙食费都没了，甚至要乞讨。没希望，干脆抢劫——沿海地区的社会治安乱了。

最初，这种沿海治安问题并未严重到哪里去。明朝的东南沿海一带，除了地方官府，军事卫所即达四十余个，军警几十万，外来的生意人跟地方政府、军方，根本不敢分庭抗礼。但很快形成了“经济特区”——以许氏兄弟、李光头为首的几股势力较大的海商以及葡萄牙商人，聚集双屿港，开辟市镇。影响日大，日本、马来、琉球、暹罗等国海商，也赶来贸易。曾访问过双屿港的葡萄牙人平托，在《远游记》中称这里有“上千所房屋，包括教堂、医院等；居民三千多人，其中有一千二名葡萄牙人”。

贸易固然繁荣，性质却是非法——走私。海商志在利润，并不打家劫舍，泉州名宦林希元说：“佛郎机（葡萄牙人）未尝为盗，且有利于吾民也。”但这份安宁并未维持多久，双屿港私商的贸易繁盛，令朝廷日益无法容忍。终于，一桩血案成为了双屿港之战的导火索。

余姚大族谢氏，赖了走私海商的账不还，并威胁要报官。海商实在咽不下这口气，便让“保安”到谢氏庄园打砸了一通。

谢氏血案，触痛了大明王朝敏感的神经，嘉靖皇帝派遣朱纨前来镇压“倭寇”。这位进士出身的海禁派官员，到任后雷厉风行，“革渡船，严保甲，搜捕奸民”，于嘉靖二十七年（1548 年）突袭双屿港。海商的“保安”哪是正规军队的对手，“贼酋许六、姚大总与大窝主顾良玉、祝良贵、刘奇十四等皆就擒”，海岛上的“经济特区”被打成了一片废墟。一不做二不休，朱纨将海商追到福建，擒杀中葡海商百余人。几次大捷之后，朱纨在奏折中踌躇满志地写道：“全闽海防，千里清肃。”

如果事情真像朱纨所言，戚继光就没有成为英雄的机会了。

朱纨军事打击的主要对象，显然是葡萄牙海商，并没有“倭寇”的影子。最终的后果，也为他始料不及。

朱绔的这一通打，打翻了相关官员的好处，打断了沿海豪富的财源，也打掉了沿海居民的生计，朝廷也不认可他擅杀与用兵。朝野群起而攻之，朱纨吃力不讨好，一气之下自杀。从此，朝廷罢巡视大臣不设，朝中朝外无人敢再提海禁，当然也无人敢言开禁。

嘉靖三十四年（1555 年），因为汪直的出现，“壬子之变”发生，倭患问题骤然升级。

汪直（？—1559 年），又名五峰，号五峰船主，有史书误作“王直”，歙县人。

嘉靖十九年（1540 年），汪直与同乡徐惟学、叶宗满等赴广东进行海外贸易，这时明朝海禁政策有所松缓，而广东也是唯一可以从事合法外贸生意的地方。汪直最初加入了同乡许栋集团，与葡萄牙商人合作，做的是东南亚一带生意。朱纨袭击剿平双屿港后，汪直自立门户，嘉靖二十一年（1542年）转移到日本平户（长崎）。《明史·日本传》中的"嘉靖倭乱"，差不多一半的记录涉及的是汪直。

汪直开辟了日本市场并迅速坐大，田汝成曾任广东提学佥事，其《汪直传》载：汪直"据萨摩洲之松津浦，僭号曰宋，自称曰徽王，部署官属，咸有名号。控制要害，而三十六岛之夷皆其指使"。生意人的生意做得太大，都容易忘乎所以，财大气粗的汪直以王者自居，本质上还是戏台上的玩意，带上黑社会成分倒是真的。

嘉靖三十一年（1552年），汪直吞并福建海盗首领陈思盼，从此"海上之寇，非受（汪）直节制者，不得存"，大量海盗（倭寇）及沿海商人与居民投到其旗下，汪直的武装多达五千余人，而其时日本各个家族兵力只在三千左右。汪直在日本以信义取利，被尊为"大明国的儒生"。 双屿港之战后，走私海商分裂成"互市派"与"寇掠派"，汪直属于前者，铤而走险的则是林碧川、萧显、徐海等走私集团。

汪直称霸海上十余年，有着地方官"私市"的默许，汪直也卖力地配合官府，平定陈思盼等多股烧杀掠夺的海盗，维持沿海秩序，并试图在沥港重建双屿港的繁华。嘉靖三十二年（1553年）闰三月，俞大猷偷袭沥港，汪直败走日本，从此走上了与官方的对抗，成为"东南祸本"，名列官方通缉令榜首。

汪直最终被兵部尚书胡宗宪诱杀，但倭寇之乱患并没有解决，因为汪直并非整个"嘉靖倭难"的背后总指挥。嘉靖三十一年（1552年），陷黄岩攻郭巨的是林碧川集团，次年勾结诸倭大举入寇的动乱则是萧显集团。这些海盗团伙本互不统属，甚至彼此劫夺，更重要的是这些海盗团伙又与民众纠结在一起——东南沿海地区，倭寇既祸害一方，又拥有令人难以置信的民间支持和水土融合：地方百姓"任其堆货，且为打点护送"，"或送鲜货，或馈酒米，或献子女，络绎不绝"。倭寇深入陆地时"若熟路然"，甚至"与农民杂耕于舟山山阜处"，"或披蓑顶笠，沮溺于田亩，或云中履，荡游于都市"。连本地官兵也与倭寇里应外合，通报军情，"关津不查不问，明送资贼"。

"嘉靖倭难"的最终解决是在嘉靖帝死后，隆庆帝继位后立即批准漳州月港开放海禁，"准贩东西二洋"，"倭寇"很快由寇转商，"倭患"得到了缓解和平息。

但在嘉靖朝，朝廷并不检讨决策的得失，一根筋地依赖军事手段。

窝囊的开局

倭患在嘉靖三十一年（1552 年）之后的十五年骤然加剧，共计六百零九次，占整个明朝倭寇侵扰记录的八成左右。

姑且不论其中的因果，东南沿海形势的严峻已是不争的事实，明廷不得不增加东南沿海的军事力量。这个背景下，戚继光成为平定倭患的一员。

嘉靖三十四年（1555 年），戚继光改迁浙江都司，任参将，镇守宁波、绍兴、台州，在胡宗宪的指挥下，与俞大猷、刘显等人共抗倭寇。

戚继光参与抗倭，机会也有点意外。朝廷要从山东选择军官到浙江，虽然是要去打仗，但也相当于从贫困地区调到发达地区，所以请客送礼的很多。戚继光没有谋这个肥差的想法，所以不跑不送。但最后入选的，恰是戚继光。

任人唯贤，不是封建官场的正气，而是胡宗宪的关注。自嘉靖三十三年（1554 年）出任浙江巡按监察御史，胡宗宪的脑细胞差不多都因抗倭死掉了。倭患不见好转，是手下的窝囊废太多。现在，他急需一个有勇有谋而又荣辱不惊的人。经过很长时间的观察，他决定将宁绍台参将的职位交给戚继光。

这一年，戚继光刚刚二十八岁，正踌躇满志，有着干一番事业的雄心。

戚继光建功立业的时机，很快就来了。上任一个月，倭寇要抢掠浙江慈溪。据情报，倭寇不过千人，而戚继光召集的士兵达万名之众。这该是一场没有悬念的战争，戚继光指挥浩浩荡荡的人马，直扑慈溪东南的龙山，并且顺利找到了倭寇的主力。龙山之战，就此开幕。

戚继光的军事素养，没有丝毫问题，他熟悉地形，排兵布阵，然后命令部队出击。

待戚继光命令一出，奇迹立刻发生：士兵不是扑向敌人，而是反方面逃跑。一群倭寇，跟着看不到边的明军后面猛追。戚继光的副将见势不妙，赶紧拉着他的衣袖，让他赶快逃跑。戚继光惊愕不已，登上一块高地，搭箭便射，冲在前头的倭寇头领应声倒地。接着，又是第二支，第三支，谁冲在前头谁先死，倭寇们的心理防线崩溃了，掉头回撤，明军才开始反击。

戚继光命令将士全力追击。没有命令倒好，有命令士兵们反而又回来了，戚继光怒不可遏，抓住一个士兵问其为何违抗命令，这位军爷倒也实诚，直接回答戚继光：把他们赶远点就行，何必拼命呢！

戚继光指挥的第一仗，就这么窝囊地结束了。

接下来的雁门岭之战，比这更窝囊。两军相遇，将士跑得没了人影，戚继光要不是年轻力壮跑得利索，也做了倭寇的刀下之鬼。

其实，仗打得更窝囊的还不是戚继光。在调戚继光来前线之前，明廷早调过多路“客兵”：山东的弓手，蒙古的马队，四川的土兵，广西的狼兵，少林寺的僧兵，等等。各路“客兵”，比戚继光的手下更糟，不仅擅长逃跑，抢掠的水平则不比倭寇差到哪里去。只有少林僧兵打得不错，僧兵与倭寇交战时，正规军全在一旁认真看。不过，不是现场观摩学习，而是恨不得倭寇把僧兵给宰了——当兵是为了吃饭，你这种玩命打法，不是抢正规军的饭碗吗？

说实在的，这帮明军与倭寇交手，也相当不容易的。有时准备偷袭，早有人向倭寇密报了军情。倭寇的成分太复杂，有的就是地方老百姓，有的与官员有联系。偶尔仗打得很顺，倭寇又使坏，败逃时竟不扔障碍物，而是扔下钱物。银子那么小，根本不好找，明军将士不能不停下来，仔细地搜索草丛。

这几十年，北起辽东，南至广东雷州、海南，“倭寇”的侵扰遍及中国沿海各省，还深入内地，连留都南京都一度告急。更要命的是一支六七十人的“倭寇”，竟将几万人的明军从海边追到今安徽境内——不是全方位的腐败，倭寇问题也等不到戚继光这时候。戚继光的英雄之花，正是开放在明王朝腐败的土壤之上！

一而再再而三地失败，戚继光犹豫了。

高危的险棋

戚继光思考的结果，就是重新练兵。

申请报告送到胡宗宪那里，胡总督大约批的是两个字：同意！

一来一往，太简单了。其实，胆小的早吓死了。

按照明朝的军制，军官的培训是都督府的事，士兵的训练是卫所的事。军官的职责就是带兵打仗，需要多少兵由兵部负责解决。这个制度最大的好处，是真有异志的坏人混进军队，只能当个光杆司令，没有办法带人造反。

戚继光要招兵训练，那是胆儿够肥的。胡宗宪胆敢批准，那也是和尚打伞。万一出了差错，俩人的脑袋一起搬家。就算不出差错，还要看自己运气如何——

看有没有人举报。当然，眼下属于特殊时期，真有人举报，得看胡宗宪应对危机的能力：或大祸临头，或大功在手。两个极端，都很正常。

在大明天下，本不缺有胆有识之士，关键是他们有没有成长的空间。“戚家军”名震天下，“状元军”也曾轰动过一时。

淮安人沈坤，嘉靖二十年（1541年）状元。嘉靖三十八年（1559年），因为母亲去世，沈状元丁忧在家，恰逢倭寇进犯。出于保家卫国的良好愿望，沈状元散尽家财，招募了千余名兵丁，把倭寇打得够呛，百姓称之为“状元军”。“状元军”只红火了一年，第二年沈状元的父母官淮安太守范槚等人，即举报沈坤“私自团练乡勇，图谋背叛朝廷”。结果，奖状没拿到，逮捕证到了，沈状元被捕入狱，最终杀头。沈坤没有进入正史，他有个朋友吴承恩，就是写《西游记》的那位。吴承恩为沈坤的遭遇愤愤不平，便是拿沈坤与戚继光作对比的结果。据说吴承恩构思出听调不听宣的二郎神，手下的一鹰一犬，寓意就是鹰犬，这“犬”影射的就是戚继光，因为戚继光自称是张居正的“走狗”。

胡宗宪对戚继光的想法也有点不放心，因为浙江人当兵打仗是个弱项。戚继光的回答是：“十室之邑，必有忠信。堂堂全浙，岂无材勇。”戚继光怎么这么自信呢？全是缘分。

戚继光的朋友中，有一位后人知之甚少的汪道昆，戚继光的诸多逸事便是出自这位朋友的著述。汪道昆（1525—1593年），字伯玉，号南溟，又号太函，歙县人，嘉靖二十六年（1547年）进士。汪道昆仕途的第一站，便是义乌知县，后调任兵部。东南沿海局势紧张时，汪道昆又任福建副使。汪道昆帮助戚继光筹谋策划，大胆招募“义乌兵”。

汪道昆与戚继光共同看好“义乌兵”，是因为这里太穷。

在浙江，义乌属于贫困山区，民风彪悍，人能吃苦，也不怕死。嘉靖三十七年（1558年），义乌人与永康人为争夺开矿权，一打就是四个月，双方死伤二千余人。双方打起来，男女老少齐上阵，前面人倒下，后面的接着上，并且极具义气，谁家死了人谁家抬回去，不计较抚恤费。

戚继光看中的正是这些矿工，并且还要挑。

戚继光的招兵条件不仅苛刻，简直有点欺负人。归纳起来，主要是这么三条：

一是看出身。城里人不要，比较奸猾。在政府机关混过的，肯定油条，当然不行。必须是没见过世面的乡巴佬，不怎么说话，擅长埋头苦干。

二是看体质。身强力壮，有胆气血性。身材不能太高，但手脚要长，肌肉结实，四十岁以内，不能长得太白。

三是看智商。人要老实，智商太高的不要，太低的也不要。关键是能听懂首长的命令。首长命令之外的话，最好一句听不懂。尤其是绝对不能怕对手，但怕首长又是必需的。

功夫不负有心人，如此苛严的征兵条件，戚继光居然顺利地招到了四千多人。

对这些入伍的新兵，戚继光进行了简短的政治培训。因为前面征兵条件的限制，戚将军的动员报告只能作百十字：

“诸位都听好了：凡你们当兵之日，是要拿饷银的。刮风下雨，袖手高坐，也少不得你一日三分。但你要记得，这银两都是官府从百姓身上纳来的，你在家种地辛苦，现在不用你劳动，白养你几年，不过望你上阵杀敌。你不肯杀敌，养你何用！？”

接下来，戚将军要进行他特殊的军训。

残酷的兵法

创新从来就是制胜的法宝。多次的失败，迫使戚继光在这支队伍中实行全面的兵器与战术改良。戚氏兵法，猛而狠。没有猛药，治不了顽症。

倭寇的利器是倭刀。倭刀属于加长型的日本军刀，长有五尺。明代一尺约为 32 厘米，与今市尺相近。倭刀的刀刃锋利而刀身有弹性，性能与质量优于明军兵器，戚继光对此曾有“长兵不捷，短兵不接，身多两断”之叹。倭寇使用倭刀，往往跳跃式前进，一眨眼工夫就贴上明军，眼神差甚至没看清敌人，自己的脑袋就被削掉了半边。所以，新兵必须有新式武器克敌制胜。

孙子兵法的首要一条，是知己知彼。义乌兵要面临的敌人是倭寇，要消灭倭寇，首先必须针对性地取得兵器上的优势。戚继光选中的武器，叫狼筅。

这玩意其实很普通，义乌兵早就熟练运用。狼筅最初就是矿工打架时发明的，作为产业工人，私藏兵器是非法的，平时突然要斗殴，只有拿刀去砍根竹子，三下五去二，削去碍事的枝叶，然后就派上用场了——这就是原汁原味的狼筅。

戚继光新使用的狼筅，属于改进型。就是丈余长的竹子，削去散乱的枝叶，留下锋利的尖枝，再在顶端安上铁钉或尖刀——这就再也不是打架的工具，而是兵器的范畴了。况且，留在竹竿上的尖枝，浸过桐油，耐用程度与坚韧性也大为增强。有文人记述，竹竿上还绑有铁丝，犹如尖锐的铁丝网，实际上没有，因为明朝还没有发明铁丝，并且这样做反而多余——笨重，用起来不顺手。

倭寇的另一个神秘利器是声波。朱九德《倭变事略》中称倭寇"皆髡头鸟音"，实际上是他们的军中号令以及呐喊声都是外语，明军根本听不懂，感到很恐怖，但这也证明外语确实为任何专业不可或缺。狼筅的威慑力，还在于横扫或抖动时，会发出呼呼的声响，无数狼筅一齐舞动，现场气氛绝对吓人。倭寇拥有的声波武器，明军现在也有了。

公允而言，明军总是被倭寇打败，自身的腐败固然是主要原因，机械用兵也非常关键。东南沿海地区多丘陵沟壑，河渠纵横，道路往往狭窄，不似北方地势开阔。遭遇倭寇时，庞大的明军队伍往往施展不开，兵力发挥不了作用。与倭寇接触，前锋一败，后面便自相践踏，溃不成军。

吃了无数次亏的明军将领，已经发现了这个问题，只是没有解决的办法。在戚继光这里，找到了有效的解决办法，这即是"鸳鸯阵"。

鸳鸯属于爱情的形象代言，但"鸳鸯阵"一点都不温柔，只因鸳鸯好结伴，才给这种紧密型的作战团队取上这么个好名，顺便以温馨语词淡化其冷酷的属性。一个"鸳鸯阵"，就是一个独立的作战团队，成员平时生活在一起，相互熟悉，战时生死相依，共有十四个人：队长一人，盾牌兵两人（执长牌、藤牌），狼筅兵四人，长枪（矛）兵四人，短刀手两人，火兵一人（炊事员）。

作战时，"鸳鸯阵"纵队排开，队长居前指挥。盾牌兵遮挡敌兵的箭矢或刀枪，掩护后队前进，并与敌近战。狼筅兵既扰乱敌方阵脚，亦可发动进攻。长矛兵为进攻主力，给予敌兵以致命杀伤。队伍最后是短刀手，防止敌人迂回，从侧翼保护长矛兵。火兵有时也投入战斗，主要是协助其他士兵作战，积累实战经验后升为战兵。

随着战场的情形与局势的变化，"鸳鸯阵"可以变纵队为横队，变一阵为左右两小阵或左中右三小阵，一队变成两伍或三伍。前者称"两才阵"，后者称"三才阵"。戚继光的庞大军队，看上去黑压压一片，但无论是发动攻击还是追击敌兵，队伍的基本结构仍是紧密的，并非一哄而上。

这种阵法，实质上是以团队对付敌方的单兵，因而效果极佳。在嘉靖三十八年（1559年）至嘉靖四十五年（1566年）的七年中，戚继光率领的"戚家军"

累经十三战，每战必克，敌我伤亡比例达到 30∶1，并且倭寇始终没有找到破解之法。

“鸳鸯阵”能有如此成效，在于戚继光深知其中的关键，这就是团队的密切合作。而“戚家军”的胜利，完全是建立在严酷的军法之上：若作战不力而战败，主将战死，所有偏将斩首；偏将战死，手下所有千总斩首；千总战死，手下所有百总斩首；百总战死，手下所有旗总斩首；旗总战死，手下所有队长斩首；队长战死，十名士兵全部斩首；一伍十兵阵亡，其余四名士兵全部斩首。当然，有斩获的士兵可以免罚。冷酷的军规，一体赏罚的铁纪，迫使将士生死与共。性命都绑在一起，这就是战友情深。

同时，戚继光又恩威并施，重赏杀敌士兵：每斩获一敌，赏银四十两。四十两白银，明代与当代的货币换算比较复杂，大体每斩获一敌，就可以成为有房有车一族。

——这就是戚继光基于军制的几项重大改革，戚继光也将因“戚家军”与“鸳鸯阵”而名垂青史！

不倒的英雄

作为民族英雄，戚继光固为后世景仰，同样也为后世质疑。争议的焦点，在于为戚继光所灭的，究竟是些什么人？其中最偏颇的观点，是认为戚继光没有杀过一个日本人，镇压的都是走投无路的中国平民，旷日持久的反侵略战争“子虚乌有”，戚继光与岳飞、文天祥不能相提并论。

但历史并不能杜撰，正史与明人的相关著述，对日本人扰乱中国有着清晰的记载。《明史 · 外国》载：“大抵真倭十之三，从倭者十之七。”《嘉靖实录》载：“盖江南海警，倭居十三，而中国叛逆居十七也。”朝鲜正史《世宗实录》载：“然其间倭人不过一二，而本国民假著倭服成党作乱。”明代兵部侍郎郑晓称：“大抵贼中皆我华人，倭奴直十之一二。”比例最低的，见于被倭寇掳去的一位昆山人的回忆：“大抵艘凡二百人，所谓倭而椎髻者，特十数人焉而已。”史料综合出的结果，制造这场祸乱的，百分之七十到百分之九十是中国人。

日本浪人、武士的多与少，只是一个比例问题，倭寇有“日货”成分肯定是真的。称之为“倭寇”不算错，就像水多肉少，叫“肉片汤”同样货真价实。朱九德《倭变事略》中倭寇“皆髡头鸟音”的细节描述，更能证实倭寇的性质：不会有哪个人，仅为当个土匪，还特意去攻读外语。

倭乱长时间持续，有着复杂的政治、经济因素，军事因素也只是一个方面。数十年的抗倭，也不可能是戚继光一人之功。作为一个职业军人，戚继光不可能匡正最高统治者的治国方略，但他做到了救国家于危难，救百姓于水火。在倭患最严重的东南沿海三省，皆因戚继光的出现而转危为安。

浙江战场：嘉靖四十年（1561 年）四月起，戚继光部取得了“台州大捷”等五战五胜，歼敌五千五百余人。

福建战场：台州之役后，戚继光移师福建，赢得横屿、牛田、林墩、平海卫、仙游之战的胜利，斩杀海寇近万人，其境倭乱基本平息。

广东战场：嘉靖四十四年（1565 年），俞大猷、戚继光水陆并进，在南澳之战中斩杀吴平人马一千五百余人，溺毙海寇五千余人。经其大战，广东境内海寇亦基本肃清。

空前的战绩，所谓“英雄”，莫非如此。

打的是真倭寇，当的是真英雄，戚继光是实至名归。戚继光身上最奇异的现象，其实是他建功立业的一帆风顺，几乎将英雄的形象进行到底。

嘉靖倭患，时间长达数十年，无数人献身平倭战争，他们或俨然英雄，或倒在迈向英雄的路上。

抗倭英雄，至少要有张经。嘉靖三十三年（1554 年）五月，张经总督江南、江北、浙江、山东、福建、湖广诸军，专办讨倭。张经选将练兵，并请调狼、土兵，于次年五月杀敌一千九百八十余人，取得王江泾大捷，为抗倭以来第一战功。半个月后，张经竟因“縻饷殃民，畏贼失机”获罪，两个月后被杀。

抗倭英雄，应该有阮鹗。对待倭患，阮鹗主剿，胡宗宪主抚，二人相得益彰。被后世忘却的阮鹗，起自文士，官至浙江、福建巡抚，为救民于水火，他数度冒死击败贼寇，自己一度被倭寇围困桐乡，几乎送命。但御史宋义望却弹劾阮鹗懦怯畏敌，图谋不轨。阮鹗由此被划为严嵩同党，列为贪官，身陷囹圄，后经闽浙士民多方营救获释，直到万历年间方获平反。

抗倭英雄，不能没有俞大猷。俞大猷一生的事业就是平倭寇，战功显赫，他的“俞家军”三个字，甚至都能将敌人吓退。他是戚继光的顶头上司，与戚继光并称“俞龙戚虎”。他人品极佳，多次被人冒领军功，从来不计较。但嘉靖三十七年（1558 年）的岑港之战，部分倭寇逃脱，俞大猷当了胡宗宪的“替罪羊”，从而被捕入狱。所幸好友陆炳用自己的钱财贿赂严世蕃，俞大猷侥幸死里逃生。

与俞大猷有过一段恩怨的胡宗宪，才是抗倭战争的真正主持者。没有胡宗宪，同时也就没有戚继光。但是，嘉靖四十一年（1562 年）十一月，胡宗宪竟削职被逮，被冠以投靠严嵩、谎报军功等“十大罪状”。出狱后，又被劾“假拟圣旨”，二度入狱。失去荣誉，也失去尊严，五十四岁的胡宗宪，写下“宝剑埋冤狱，忠魂绕白云”，含恨自尽。

只有戚继光是个例外，他一路胜利，一路升迁，生前生后，充满殊荣。嘉靖四十年（1561 年）“台州大捷”后，戚继光因功升署都督佥事。嘉靖四十二年（1563 年）破倭寇巢穴平海卫，戚继光进官都督同知，升福建总兵。在残酷的官场争斗中，他是英雄，还能不倒。

人治背景下的官场玄机，民间有通俗的两个字概括：靠山。戚继光“干成事”又“不出事”，他的“靠山”是什么呢?

英雄的剖面

《明史》戚继光本传给出了这样一个答案：戚继光“与大猷均为名将，操行不如”。“操行”，这就是戚继光的神秘“靠山”。

这么说，有点抽象。戚继光是个极用心的军事家，他习惯以谋略的眼光看待敌人，也习惯以谋略的眼光看待他人。从他踏入军营的第一天起，事实上就有了一座硕大的“靠山”——这就是他的“泰山”，老岳丈总兵王栋大人。戚继光对总兵大人的女儿其实并不好，但又以对老婆的敬重而闻名，其中的精彩后面将讲到。

其后，戚继光不断地努力、不断地等待，期冀发现新的“靠山”。功夫不负有心人，他等到了胡宗宪。胡宗宪的赏识与举荐，戚继光摆脱了仕途沉寂而走上前台，成为宁绍台参将，英雄有了用武之地。

在这个舞台上，戚继光如鱼得水，其背后正是有胡总督这座“靠山”。胡总督的支持，他打了败仗，仍有翻身的机会。打了胜仗，立功受奖，一路升迁。他有一个习惯，凡事先要请示胡总督、俞总兵，从不飞扬跋扈，擅作主张。当有官场冷箭飞来时，胡总督主动为他遮挡。

他的这个良好习惯，完美地复制在他的关系网上。兵部派来的官员，朝廷派来的御史，他都待若上宾，请客送礼，曲意逢迎。所到地方，先去拜码头，吃喝一通，再认认“兄弟”。就是对部下，治军严酷，却并无呆板，不断拉起自己的死党——这些小石头，他知道堆起来也是一座“山”。

戚继光同样以复杂的眼光看待胡宗宪。戚继光的光芒盖过俞大猷，起于嘉靖三十八年（1559 年）。这年四月，胡宗宪获悉倭寇逼近浙江沿海，他给俞大猷的命令是：阻止倭寇靠岸就行。结果，此处不养爷，自有养爷处，倭寇掉头去了福建。监察御史李瑚认为，胡宗宪以邻为壑、纵敌逃窜。胡宗宪大为紧张，又深为狐疑，最终得出结论：是俞大猷出卖了自己。于是上下其手，把责任推到了俞大猷的身上。

——戚继光明白了，一棵树上吊死，迟早会真的吊死。在与胡总督产生不了利益冲突时，他是一座“靠山”；当自己的地位一天天接近胡总督时，这座“靠山”很可能就是压倒自己的大山。

俞大猷奇迹般地复出，让戚继光醍醐灌顶，他很快打听出，是“老领导”俞大猷攀上了严嵩这座“靠山”；尽管这实际上是俞大猷的朋友陆炳所为。戚继光意识到，自己必须建立起自己的官场“鸳鸯阵”，从此主动进京“跑部”，以酒桌为战场，在兵部扎下了根。

在京城，戚继光还准备了充分的银两，试图投奔到高拱的门下——戚继光看什么都具有战略眼光，高拱确实是个前途无量的人。但高拱这个人嚣张、孤傲，戚继光没有收买成功。戚继光退而求其次，与高拱的副手，时任国子监司业的张居正攀上了，成为张居正的“门下走狗”。

戚继光的眼光令人佩服得五体投地，日后的时局变化虽有偶然，但张居正确实如日中天。胡宗宪日后身败落马，只有戚继光如意从前线回到了京城。奇怪的是，离职时的戚继光，“领将印三十余年，家无余田，惟集书数千卷而已”。

别的不说，戚继光巨额俸禄与奖金都到哪去了呢？

英雄试金石

戚继光离开福建去北方赴命，是在隆庆元年（1567 年）十一月。新皇帝明穆宗朱载垕，性格仁慈宽厚，信用大臣，其当政六年，采取解除海禁等一系列新政，南方紧张局面明显缓于北方，戚继光也由此开始了他新的使命。

这一去，便是十六年。而这十六年，既是戚继光新的事业期，也是他与张居正的蜜月期。这时的戚继光与张居正，交往已有十年。戚继光东南抗倭功绩不时震动朝野，张居正担任裕王（即后来的明穆宗）讲官时，曾与裕王谈论起戚继光。穆宗对戚继光有着良好的印象，这也是戚继光后来事业有成的基础。

隆庆元年（1567年）八月，明穆宗准备到天寿山祭祀，因安全问题未能成行。蒙古诸部军队屡次突破九边防线，造成京师附近形势紧张。在这种情况下，戚继光奉诏北上参与边务。戚继光到北京任职，又借了徐阶之力，与张居正没有直接关系。

是金子在哪里都会发光，这十六年，戚继光引人注目的是完成了三件事：训练部队，建立车步骑营，修建长城敌台。这三件事无疑是大事，有效地解决了明军的作战能力、军事协同与军事防御问题。只有一件，也是功勋。

三件大事，戚继光是怎样做到的呢？张居正至少帮助他解决了三大问题：职务问题，权力问题，工程建设问题。

职务是建功立业的基础，有位才能有为。权力的有效性，还需要不受掣肘与干扰。修筑敌台属于特大重点工程建设，蕴含着经济风险与政治风险，一个项目建起来，往往有一批官员倒下去。戚继光顺利地完成了三件大事，毫发未损，张居正是他的护身符。

隆庆元年（1567年）十二月，戚继光到达京师。待命在家，戚继光知道是要来做大事的，便上《请兵破虏四事疏》，提出自己的边防策略。但效果适得其反，引发一些官员的猜忌与非议。任命下来时，戚继光只是个禁军神机营副将，也就是他爹当年的位子。

戚继光的失落只维持了几个月，隆庆二年（1568年）三月，穆宗升兵部侍郎谭纶为兵部左侍郎兼都察院右佥都御史，总督蓟、辽、保定等处军务，兼理粮饷。两个月后，在谭纶的推荐下，戚继光以都督同知衔总理蓟州、昌平、保定三镇练兵事务。

明代著名的书法家、精研兵法的徐渭，曾纵论天下名将：嘉靖以来，武将堪称杰出者唯戚继光、俞大猷、谭纶三人而已。很长时间里，谭纶都是戚继光的领导，谭纶与张居正交往亦深。

为了戚继光的职务，张居正和谭纶进行过几番讨论，在《与蓟辽总督谭二华》和《与蓟辽总督》两封信中，可看出张居正为戚继光事权方而用心良苦。张居正争取到了明穆宗的支持，戚继光才有了创业的平台。

戚继光准备大显身手，巡抚刘应节、巡按御史刘翩、巡关御史孙代等群起反对。文官的节制，是明朝制度的设计，不排除有权力的争夺。但这场节制与反节制的斗争，胜出者同样属于戚继光。《明史》载：“穆宗用张居正言，悉以兵事委纶，而谕应节等无挠。”张居正协调了兵部与都察院，由穆宗拍板中止了这场争执。

在排除文官的干扰后，武将内部的权力分配又出现了新的纷争。戚继光名义上总理三镇兵务，然而三镇都有总兵分别统辖，号令则无法统一。张居正再次游说明穆宗，最后蓟州总兵郭琥等走人，戚继光便为总兵官，复进封为右都督，事权得到高度的集中。

除了练兵，戚继光着手修整边墙，修建空心敌台。《请建空心台疏》中，戚继光提出的计划是增筑三千座。这是十足的“国家重点项目”，兵部为此讨价还价，朝堂上更是充满非议的声音。但修建是为了国家的安全，不建则是考虑国家的财力。戚继光此议一出，立刻“流言四起，忌者欲因此中以奇祸，政府诸公亦惧而求罢”。就连谭纶都感到担心，他甚至打算就此辞职，免得惹祸。

在这个关键时刻，张居正又一次支持了戚继光。张居正描述道：“台工之议，始终以为可行，确然而不摇者，惟区区一人而已。”为了解释修筑敌台的好处，张居正“因机解惑，舌几欲敝而唇几欲焦矣”。在张居正的劝说和影响下，明穆宗决定支持：“修筑墩台已有明旨，纶宜坚持初议，尽心督理，毋惑人言。如有造言阻挠者，奏闻重治。”在张居正的支持下，谭纶、戚继光仅隆庆三年（1569年）即“筑成敌台四百七十二座”，隆庆五年（1571年）全部完成。蓟门从此固若金汤，戚继光获封太子太保，又进封少保。

戚继光的功绩，与张居正的保护和支持密不可分。张居正在归葬父亲时，为使戚继光安心事务免于掣肘，任用自己的门生梁梦龙为蓟辽总督。平时有遇戚继光书信前来，张居正的府邸“虽夜中开门递进”。《明史》载：“居正尤事与商榷，欲为继光难者，辄徙之去。诸督抚大臣如谭纶、刘应节、梁梦龙辈咸与善，动无掣肘，故继光益发舒。”

张居正十六年一以贯之支持戚继光，公允之言是其器重戚继光的才能，为国家造养人才，有助自己的“相业”，并非希图钱财上的回报。张居正身居高位时求贤若渴，对人才“虽越在万里，沉于下僚，或身蒙訾垢，众所指嫉，其人果贤，亦皆剔涤而简拔之”。

但戚继光对张居正的尊崇，则包含着刻意的成分，目的则是“立功扬名，保位免祸”。戚继光每次给张居正写信，都非常谦卑地自称“门下走狗小的戚某”。张居正归葬其父时，戚继光选派了众多铳手以为护卫，但张居正觉得太张扬，将多数退回，只选“矫健者用五六人”。戚继光不断地给张居正送礼，有次张居正母亲大寿，戚继光送来了诸多财物，张居正留下部分，其余退回，并致信申谢。

而据一些文人笔记记载，早在与倭寇作战时，戚继光即多次将斩获的珠宝及春药等物秘献给张居正。为了部下的升迁，戚继光更是向张居正送去了重礼。高拱曾指斥：“荆人（张居正）久招纳戚继光，受其四时馈献金银宝玩，不舍数万计，皆取诸军饷为之者。”

但是，一个专制时代的将领，要完全做到洁身自好，分文不取，势必为官场所不容。专制时代的勤政与廉政，那是一对永恒的矛盾。果真清廉如水，势必一事无成。

戚继光送予张居正的，还包括“色贿”，即所谓“（戚）时时购千金姬”。戚继光为张居正物色的美女，甚至还有“洋妞”。这种记述，来自王世贞的《嘉靖以来内阁首辅传》。王世贞是戚继光的好友，两人的关系即便在张居正被清算后，也没有破裂。对朋友的隐事不加掩饰，这正是王世贞史笔如椽。

万历十年（1582 年）六月，张居正或死于情欲，至少是春药过度导致张首辅“痔根”病情加重。明人沈德符根据自己在京城多年的见闻，写了《万历野获编》，认定张居正因滥服壮阳药耗竭元气而亡，还指出张居正所服之药为腽肭脐。腽肭脐，即海狗肾。而这种春药，居然也是戚继光所献。

张居正死后，戚继光很快受到牵连。第二年，戚继光被调往广东。第三年，便被罢官。戚继光被弹劾的原因和罪状，不得而知，但可以推测。奉诏拷问张居正之子张懋修的官员，曾这样责问张懋修：“汝先大夫与戚帅相结，凡有书问，虽夜中开门递进，意欲何为？莫非反状乎？”

——戚继光的倒下，张居正的倒台，“靠山”的崩塌，是唯一顺乎逻辑的解释。

万历十三年（1585 年），戚继光重新回到了乡下，其部将胡守仁、王如龙、朱任、金科等人也相继革职或戍边，这也是“靠山”理论的冰山一角。

英雄美人关

作为响当当的英雄，戚继光被传作笑谈的是其“惧内”。其实，这正是戚继光最五彩斑斓的地方。

据说戚继光曾因怕老婆而住进了军营，兄弟们为其打抱不平，仗义地拿出了一个标本兼治的办法：把戚王氏给灭了。

气急之下的戚继光，欣然同意。戚王氏被骗到军营，看到手持刀剑的士兵，一点尊重领导家属的意思都没有，也没感到事到临头，依旧威风凛凛地喝问戚继光：干嘛？！

戚继光居然行了个军礼：请夫人前来阅兵！

有一次酒后，戚继光决定自己把老婆杀了。拎着刀走到门口，惊醒了午休的戚王氏。戚王氏情绪不佳地问：拎刀干嘛？

戚继光尽管喝了酒，现场应变能力依旧不低。他马上笑着对老婆说：我准备杀只鸡给你补补身子。

戚继光这么怕老婆，真不是一般的。

这类故事，显系传说，因为找不到任何严谨的出处。有史实依据的，是戚继光怕老婆的原因。据清乾隆《仙游县志》等载，戚继光因为儿子在莆田违反军纪而"斩子"，从而自感愧对妻子，对妻子多方迁就忍让，而妻子对其终生怀恨，苛待丈夫。

但是，"传说"可能有真的，"史实"绝对有假的：戚继光在莆田时，根本没有儿子。据戚继光之子编纂的《戚少保年谱耆编》及《戚氏族谱》，戚继光的每个儿子，都出生于他离开福建之后。

戚氏后人并不喜欢先妣的这种形象，他们认为戚王氏应该是这样的：

有一次，家里买了鱼，戚继光朝饭桌一看，只有鱼头和鱼尾。戚继光估计，这鱼肉一准儿被戚王氏给独吞了。晚餐时，戚王氏端出了中餐缺少的那一截，戚继光大为感动——戚王氏贤淑，夫妻俩恩爱。

其实，戚王氏就是个悍妇角色。二人结婚时，戚继光虽是四品，但她爹是总兵。将门虎女，武功好，脾气倔，家庭纠纷通常以武力解决，徒手格斗戚继光不是强项，常被打得到处跑——自卑，往往又是潜意识的。

清官难断家务事，戚英雄不能不受点委屈。但有一次，这位"女汉子"显然打对了。

嘉靖四十年（1561 年），戚继光在台州抗倭，作为随军家属的戚王氏住在新河城。不料倭寇来袭，城中士兵基本上都已出征，只剩下普通百姓，还妇孺居多，一时人心大乱。关键时刻，戚王氏挺身而出，召集仅有的百名亲兵，命他们组织人力守城。满城的男女老少被动员起来了，戚王氏让人上军械库领兵器。军事重地，闲人莫入，没有文件怎么能分发武器呢？戚王氏哪管许多，劈头盖脸将保管员一顿臭骂，守库的兵丁乖乖地打开了库门。

一切安排停当，戚王氏穿上盔甲登城指挥。倭寇的文化水平也有问题，压根儿没读过《三国演义》，还有“空城计”这么回事。所以，既不敢攻城，又不愿撤兵，脑子进水一样地待在城外干等。结果，戚继光的大军赶到，想跑再也没机会了。

戚王氏脾气暴，夫妻关系糟，最终二人分道扬镳，戚英雄的另一张面孔也由此呈现。

汪道昆既是戚继光的好友，也是当时的文化名人。汪道昆撰写的《孟诸戚公墓志铭》，记下戚英雄的真实故事。戚王氏与戚继光只育有一女，戚继光便纳了小妾沈氏，接着又纳了陈氏，接着还纳了杨氏。

这么一数，最少是三个。封建时代纳妾，本属正常。不正常的是，“娶妾三人，生子五人，其夫人竟不知将门有子”，弄得戚王氏连影子都不知道。将军擅长做保密工作，但这种保密对戚王氏应该是无效的。因为作为军队高级将领，戚继光每年的工资、奖金会有几大袋，戚继光绝大多数时间都忙于工作，不可能背着这些到处跑，放在办公室也不安全。最多是留足零花钱，余款悉数交给戚王氏。否则，以戚王氏的强势，日子没法过，秘密也会遭曝光。

但是，如果这些交给了戚王氏，戚继光又拿什么去养三个老婆？况且，她们还生下那么多儿子。

戚继光的灰色收入，好色本性，不是子虚乌有，不是空穴来风。等戚王氏发现这个秘密时，戚继光的几个儿子早已满地跑步了。太伤自尊了！绝望的戚王氏，决心与戚继光同归于尽。她抄起一把尖刀，直奔戚继光而去。戚继光闻讯，立马开溜。戚王氏岂肯善罢甘休，每日在家里蹲守，“日操白刃，愿得少保而甘心”。

作为军事家的戚继光，对付老婆自然不乏大智大勇，他声泪俱下，请老婆理解，都是为家庭好啊——传宗接代！加上戚继光的小舅子正在其手下做幕僚，也为戚继光化解家庭危机出了一份力，危机似乎过去了。但戚王氏对戚继光之恨，已痛彻心腑。在戚继光死前的那一年，戚王氏“囊括其所蓄，辇而归诸王”。终身积蓄被戚王氏带回娘家，戚继光的生活陷入贫困。突然病发的戚继光，竟然一时缺钱买药。

“鸡三号，将星殒矣！”

万历十五年十二月二十三日（1588 年 1 月 17 日），没有英雄的万丈光芒，戚继光凄怆地落下人生大幕。

第十章

海　瑞：
不合时宜的清官

只能明白，不能拯救；有人明白，无人拯救。每一个王朝，都会面临这样的尴尬。当海瑞出现在明朝的官场时，这个王朝已经存活了一百八十六年。一百年后，这个王朝轰然倒地。在王朝尚未病入膏肓的时代，海瑞以“救时”的使命感为这个王朝开出了药方。但海瑞的药方疗效了了，最终只剩下一个抽象的清官与零碎的传奇。

官场流行病

海瑞（1514—1587年），字汝贤，广东琼山（今海南）人。海瑞任事嘉靖、隆庆、万历三朝，遭遇了明朝的步步衰落。

晚清学者薛福成认为，中国历史上的著名清官无非四个人：汉代的汲黯，唐代的宋璟，宋代的包拯，明代的海瑞。汲黯与宋璟，对绝大多数非专业人士来说，早已陌生。四个减去两个，答案更加明了：中国历史上的清官，海瑞不是第一，至少是第二。

历史大视野下的明朝，海瑞明显是个悖论：爆出“清官”，又径入末途——无意义就成了海瑞的意义。

“清官”光环下的海瑞，很容易让人想到他的贫寒。其实不然，海瑞生于官宦世家。据《海氏族谱》载，海瑞高祖海逊之，明初任广东卫指挥使，正三品。曾祖海答儿在琼山置下家业，祖父海宽曾任福建松溪县知县，父亲海瀚也是秀才。伴随明朝的一百多年里，琼山海氏始终是望族大户。

海瑞四岁时，“警敏不羁，不事家人生业”的父亲病逝。这个变故，是海瑞人生的开始。海瑞之母谢氏，出身书香门第，精通经史。这位几乎寡居一生的母亲，严厉而无生趣，靠四十亩祖田收租为生计，“严父”式地教育儿子。

谢氏对海瑞的教育，有着矫枉过正的苛严：她不许海瑞与别的孩子玩耍，“有戏谑，必严词正色诲之”。谢氏的意识与潜意识中，管不了丈夫要管好儿子，儿子不能像死去的父亲那样随心所欲，一定要刻苦勤学，做正人君子。

谢氏当年的教子情形，只能在海瑞文集中找到一些相关记述。但可以对照一下现代版本的谢氏——这就是胡适之母。这两个家庭非常类似，胡适之母也是年轻寡居，她的故事很好找，也很鲜活：胡母便是以一种极为严苛的方式教育儿子，让胡适从小就如一个老夫子。

以时代的发展，海母之苛定然远胜胡母。小时候的海瑞是什么样的？在其

《规士文》中，学生时代的海瑞，是以圣人的礼教为自己的楷模，其一举一动，哪怕是一个念头，都不偏离圣人的教导。海瑞见到年长的同学，十分恭敬。路逢长者，自觉让道一旁，从来都不有违越礼。“束以青丝，欲其节制谨度，收敛于礼法之内而不敢纵也。”学生时代，海瑞即得到“圣人”的称号。

海瑞在学生时代的《严师教戒》中，更有着未来的誓言：他发誓将来做官将坚持操守，抵制金钱诱惑，鲜衣骏马无动于心，一生清清白白，一尘不染直到生命终点。否则，不如死去。

以孩子的纯洁之心，海瑞更是表明心迹：做事无愧于心，一生言行一致，刚毅做人，做圣人，即便见到高官大人，保持自尊，保持尊严。

他为自己取号“刚峰”。

海瑞的早年经历，或是其偏执、正直性格的原因，又似乎是解读他进入官场后种种怪异的密码。但在看完他完整的一生后，就会豁然发现：真正的海瑞不是后人的图腾，而是当朝的一张试纸，他以自己特有的秉性，测试出了王朝的种种病症。

首入官场，即是如斯。

海瑞是在四十一岁时开始涉足官场的。嘉靖三十二年（1553 年），海瑞进京会试再次落第。这年的闰三月，吏部选授海瑞任福建延平府南平县儒学教谕。

教谕，正八品，相当于科级的县教育局长。海瑞平生只是一个举人，没有取得进士身份，这对明朝官场中人来说，是一个致命的缺陷。因为没有进士身份，就意味着没有升迁的空间。安排其做一个县级的“教育局局长”，是明朝的通行做法，正常情况下，海瑞需要在教育战线奋斗终生。

海瑞也没有升官的欲望。在教谕的位子上，他做了一年多实实在在的事情。明朝的中后期，制度的废弛无处不在，学官们大多敷衍了事，拿拿俸禄，捞捞好处，学校与学生均疏于管理。海瑞到任后，是从建章立制的基础性工作抓起，不是刻意地急功近利。他一气订了六十多条教约，整顿校风校纪，狠抓教学质量。对教官与学生太过严厉，大家都称其为“海阎王”。

阎王，似乎还有另一层含义：这人不是人。至少，缺少人性。

“海阎王”的严厉，主要见于管理。教育质量究竟如何，没有翔实的史料，也没有间接史料可以证实，“海阎王”主政南平县教育期间，有很多出色的教育成果。教育是一个长线，在教谕的位子上，要想干出突出政绩，事实上非常困难，更难立竿见影。海瑞的严厉与敬业，除了身边人的感受，也确实没有引起多少人的注意。

但是，一年以后，海瑞很快成为一颗政治明星。

嘉靖三十三年（1554年），延平府督学官到南平县儒学视察。府督学官，正是海瑞的顶头上司。督学官这种顶头上司，都是有身份的人：一般须有进士出身，有较高的经学造诣，有较高的道德修养。所以，这种文化官员无论到哪里，都是受人尊重的，而他们也比别人更讲“面子”。

督学官平时到县里来视察什么呢？按照明朝的规定，他们在任期内须两次到所属各学进行视学，基本任务是监督地方官学的办学情况。朝廷是赋予督学官很大权力的，南平县教育到底怎么样，海瑞的政绩如何，实际上都是督学官说了算。

对顶头上司的到来，谁都会认真对待，但海瑞却弄出了问题。

迎接延平府的督学官，海瑞带了两名教官。见到府督学官，两名教官习惯性地跪拜在地，而海瑞只站在原地，双手抱拳“长揖”作礼。

两边的跪着，中间的站着，一个“笔架”形“山”字，呈现在大庭广众之下，异常太醒目。海瑞“笔架博士”的雅号，从此不胫而走。

督学官肯定没见过这种场面，训斥海瑞不懂礼节。海瑞的解释是：这里是明伦堂，是庄严神圣的讲堂。大明的礼制，便是这种礼仪。

海瑞的解释是正确的。按照明初制定的礼制，学官在学校见上官，只需长揖，拜而不跪，以体现师道尊严。

礼节形式有问题，像是一种“皮肤病”，有碍观瞻，伤人面子。往深处想，发病机理处于隐形，也可能很怕人。明朝已经过去一百多年了，从诞生到死亡，一个王朝与一个人大体相似，差不多都是先出现轻微病症，最后才出来送命的绝症。制度风化，士风日坏，学官们为了讨好上官，跪拜已是习惯性动作。不仅仅是教育界，当时整个官场都是一样，下级跪拜上级，早就是通行的风气。如果认为这是一种官场病，尚是一种“皮肤病”。通俗的解释是：“拜”再加个“跪”，礼多人不怪。

现在，海瑞翻出一百年前的东西，就像旧衣服上打个新补丁，醒目，扎眼。事实上，那块补丁，用的正是当初的那块布料。

督学官很生气，他认为海瑞有毛病。其实，是他自己身上潜伏的毛病，因为海瑞而显示出来了。问题是，大家都有这种病，感觉不出病人群体。

“长揖”，本来是寻常的，海瑞认为仍然是寻常。但除了海瑞，大家都认为这很另类。所以，因为寻常，从而另类，海瑞这一站，便显出惊世骇俗之效，自己也一“站”成名。

这是海瑞一生中做得最小的一件事，也是一生中最典型的一件事。海瑞由此出现在明朝的官场，并且持续地发挥类似效应。

明朝官场上的多数官员，都是学养深厚的，但在世风面前多选择“顺从”。当恪守礼法、堪为士范的海瑞出现时，他们当中也有人能测试出自己的病。官员作为封建王朝的社会精英，可能腐败，不可能愚蠢，由海瑞而引出的礼仪病症，虽是出现在“皮肤表层”，难免引发他们的忧患与联想。如今的社会有法不依，有章不循，一旦成为常态，最终必定是重病缠身。对无病的海瑞，不少官员深为赞赏，悄然叹息。海瑞得罪了一个督学，赢得了多数官员的好感。

作为名人的海瑞，从此忙碌起来。他要做的一件事，还是接待。海瑞行的礼，都是“长揖”。

海瑞的接待对象，上升到了学政。提督学政，是由朝廷委派到各省主持院试，并督察各地学官的官员，一般由翰林院或进士出身的官员担任。海瑞接待的这位学政，名叫朱衡。他在日后，将海瑞这张试纸，放到了更多的官员面前。

接下来，海瑞接待的是道员，就是省级的行政与司法官员。海瑞的影响，已经从教育界蔓延到了全省的官场。

接下来，海瑞接待的是按院。按院，朝廷派往各地的巡按御史。这说明什么？海瑞出名的层面上升了，朝廷都知道南平县有个官员叫海瑞。

这么多人来，一是瞧新鲜，二是为自己贴金。不是所有的人都是真心来体检，要为自己治病。传播海瑞这个“正能量”，也绝非所谓的官场良心。尤其是封疆大吏，出现海瑞这样的模范与典型，自己脸上有光，当然是自己的政绩。利益从来就是官场的深层次动因，海瑞与他们风格迥异，但没有利益冲突，还是某种意义上的利益共同体。

没有腐败，就没有利益。明朝中叶以后官僚体系虽已整体腐化，但官僚集团不可能希望王朝倒塌。真是那样，就是最彻底的利益丧失。每一个贪官，都希望别人是廉吏，所以越是腐败的社会，越是需要“清官”。

海瑞，就是这样受到了官场的肯定，也就这样名传天下。

力不从心的尝试

一个行为特别的教育系统的官员，一夜成名会为他带来什么？

答案：升官！

嘉靖三十七年（1558 年）五月，四十五岁的海瑞出任浙江淳安县令。

“县教育局局长”提拔为“县长”？破格，并且不是一般的破格。海瑞只是一个举人，能成为县令，这在明朝中后期十分罕见。

海瑞破格晋升的原因，官场的说法是“狷介”。狷介，指的是性情正直，洁身自好，不与人苟合。地方上出现海瑞这样的“模范官员”，“巡按监司交章荐之”。这种认同，显然是在官场，而不是民众。直接将海瑞引荐进官场的，则是当年的顶头上司朱衡。教谕海瑞，给学政朱衡的印象太深了。

县令海瑞，又会制造什么轰动效应呢？最显性而又最普遍的回答是：清廉。

贪腐，是封建官场上的“流行病”。越是腐败的王朝，越会出现“清廉”的主旋律，彰显出贪腐这个时代主题。但历史上，又没有哪个王朝冒出制度上的考量，自己把自己关进“笼子”，好忽悠的一张牌通常就叫“清官”。事实上，清官又极罕见，尤其像海瑞这样还坚持一辈子的。正因为如此，清官总显得比较紧俏。

中国历史上的著名清官，只有海瑞能与包拯齐名。但同为清官的包拯与海瑞，清廉的内核是有差异的。包拯的清廉有着浓厚“民本”色彩，海瑞的清廉则是鲜明的道（理）学精神，其“天理人心”的内圣追求，是为了“保国保天下”的外王事功，从而表现出对明太祖苛严治吏制度的恪守，并由此呈现出更多的差异。回归太祖时代，是海瑞一生执着而失败的尝试。

身为一县之主的海瑞，按理应该与包拯一样，以为民办事或为民做主闻名。但事实上没有，因为他不能明察秋毫，做不到料事如神，办理奇案远没有包拯式的传奇，也没有包拯的断案技巧。海瑞办案，不是包拯式调动各种刑侦手段一查到底，而是“两害相权取其轻”——对那些疑案，他不是慎重调查，而是根据封建礼法要求，做出道德式的判断，甚至连封建王法都不顾，更谈不上法治精神。从公平、正义的角度来看，无论屈谁也都是不公平的。

但海瑞自己根本就不这么认为，《海瑞集》中他这样说：“与其屈兄，宁屈其弟；与其屈叔伯，宁屈其侄；与其屈贫民，宁屈富民；与其屈愚直，宁屈刁顽。事在争产业，与其屈小民，宁屈乡宦；事在争言貌，与其屈乡宦，宁屈小民。”

这种断案方式，理论上的赞成率有百分之五十。考虑到弱势群体的份额，实际赞成超过三分之二肯定没问题。所以，如果要作民意调查，海瑞依然是个好官。更为深刻的是，海瑞的这种治理方式与明太祖的治国理念，又有着惊人的一致。

仅把事情摆平当作履行公务，海瑞肯定是成不了政治明星的。海瑞再度成为政治明星，完全与公务无关，而是一件非常著名的买肉事件。

海瑞到淳安当知县，非常穷，菜自己种，更舍不得吃肉。有一次，母亲过生日，海瑞买了两斤肉。卖肉的屠夫兴奋不已：真没想到，这辈子还做了笔海县令的生意！

这条消息，还传到了总督胡宗宪耳里，也载入了《明史》。

一县之长，穷得买不起两斤肉？明代官员工资实际上并不低，打开《明会典》可以发现，七品县太爷每年实际领到手的，有十二石大米、二十七两银子和三百六十贯钞。三百六十贯钞，当官的可以买到三十六石米，换成老百姓也许就买不到这么多了。

除了俸禄，海瑞老家有四十亩田产，一年地租收入约有三十两银子。

海瑞在淳安当的是县令，住房是公房，明代县令住宅的装修和家具，用的也是公费，出行有官方驿站，无须自己掏腰包。海瑞的家庭支出只剩下生活费用：按照明清人的说法，成人一天吃米一升，海瑞十二石禄米可以管吃。海瑞当年生活比较偏僻的淳安，这个地区的生活费用，有相关学者作过推算，大致约每年每户（以一家五口计）需口粮为十五石，油盐菜蔬约需银七两，穿衣用布约需银三两，燃料约需银三两。以海瑞的合法收入，过上小康生活并不困难。

当时买两斤肉要多少钱？按照海瑞自己的说法，“猪肉二十五斤，价银五钱四分”。换算成现在的人民币，不到十块钱。给母亲过生日，海瑞穷到掏不出二十块钱？

这个问题很难论证，他当时的领导也不相信。嘉靖四十年（1561 年）冬，海瑞到北京听候吏部考核，拜见吏部侍郎朱衡。老领导看他穿着一件破袍子，很不高兴：你即便是穷，也不至于穷得连一件官服也置办不起吧？

朱衡的话，有点刻薄。回来后，海瑞便置办了一件绢做的新服。

海瑞的穷，其实是相对其他县令的。正常县令，应该是全县数一数二的富人，不至于在县级“福布斯排行榜”榜上无名。《严师教戒》中的海瑞与当上县令的海瑞，始终是同一的。当《严师教戒》中的海瑞成为县令海瑞时，他也并非要刻意制造官场轰动，而是他很快检测出官场的又一种病：常例。

什么是“常例”？不是官员收受贿赂，而是历年官场留下来的惯例，包括出台土政策的乱收费。常例的核心，在于“常”。习以为常，大家都这么做。有这个“常”，海瑞就没有“穷”。

海瑞到淳安，做的最有意义的肯定不是“买肉”，因为这与他人没有太多的关联。他做的一件与官场密切相关的事，是革除常例。县令的常例是多少？没当县令时不知道，当上县令海瑞吓了一跳！海瑞上任后，让师爷开列了一份全县大小官吏的“常例”明细清单，单是自己“县令”名下，收钱粮、催税赋、审均徭、管军匠、造黄册、验盐引、节礼等，多则百两，少则数钱，这一年下来，竟然有两千两银子。

两千两，现值人民币差不多是四十万元！

当然，县令名下的这两千两银子，并不等于县令个人的收入。非正常的接待费用，公关费用，给上级送礼的费用等，都得从这里出。这同样是官场“常例”。

县令自己所有的，是“常例”剩下的部分，大概有一半。一半，一千两银子，人民币二十万元，还是天文数字。

这种土政策下的乱收费或私设“小金库”，开国之初是明令禁止的。二百年过去，“常例”不仅盛行而且公开化。举国上下千余县如此，整个官僚系统也都如此，甚至就是靠这类“常例”维持运转。这些收入，维持着官员们的日常生活，更是关系网的维护费。而帝国的顶层，皇帝也为了自己的私库而加收矿捐等，派宦官等四处督办。从皇帝到小吏，就是这么过活的。

触目惊心的腐败，因为司空见惯但整个官场熟视无睹，这就是流行病。

“纷纷世态，其不当予心有日矣！”早年读书时的海瑞这么认为，现在的观点依然如故。他要做的就是不同流合污，身在疫区而不被感染。而做到这一点，对别人来说难于登天，对海瑞来说则易如反掌。

综观海瑞一生，他都能坚持“圣人”理想，砥砺节操，自觉于“存天理，灭人欲”。更重要的还在于，海瑞是太祖朱元璋的坚定崇拜者，将“圣人”刻画的理想世界与现实中的朱元璋时代等同，所谓“数十年民得安生乐业，千载一时之盛也”。在他面对社会之病时，无一例外都会想起太祖旧制，并将之奉为医治社会的万能药方。

太祖又是怎样医治社会之病的呢？杀与捧。最为人熟知的，是朱元璋式的反腐：贪污一两银子杀头，杀头之外，还有抽肠。六十两以上，剥皮，挂在公堂警示。明太祖时代，几乎每个县的县衙都摆着一个人皮。严刑峻法下，洪武元年到洪武十九年两浙、江西、两广和福建的地方官员，没有一个做到任满。最严重的时候，地方政府几乎关门，朱元璋只好“开恩”，让那些官员死刑缓期执行，戴着镣铐在公堂办公。这就叫荒谬。

大屠杀的同时，朱元璋又大树典型，于是出现了王升、王兴宗、陶后仲、隋斌、王平等数十名廉政标兵。明太祖对他们加官进爵，大加封赏，编出《彰善榜》《圣政记》等，广为宣传。

对明太祖的两招，海瑞认为前者是理所当然。至于后者，海瑞认为并不值得赞赏，因为这尚不及“圣人之训”的高度。而海瑞践行“圣人之训”，确实没有功利目的。所以，上任第十天，海瑞主动作出了一个令人目瞪口呆的决定：革除所有常例。

海瑞的这个举动，明显比教谕时的守礼进了一层。前者是诊断，后者是诊治。

治病是一件很不舒服的事。有个段子说：病人求医，医生说你得戒烟，病人说行。医生说你得戒酒，病人说也行。医生说你得戒色，病人生气出门，说这病我不治了！

海瑞令人不爽，就是发现了病，还要当医生，并狠狠地医治。他这一刀下去，不光是他自己，县丞、典吏、教谕、师爷，直到衙役、门子，全县大小官吏的灰色收入全都没了。

问题是没有“常例”的只有淳安，所以大家不平衡，也受不了。干同样的事，报酬只有同行一个零头，谁愿给这样的老板打工？跳槽！淳安有编制身份的县丞、主簿，纷纷要调离；临时工身份的衙役、门子，干脆招呼也不打直接回家，好处的大头没有了，谁在乎那么几个死钱？

但这些根本难不倒海瑞。县丞主簿走了，他自己兼职。衙役没人干，无非待遇低，在更穷更贫困的乡镇总能找到人。所以，淳安县并没有就此关门，只有海县令特别累。

公务多了，私活也重了。一个月工资只有几两银子，家庭生活有难题，海瑞这回要“以权谋私”了：官署后院有一片闲置的国有土地，闲着也是闲着，不搞商品房开发，种点菜总是可以的。烧饭用柴，海瑞让老仆人上山去砍。一把年纪的老同志还干体力活，好心人送了他一担，海瑞发现了，付了柴钱，还把老仆人打了一顿。

淳安县毕竟不是独立王国，自己地盘的事好解决，同上面打交道怎么办？“常例”实际上是与上级领导“分成”的，革除“常例”自己的好处没有，领导的好处同时也没了，海瑞这官还能当下去吗？没有“小金库”的海瑞，很快就遇到了难题。

——有个路过淳安县的人，需要接待，还必须高规格接待。但他又不是官员，更谈不上公务，连安排一顿“工作餐”都不好报销。

这个人，便是胡宗宪的儿子。胡宗宪，时任浙江总督，海瑞的顶头上司。

接待的事，放在别人身上，根本就算不上问题。这类接待，也像流行病一样，整个官场都感染上了。但放上海瑞这张试纸，很快颜色都变了。

不过，对这种流行病海瑞也知道不好治，所以睁一只眼闭一只眼让驿站去应付。驿站，原本只为递送使客，飞报军情，转运军需物资，后来渐渐不务正业，成为明朝官场这种“流行病”的重点疫区——公款旅游，公款吃喝等、皆假“公务”大行其事。崇祯朝为此撤销驿站，弄得李自成“下岗”，打翻了明朝。

这种害死朝廷的流行病，海瑞岂能治得了！更可气的是这位胡公子，真不含糊啊！一到淳安，谱摆得比他爹还足。驿站盛情款待，他却百般挑剔。一不高兴，竟把驿丞倒吊起来。

海瑞脾气上来了，立即把胡公子给抓了。胡公子在淳安不仅没收到礼，随身所携一千两银子，也被海瑞给没收了。

——这是海瑞平生开出的第一张“大处方”。怎么给患者家属交代？海瑞很是动了脑筋。因为这里有个前提，胡公子要吃要喝，按照“潜规则”，必须具备官家子弟身份。如果这个前提不成立，自己就不是医治官场流行病，跟总督大人也就没什么瓜葛了。

海瑞想了一个别人不敢想的办法：给胡宗宪写了一封信，吹捧总督大人节望清高，家风优良，现在有一个恶徒，冒充您家公子，败坏您的声望，我替您给收拾了。

自己的儿子是什么货色，胡宗宪当然心知肚明。但这种窝囊事，毕竟摆不上桌面与海瑞较真。胡宗宪明白，海瑞这是给自己扎一针，痛归痛，毕竟是自己人有毛病。所以，他只能忍着，还不能叫出声，一口窝囊气咽进肚里。

地方上的领导给得罪了，钦差大臣又被海瑞“医”火了——

嘉靖三十九年（1560 年），都御史鄢懋卿巡行浙江。鄢懋卿本是个贪渎的官员，因为贪渎的太多，所以他早已习以为常了。只要有贪渎的机会，他怎么会放过呢？这次他奉命巡视浙江盐务，早早通知沿途各地：声称本院“素性简朴，不喜逢迎”。

这种官样通知，是让接待方“谦虚”的机会都没有。官场上的人，更是一看就明白：上级领导哪天要路过，接待工作要提前准备好，千万不要措手不及！所以，通知一发，沿途官员一个比一个准备得充分，标准自然一个比一个高。

海瑞怎么办？鄢钦差与胡公子显然不同，说不接待，人家是公务。但接待标准低了，等于花钱买气受。有学者称海瑞想了个招，气得鄢懋卿绕道而去。其实不是，根据《明世宗实录》记载，鄢懋卿这次出巡，是带着老婆一路吃喝玩乐，收受钱财。沿途郡县官员，招待他们夫妻时，都跪着上菜，供给他用的便器都以白金装饰。吃喝加带，没有千把两银子打不住，一个县令的“常例”，即为他一人就要耗去大半。面对如此鄢钦差，海瑞只有硬着头皮了。

鄢懋卿将过境淳安的消息传来，没有钱又要花钱，很为难的是师爷。海瑞心情也很沉重，权衡之后只有豁出去：“充军死罪，宁甘受，安可为此穿窬举动耶！”

海瑞为什么想到死呢？他是个有智商的人，都御史的头衔实在太大，这病自己肯定治不了。既不能视而不见，又不能同流合污，那就甘愿一死。清白到死，也是圣人之志。

无药可治，海瑞决定给“病人”喝白开水。鄢懋卿到了淳安，海瑞只给他们提供了普通工作餐。海瑞解释说：“县小民贫，不足容车马。”

鄢懋卿知其不可屈，自己也不想丢面子，吃完这顿饭，便高兴而来，生气而去。

上上下下，海瑞都得罪了，这官应该是当到头了。

但很奇怪，海瑞接到了升任嘉兴通判调令，七品官要变成六品官。

得罪人还升官，因为海瑞太喜欢医人。讳疾忌医，官场上的这种本能反应很强烈。对海瑞的举动最受不了的，当然数浙江官员。海瑞看官场有病，官场看海瑞有病，可海瑞的“病”放到显微镜下，都不能叫“病”，并且是免疫力强。怎么端掉海瑞让自己清静？捧杀！

府道官员联合上书：海瑞的道德实在太高尚了，浙江小地方配不上他，应该晋升到中央去任职！朝廷确实需要这样的典型，吏部采纳地方举荐，提拔海瑞为浙江嘉兴府通判。

吏部，太蠢，还是太英明？弄来弄去，海瑞还在浙江啊——浙江官员，真的哭了。

弄巧成拙，浙江官员决定更改策略，找被海瑞得罪的鄢懋卿，又给御史袁淳使银子。当面笑脸背后刀，海瑞这个麻烦终于被解决了。

海瑞正准备和新任淳安知县办移交，主动帮忙的来了——被海瑞得罪的鄢懋卿，已指使巡盐御史袁淳弹劾他“倨傲弗恭，不安分守”。

海瑞被免职，到手六品官帽飞了，浙江官员悬着的心也落地了。

干了五年淳安县令，海瑞的官场生涯似乎就此结束，但老领导朱衡救了他。吏部侍郎朱衡极力向吏部尚书严讷推荐，海瑞在免职后又被调任江西兴国知县。

从嘉靖四十二年（1563 年）春赴任，至嘉靖四十三年冬离任，海瑞在兴国干了一年零八个月。他在兴国雷厉风行清丈土地，狠狠医治大户隐瞒土地偷税漏税的顽症，连原兵部尚书张鳌的侄子张豹、张魁都治服了。常见病的治疗，海瑞从来都是不含糊的。

当然，浙江官员懂的，兴国官绅也明白。受不了，联名推荐帮他升官“送瘟神”。就这样，连续两次海瑞都是要给别人治病，结果被病人给治了，并且还让他吃药吃出了糖的感觉。

百病之源

嘉靖四十三年（1564 年）十月，海瑞升为户部云南司主事。

这桩事颇具趣味性：清官升官，靠的是腐败。海瑞这次升官，是兴国地方势力买通了省里京里，极言海瑞“工作出色”，应当升官，予以褒奖。实际上，海瑞在兴国的土地清理都没有完成。既然表面上说得过去，私下里的运作又很到位，兴国人赶走海瑞的目标，就没有不实现的理由。况且，除了私下的事不光彩，吏部也认为海瑞方正，却少变通，适合在条条，不适于块块，这也算是用人所长吧。

户部主事，正六品。海瑞官是升了，但干事就不如县令任性、好使了。户部主事是个闲差，职掌的是各地的财政税收监管工作，实际上不过是签签公文。主事又是一个不大不小、不上不下的职位，大政方针有尚书、侍郎，具体事务有下官、吏员。对多数官员来说，当主事是件好事，不必每日到部办公，只需熬、熬、熬，做官的资历就熬出来了。同事们全在熬呢，并且很轻松，天上地下，家长里短，比微信群里都热闹。有时也聊国家大事，皇帝，朝政，中央，地方，桩桩件件，差不多是当段子讲，跟海瑞想象的庄严肃穆，完全两样。海瑞偶尔当一两回“网管”，但最后被踢的都是自己——谁都不带海瑞玩。海瑞，感到自己进入了一个真空地带。

海瑞是个闲不住的人，越闲越爱琢磨人，琢磨事，有着手拿听诊器四处找人的职业习惯。通过旁听，收获还是有的，海瑞很快发现了王朝更严重的病——心脏病！

西医认为，主宰人体生命的是大脑；中医认为，主宰人体生命的是心脏。是死是活，做好事或做坏事，全是心脏决定的；脑袋上除了载有口眼耳鼻，脑子属于无用之物。明代的中国人，基本上都是这么认为的。王朝的心脏不是可爱的首都，而是尊敬的皇上。皇上的“病”，绝对就是王朝的“心脏病”。海瑞不仅认为皇上有“病”，甚至认为自己找到了王朝的百病之源。

——皇上有病，前提得清楚什么样的皇上属于没病。这对海瑞来说没有专业上的障碍，他是一个以天下为己任的儒生，致君尧舜上，答案早已背得滚瓜烂熟。进入中央政府，尽管职位低得可怜，实际离所谓中枢还十分遥远，但毕竟不再是一个只打理局部的地方官，海瑞完全可以站在更高的层面来思考更深层的问题。

明世宗朱厚熜有什么病吗？他是明朝的第十一位皇帝，年号“嘉靖”，如今在皇帝这个位子上干了四十五年，没死还得继续干。一个工种干一生，只有等米下锅的人才有激情。早年的明世宗，英明苛察，严以驭官，宽以治民，整顿朝纲，减轻赋役，外抗倭寇，称得上是位有作为的皇帝。但中后期的朱厚熜，崇信道教，痴迷于炼丹，以致闹出“壬寅宫变”，差点丢命。朱厚熜此后加强了安全生产意识，更加全身心地投入到神仙都不懂的研发工作，从来不到办公室，最多只是批阅文件。正常上班都没有做到，还谈什么工作作风？而朝事不理，必国势日衰。

海瑞认为嘉靖帝有病，道理就在这里：朱厚熜当年的英明苛察，朱元璋当年的日理万机，还有更远的唐尧虞舜，等等。不怕不识货，就怕货比货，跟自身比，跟别人比，这一比对还有什么不明白的？

但这个病人太特殊了，是皇上啊！皇上真有病，只能叫龙体欠安；真是老年痴呆，也只能叫大智若愚。现在，朱厚熜的身体状况确实不好——由于长期服用丹药，朱厚熜的健康状态每况愈下，只有脾气一日比一日强劲。脾气，是朱厚熜的一个品牌，四十多年前他的脾气还处于创牌阶段，即一次打了二百多官员，令其中的十七位调离人间。

重拳之下，“无敢言时政者”。杂音没了，和弦多了，举国上下，祥瑞涌现。脑子活络的大臣——应该说心脏运转平稳、高速的官员们，全都成了写青词的高手。

海瑞对这些并不陌生。但强烈使命感的驱使，海瑞做好了进烈士墓的准备。

嘉靖四十五年（1566年）二月，海瑞在棺材铺里买了口棺材，交代好后事，将自己的家人托付给了一个朋友。然后，向明世宗呈上《治安疏》。

《治安疏》，又称《直言天下第一事疏》。“第一”者，猛也。

没办法，对一个重症病人，普通的汤药，显然无济于事。

《治安疏》都说些啥？首先是症状：当今的天下，“吏贪官横，民不聊生，水旱无时，盗贼滋炽”。

病因：皇上昏聩多疑（心惑），刚愎残忍（苛断），自私虚荣（情偏），已是昏君加暴君。

药方：正己正人，不再“陛下误举，而诸臣误顺”，“一人正，天下无不正”。

疗效：一旦幡然悔悟，天下何忧不治，万事何忧不理？此在陛下一振作间而已。

为了让皇上接受治疗方案，海瑞简直是恐吓。他告诉皇上不治疗的后果：你以为天下太平呀？自欺欺人！老百姓连你的年号都感到不满——“嘉靖嘉靖”，就是“家家皆净”！

“家家皆净”，重在强调一个必然的逻辑结果：“你家也净”！

对任何人来说，这个结果都是可怕的。病已如此，不治还有命吗？海瑞很自信，断言治疗过程虽有些痛苦，但可以一针见效，并可以疗效“三包”。

海瑞这一针，扎得着实不轻。嘉靖帝读了海瑞的《治安疏》，愤怒至极。他将海瑞的奏疏重重地扔在地上，大声喊：快把他逮起来，不要让他跑掉！

身边的宦官黄锦提醒皇上：听说他上疏之前，知道自己该死，已买了一口棺材，和妻子诀别，奴仆们也四处奔散没有留下来的，他自己是不会逃跑的。

那意思是说，您这个办法是不管用的。

嘉靖帝沉默了。过了一会儿，他又忍不住重读了一遍海瑞的奏疏。一天里反复多次，叹息不止。这份《治安疏》，朱厚熜留在宫中数月。

拖了一段时间，海瑞被逮捕入狱，交锦衣卫审讯，问成死罪。然而，嘉靖帝一直不批准海瑞的死刑，只是将他交东厂监禁。

嘉靖帝虽说有“病”，但并不昏庸，他认为海瑞之言其实不虚，曾多次向首辅徐阶透露过这个意思。嘉靖帝说：这个人可与比干相比，但朕却不是商纣王。

忠臣对决昏君，答案是明摆的。嘉靖帝只是有病，并不是绝对的昏君，答案的产生就比较困难。嘉靖皇帝对海瑞的态度确实是优柔的，他眼中的海瑞无非是个理想主义者，透明而天真，率直而真诚，痛骂不是沽名、泄愤，那是怀揣圣人之道捧出的爱的深沉——这，也就是纠结，不能不纠结。

治，还是不治？这时的嘉靖帝，除了海瑞诊断出的病，御医也发现了他的病。嘉靖四十五年（1566年）秋天，嘉靖帝病倒，他召来阁臣徐阶议论禅让帝位给皇太子之事。嘉靖帝叹息：海瑞所说的都对，只是朕已经病了很长时间，怎能临朝听政啊？

户部司务何以尚，揣摩出皇帝没有杀死海瑞之心，上疏陈请将海瑞释放。嘉靖帝大怒，命锦衣卫杖责何以尚一百大棒，关进诏狱，昼夜用刑审问。被打的，还有嘉靖帝身边的宫女。这些对嘉靖帝来说，都是有病无法医治的心理调节。

有阁臣主张对海瑞处以绞刑，被徐阶和刑部尚书黄光升压了下来。海瑞不是言官，即便是言官，批评都是对事，不是对人，更不要说以咄咄逼人的口气对皇上。海瑞不妥，但海瑞无错，这已是朝野的共识。

海瑞上疏十个月后，嘉靖帝死去。提牢主事听说后，办了酒菜来款待海瑞。海瑞明白了，自己的死期到了。已经尽责，最后的断头饭，看心情吃喝吧！

卸下人生责任，海瑞品尝了轻松。主事则附耳过来：皇帝驾崩了，先生即将出狱，必受重用。

海瑞一惊：确实？

主事给出了肯定的答复。主事也不是逢迎拍马，他若要日后升官，等海瑞帮忙，那自己早已退休了。他也是世道人心，只是把海瑞当作黑暗中的光亮，当作一面旗帜，一种象征，当作王朝的“正能量”。

海瑞呆了，悲从中来，痛哭失声，吃下的饭菜全吐到地上，然后晕倒。这一夜，哭声不断。

“病人”死了，这才是“医生”最大的失败。

疑难杂症

嘉靖死去的次日，隆庆皇帝登基，海瑞出狱。

为表万象更新，隆庆帝登基当天就释放了海瑞。内阁首辅徐阶更有意推举名声好的新人，整顿风气，同时也想把海瑞这个全国道德模范培植为自己的党羽。这种君相间的默契，促成了海瑞火箭式地连续升迁。

复职的海瑞，先是改任兵部武库司主事。隆庆元年（1567 年）正月，升为尚宝司司丞；四月，升为大理寺右寺丞；七月，又升为大理寺左寺丞。

半年的时间，海瑞职务变动了四次，一升再升，正六品变成了正五品。

不过，海瑞职务变动非常有意思。武库司，专司军械的更换、制造、贮藏等，很适合海瑞较真的性格。但武库司还有兵器研发的任务，这个是不能乱来的。

在武库司干了一个月，海瑞又换到了尚宝司。尚宝司的职责更机械些，是掌宝玺、符牌、印章。这个职位给海瑞，想出差错都难的。但这个职位，像是对海瑞特质的肯定，又像是对海瑞能力的怀疑。大理寺就不一样了，负责刑狱案件审理，需要德才兼备的人啊！

但在大理寺丞的位子上，海瑞也只干了四个月。十一月，海瑞再升任为通政司右通政，正四品。

准确地说，海瑞升任的南京通政司右通政，地点在南京，不是北京。南京通政司是个闲差，海瑞在这个任上待了两年，这对不断挪位子的海瑞来说，太不正常了。

其实，海瑞的升官路线图一直不正常。但不正常，却很有规律：在一个实权位子上，他总要闹出动静，然后升到闲职上。闲职再换到实权位子上，再闹出动静，然后又升到闲职上，或让他离开中央中枢。这意思，是不给他官不行，给他官也不行。都知道海瑞以“罢官”闻名，事实上他是不断升官，升得人眼花缭乱。

南京闲任上的海瑞，果然又忍不住了，他给皇帝又上了一道疏。这回，他不是骂皇帝，而是骂自己，说像自己这样的人，对国家根本无用，应该“革退”，就是“解除劳动合同”。

隆庆帝接到奏疏，感到有点烫手。真将海瑞辞退回家？这个先进典型是自己树的呀！想来想去，还是让内阁和吏部去处理吧。

这一年，正好又是六年一次的“京察之年”，四品以上的官员都要评出“称职，平常，不称职”三个等次，然后换届，决定官员的升降去留。

内阁和吏部对海瑞的安排，其实是动了脑筋的：给他升官，又不给他实权，就是供着一个模范人物。连皇帝都敢骂的人，谁领导得了他，谁又敢与他共事？捅乱子再收拾，大家脸上都不好看。

但海瑞不认为这是对自己的保护，而是官场的不正之风。现在海瑞有情绪了，总不能让人感到，偌大的一个官场，竟然容不下一个海瑞。

隆庆三年（1569 年）六月，海瑞又回到了北京，升任都察院右佥都御史，总督粮储、提督军务，巡抚应天十府。

佥都御史，当然是实缺。但对海瑞的工作分工，内阁和吏部就又不厚道了：让他去应天巡抚，驻地苏州，这不是外放吗？

海瑞对这个安排则没有意见。巡抚，威权十足。海瑞要的，就是给人“看病”“治病”的资格。

权力在手的海瑞，很快让官场目瞪口呆：被海巡抚拿来做外科手术的人，居然是徐阶。

徐阶，松江府华亭县人，嘉靖朝后期至隆庆朝初年的内阁首辅。他的老家，正好在这次海瑞巡视的范围之内。

徐阶算是一个有作为的首辅，他清除了严嵩的党羽，法办了坑害人的巫师，减免税赋让社会休养生息。在海瑞心目中，徐阶也是正人君子，二人的关系密切而特殊。当徐阶受到高拱等人合攻时，海瑞义无反顾地支持徐阶，帮助徐阶击倒高拱。

海瑞并不是一个完全迂腐的人，他应该明白，自己官场上的青云直上，除了皇上舆论导向上的考虑，真正的靠山正是徐阶——海瑞痛骂皇帝被捕下狱，刑部参照儿子诅骂父亲的条例，主张处以绞刑。海瑞最终活了下来，救命恩人也是徐阶。天底下，还有什么比这些恩情更重呢？

于情于理，手握巡抚大权的海瑞，都不可能拿徐阶首先开刀。

不太可能，不可理解，却是白纸黑字——海瑞勒令富户退回贫民投献田地的公告就是这么写的：本院法之所行，不知其为阁老尚书家也。

“阁老尚书”，除了徐阶，没有对号入座的第二个人。

这时的徐阶，政治斗争中失利，被迫退休回到了老家，成为海瑞管辖下的一名乡绅。胜利者高拱，接任为内阁首辅，执握朝政大权。

海瑞为什么要这么做？因为他发现了国家的重症：土地兼并。

土地兼并，应该是每个封建王朝共有的疑难杂症。海瑞之前的几千年如此，海瑞之后的几百年仍然如此，封建王朝的疑难杂症从来就没有治好过。所有的历史书写到王朝覆灭时，都会加上这个病因，并且都算得上无比正确。

明代中叶以后，土地兼并非常严重，老百姓耕无其田，国家也税无由出。民不安则国不泰，社会不稳定，王朝的根基动摇，这个病不治，这个王朝肯定就没治。

但要治病，先得诊断出病因。明代土地兼并相当复杂，强占土地、霸占茅房的少，教科书式的权贵抢夺平民，一般只用来鼓舞革命士气。实际上，民间的土地交易，更多的属于正常的土地“自由买卖”，当然也包含合法与非法的掠夺。

“掠夺”，还有“合法”的？这就是制度病根。

明代土地“投献”现象十分普遍。所谓“投献”，就是把自己的土地，“白送”给权豪势要。把自家的地自愿送人，不是老百姓愚蠢，而是老百姓无奈，无奈之下智慧闪出一点光芒。

当然，送出的仅仅是“土地证”。也就是将土地的“所有权”送给权豪势要，然后从他们手里拿到“承包权”。拥有“所有权”的人，给政府缴纳基本田赋税粮及加征的徭役费用；拥有“承包权”的人，只给权豪势要上缴租金。

老百姓的精明正在这里：种自己的地向政府缴纳税赋及加征，不如种别人的地只交租金。权豪势要当然也有好处：白白得到别人的地，不仅可以赚到差价，还没有法律风险。

谁吃亏？朝廷。

不过，这制度是明朝的最高统治者制定的，本意是优待皇族、勋贵，但官绅同样享受等级特权。明代《优免则例》的规定不断修改，但基本精神还是相同的：从地方秀才（生员）到一品京官，地位越高优惠指标越多。如果有优惠指标又没有那么多田产，自然有人来“投献”。实在没有主动“投献”的，不排除坏人冒出坏主意。指标，历来就是有价证券。

政策与对策，从来就是共生的。纸上的政策规定与实际操作，肯定相差太远了。否则，就是权贵们的智商有水分。

官民齐声道好的朝廷这种好政策，毕竟有限度。一个简单的算术原理：总价不变，数量与单价成反比。这种摊到老百姓头上的“单价”，就是教科书上常写的“苛捐杂税”。如果不增加摊派，地方政府难以为继，皇粮国税也收不上来。所谓“财政”，有财才有政，朝廷没日子过，国家就太危险了。所以，早在弘治年间，户部郎中李梦阳把投献列为时政的“三害”之一。

首辅徐阶，按规定可享受优免田一万亩。但据《明史》记载，他们家实有田产二十四万亩，佃户万人，家人数千。这么多田产、家人，“半系假借”。究竟有多少由纳献而来，很难查清。因为徐家不会说，“投献”者一般也不会举报。

徐阶的对手高拱，也曾揭露过徐阶违规纳献，他逮着的典型是华亭县的孙五。孙五见徐阶位居首辅，势焰逼人，将田产等项值银一千五百余两进献徐府，充为家人，还改名徐五。随后，徐五从徐府领了二万多两银子，在当地放起了高利贷。在这笔交易中，徐五与徐府皆大欢喜，吃亏的只能是朝廷和地方百姓。

铲除土地兼并的恶性肿瘤，海瑞的想法并没有错。问题是他并不在病因上动脑筋，而是拿徐阶做外科手术。他给徐阶开刀，至少退掉“过半”的田产，这基本等于抄徐阶的家。徐阶不想把事情闹大，因为朝廷一旦知道他带头抵制海瑞，势必会成为众矢之的。所以，他卖给海瑞一个面子：退十分之一。

徐阶还价，也有他的道理。这田，不是他一次收来的，要退还需要分门别类，再拿到官府确认，工作量很大。不是手一挥，几万亩田就自动复位了。几万亩，至少涉及上千户，即便是同佃户一一握手，也要费时好一阵子。

黄仁宇先生曾评价说：如果海瑞采取惩一儆百的方式，把徐家或其他几家有代表性的案件广事宣传，以使借富欺贫者知所戒惧，他也许会在一种外张内弛的气氛中取得成功。

海瑞没有这样做，而是选择走极端。双方没有共识，海瑞开始整治徐阶。华亭县的农民被发动，控诉徐府的多达万人。在海瑞的支持下，要求退田的贫民成天围着徐阶的宅第游行示威，大声呼号，徐阶的日子没法过：“时刁民皆囚服破帽，率以五六十为群，沿街攘臂，叫喊号呼。而元辅（徐阶）之第，前后左右，日不下千余人。徐人计无所出，第取自泥粪贮积于厅，见拥入者，辄泼污之。”

泼大粪的事都用了，当初“宰相”，今日流氓。你不要流氓，就被流氓耍，徐首辅实在太无奈。

这事闹得很过分，据《穆宗实录》记载，当时即有很多言官批评海瑞，刑科都给事中舒化，称言海瑞“迂滞不谙事体”；吏科给事中戴凤翔，认为海瑞“沽名乱法，不谙吏事”。从某种意义上讲，言官们对土地兼并性质的认识，比海瑞清楚。如何处理，他们也认为海瑞其实是违法。

结果，徐阶的长子、次子和十多个豪奴被判充军，三子被革去官职，数千家奴被遣散十之八九，掠夺的民田至少退还了一半。

这个结果很不正常，但为不明真相的老百姓所接受，并且叫好。海瑞除霸退田之事，受到民间追捧，也被后世演绎。《海瑞罢官》中为了强化戏剧冲突，把徐阶父子塑造得无恶不作，徐阶之子徐瑛霸占农田强抢民女，海瑞秉公执法，在御史来摘他的大印之前斩了徐瑛。其实，真实的历史中海瑞没有杀徐瑛。徐阶的家人被处理，那是政敌高拱趁机报复。苏州知府、后来的松江知府，海瑞以为他是自己的手下，其实他是高拱的手下。

高拱成功地捅了徐阶一刀，递刀子的则是海瑞。最终的结果，是徐阶被打击，海瑞被吊销当“医生”做手术的资格证。

舒化批评海瑞时，还评价他是“一代直臣言”。这并不算恭维，海瑞确实是个正直的人。这种正直的秉性，同样思路也不转弯。这时的首辅是高拱，次辅是张居正。早在隆庆元年（1567 年）徐、高争斗时，如日中天的海瑞力挺徐阶，给了高拱致命一击。东山再起的高拱，不可能因海瑞要徐阶退田就放过海瑞。张居正本是徐阶一党，海瑞拿徐阶开刀，张居正从中斡旋，海瑞又让他颜面尽失。没有这两个人的共识，海瑞怎么可能干到底？而这两个人的共识，是对海瑞的了解。依海瑞的行事方式，真把徐阶“医”结束了，势必会医到他们的头上。徐阶身上的问题，哪个高官没有呢？

重重挨了一刀的徐阶，并非没有官场能量。对付高拱力不从心，对付海瑞还游刃有余。他弯下腰去求高拱，高拱的目的已圆满达到，开始显出“公正”与“大度”。高拱对徐阶说：海瑞确实太过分，但我不好亲自出手，您一定要理解我的难处啊！

徐阶明白了，说这好办。然后，立即吩咐故旧，找个御史参了海瑞一本，高拱果然在奏本上签字同意——海瑞，调任南京总督粮储。土地兼并的事，从此与海瑞无关了。

疑似病人

南京总督粮储，是一个没有实权但待遇不错的职务，海瑞已年过半百，正是颐养天年的好去处。但是，闲差上的海瑞，又发现了更多的疑似病人——所有的官员，都是“变态”的。

“今举朝之士皆妇人也，皇上勿听可也。”他在给皇帝的辞职报告中，开始骂满朝臣工都是“变性人”。

首辅李春芳六十岁了，是个挺温和的老头，这回也忍不住与同僚打趣：呵呵，老夫我是个老太婆啊！

认为官场上的人都有病，这几乎是海瑞的一贯观点。他在巡抚应天时，不光是给徐阶动手术，还给所有的人用过猛药——

入职当天，他即颁布《督抚条约》三十六条。海瑞开出的这个“方子”很大，需要照方吃药的人太多。《督抚条约》规定，巡抚出巡各地，府、州、县官一律不准出城迎接，也不准设宴招待。考虑到朝廷大员须存体面，他准许工作餐可以有鸡、鱼、猪肉各一样，但不得供应鹅和黄酒，而且也不准超过伙食标准。这个标准是：物价高的地方纹银三钱，物价低的地方两钱，连蜡烛、柴火等开支也在上述数目之内。

《督抚条约》还禁止装修招待房舍，楼堂馆所一律停建。海瑞差一点搞了“无纸化办公”：境内公文，一律使用廉价纸；过去公文习惯上文后留空白，今后一律废止。

对官员的管理，海瑞从八小时以内，管到八小时以外，并且实行“实名制”：凡乡绅、举人、监生等到衙门拜见官员，或投递书信，必须进行登记。内容包括谈话的要点，书信的节录。官员出行，行踪和言论都要记载。记载不实的，官员和登记者都要处罚。

相关规定，不光是海瑞巡视地区的官员。路过这个地区的，也得照海瑞的规定去做。京师和外地的官员，到了海瑞的辖区，如同进入敌国。这影响，想不大都难啊！几乎全国的官场，由此一片哗然——如此怪僻、乖张、不近情理的封疆大吏，谁见过？

海瑞的怪异如果局限于官场，倒可以理解。但实际上，他又将整个应天辖地包括苏州、常州、镇江、松江等十余府，搅得天翻地覆：他禁止百姓穿奇装异服，禁止制造奢侈品，包括应天特产的忠靖凌云巾、宛红撒金纸、斗糖斗缠、大定胜饼桌席等高端绸缎、文具、饰品及甜食等。地方富豪的红漆大门，也得刷成黑色。整个苏州城，家家都像办丧事。

海瑞自认为理当如此。当年，朱元璋定下祖制，把元朝的等级制推向新的极端：衣食住行要严格按照品级，有钱也不能随便穿好的吃好的，不达到一定品级，不可以把家门刷成红色。海瑞，这是坚定不移地走太祖朱元璋的道路啊！

回到一百年以前，社会毕竟在进步，可能吗？正因为不可能，很多人认为海瑞有“病”。当代的学者，甚至认定海瑞是“偏执症”患者。

精神障碍，太过于现代。但按儒家弟子的传统，当不失“修齐治平”的标准，“一室之不治，何以天下家国为”的道理。相形之下，海瑞还真不是一个正常人——

海瑞的家庭，是个一团糟的家庭。母亲谢氏，一生守寡，又教育出著名的清官，完全可以旌表为节妇。但她度过八十寿辰后，海瑞的上司仅呈请皇帝例行公事，给了个四品夫人衔，仅享受普通官员亲属最基本的政治待遇。海瑞家庭纠纷不断，老母亲一点都不慈祥，除了儿子好，剩下的什么都不是，令时论大为不满。

海瑞的家庭，病态而悲剧。晚年，海瑞在给友人的信中说：“每一思及，百念灰矣。”为什么呢？有一个极端的传闻：海瑞五岁的女儿很饿，男仆给了她一个饼充饥，海瑞说男女授受不亲，你怎么能接受一个男仆的食物，你要是我的女儿，就应该饿死。结果，这女儿饿了七天，直到饿死。

五岁的孩子，应该没有老父亲的精神毅力。而正常人，也干不出这等绝事。这个故事出自当时的文人笔记，资料来源是海瑞一个政敌写的奏折，控告海瑞无故饿死亲女。古代儿童夭折率确实很高，故事的细节也不一定真实，但绝非子虚乌有，当是空穴来风。

海瑞的妻妾子女众多，同样鲜有好的结果。海瑞的侄女婿梁云龙在《海忠介公行状》中称，海瑞有“三妻两妾”。野史则有“七娶”“九娶”之说，明朝人姚叔祥《见只编》称“瑞已耄，而妻方艾”。这意思说，海瑞耄耋之年，还娶年轻漂亮的女孩子做小老婆。

海瑞的第一位夫人许氏，为海瑞生有两个儿女。嘉靖二十五年（1546年），海瑞三十四岁时许氏被休。比较靠谱的分析，是与婆媳矛盾有关，并非许氏的过错。海瑞和许氏离异之后，又娶了潘氏。但不到一个月，潘氏又被休弃，原因不得而知。接着，海瑞又娶了王氏。王氏在海瑞到达淳安之前两年为海瑞生了个儿子。隆庆二年（1568年）七月，王氏自杀。在王氏去世前十一天，海瑞的小妾韩氏上吊自杀。海瑞的家庭生活，扑朔迷离。

海瑞还有一妾邱氏，可能是海瑞在家乡闲居时所纳，她为晚年的海瑞生了一个儿子，但长到三岁就夭折了。海瑞死时，有“二媵四仆”。媵即侧室，也就是小妾。这二妾中有一个是邱氏，另一个则是有人所说的“瑞已耄，而妻方艾”的那个“方艾”的女孩子。如果这般，海瑞就应该有过三个小妾了。

清官，往往与清贫同日而语。海瑞的贫穷，备受世人的赞叹。但很少有人想过，一位高官，如果生活都那么艰难，那些普通官员，还有普通的平民百姓，又能怎么活?

海瑞一生，娶妻、纳妾不断，是要花钱的。明代纳妾，买一个色艺俱佳的名妓，通常需支付千两白银的身价。明代小说《金瓶梅》说，收婢女为妾需白银五十两，讨一个妾要百两以上，一般需要三百两，另付媒婆赏钱、道喜钱等项。海瑞娶妻纳妾的开销，会是买两斤猪肉的钱?这“消费理念”，相当变态。

海瑞到底有没有“病”，难有定论。但海瑞认定，所有的官员都有“病”。在南京总督粮储任的苛论，让海瑞站到了整个官场的对立面，没有一个人对他表示支持或同情。隆庆四年（1570 年）三月二十三日，高拱在御史杨邦宪《议革南京督粮都御史疏》上题覆：“见任南京粮储都御史海瑞，依议裁革。”三天后，隆庆帝下旨：“是。”

罢官回家的海瑞，一待就是十六年。闲居的海瑞，这期间有了新的观点，他撰文称：嘉靖、隆庆、万历数十年间，官场均黑暗腐败，最严重的当数我的家乡。

——这就是海瑞眼里的世界。凡他所见之处，总是一无是处。

万历十三年（1585 年），张居正已死，万历帝重复了隆庆帝的故事，再次起用七十二岁的海瑞为南京右佥都御史。但正如张居正所担心的那样，海瑞不是治病的妙手，而是诊断的能手。垂老的海瑞，一上任就要惩治敲诈勒索的五城兵马司，引发极大反弹。海瑞又上疏皇帝，对吏治表示强烈不满，建议恢复明太祖对贪官剥皮揎草的酷刑，以及定律枉法八十贯判处绞刑。此文一出，满朝文武哭笑不得。

南京御史台本没有实际事务，官员几乎从来不坐班。海瑞一到岗，马上要求人人“打卡”坐班，不来就要扣发工资。有一位御史过生日，在家摆宴席，请歌伎戏班子唱了一天。当时听戏，已是不分阶层的社会时尚，就是老百姓也不会觉得官员请人唱戏犯法。海瑞则按照太祖“御史为百官之表，宴燕不得延伎”的规定，把这位御史按到地上，杖责了一顿，谁求情也不手软。有一位陈御史，让差役到市场上半价买米，被人举报。海瑞要加倍处罚陈御史，把差役革职，打了三十大板，再把他枷号在陈御史办公的衙门前，以羞辱陈御史。

每个皇帝起用海瑞，最终都会觉得得不偿失。几个月后，海瑞被改为南京吏部右侍郎，再改任南京右都御史。万历十五年（1587 年），海瑞病死于南京任上。

据传海瑞去世后，主持海瑞丧事的王用汲，看见海瑞的贫寒，禁不住哭了起来，凑钱为海瑞办理丧事。但海瑞是个正二品的高官，即便无钱，以明朝的礼制，他的丧事不会出现需要社会人士凑钱的情况。《明史》只称：海瑞“丧出江上，白衣冠送者夹岸，酹而哭者百里不绝”。

这个场面，应该是真的。海瑞从海南起复入南京为官那天，“黄童白叟，填溢街巷以观公”。海瑞宅第每天都有前来拜见的百姓，海瑞问：“见我何为，欲言事乎？”百姓叩头说：“没什么事，就想看看海爷的相貌。”海瑞上下班路上，也常有“海粉”蹲守，只为在海瑞掀起轿帘的刹那，看上一眼。

百姓对海瑞交口称赞，有人确实是因为海瑞帮他们打赢了官司，更多的人并没有从海瑞这里受到任何实际好处。正因为没有实际关联，才有一种复杂的社会心态，驱使他们支持海瑞，保持着对海瑞的想象。清官——海瑞的这种符号价值，比他做官时给百姓带来的实际价值要大得多。

海瑞一生都以“圣人”自居，视他人为“病人”。但是，海瑞也被他人视为“病人”。海瑞到底是“圣人”还是“病人”？乔治·奥威尔评价甘地说：接近圣人之境的人，往往是可怕的。至于“清官”，真正的救时人物曾国藩说：余平生以享大名为忧，若清廉之名，尤恐折福也。

较之于曾国藩，海瑞只有成名，没有成功。

第十一章

张居正：官场上的正着与歪招

张居正出生之前，其祖父做了一个梦：水瓮里掉进了一个月亮，然后出来的是一只白龟。毫不相干的两个东西，老祖父将其变成一个答案：张居正乳名“白圭”。这种神话，还真带来了明朝的一段神奇。

幸运神童

张居正（1525—1582年），幼名白圭，字叔大，号太岳，明江陵（今荆州）人。

张居正的远祖本凤阳人。凤阳是明朝的“起义摇篮”，朱元璋拉队伍的时候，一个叫张关保的老乡跟了进来。起义成功后，朱元璋当了皇上，张关保被封为千户。张关保虽然是个小官，但张家的家庭成分变化了，住地也从此移到湖广。张居正祖父张诚是个护卫，父亲张文明是个秀才。纵向比，张家自是日渐衰落。但横向比，张家与贫民还是有区别的，否则张居正不仅要输在起跑线，甚至连起点都不一定有。

作为一个不得志的读书人，儿子的诞生给张文明带来了极大的喜悦。父辈实现不了的梦想，通常都寄托在子女身上，张白圭才几个月大，张文明就拿着唐诗在他面前读。张白圭一岁多就会说话，邻居们就此称其为神童。

一晃张神童就五岁了，进了私塾，在读书方面的天赋也显现了出来：过目不忘，下笔成文。过了几年，先生叫来了他父亲，郑重地说：“这孩子我教不了啦，你带他去考试吧。”

张白圭十二岁那一年，张文明领着儿子去考秀才。张白圭的运气很好，这年的考官是荆州知府李士翱。这位知府是个比较正直而又爱才的人，看到张白圭的卷子后，大为赞赏，当即不顾众人反对，把这个才十二岁的孩子排到了第一。

这是个比较轰动的事情，整个荆州都议论纷纷，可李士翱却只是反复翻阅着张白圭的答卷，感叹着同一个词：“国器，国器！”

李士翱还约见了张文明和张白圭，在几番交谈和极度称赞之后，李知府有了这样一个念头：在他看来，乌龟虽然吉利，但对于眼前的这位神童而言，顶着乌龟的名字过一辈子，似乎也不太妥当。于是，他对张文明说：“你的儿子前途不可限量，但白圭之名似不大妥当，我看就改名叫居正吧。”

从此，张白圭就叫张居正了。

一年之后，张居正来到省城应举。在这里，张居正遇到了那个影响他一生的人——顾璘。

顾璘（1476—1545 年），字华玉，号东桥居士，长洲（今苏州）人，寓居上元（今南京）。顾璘是著名的金陵才子，少时即在江南一带家喻户晓，《明史》将其列入《儒林传》，以“学识”二字留名青史。

顾璘同样是一位出色的政治家，天生一双慧眼。他在湖广巡抚任上，有一天偶阅荆州来客携带的诗册，对其中的一首诗惊叹不已：“异人也，此人不可不物色！”

几经打听，诗的作者正是张居正。顾璘决定找个机会，去荆州会会这位“名家”。可到了荆州，居然找不着张居正。几经周折，终于找着了——原来，手下的人进入了思维误区，根本没想到顾大人要找的人，居然是个毛孩。这个结果，也令顾大人大为震惊，他立即吩咐把张居正找来，当场出题测试：“雏鹤学飞，万里风云从此始。”张居正即对：“潜龙奋起，九天雷雨及时来。”

名不虚传啊，极度兴奋的顾璘几乎失态，边夸张居正，边解下自己的腰带。顾巡抚可不是耍流氓，他那条腰带可是犀带，是明朝二品高官的象征。顾巡抚将腰带系在张居正身上，更说了一句令人匪夷所思的话：你可是宰相之才，将来要佩戴玉带的，老夫这犀带，配不上你。不过，拿来见证我们的相识，还是可以的。

聪慧的张居正，这回竟不知所措，顾巡抚则告诫他：他日作相，无富贵心，无富贵气，则为贤相。

顾璘还取出白金数锭，赠送给张居正的父亲，嘱咐他一定要善待此子——这可是国家栋梁。

朝廷高官如此赏识，张居正此番应举，应该是囊中探物。但是，张居正却落选了。更令人难以置信的是，让张居正落选的正是顾璘。

——见到张居正前来参加乡试，顾璘私下召来主考官，给了他一道密令：张居正这科无论如何出色，都绝不能让他中第！

顾巡抚的良苦用心，全是他爱才心切。所谓“天将降大任于斯人也，必先苦其心志”。多年以后，张居正再次见到顾璘，顾璘向其道出了原委。张居正不仅没有丝毫的怨言，反而对其感激涕零：“自以童幼，岂敢妄意今日，让心感公之知，恩以死报，中心藏之，未尝敢忘。”

顾璘让张居正磨砺了三年，避免了“神童”恃才傲物，以才子风流沦为平庸。

嘉靖十九年（1540 年），十六岁的张居正如愿中举。嘉靖二十六年（1547 年），张居正高中二甲第九名进士，选授庶吉士。

一盘大棋

翰林为朝廷的储材之地，明英宗之后“非进士不入翰林，非翰林不入内阁”，庶吉士故有“储相”之称。多数庶吉士，都有机会平步青云。嘉靖二十六年（1547 年）的翰林院庶吉士，简直高手如林：张居正，李春芳，殷士儋等，皆是日后的内阁成员。而翰林院掌院学士，便是吏部侍郎徐阶。正是在这里，张居正又为徐阶刮目相看。

张居正进入翰林院时，内阁中的政治斗争既激烈又富有戏剧性：当时的内阁大学士只有夏言、严嵩二人，严嵩当首辅时夏言咸鱼翻身，夏言当首辅时严嵩咸鱼翻身，几番“交换场地”，最后夏言被杀，严嵩坐稳了内阁首辅的位子。

这时的张居正，显然没有资格介入内阁的斗争，甚至帮腔都没什么可能。但张居正是个有政治智慧的人，他通过冷眼旁观，对朝政之弊有了系统的认识。嘉靖二十八年（1549 年），张居正以《论时政疏》首陈“血气壅阏”之病，继指“臃肿痿痹”五病，全面阐述了他改革政治的主张。但是，白白浪费了一摞纸，对于张居正的思考，明世宗与严嵩根本就没当回事。人微言轻啊，张居正悟出了这个道理。在嘉靖一朝，张居正除了例行章奏外，再也不高谈阔论了。

虽然有徐阶对张居正刮目相看，但张居正对顶头上司徐阶并不热乎。张居正感兴趣的人，反而是严嵩，平时写写歌颂严嵩的文章，过节还不忘给严嵩送点小礼。不过，就此说张居正趋炎附势，那又错了。嘉靖二十九年（1550 年），“庚戌之变”爆发，张居正对严嵩的作为十分不满。但张居正只是一个七品翰林院编修，拿严嵩根本就没办法。张居正很是恼怒，转而去找徐阶。这时的徐阶，已是礼部尚书兼内阁大学士。在张居正的眼里，徐阶是有资格来改变严嵩的。但张居正同样大失所望，几次进言，徐阶一点反应都没有，有的只是对严嵩更加顺从。

张居正实在受不了，从此与严嵩决裂，并决定“请病假”回家消消气。临行前，张居正还将窝囊气发到徐阶头上：“古之匹夫尚有高论于天子之前者，今之宰相，竟不敢出一言，何则？”

称徐阶不如匹夫，张居正等于是痛骂啊！

奇怪的是，徐阶对张居正一点都不生气。对这个年轻人，他像顾璘一样，用心良苦。

嘉靖三十三年（1554 年），张居正因病请假离开京师，回到了故乡江陵。这一去，就是三年。

归去来兮，张居正却大有收获。在这期间，朝廷的政治斗争进入了一个高潮，严嵩与政敌大打出手，杨继盛等一批官员落马身死。政治斗争经验尚属小儿科的张居正，不介入不是他的个性，卷入其中的后果，自然好不到哪儿去。眼不见为净，张居正算是歪打正着了。

张居正最大的收获，倒并不止这些。这三年，张居正究竟在干些什么？装病，肯定不实；真有病，肯定是假的；身体有些不适，倒是有点可能。因为在这三年中，他从湖北跑到湖南，长途旅游的步伐一刻都没消停。不过，与陶渊明的大种菊花不同，与李白的四处喝酒也不同，张居正的休闲日志《荆州府题名记》云："田赋不均，贫民失业，民苦于兼并。"

三十岁后深入民间，与当年"神童"眼里的童话世界完全两样。真正的人间，原来就是传说中的地狱：为吃一顿饭，无数人卖儿卖女；土地、家产、儿女都卖光了，只有啃树皮、吃观音土。强烈的使命感，让张居正再也玩不下去了。

嘉靖三十六年（1557年），张居正回到了北京。

张居正是带着政治抱负重返政坛的，要实现自己的抱负，他需要下一盘大棋，建立人脉，抬升地位，否则那跟痴人说梦也就没多大区别了。

这一盘棋，是在严嵩与徐阶之间展开的。严嵩是首辅，跟"一把手"搞不好关系的人肯定没戏。徐阶是严嵩最有竞争力的对手，跟徐阶的关系不铁，很可能要输掉第二步棋。第一步棋不能错，第二步棋也不能错，张居正的方法很简单，左右逢源来回跑。

跑到严嵩这里，严嵩当然很高兴。这时的严嵩炙手可热，跑上门的很多，但很少是来汇报工作的，多是送点钱请求"关照"。所以，张居正这种由于工作原因而找上门来的，就显得很稀罕。更重要的一点，严嵩的名声一直不太好，大家见了面是百般讨好，转了背差不多清一色骂娘。

与严嵩这里的情形正好相反，徐阶这里几乎是门可罗雀。谁愿意招惹嫌疑，引来麻烦呢？张居正完全不顾忌这些，经常大白天的招摇过市，让人知道他要去找徐阶汇报工作。朝堂上见面，张居正也总是公开与徐阶交头接耳，又一点不怕招惹严嵩反感。

事实上，严嵩一点都不反感。在严首辅的眼里，翰林院的张居正相当光明磊落。当然，如果张居正被严嵩看成虚伪，被同僚看成两面派，那就不是"神童"出身了。

不过，有点对不起"神童"称号的，是张居正的官升得太慢了：十多年了，还是个正七品编修。跟"一把手""二把手"的关系，都处得这么好，哪里出了问题呢？

一点问题都没有。嘉靖三十九年（1560 年），张居正升任右春坊右中允，兼管国子监司业。

这个答案有点深奥，右春坊右中允和国子监司业都是六品官，算不上有权有势的“热差”，也指望不上平时有人送点好处。但是，右春坊右中允为太子服务的。太子，国本，皇位继承人。而国子监司业，就自己没出息，这帮门生将来都能派上用场。

张居正的升官路线，便是这般深不可测。张居正怎么下出这么一手好棋呢？当然是徐阶，这位“二把手”，在为张居正下一盘很大的棋，也为自己下一盘很大的棋。张居正与徐阶之间关系的紧密，精明的严嵩没有觉察，封建官场很难找到第二个范本。徐阶在与严嵩争得你死我活时，能用的亲信全派了出去，唯独没有动张居正这颗棋子。政治斗争转折无常，徐阶的意识里，张居正太重要，万一有个闪失，不光是张居正，甚至自己也会满盘皆输。

徐阶成功地扳倒了严嵩，他又帮助张居正走出了第二棋：提升张居正为右春坊右谕德。

右谕德官不过从五品，但唯一的工作就是担任裕王的讲官。进入裕王身边，就是一颗棋子布到了下一任皇帝这里。徐阶相信张居正的能力，也相信自己在两代帝王间能够万事无忧！

左右逢源

徐阶固然是深谋远虑，张居正更是技高一筹。在与徐阶结成政治同盟的同时，张居正的一颗棋子，已悄悄布到了高拱这里。

高拱（1513—1578 年），字肃卿，号中玄，新郑人。嘉靖二十年（1541 年）进士，朱载垕为裕王时任侍讲学士，仕嘉靖、隆庆二朝。

有了徐阶这座靠山，张居正为何还要攀结高拱？答案很明了：高拱与裕王关系更铁，而裕王对徐阶比较冷淡。要靠紧裕王，高拱的作用是不可忽略的。并且，高拱是国子监祭酒，张居正是国子监司业，二人是直接的领导与被领导关系。

高拱这名字很特别，性格孤傲，又睚眦必报。他对上级一般都取藐视态度，对下级能有个斜视也就不错了。工作之中，高拱特别喜欢训斥下级，所以能跟他搞好关系的不多。

将同僚关系处理成油水关系，一般很难在官场上混下去。但高拱又不一样，他不停地升官，最后还要升到顶点，与首辅徐阶都要一决高下。这原因看起来很复杂，其实也简单：高拱与嘉靖帝的关系好。嘉靖帝酷好玄修，高拱的青词写得好。能把青词写得“神仙”都叫好，仅有一颗“马屁精”之心是不够的，必须要有真才实学。论写青词的文学功底，严嵩在台上时严嵩第一，严嵩下台后李春芳第一，而高拱都始终稳居“亚军”的位子，这就是能耐。

与高拱关系很铁的，大概只有郭朴与张居正，前者是他的同乡，后者是他的下属。朋友少，脾气坏，但高拱与两代皇帝关系铁，所以官场中人谁也拿他没有办法。

高拱看上张居正，完全是因为张居正的能力。高拱眼里的张居正，水平究竟高到什么程度？高拱曾公开对满朝文武表明自己的观点：本人第一，张居正第二，没有第三，剩下的统统是无能之辈。

有一次，高拱与张居正谈心。一向心高气傲的高拱居然对张居正说：以君之才，必成大器，我愿与君共勉，将来入阁为相，匡扶社稷，建立千秋不朽之功业。

这一年，高拱五十二岁，张居正三十九岁。高拱的这一番话，定性了二人之间的关系，也为张居正的未来画出了线路图：咱们合作，我先干首辅，干完了正好你接着干。

这当然是理想的设计。以张居正现在的地位，想越过高拱直接接徐阶的班，显然也是不现实的。张居正对高拱的谋划，表示满意。

不满意的，当然是徐阶。徐阶的不满并不针对张居正，某种程度上，张居正甚至是徐阶理想的寄托者。他最不满的便数高拱，高拱性格张扬，在内阁也是气焰嚣张，并不拿徐首辅当个人物。这还是表面的，高拱的目标是要挤掉徐阶，徐阶只要待在位子上，必然的结果就是高拱必须在旁边干等。这种关系，二人早已心知肚明。

徐阶盘算着要给高拱浇瓢冷水，让这个助手脑子清醒点。但想来想去，就是没有好办法。无意中，言官胡应嘉跳了出来。

胡应嘉弹劾了侍郎李登云，造成李登云被免职。胡应嘉办事比较毛糙，事先根本没有进行风险评估，甚至连李登云的背景都不清楚。等他发现李登云的亲家是高拱时，想后悔已经来不及了。

没办法补救，胡应嘉决定将“二愣子”风格进行到底：接着弹劾高拱，说高拱在嘉靖帝病重期间图谋不轨。

这招狠，胡应嘉虽说是“二愣子”性格，但毕竟进士出身，科班出身的官员，没有一个是弱智。胡应嘉的精明，是拿准了嘉靖皇帝性格多疑，只要问题够敏感，是真是假都够高拱喝一壶的。

胡应嘉的运气实在是差，他只知道嘉靖帝病重，根本不知道核心机密：嘉靖帝不仅病重，而且病入膏肓。应该送给嘉靖帝的报告，竟然落到了高拱手里。

高拱被这份奏疏吓得不轻，如果是一般人，立马会想办法收拾胡应嘉。但高拱绝对不是一般人，他跳跃式的思维中，首先出现的是徐阶，因为胡应嘉是徐阶的老乡。高拱与胡应嘉并无直接冲突，胡应嘉收拾完亲家接着收拾自己，没有徐阶幕后主使，借胡应嘉一百个胆，也不敢这么胡作非为。高拱与徐阶之间的矛盾，就这么瞬间意外升级了。

更头痛的是徐阶，高拱想到的，他也想到了。他知道胡应嘉给自己惹了麻烦，找胡应嘉算账对自己不利，跟高拱解释人家也不会相信。脑袋想破了的时候，徐阶得到了一个巨大秘密：嘉靖皇帝驾崩了。

作为首辅，徐阶解决难题的思路顿时清晰起来：叫上张居正，火速进宫。

就这样，出自徐阶、张居正之手的《嘉靖遗诏》震撼面世。《嘉靖遗诏》一经面世，朝野上下一片欢腾。

其实，读过《嘉靖遗诏》的人都知道，这里面无非说了两件事：一是确定接班人是谁，二是全面地总结过去。广大干群都高兴，关键是过去总结得好——嘉靖皇帝领导下的这几十年，混账的事情太多，私下不满的人更多。嘉靖皇帝死后“说”出的自我检讨，全都说到了大家的心坎上。

凭借这封遗诏，徐阶的威望如日中天，高拱成了泄气的皮球。高手不出手，无招胜有招：徐阶赢了，高拱输了。

徐阶的无影招，最精彩的还在于帮了张居正一把，抬升了他的地位，同时也把张居正牢牢地拉到了自己一边，这也是高拱最不愿看到的。

渔翁得利

裕王朱载坖，嘉靖帝第三子，因为两个哥哥死得早，所以皇帝的宝座最终属于他。嘉靖四十五年（1566 年），朱载坖继位，年号隆庆。

朱载坖的运气比较好，但能力水平比较差。也正因为他的能力够呛，所以他这一朝治理得比较好——许多国家大事，他索性交给内阁。皇帝是天生的，内阁成员则是竞争来的，制度的先进性同样体现在这里。能进入内阁，哪一个都会有两下子，否则也爬不到这个位子。内阁主政，所以有了所谓的“隆庆新政”，大明王朝出现了一线生机。

隆庆初年（1567 年），内阁成员共有六人：首辅徐阶，次辅李春芳、郭朴、高拱、陈以勤、张居正。

张居正与陈以勤是最后同时入阁，论资排辈，最后一名当然非张居正莫属。

排名倒数第一，正常情况下张居正要排队接班首辅，估计那是退休以后的事情。退休以前干上首辅，那必须要有不正常的事发生。

隆庆初年内阁班子的不正常，那是天生的。如果很正常，那反而是出了鬼了。当初，徐阶领着张居正进宫拟遗诏，就是一件极不正常的事。根据惯例，拟定遗诏是顶级的国家大事，必须由内阁大臣共同商议决定。当时的内阁成员有四个人，那天只有徐阶一个人在场，高拱、郭朴和李春芳压根不知道。也就是说，本来是四个集体研究的事，实际上是徐阶一个人说了算。高拱等三人当然有意见，并且摆上桌面也是徐阶违规。好在李春芳是个厚道人，不怎么太计较这件事。但高拱和郭朴就不一样了，与徐阶是对头，又被徐阶耍了，报复那是迟早的事。

徐阶对这事时刻提防着，希望不要出什么差错。结果，遇上了一个搅局的。这个人，同样是那个胡应嘉。

胡应嘉上次要干掉高拱，结果撞上大运，嘉靖帝恰好驾崩，最后胡应嘉没有干掉高拱，也没有被高拱干掉。这对胡应嘉来说，本来是最好的一种结局。但胡应嘉不是一盏省油的灯，正好又遇上京察。所谓“京察”，就是六年一次，对官员考核，决定升降去留。搞倒别人，自己爬上去，这是极好的机会。胡应嘉这次弹劾的对象，是吏部尚书杨博。

杨博资历很老，也是个狠角色。虽然没进入内阁班子，有时比大学士还狠。在杨博的眼里，除了首辅徐阶，剩下的人，没有一个能算个人物。而内阁里的这五个人，平时对杨博也是礼让三分。

胡应嘉这次弹劾杨博，多少有些道理。因为这次京察，被处理的官员一大批，就是没有一个山西人。杨博是吏部尚书，又是山西人，从结果推测原因，杨博就该是山西官员的“保护伞”。

高拱见到胡应嘉的奏疏大为高兴，杨博还没作出反应，他先作出反应了。这前提是高拱十分精明，胡应嘉的一箭之仇他还一直记着，如今胡应嘉要整杨博，借刀杀人总比自己挺身而出的好，也不至于自己背个打击报复的嫌疑。所以，高拱在内阁里大骂胡应嘉，要对胡应嘉严肃处理。

高拱一发话，郭朴立即附和。高拱见郭朴投了赞成票，狠狠地瞟了徐阶一眼，意思是说：你什么态度？

徐阶很被动，赞成吧，等于帮高拱；不赞成吧，瓜田李下，胡应嘉说杨博袒护乡党，那自己不也是袒护乡党吗？

论智商，高拱比徐阶要短一截。高拱逼徐阶摊牌，徐阶给了高拱一句话：我同意你的意见。

这就是高人：给了你面子，也给了你一刀。要处理胡应嘉，是你高拱的主张，我只是附和。有什么后果，你自己承担。

一切正如徐阶所料，自打胡应嘉要被贬官的消息传出，高拱就像捅了马蜂窝。唇亡齿寒，胡应嘉不仅是胡应嘉，更是言官。处理胡应嘉，也就等于处理言官。而言官闻风奏事，那是职责所在，说得不准确就处理，那是违反朝廷法令的。好在高拱还有两下子，言官上来一个，他摆平一个。但等欧阳一敬出手时，斗争的形势很快就逆转了。

欧阳一敬（？—1570 年），字司直，江西彭泽人，嘉靖三十八年（1559 年）进士，初授知县，改任给事中。官场混了将近十年，还是个七品官，看起来混得一般，但政绩却十分惊人：被欧阳一敬扳倒的三品以上高级官员，计二十余人，并附侯爵一人，伯爵两人。所以，欧阳一敬人送外号——“骂神”。

蔡京是宋朝著名奸臣，欧阳一敬将“当代蔡京”的帽子，套到了高拱头上。高拱气急败坏，御史齐康决定替老师出口恶气。但是，与欧阳一敬过招，老师都勉为其难，学生自然更不是对手。齐康犯了一个最致命的错误：一边与欧阳一敬过招，一边把徐阶拉了进来，认为整高拱这一幕，是徐阶指使的。失策呀，就算是徐阶幕后指使，关键时刻也不能戳破。钱越多越好，敌人越多越坏。

齐康这一露头，徐阶就知道坐收渔利的想法不现实了，自己不得不亲自动手，何况有庞大的言官队伍已在前面冲锋陷阵。

高拱比齐康水平当然要高，内阁里他要求徐阶公事公办，拟旨杖责欧阳一敬。“借兵给贼，送粮给盗”的事，徐阶是不会干的。徐阶要干的，是把六部的官员全部动员起来，让高拱陷入四面楚歌。高拱终于与徐阶撕破脸皮，在阁中大骂徐阶“先帝时导之为斋词以求媚”，现在“又结言路而逐其藩国腹心之臣”。徐阶回答说：正确领导言官，我有责任，你也有责任啊！至于求媚一事，徐阶坦认“因我罪”，但他提醒高拱：你当年也想求媚，只是水平不够，先帝曾以密札问过我，这封密札我还完好保存着。

被人掀开裙底，高拱面红耳赤，哑口无言。

徐阶除了门生众多，还因遗诏起复了世宗时被谪的诸多官员。感恩戴德的时候到了，大家自觉行动，甚至群集阙下，吐唾辱骂齐康、高拱。

大势已去，高拱称病乞休，自己给自己找个面子回到老家。齐康则坐黜外调，郭朴觉得没希望了，省得别人动手，自己回家算了。

改朝换代后的首轮较量，徐阶大获全胜。

得到一枚最大胜利果实的，显然不是徐阶，而是张居正。在内阁，徐阶本来就是排名第一，张居正是名列第六。现在一气拿下了两个，张居正就是排名第四。若再除却“老好人”李春芳、“老同志”陈以勤，张居正基本上名列第二。

离权力的顶峰，张居正只有一步之遥。

阴风巨浪

挤走高拱，徐阶也只干了一年。

隆庆二年（1568 年），六十六岁的徐阶决定退休。血拼几十年，好不容易坐稳了位子，为什么要主动放弃呢？因为皇上有意见。

从情感上讲，高拱离隆庆帝近，徐阶离隆庆帝远。高拱与徐阶的斗争结局，隆庆帝不是很乐意，加上徐阶时常制约，君相之间总是很别扭。好在隆庆帝不是很强势，所以徐阶并没有什么多大的麻烦。有次隆庆帝想出城玩玩，徐阶想都没想，果断拒绝：不行。

好脾气的人也有发脾气的时候，隆庆帝对徐阶的两个字大为光火：你凭什么呀？又不是我爹！

徐阶想想，也是。再想想，还是见好就收吧！这一辈子，徐阶收拾过无数人，包括“一把手”严嵩。但收拾皇帝，徐阶从来想都不敢想。

短短两年，高拱走了，郭朴走了，徐阶也走了，张居正从第六排到了第三，尽管还是最后一位群辅。但前两位的李春芳、陈以勤，都以厚道著称，张居正的地位是安全的，前景也是明亮的，这也是徐阶最欣慰的地方。

徐阶在老家安度晚年，生活幸福。这一点，那是老冤家严嵩无法仰望的。在这之前，倒霉的严嵩几乎是穷得饿死。严嵩即使不倒霉，与徐阶一样光荣退休，若论钱财，差不多也只有徐阶的十分之一。

徐阶的美好生活，很快又被一个人给搅了。这就是邵大侠。

邵大侠是谁，不是很清楚，《明史》“列女传”中提到过他。邵大侠后来被张居正斩草除根，婢女邵氏冒着生命危险，将其三岁幼子收留，任由官军拷打，坚贞不屈，不肯交代这孩子的下落。《明史》表扬的是婢女邵氏，而不是表扬邵大侠本人。

据野史《万历野获编》记载：邵大侠真名叫邵芳，号樗朽，丹阳人。邵芳是个通天混混，隆庆三年（1569年），他混到徐阶府上。徐阶出于好奇接待了他，邵大侠开口就问徐阶想不想再当首辅，如果想当，他有路子。论怎么当官，徐阶是专家，根本瞧不上这类业余经纪人。邵大侠一开口，徐阶几乎笑倒，极不友好地挥手示意：滚！

其实，邵大侠还真不是水货。他在京城混事，结识了掌事太监陈洪。陈洪是隆庆帝的红人，所以作用很微妙，类似孙悟空的金箍棒，看起来像根火柴棒，吹大起来威力无比。陈洪身份的限制不方便出宫，邵大侠身份的限制不方便进宫，二人合伙做官场生意，完全是个黄金搭档。

徐阶的嘲笑激怒了邵大侠，他横下一条心，要生意与报仇一起做。于是，邵大侠掉头找到高拱。世间的骗子，居然如此独具慧眼，作出隆庆朝唯一的高明决策。在邵大侠的游走下，高拱重新与皇帝、太监之间建立起联系，一次次内幕交易后，隆庆三年（1569年）十二月高拱复出。

不仅是徐阶，他线下的张居正，危险悄然而至。

阳谋阴谋

赶走高拱，本不是隆庆帝的意思。高拱一回来，隆庆帝高兴啊，先请高拱吃了一顿饭，接着恢复了高拱内阁大学士身份，还给了高拱一颗含金量很高的大印：吏部尚书。

张居正有些坐不住了：当初内阁的排名，高拱在自己之前。现在坏了，高拱重进内阁，排名在自己之后，因为这是规矩。

排在人家前面，这有什么可紧张的？所谓“螳螂捕蝉，黄雀在后”，最科学的吃法，就是后面的吃掉前面的。你排在人家前面，势必挡了人家的路，高拱倘若要往上爬，首先就要吃掉自己。

事实上高拱没有这么做，张居正忽略了高拱的性格：有仇必报，谁最直接，最先干掉谁。

高拱首先要干掉的，是欧阳一敬。欧阳一敬年纪大了，也很有心理准备，高拱还没动手，他主动辞职。接下来，当然是胡应嘉。胡应嘉运气不错，高拱落刀之前，他及时死掉了。当年跟风的言官就倒霉了，撤职、降职、罚款、坐冷板凳，一笔下来就是二十多个。

现在，该轮到张居正挨整了吧？也没有，因为半道杀出个赵贞吉，他跟高拱干上了。

赵贞吉（1508—1576年），字孟静，号大洲，内江人，嘉靖十四年（1535年）进士，时任礼部尚书。高拱重进内阁前，赵贞吉新进内阁，排名在高拱之前。

赵贞吉进入内阁，按道理应该心情舒畅，但他成天牢骚满腹。为什么？资格太老。

赵贞吉嘉靖十四年进士，陈以勤嘉靖二十三年进士，李春芳与张居正则是嘉靖二十六年进士——世道不公啊！赵贞吉一想自己的资历，就拿几位同僚发泄，从“一把手”李春芳开始，经常骂到“第三把手”为止。除了自己，赵贞吉谁都找机会骂，挨骂最多的自然是张居正。

高拱进来后，内阁里又新添了一个挨骂的。李春芳、陈以勤厚道，张居正深沉，所以赵贞吉产生了一个错觉：自己真的是元老，骂谁都没关系。他根本就不记得，高拱是个眼里进不得沙子的人。

赵贞吉找高拱的茬，高拱一点都不客气，立即组织言官弹劾赵贞吉。赵贞吉更来气了，你找谁整我都可以理解，内阁里我分管都察院，拿我的人整治我，也太欺负人了！

赵贞吉吩咐言官弹劾高拱，结果大失所望，根本没有人听自己的。赵贞吉忽略了关键的一点：高拱是吏部尚书，又管京察，官员的命运都掌握在他手上。吃力不讨好的事从来就没人干，赵贞吉与高拱争天夺地，不被旁观的官员捅一刀已经是不错的了。

赵贞吉与高拱打得昏天黑地，最难受的是陈以勤。赵贞吉是陈以勤的老乡，不帮赵贞吉不合适，帮赵贞吉也不合适。这么恶劣的工作环境，陈以勤想通了：辞职回家。

赵贞吉斗高拱，本来就处于劣势。陈以勤一走，赵贞吉也感到了胜利的渺茫，索性收手，辞职回家。

张居正本指望坐收渔翁之利，结果既出乎意料，又在情理之中，高拱坐上了次辅的位子，自己的排名虽说没动，但又重新回到了倒数第一的位子上。

旗开得胜的高拱，接下来是斗前面的李春芳，还是后面的张居正呢？一个都不是，高拱最惦记的是报仇雪恨，头号敌人徐阶，这回挨刀了——这就是海瑞斗徐阶的故事。在这场斗争中，张居正与海瑞进行了协调，徐阶向高拱表示投降，最后敌我双方互作妥协，徐阶亲属被查处，家庭财产损失巨大。这个结果不算太坏，徐阶基本满意，高拱基本满足，而不自觉充当斗争棋子的海瑞，则从热炕头坐到了冷板凳。这种异常工作调动，很长时间里海瑞都不明白究竟是怎么回事。

作为徐阶的弟子，在徐阶大祸临头的关键时刻，张居正虽然悄悄出手，但从不显山露水。

高拱整人有一套，做事也是有一套的。在隆庆帝的信任与支持下，国内的天灾人祸、北部边境的长期冲突，都在高拱的主导下成功解决，史称"隆庆新政"。

当然，高拱也成功地挤走了首辅李春芳、阁臣殷士儋，自己当上了首辅。

做高拱的领导没好日子过，做他的副手同样很艰难。高拱下一步的冲突对象，除了张居正已别无选择。出人意料的是，二人的冲突竟是因聊天爆发的。

这天，高拱与张居正闲聊，突然仰天长叹：老天不公平啊！

张居正摸不着头脑，不敢贸然应答。高拱盯住张居正，问道：你有那么多儿子，我怎么一个也没有呢？

张居正想，高首辅无儿无女，确是人生遗憾。怎么宽慰他呢？他装出无可奈何的样子说：子女多，也难养活啊！

高拱立刻翻脸：有徐阶送你的三万两白银，养活几个儿子算什么？

张居正明白了，高首辅这哪是谈心啊！徐阶是自己的恩师，就算私下给他帮过忙，怎么会收老师的银子呢？于是，张居正赌咒发誓，高拱勉强相信。

正是从这一刻时，张居正明白了：自己与高拱之间，只有你死我活是唯一的选择。

但是，要打败高拱谈何容易。论靠山，高拱有皇帝；论谋略，他不在徐阶之下；论强势，他是最强悍的一任首辅。只能智取，不可强攻。

张居正的斗争智慧，在于他不是研究对手的破绽，而是研究对手的成功。徐阶打败高拱，高拱为何又咸鱼翻身？秘密只有一个，不是神秘的邵大侠，而是隆庆帝身边的太监陈洪。太监影响皇帝，皇帝决定一切，天大的事也能变成芝麻大的事。

拿高拱的矛戳高拱的盾，便成了张居正的最佳选择。张居正准确地锁定了一个人——冯保。

冯保（？—1583年），字永亭，号双林，衡水人，嘉靖年间入宫，隆庆初年掌管东厂兼理御马监。

同为太监，陈洪比起冯保那就小儿科了。陈洪是个文盲，冯保则精通经史；陈洪贪婪，主要靠敲诈勒索；冯保主要靠巧取豪夺。冯保做过最著名的一件事，就是将中国十大传世名画之一的《清明上河图》，从皇帝家里转到了自己家里，然后堂而皇之地提笔作跋。冯保最擅长干神不知鬼不觉的事，这要是换了陈洪，得冒多大的风险去敲诈皇帝啊！

陈洪、冯保与高拱之间的关系，也有着本质上的不同：陈洪与高拱，关系是靠好处维系的；冯保与高拱之间，这关系就叫“不共戴天”，拿再多的钱都没办法私了。

冯保为什么与高拱成为死敌呢？因为冯保与张居正的境遇太相似了。冯保同样是个胸怀大志的人，并且离权力顶峰也只有一步之遥。明代的太监机关，权力最大的就数司礼监，因为干上这个，就可以受皇帝委托批阅文件，最后加盖公章，享受皇上的政治待遇，行使皇上的政治权力。

冯保作为东厂提督太监兼御马监管事太监，在十二监中不能叫“二把手”，但属于“二号人物”。冯保的目标，一直瞄准着司礼监掌印太监，并且好不容易等到机会：隆庆帝上台后，掌印太监下台，无论是能力水平还是论资排辈，冯保都是不二的人选。结果，高拱欠陈洪的再造之恩，这一知恩图报，陈洪上去了，冯保没戏了。等陈洪下台，高拱又推荐孟冲。孟冲只是个尚膳监太监，只有做饭的水平比冯保强。冯保彻底明白过来：干不上司礼监掌印太监，不是自己有问题，而是因为高拱在当首辅。

共同面临你死我活，张居正与冯保简直是志同道合。一个是内廷宦官，另一个是朝中大臣，非工作性联系很不方便，也容易招忌，张居正与冯保结盟必须是秘密状态。

这天张居正获悉隆庆帝病重，因为事关重大，必须尽快告知冯保。高层一旦有变，可是千载难逢的良机。张居正赶紧写了一封密信，连夜密送冯保。

神不知鬼不觉，高拱却一清二楚，并对张居正发出严厉警告：内阁我是“一把手”，有事应该与我商量。与太监秘密往来，违反政治纪律。即便与太监商谈工作，同样违反组织原则。

高拱句句在理，张居正理屈词穷。

冯保知道事情暴露，决定与张居正一起，同高拱展开决战。

先下手为强，后下手遭殃，这个道理太浅显了。但是，张居正作出了他一生中最为准确的判断：高拱还是信任我的。

这就是政治家，知己知彼，审时度势：高拱如果不信任自己，他就不会打草惊蛇，公开训斥。将对方置于死地，高拱从来不会履行告知义务的。靠对方的信任击倒对方，这也是张居正的制胜法宝。

阴谋也好，阳谋也罢，张居正都需要在高拱的信任下，将计谋进行到底。在与冯保更加紧密联络的同时，张居正又秘密开出了一条新径，这就是与李贵妃的关系。

李贵妃（1545—1614 年），隆庆皇帝的皇贵妃，后来的万历皇帝朱翊钧的生母，其他情况正史中并无详细记载。

野史之中，这位李贵妃叫李彩凤，漷县人。父亲李伟是位乡村的泥瓦匠。家乡遭受虫害之后，李伟携家带口到北京城里谋生。生活无着的李伟，将李彩凤送往裕王府，当一名使唤丫头，由于被当时的裕王看中而有了身孕，十九岁时生下儿子朱翊钧。像裕王这样的天生龙种，并不缺少女人，李彩凤做到了长期固宠，充分证明这是一个魅力与能力双双非凡的女人。

李贵妃天生丽质，张居正属于典型的帅哥，所以野史通常将二人之间的亲密关系，解释为痴男怨女型。《中国古今巧对妙联大观》收有一副对联，文人用以证明张居正与李贵妃之间关系暧昧，大意是说艾自修与张居正一同参加科考，艾自修名列榜末，即所谓“背虎榜”。张居正嘲之曰：“艾自修，自修勿修，白面书生背虎榜。”艾当时未对出，后来张当上宰相后，相传与皇后有暧昧关系，艾遂得了下联：“张居正，居正不正，黑心宰相卧龙床。”

这副对联有些趣味，但史实是：艾自修在万历二十八年（1600 年）才中进士，这时的张居正已过世十八年，张居正与艾自修是从来没见过面的。

但张居正与李贵妃之间，关系确实非常亲近，这与张居正在裕王府的经历有关，与冯保的穿针引线也有关。更直接相关的是，李贵妃不是一个普通女性，虽不是什么名门闺秀，但工于心计，城府很深，是一块搞政治的好材料，张居正自然就不必说了。共同的政治目的，二人开始越走越近，成为一对配合默契的政治搭档。

张居正、李贵妃、冯保之间迅速结盟，共同的打击目标，最终都锁定到高拱头上。

一招致命

隆庆皇帝的身体状况急转直下，一场新的权力斗争悄然来临。

隆庆六年（1572年）五月二十六日，隆庆皇帝急召高拱、张居正和高仪三位阁臣进宫，将要发布临终嘱咐。两位高大人拼命跑，到达寝宫时高仪倒没什么，因为他刚入阁不久，人也厚道。高拱则大吃一惊，因为他发现入场顺序不对，参会人数也不对：除皇后、太子朱翊钧、太子生母李贵妃，张居正已先自己而到，旁边竟还有一个冯保。

开会通知，第一个应该是发给首辅的，张居正怎么会提前到场呢？这时候来，分明是要草拟皇帝遗嘱的，这关御马监什么事？

高拱气不打一处来，但这种场合又不便发作。但皇帝的一句话，让高拱彻底平静下来：垂死的皇帝，郑重地尊他为先生，并将太子托付给了他。

交代完这几件大事，隆庆帝再也没有了声音。这一天，隆庆皇帝朱载垕驾崩。

隆庆皇帝走了，高拱知道接下来就该大家一起商量如何写遗诏了。但是，高拱的想法完全是多余的，冯保已经拿出了遗诏，并开始宣读。

嘉靖皇帝驾崩，徐阶是首辅，起草遗诏没自己的份；隆庆皇帝驾崩，自己是首辅，起草遗诏还是没自己的份！高拱气得差点背过气去，当听到“着令司礼监掌印太监与内阁大学士共同辅政”时，高拱差不多七窍生烟了。

司礼监掌印太监辅政，有没有搞错？正准备反驳，高拱又自己忍住了，后悔自己差点做了件蠢事：司礼监掌印太监孟冲是自己的人，管他是否违反祖制，多个帮手总是好事。

但等高拱一觉醒来，结果出来了：司礼监掌印太监孟冲退休，接任者，冯保也。

原来是逗人玩呢，高拱决定给冯保一点颜色瞧瞧。他亲自上了封奏疏，冯保不是司礼监掌印太监吗？上呈皇帝的奏疏，司礼监掌印太监通常是“第一读者”，那就让你先尝尝“第一读者”的滋味。

高拱在奏疏说：太监是下人，不能参与政治，建议皇帝收回司礼监的权力。

冯保收到奏疏，简直蒙了。明明知道这封奏疏要经过自己手上，偏偏是说要拿掉自己的权力，分明是拿自己当小孩子欺负。

你明着来，我就明着去！冯保提笔来了六个字：“知道了，遵祖制。”然后盖印，直接送给高拱。

高拱一看，就知道是冯保代笔，但毕竟符合公文处理规范，所以冷笑了一声，面对张居正、高仪，高拱一声叹息：“十岁太子，如何治天下？！”

不发牢骚，不是高拱的性格。与冯保玩文字游戏没意思，高拱决定刺刀见血。他发动亲信，弹劾冯保：向先帝进送邪燥之药，致先帝殒命；假传圣旨，图谋不轨。

进攻力量布置到位，高拱还要铁板钉钉。他便去找张居正、高仪，毕竟冯保也是朝廷重臣，内阁作出一致的决定，冯保才能是死路一条。

高仪觉得这事不靠谱，人又厚道，赞成对不起良心，反对又对不起高拱，所以始终不表态。张居正十分爽快：当然听您的。

高拱高兴地走了，张居正也高兴地走了。不过，高拱是急着去找打手，张居正是急着去找冯保。

冯保知道事情的轻重，自己没了主意，急问张居正怎么办。张居正想都没想，告诉冯保：除掉高拱，有一个人行。冯保急问是谁，张居正接着吐出两个字：皇上。

皇上凭什么帮助冯保呢？张居正告诉冯保：你告诉皇上一句话就行。

隆庆六年（1572 年）六月十五日，冯保向皇上报告一个重大机密：高拱图谋不轨。

"不轨"啥意思？万历皇帝确实才十岁，没听明白这个词有什么意思。旁边的李贵妃，脸都变了。冯保告诉这对母子，高拱说了："十岁孩童，如何做天子！"

高拱的原话，是"十岁太子，如何治天下"。"十岁孩童，如何做天子"，是张居正帮冯保意译的。这种意译，显然不同寻常。

李贵妃警觉起来，找来张居正商量。双方一见面，李贵妃很快激动不已：张居正，只有张居正，才是自己的依靠力量。从张居正这里，李贵妃还得知，高拱还准备废了万历，另立藩王。

如此欺负我们孤儿寡母，李贵妃的恐惧与愤怒都达到了顶点。还坐等高拱动手才出手？隆庆六年（1572 年）六月十六日，高拱接到圣旨："高拱回籍闲住，不许停留！"

盘算的是别人，中枪的是自己，高拱从没想过还有这种战争结局。

心情沮丧的高拱爬上牛车，正准备离开京城回老家，没想到又遇到了另一个人：张居正的下人。这个人送给高拱一张纸，有了这张纸，高拱可以免费使用驿站。但是，高拱拒绝了——如果这个时候还看不清谜底，高拱在官场也混不到今天。

对高拱的反应，张居正也知道会有这么一个选项。不来送行，也就没有尴尬，高手的每一招，都不是信马由缰，也不是画蛇添足。

正事歪招

邪门阴招击倒了高拱，张居正毫无悬念地当上了首辅。站在权力的顶峰，张居正开始例行私事：整人。

高拱整人是有名的，他也是有仇必报。领导的德行都是相似的，张居正整人不仅大有高拱的遗风，而且有过之而无不及，保险系数高，出手就是绝杀。

早在隆庆二年（1568年），张居正还是“三把手”的时候，就十分成功地整倒了辽王朱宪㸅。

朱宪㸅挨整，是因为与张居正的老家挨得太近。辽王朱宪㸅乃老辽王朱植之后，老辽王朱植原就藩广宁州，后改封荆州，这就成了张居正老祖宗的领导。靖难之役后，朱棣嫌其支持不力，削夺了辽王的护卫，从此这支藩室成了吃喝等死一族。朱宪㸅从小到大都是吃喝玩乐，并玩死了张居正的爷爷。其中什么原因，正史并无记载。野史的说法，是朱宪㸅要扩大王府的规模，需要免费利用张家的地皮。张家舍不得，后来这位张爷爷就被整死了。

那时张居正还小，后来张居正为官，这事也没被提起。张居正辞官里居时，与朱宪㸅玩得也挺热乎，这桩往事似乎就过去了。但当张居正成为阁臣时，朱宪㸅的厄运就到了。御史们纷纷弹劾辽王朱宪㸅，皇帝觉得应该调查核实。朱宪㸅是个从来没见过风雨的人，应对调查组什么经验都没有，一任性就在家里竖了面大旗，上书“讼冤之纛”四个大字。这效果明显——调查组撤走了，正规军开过来了。朱宪㸅问题的性质，自动由违纪升级为犯罪，其下场就是王位废除，转入大牢。

一口恶气，没想到能忍三十年；一吐恶气，没想到来得这么舒爽。这痛恨的毅力，隐忍的精神，张居正是高拱无法比拟的。

当上了首辅，张居正第一个要解决的是谁？出人意料：邵大侠。

隆庆六年（1572年），挤走高拱不足一月，张居正命令应天巡抚捕杀邵芳。缉捕官军一路追赶，将邵芳围堵在丹阳家中。捕获邵芳，官军在邵家挖地三尺，因为邵芳有个儿子不见了。邵芳交通朝野、干预朝政，罪恶深重，应受惩处。将其斩草除根，张居正就有点公报私仇的味道了。

张居正为什么对邵芳如此痛恨？因为张居正熟知高拱复出的前因后果，正是邵芳横出的这一竿子，差一点将他打得翻船落水。解决了邵芳，断了高拱的后路念想，报了徐阶的知遇之恩，一石数鸟，恩家仇家双双了断。真正的政治家，是没有闲工夫为了雪恨而报仇的。

这个时候，张居正觉得该歇口气了。但是，有个死鬼偏偏撞进来。

万历元年（1573年）正月二十日一大早，小皇帝坐着轿子去早朝，路过乾清门发现一个鬼鬼祟祟的人。侍卫从他身上搜出刀、剑各一把，但在真正的大内高手面前，这家伙很识相，逃跑的动作都没有，主动配合到保卫部门交代问题去了。

这事件看起来非常严重，实际上明中叶以后的宫禁一直比较乱，类似案件时有发生，处置方法一般都是厂卫及五城兵马司审明，当事人杖责充军了事。张居正本来对这起事件的内部通报没怎么认真，但看到最后来气了：这是怎么办事的？审了几天，居然只知道人家姓名王大臣，籍贯武进县，身上带有刀剑。入宫的时间、地点、动机等，一无所知。身带刀剑，这个哪用审，看一眼就知道了。是什么地方的某某人，还不一定是真的。这都什么效能啊？

张居正大笔一挥，王大臣改由东厂处理，况且这也是皇帝的意见。东厂的特色套餐是刑具，一天尝一种，一个月都不会重样。这待遇王大臣实在消受不了，承认自己真名叫章龙，是戚继光手下的逃兵，目的就是瞎跑。

张居正一听是这个结果，政治敏感性腾地就上来了：逃兵这个问题完全可以忽略，问题他是戚继光手下，带刀跑到了皇帝旁边。如果戚继光是自己的政敌，杀头够了，因为前面这两点都是事实。但戚继光偏偏是自己的亲信，自己一秒钟就能想到的问题，不排除有人花一天时间也能想出来。

脑子好使，“神童”时代张居正就具备了。张居正随即票拟谕旨：“着冯保鞫问，追究主使之人。”张居正叮嘱冯保，这个案子一定要办出价值，办出水平。

张居正这么一说，冯保倒是茅塞顿开。他令办事人馈章龙饮食，许赏其千金，重改口供。不过，君子固本，冯保首先要办的，是自己的私事：通过章龙，说出这事的内应是陈洪，再牵到高拱头上。

高拱被拉进来了，冯保发缇骑包围了高拱府第，逮捕了高家的奴仆。高家上下恐慌万状，准备携带金银细软逃跑。这时，张居正亲自给高拱写了两封密信，安慰高拱不要紧张。都要灭门了，能不紧张吗？张居正这手太厉害了：万一知道高拱紧张过度自尽了，失去活口，不好定案。还有一种“万一”：这案子万一办砸了，自己的退路也留好了。

高拱无奈出见缇骑，问他们何故包围府第？缇骑说，没有逮捕他的意思，只是包围以防意外罢了。高拱这才定下心，但预料可能将有大祸临头。

一阵紧张工作之后，章龙果然有了新的供词：我是高阁老（高拱）的家人，高阁老派我来行刺皇上。

言简意赅，一句废话都没有，并且确保戚将军平安、高阁老完蛋。

挺好的一箭双雕，被杨博与葛守礼给搅了。杨博，斗严嵩的那一位，所以威望一直很高。杨博这些年，斗争经验也成熟了，他不跟张居正硬干，主动跟张居正说情。不为别的，杨博的亲家是王崇古，王崇古的铁哥们是高拱，搞死一个退休的没意思，何况大家还是一条线上的。

葛守礼，刑部尚书。葛守礼跟着打抱不平，第一是这人相当正直，第二是这人知恩图报。严嵩专权时，葛守礼对其大为不满，所以第一次被轰出官场。穆宗登基后葛守礼被起用为户部尚书，高拱与徐阶大打出手时，葛守礼拒绝参加攻击高拱，所以有了第二次走人。高拱再度为相，葛守礼便成了刑部尚书。

张居正觉得杨博、葛守礼来找自己太蹊跷——明明是冯保出面办的事，怎么会找到自己头上来的呢？张居正装出一副很无辜的样子，说东厂办的事，我哪清楚啊？杨博、葛守礼是早有准备，说东厂的报告上有您指示！张居正醒悟过来了，连忙解释：他们文字水平有限，我只是帮他们改几个字而已。

自己会想，别人会猜，这么搞高拱，难免招嫌疑。人一旦自我否定，就容易智商短路，送走杨博、葛守礼，张居正决定求签，听听“神仙”的意见。结果，求到了八个字：所求不善，何必祷神。

结果不好的事，张居正决定让冯保单独去干。冯保觉得一切都安排得挺妥当的，便将“王大臣”提出来审判。公堂之上，章龙猛然改口，将张居正、冯保设计的内幕抖得一清二楚。众目睽睽，冯保又气又急，赶紧杀人灭口。

冯保当然没事，戚继光自然没事，高拱跟着也没事了。

以张居正与冯保的能耐，怎么办出这等结果？因为杨博、葛守礼同样有能耐，他们已清楚这背后的谜底，便悄悄派人潜入监狱，教会了章龙这一招，让章龙相信，只有这样才能活命。至于章龙，被谁骗都是骗，强烈的求生欲之下，他也没那个脑子，也就顾不上许多了。

“王大臣案”到底是怎么回事？万历十一年（1583 年）二月，张居正与冯保已身败名裂，南京兵部郎中陈希美上疏，认为谋杀皇帝的主使就是张居正与冯保。万历皇帝觉得这个说法不靠谱，但想弄个水落石出，计划重新调查“王大臣案”。大学士张四维很明智，说这事都过去十年了，人犯已决，案件经办人也不在了，查出的结果恐怕更荒唐。从此，“上乃置不问”。

——还是“神仙”预言得准啊！正事歪事，私事公事，张居正本想假一案将政敌一网打尽。但是，以其眼下的声威想随心所欲，没有想象的那么容易。

办事有阻力，但就客观工作环境而言，张居正在明代首辅中无疑是最好的。自打高拱被赶走，高仪很快又因病医治无效与世长辞，这内阁想开会也没有第二个人。皇帝小，太后与张居正关系密切，所以张居正的意见就等于皇帝以及太后的意见。加上冯保负责保管公章，张居正的权力只是有点干扰，约束基本上是谈不上的。

张居正之所以有“名相”之誉，在于他的理想大于阴谋，顺便干点歪事，主要还是干正事。最著名的是两桩，为明王朝解决了“人”与“钱”的问题。

明王朝日渐腐败，根子肯定是人的问题。当然，这里的“人”，指的是官员，明王朝的各级官员。张居正的想法极有见地，他不是以权压人，而是以“制度管人”。

万历元年（1573年）十一月，张居正上奏皇帝：“月有考，岁有稽，使声必中实，事可责成。”“考成法”就这么出台了。

明眼人应该看出来了：这完全是张居正的主张，只是这中间绕了一个弯——皇帝。张居正提案，皇帝同意，张居正再办理，这性质就变成朝廷的了。

“考成法”的要义并不复杂，主要明确职责，将工作目标任务层层分解。完成好的奖励，完成差的处罚。哪天你降职、免职，你都不好意思找人说情，别人也都不好意思帮你。万历四年（1576年）底，单是山东就有十七人降职、二人革职。所以，第二年税粮收得特别好，岁入高达四百三十五万两，比隆庆时增长了百分之七十四，当年收支结余八十五万两。

一搞“绩效考核”，效果就这么好？其实，这只解决了怠政的问题，治了官员的懒。官员“勤快”起来，也不一定全是好事。“考成法”要是那么包治百病，估计早被人发明了。张居正进入伟人行列，是他知道“考成法”的副作用——单纯的“政绩”导向，大小官员势必横下一条心，大鱼吃小鱼，小鱼吃虾米，那老百姓只有死路一条，这王朝想多活几天也是很难的。

张居正想到的办法，被后人称为“改革”。为什么要改革呢？因为原本设计好的东西被后人改了，必须改回来。主要问题出在“钱”上。

老百姓向朝廷交的钱，当然是有规定的：一是按地交的，二是按人交的，即所谓田赋与人头税。这两者，交的是实物，种稻子交稻子，种麦子交麦子，种棉花交棉花。除此之外，还有服徭役，就是替各级政府免费当差。

历朝历代，都是这么干，张居正为什么要改呢？因为官员学坏了。比方说你交稻子，水分是几个点，没有仪器测量，全凭官员一张嘴。本来你交一石稻子，他硬说你这稻子水分大，还得交二十斤，你也没办法。至于服徭役，那就更没有客观标准了。

中下层官员多要点税赋，对朝廷来说不是好事吗？问题是这种官员基本找不到，多要的这部分全进了他们的腰包。老百姓多出了，朝廷又得不到好处，任其发展，总有一天要冲破底线。

张居正推出的改革举措，就是实行“一条鞭法”。啥意思呢？就是田赋、人头税、徭役等，不搞五花八门了，通通折算成钱！

“一条鞭”，这名字确实取得好，等于给了官员们“一鞭子”——从此以后，你们任务要完成，转嫁到老百姓头上也难了。钱的大小，那是客观的。

为抽这“一鞭子”时，张居正早有另“一鞭子”抽在前了。万历六年（1578年），张居正以福建为试点清丈田地。两年后，全国田地比隆庆年间多二百三十余万顷。额田的增加，意味着朝廷收入的增加，也意味着负担趋于公平。

张居正的“一条鞭法”，其实只是个技术措施，对明朝祖宗之法并无本质上的变性，但对百姓而言是减轻不合理的赋役负担，对胥吏而言是制约了徇私舞弊。当然，这也是一件很得罪人的事情。

一路大刀阔斧的张居正，几乎没有遇上正面的对抗。不过这也不稀奇，因为这些为政措施，都是假朝廷之名推行的。谋逆犯上之类的事，官员很少干，有什么窝囊气，一般都放在心里。况且，“考成法”这柄大刀始终是明晃晃的，谁要是自寻死路，说不准哪天就因失职、渎职被修理了。

有一个人，却不在乎这些。准确地讲，应该是一类人。这类人的代表，是何心隐。

何心隐（1517—1579），本名梁汝元，字柱乾，号夫山，江西吉安人。

在明代就开始使用“网名”，何心隐是个别有用心的人。早年，何心隐放弃科举，成了职业社会评论员，为此还坐了几年牢。徐阶斗严嵩时，何心隐暗中帮了大忙，让嘉靖帝疏远了严嵩。说不从政，事实上又干政，何心隐不是矛盾的统一体，而是一个很有思想的人。他有一句名言：“无父无君非弑父弑君。”这态度，很有一点“无政府主义”的味道。

张居正当政时，何心隐聚学湖北孝感。为办书院，何心隐不惜耗尽家财。不同形式的书院，在中国有上千年的历史，但明朝的书院日渐成为议政不参政的阵地。若干年后的东林书院有副名联，叫作“风声雨声读书声声声入耳，家事国事天下事事事关心”，意思是说从天上刮风下雨的事，到你家里鸡毛蒜皮的事，我都有责任盯着你。明朝书院议论朝政，讨论敏感话题，甚至攻击时政的事，不是一两天的事。

张居正铁腕行政，乃至带有摄政色彩，官场上的人是不敢公开批评的，但在何心隐讨论“课题”里，张居正始终是他们的“必修课”。万历七年（1579年），湖广巡抚王之垣将何心隐缉捕。公堂之上，何心隐首先享受“杀威棒”待遇，然后——没有然后，何心隐知识素养很强，身体素质太弱，只那么几棒人就没气了。体质太弱，竟然一打就死。遗憾之至，王巡抚遂妥善安排其后事。

何心隐一死，王之垣就倒霉了。事情一出，天下学人口诛笔伐，骂了王之垣几个月。王之垣也不回应，所以后人都认为他是忍辱负重，替张居正背黑锅。何心隐是否死于张居正之手，像是一笔糊涂账，因为杖杀他的是王之垣，而何心隐临死前对王之垣说的话又是：“公安敢杀我？亦安能杀我？杀我者，张居正也！”

杀何心隐的实情，是出于张居正的意旨，还是王之垣出于献媚张居正而自觉为之，其实并不重要。因为要解决这股异己势力，张居正已谋划很久。他在《请申旧章饬学政以振兴人才疏》中，早已明言了对书院的痛恨之情。只是他打击的目标，不单单是一个何心隐。

万历七年（1579年），张居正一气关闭了天下书院六十四处。将所有的敌人消灭于萌芽状态，这才是张居正的狠！

家国矛盾

撇开权力斗争中的官场权谋，整顿吏治，加强国防，清查土地，改革赋税等等，张居正的为政之举，都带有显性的改革成分，其制度化倾向也是现代政治文明色彩。从大历史的角度看，张居正新政无疑是继商鞅及隋唐之际革新之后直至近代前夜影响最为深远、最为成功的改革，在一定程度上缓解了国内矛盾和民族矛盾，延长了明王朝国祚。但是，封建社会的根本制度是不可动摇的，张居正很快遇到了制度性难题。

万历五年（1577年），张居正的父亲张文明与世长辞。这对张居正来说，是个家庭大事。但张居正工作实在太忙，哪有时间去料理父亲的后事。这种情况如果搁在现在，克服困难坚守岗位，可以算上先进事迹。明朝是“以孝治天下”

的，父亲死了不尽孝道，不是日后没脸做人，而是脸皮再厚也没法做官——明朝的制度性规定，官员必须“丁忧”。

所谓“丁忧”，民间的说法叫“守孝三年”，实际上是从得知父母丧讯那一天起，回到祖籍守制。这个制度是太祖时代定下来的，是名副其实的“祖制”，谁都得遵守。“丁忧”结束，才可以回朝为官。官场中人，不乏官瘾大的，父母去世唯一的方法就是瞒着，借丧事敛财的事就别指望了。但万一被人举报了，对不起，一律削职为民！所以，这个制度在明朝执行得最好——与其被取消做官资格，不如忍耐二十七个月。

这个制度有没有例外呢？当然有的，这就是带兵打仗。两军对垒，爹娘死光了，敌人也不会同情，你说等丁忧结束再接着来，这么通情达理的敌人历史上还没有过。

张居正与这条显然对不上号，但张居正又显然不能“丁忧”：于公讲，好不容易打开工作局面，这一走也许就前功尽弃了；于私讲，坐到首辅位子容易吗？杀出个程咬金这几十年血拼或许就归零了。

张居正只剩下的唯一选择，就是走夺情之路。所谓“夺情”，相当于“丁忧”的解药，是指十分特殊的情况下，皇帝指示这人绝对不能走。这副解药用于张居正，非常不合适——不能说在张居正的领导下，刚才还形势一派大好，他爹一死，形势突然又一团糟。

不合适，总比没有好。所以，张居正选择了夺情。万历五年（1577年）十月，张居正书面报告回家守制，两天后皇帝书面驳回。第二天张居正再次书面申请一次，皇帝再次书面答复不行。这种玩法有点浪费办公用品，但这也是传统玩法，体现出双方的诚意。

什么时候游戏结束呢？当然是见好就收。皇帝让张居正夺情，众大臣纷纷拥护。一些人情感脆弱，乃至声情并茂，上书反对张居正丁忧。书面反对好啊，这正是拥护首辅的铁证。

领导不同意，群众不答应，张居正夺情成功。但没几天，剧情逆转——翰林院编修吴中行，翰林院检讨赵用贤，上书弹劾张居正夺情。

这两个小官跳出来，张居正很生气。不为别的，因为这二人还是自己的门生。学生骂教师，不成体统。或许当年张居正的教学水平太高，学生记得太牢，死记硬背的知识，如今全用到了老师的头上。

张居正还没想好怎么训斥这两个东西，又有两个东西冲上来了。刑部员外郎艾穆，主事沈思孝，第二天跟着上书弹劾张居正，要他遵守制度，回家尽孝道。

张居正警觉了。今天两个，明天两个，后天再两个，这位子还不被他们给掀翻了？果不出所料，两拨领头的出来后，一股反对浪潮席卷而来。

几天前是一群大臣反对他丁忧，几天后是一群大臣反对他夺情。弹劾他的内容，更从违反祖制不尽孝道，扩大到他的经济问题、工作作风、生活作风诸多方面。更有甚者，声讨的“大字报”贴到了街头。

大家一直见了张首辅都点头哈腰，猛然间为什么突然变成这样呢？原因当然在张居正这里：你又不让大家捞好处，工作又压得大家抬不起头，只要你当首辅，大家就没有出头之日。拥护你，那是没有办法。不反对你，那是没有机会！机不可失，失不再来，你爹死了，你不走人，还等你爹再死一次？爹死儿丁忧，这就是制度，你拿制度整人，如今拿的是你的矛，戳的是你的盾。

想反扑，张居正不能给他们机会，先给领头的一点颜色。不过，自己处理自己的事情有点不好，张居正向皇帝汇报了此事。皇帝态度明确：打！

官员挨打，这打法有点不好意思，因为打的是屁股，并且是在“大会堂”，名曰“廷杖”，这同样是祖制。

但廷杖还没执行，这下面反对的又多出一班：过去一直没吭声的。并且，又出来两只“领头羊”：王锡爵，申时行。

王锡爵，翰林院掌院学士；申时行，吏部右侍郎。眼下这二位都不是高官，但这二位都不是凡人：申时行是嘉靖四十一年状元，王锡爵是嘉靖四十一年榜眼，二位同学包揽了这一届的冠亚军。申时行还是传说中的中国计划生育政策的鼻祖，肚子里的主意不是一般的鬼。这二位不可等闲视之，还在于他们日后同样会登上张居正的宝座，成为明朝的另外两任首辅。王锡爵、申时行挑战张居正，不是下级与上级比高低，相当于两个首辅斗一个首辅。

拼智商的事张居正不干。王锡爵、申时行求见，张居正躲在家里装病，什么人都不见。别人进不了张府，王锡爵却溜进去了。王锡爵的水平是见了张居正不是逼，而是求他高抬贵手，原谅那四位算了，反正达到目的就行，讲究形式没意思。张居正装出很无辜的样子：那是皇上生气了，我有什么办法啊！

这一脚，是要把王锡爵踢到皇帝那儿，没吃过亏，可以到皇上那领。

王锡爵不会被人牵着鼻子到处跑，而是轻轻扎了张居正一针：皇上生气，也是因为您啊！

窗户纸捅破了，王锡爵等着张居正的下一张牌。

结果，张居正拿起了旁边的一把刀。王榜眼吓傻了，自己智商这么高，预案准备得这么周详，偏偏就没有杀人这一出。

王榜眼更没想到的是，张首辅跪地，要杀的竟是他自己，嘴里大喊：皇帝要留我，你们要赶我走，到底想怎么样啊？又不能尽孝，又不能尽忠，你杀了我吧，杀了我吧！

王锡爵的智商短路了，什么主意都想不出，赔了个不是赶紧走人了。

接下来，张居正还有什么怪招？没有，一切按部就班，吴中行、赵用贤、艾穆、沈思孝执行廷杖。十月二十三日，吴中行、赵用贤廷杖六十，艾穆、沈思孝廷杖八十。怎么说吴中行、赵用贤也是“首犯”，怎么比两个“从犯”处罚还轻？估计张老师要感化学生，“优惠”了学生二十大板。不仅价格优惠，还货真价实：吴中行差点被打死，终身拄杖上班；赵用贤腿上被打掉一块肉，被夫人制成“腊肉”，长期挂在家里，成为光荣家史展的“珍贵文物”。

出手够狠，效果仍差，弹劾张居正的人有增无减，从引经据典到泼妇骂街，要什么有什么。堂堂官员骂人，没什么奇怪的，这也是明朝官场的“光荣传统”。互相开骂，直骂到皇帝的，除了知名的海瑞，其实也够一排的。很多人都是靠骂人博得声望，何况如今不过是骂个首辅？

这个事什么时候了？其实很容易，万历皇帝发话：再因夺情攻击张先生，杀！

于是，所有的声音消失了。

又一轮回

万历皇帝的一言九鼎，让几乎难以招架的张居正在夺情事件中顺利胜出。皇帝发声如此及时，其实与一个女人密切相关。

她就是皇帝他妈李氏。李氏与张居正的关系十分亲密，绝非民间或野史的胡乱猜测。明代宫禁甚严，李氏与张居正即使有相互倾慕，也只是精神层面。李氏出身低下，但为人严谨，十分聪慧，特点就是源于自卑的虚荣。张居正则刻意满足李氏的心理自尊，万历元年（1573 年）他奏请为李氏上尊号为慈圣皇太后，万历六年加尊号慈圣宣文皇太后，万历十年又加尊号慈圣宣文明肃皇太后。

张居正当政始终，李太后都给予其信任与支持。皇帝幼小，母亲做主，李太后与张居正又关系密切，逻辑上的结果就等于张居正做主，所以张居正有一句口头禅："我非相，乃摄也！"

摄，就是摄政。这意思，张居正这个首辅，与任何一任首辅都不同，也不是宰相，而是摄政王，是代替皇帝处理国政。这种现象在明代绝无仅有，但同样是事实。

李太后在国事上对张居正绝对信任，家事上对儿子绝对严苛，这是她两大鲜明特色。没有这两点，就没有张居正的成功。有了这两点，也就有了张居正的失败。正是这两点，万历皇帝与张居正之间关系的日渐微妙，最终恶化而发生实质性逆转。

李太后的家教风格，让万历皇帝朱翊钧长期处于压抑氛围。朱翊钧从小就很聪明，也很顽皮，这都是"好小孩"的共同特征。由于丈夫死得早，李太后的全部希望都在朱翊钧身上，特别害怕儿子不能成才。朱翊钧有时不愿读书，李太后知道后总是又气又急，马上将其召来长时间罚跪，严加训斥。对儿子的家庭作业查得也紧，朱翊钧每次听课回来，李太后总是让他复述内容。明代的早朝都是在日出之前，朱翊钧只是一个儿童，起不了床那是正常的。李太后总是准时来到朱翊钧的住处，大声招呼，督促其穿衣梳洗，直到小皇帝乘车离去。

李太后的态度与示范，让侍奉朱翊钧的宦官们都受到影响，只要朱翊钧做出不妥的事，事无大小皆严加管束。当然，打小皇帝的事是不能干，但他们会及时报告给李太后。

张居正对朱翊钧的教育，是在进一步完善这种家庭教育的"严母"模式。有一次，张居正教朱翊钧读《论语》，朱翊钧一不小心将"色勃如也"读成了"色背如也"，张居正勃然大怒：这个字读"勃"！

朱翊钧吓得发抖，赶紧纠正，并没有耍小孩子的脾气。张居正的教学方法的简单粗暴，这在明朝的"帝师"中是找不到先例的，张居正的潜意识里已很有些"太上皇"的色彩。

当然，张居正的本意还是好的，他想培养出一代明君，从而开创出千古帝业。内有李太后，外有张首辅，一对"严母"加"严父"的黄金搭档下，朱翊钧就是这么度过了童年。

从依赖走向独立，青春期是每个人成长过程中的必经之路，朱翊钧的青春期自然来临了。在太后与首辅的两大羽翼下，朱翊钧工作上显得轻松愉快，生活上开始丰富多彩。宫中的娱乐生活的多样性，无非是比民间上档次，所以朱翊钧的日常娱乐活动主要是跟宦官斗蛐蛐、喝酒。

万历八年（1580年），虚龄十八的朱翊钧闹出了“娱乐门”事件，张居正与朱翊钧间关系开始变得敏感而微妙。

这天朱翊钧酒后宫中闲逛，遇见了一个当班的宦官。朱翊钧随口说：过来，唱个曲给我听听。

遇上这种事，机灵点的都好应付：要么随便哼几句，把这事打发过去，反正对方喝醉了酒，你着不着调他也分不清，唱的什么词他也听不明白，就算骂他也不会有事；要么好好地展示才艺，偶然的一次机会，说不准就是日后飞黄腾达的机遇。

但是，朱翊钧遇上了一个厚道得不能再厚道的人：他既不会真唱，又不会假唱，站在那儿干发呆，声音与动作一个都没有。朱翊钧见对方没有反应，接着催促。厚道确实是无用的别名，皇上一催，这宦官连发抖都不会了，索性成了僵尸木鸡。朱翊钧的火腾地就上来了，狠狠地将其打了一顿，又命人将其按在地上——杀头！不过，没有真杀，朱翊钧为的是出气，最后仿效曹操“割发代首”。

万历皇帝的闹剧，冯保火速报告了李太后。儿子不成才，李太后又气又恨，叫来朱翊钧，令其跪下。一个大小伙子，跪得眼泪哗哗地流。

儿子耍酒疯，老娘施家暴，原本跟张居正没一点关系，论打“小报告”那也是冯保。但是，坏就坏在李太后属于家庭妇女，没文化又有文化，有文化又没文化，她喜欢尽其所能，对儿子实施“精神疗法”。

——李太后用来吓唬儿子的人是霍光。就在朱翊钧认识到自己错误，作深刻检查时，李太后扔给他一本书，朱翊钧接过一看，冷汗出来了：《汉书·霍光传》。

霍光，汉武帝托孤的那一位。霍光可不是光说不练的主，刘贺当了二十七天皇帝，霍光即以“淫乱无道”把皇帝给废了。李太后拿《汉书》，无非是告诉儿子：别以为自己当了皇帝，就可以胡作非为，这后果……娘教育儿子，吓唬为主，不可能是真要这么做。她说的“霍光”，无非是吃小孩的“狼”或“老虎”，属于恐怖符号，也不一定是实指。

但朱翊钧已不是小学生，《汉书》引发了他的深思。真有废皇帝的“霍光”，会是谁呢？

李太后的无意之举，让这个答案清晰起来。她觉得儿子的口头检查还不够分量，必须白纸黑字，留下书证，今后儿子如果再出错，把这张纸拿出来抖一抖就行了。为了使这份“检讨”认识到位、措施有力，她叫来了张居正。在她的印象里，也只有张居正能写得比自己想象的好。

写这种文章，张居正是倚马可待。但在这一刻，朱翊钧也找到了自己的答案：对自己构成威胁的人，正是这个眼前人！

朱翊钧对张居正的敌对情绪，开始滋生。

李太后则无意间不断强化朱翊钧的记忆，每当儿子表现欠佳，她总要强调这么一句：使张先生闻，奈何？

这段话的意思，应该是这样的，并且着重点在恐吓上：你这样搞，要是让张先生晓得了，怎么得了？！

作为一个老太太，家教的科学手段并不多，哪个顺手，她拣哪个。主观上，李太后是始终支持张居正的，并不是想离间君相间的关系。事实上，她又是哪个刺激逮哪个用。

万历皇帝对自己态度的变化，张居正完全察觉到了。几乎奋斗了一生，如今功成名就，他不想重复“昨天的故事”，权衡利弊，决定辞职。

但是，报告前边送上去，后边就被退回来了。万历皇帝不同意，那是小伙子确实聪明。对张居正反感，是因为他管得太宽，简直是多管闲事。彻底拉倒，正事都不干，有点玩滑头的味道。况且，真要回家，得找个合适的时机，不能让全社会都觉得皇帝也干“过河拆桥”的事。

张居正要辞职，李太后根本就没多想，坚决反对。

过了两天，张居正再次上书。这次，他的话改得更委婉了：请假休息一段时间，皇上要是有事，我再回来吧！

这么一说，双方都有退路。

万历决定批准，结果李太后又掺和进来了。她不是责怪张居正不负责任，而是狠狠地训了儿子一顿：待辅尔到三十岁，那时再做商量！

万历皇帝才十八岁，离三十岁还有十二年，太遥远了吧？“等得我花儿都谢了”，这玩法一点都不快乐了。无论于公于私，李太后的态度都算不上错。但是，她这种不计方法的火上浇油，则一步步将张居正逼上危险的境地。

张居正绝不会是妇人之见，李太后越支持他他越谨慎。万历八年（1580 年）之后，工作上的张居正进入了一种血拼状态。他以一种近乎癫狂的状态，推进“一条鞭法”，整顿官场流弊，强化边境。《明神宗实录》曰：“十年内海寓（内）肃清，四夷詟服，太仓粟可支数年，冏寺积金至四百余万，成君德，抑近幸，严考成，综（核）名实，清邮传，核地亩，询经济之才也。”

帝国焕发生机，张居正则戛然而止——万历十年（1582 年）六月二十日，张居正与世长辞。所谓盖棺定论，到张居正死的这一刻，万历皇帝也算明白过来：张居正并不是霍光，而是跟周公有点像，有时候态度不好，作风粗暴，为的还是朱家江山，并非传说中的居心叵测。张居正死后，也是备极哀荣：赠上柱国，谥文忠。

但是，不到一年张居正的形象彻底逆转。万历十一年（1583 年），陕西道御史杨四知突然发难，上书弹劾张居正十四大罪。杨四知的奏疏写得空洞无物，文字水平也很一般。但是，杨四知的奏疏反响强烈，无数大臣群起响应。泥鳅掀起三尺浪，那是明朝的大鳄介入其中。

第一个要整张居正的人，是张四维。

张四维（1526—1585 年），字子维，号凤磐，山西蒲州人。嘉靖三十二年（1553 年）进士，张居正之后的内阁首辅。张四维为何要支持骂前任？因为他聪明："四维生而颖异，年十五举秀才。"接着张居正干首辅，想干得比前任好那是很难的。张居正的强势，得罪的人多，借迎合时议收拢人心，有利于加强领导。万一工作中出了问题，根子理到前任名下，这也是为官的最佳套路。

工作上的考虑，只是因素之一。若论私交，张四维与张居正之间还是比较好。既是"好朋友"，为何又翻脸比翻书还快呢？因为张四维与另一个人关系更铁——这就是高拱。当年高拱要与殷士儋翻脸，为的就是挤走殷士儋，给张四维腾位子，可惜没有办成。作为张居正的死对头高拱，高拱圈子里的铁哥们，首推王崇古、杨博。王崇古的姐姐是张四维的亲妈，王崇古的女儿是杨博的儿媳妇，杨博的两个孙女又都是张四维的儿媳——张四维要是与高拱、王崇古、杨博关系不好，这回家连日子都没法过！

第二个要整张居正的人，是朱翊钧。皇上为何要对一个作古的人下手？有人说是张居正假"勤俭"真"奢侈"、假"清廉"真"腐败"刺激了他，有点像。张居正曾要求万历精简出行，逢年过节也不要大摆宴席，保持艰苦奋斗的本色，实际上他自己出行专用"豪车"——三十二个人抬的大轿子。文人笔记更称是因为李太后与张居正有一腿，朱翊钧处理张居正，与秦始皇摔死嫪毐与太后赵姬所生的两个私生子异曲同工。现代人的分析，甚至与朱翊钧的"青春期综合征"有关——张居正搞得他太压抑，发泄符合心理学。

其实，这些多少有点肤浅。万历皇帝后期为史学家诟病，但他又是有政治智慧的。二十岁的朱翊钧，事实上已长大，他很清楚自己的这个王朝很特殊，太祖立国时设计了皇族作为王朝的支柱，靖难之役后祖制就变了，帝国的支柱只剩下文官集团。但是，皇权和文官集团的权力必须维持在一个平衡点，否则就是冲突与斗争。而张居正的“相权”，事实上已凌驾于皇权之上，这种局面不可能长久。张居正死了，作为矛盾一方的文官集团，居然主动递过来一把刀子，朱翊钧倘若不用那就真是“昏君”了。

“钳制言官，蔽塞朕聪……专权乱政，罔上负恩，谋国不忠”，万历皇帝的每条指斥，都是紧紧围绕皇权与相权。无论是怎样的缔造新政功臣，只要“专权乱政”，那就是十恶不赦之徒！

清算张居正，李太后没有作出任何阻止，她同样清楚这场清算的性质。就政治智慧而言，李太后绝对是不可小觑的：在儿子登基的第一个月，她撤换司礼监掌印太监，撤换内阁首辅，成功将内相、外相置于自己的可控之下。她对张居正的欣赏，几乎到了不加掩饰的地步，但为了维护皇权，她的理性又战胜了情感。她眼里的儿子长大了，从此态度一百八十度大转弯，终身不再过问政治。

万历十一年（1583 年）四月，万历帝尽削张居正官秩，追夺生前所赐玺书、四代诰命，以罪状示天下，其家遭抄没，张家十余口饿死，长子张敬修自杀。张敬修所有的愤恨，留在了他的遗书：“告知山西蒲州相公张凤磐，今张家事已完结，愿他辅佐圣明天子于亿万年也！”

张凤磐即张四维。作为文官集团的代表，张四维本可以借助张居正取得的相权优势，在政治上有所作为。但是，他什么都没有。这一点，也大大出乎张居正的预料。正是张居正，将张四维推向了权力的顶峰——万历三年（1575 年）三月，张居正请求增置阁臣，引荐张四维出任礼部尚书兼东阁大学士，入阁参与机务。张居正对张四维与高拱集团的关联并非无知，他仍旧引荐张四维，是他洞悉封建制度下权力轮回的铁律，如其被动等待，不如主动修好，留好退路。

自张居正步入仕途，每一个首辅都在这种轮回中遭逢因果报应：严嵩登上权力的顶峰时托孤徐阶，但扳倒严嵩的正是徐阶；徐阶是个见好就收的人，但仍被高拱整得几乎家破人亡；张居正与高拱，也是差不多。最终，张居正依然没有逃脱这种轮回：他一生“扶危定倾”，“克成本原”，但说好的“奋斗”，依然是“争斗”。

第十二章

左光斗：
忠贞的资格与代价

明代官场上的争斗，常见的是一股“温柔风”：互相给对手下“套子”，对手掉坑里，大戏差不多就落幕了。到了天启年间，朋党之间的斗法风格陡转：魏忠贤一气逮了六个东林党人，清代著名作家方苞《左忠毅公逸事》中，叙述了其中的左光斗。锦衣卫诏狱之中，左光斗“席地倚墙而坐，面额焦烂不可辨，左膝以下，筋骨尽脱矣”，“温柔风”不再“酷烈风”骤起，杨涟、左光斗、袁化中、魏大中、周朝瑞、顾大章等“东林六君子”，没有一个活着出来。

文章大家方苞，作品多以细节取胜，《左忠毅公逸事》长期入选教科书，左光斗也由此广为人知。而这位明末的著名忠臣，则有着更多的细节与微观，信息量巨大而意味深长。

家风

左光斗（1575—1625 年），字共之，又字遗直，号浮丘，又号苍屿，南直隶桐城县东乡（今枞阳县横埠镇）人，万历三十五年（1607 年）三甲第九十一名进士。左光斗出现在明季官场，只有十八年。

官场十八年，左光斗默默无闻的时间长达十二年。左光斗初授内阁中书舍人，官从七品。中书舍人不仅职级很低，也谈不上权力。明代的中书舍人隶属内阁中书科，干的是公文起草之类，内阁的“通知”要写，皇帝的圣旨也写。但是，公文中的意见都是“领导”的，中书舍人的职责就是变成文字，不能写错别字，不能把“领导”的意思弄错、弄反。

万历四十一年（1613 年），左光斗擢御史台候命。这一候，就是六年。直到万历四十七年（1619 年），左光斗才正式担任浙江左道监察御史。天启三年（1623 年），左光斗升授大理寺左寺，又晋大理寺少卿。天启四年（1624 年），左光斗升都察院左佥都御史。左光斗官场上的最后六年，始终都在执法、执纪的岗位上。

正是在这种位子上，左光斗呈现出官场“角斗士”的风格。泰昌元年（1620 年），明光宗暴毙，左光斗将光宗的宠妃、天启帝的养母李选侍骂得狗血淋头。内宫多事，人人自危，唯有左光斗等少数官员敢于出头。左光斗这种官场风格，像是职业风格，更重要的还是源自其家风。

左光斗的曾祖父叫左麒，清史馆总纂马其昶《桐城耆旧传》中，载有左麒一则故事：明初桐城县的“芦课”（即芦苇税）十分繁重，桐城“芦课”集中在左光斗的家乡东乡，普通税户根本缴不起。治下百姓苦不堪言，桐城县官也心知肚明，但也没有太好的办法，因为税赋是朝廷核定的，县邑本级无权减免，核定的税赋必须依册征缴。与其得罪上司，不如得罪百姓，桐城县令为保证税银的足额上缴，只得强逼硬收。仍不能完税的，便关入县狱逼打，左麒的左邻右舍，常由此被关进桐城县狱。

左光斗的祖上比较富裕，自家不存在缴不起税的问题，但乡亲经常因缴不起税被关受刑，左麒就看不下去了。与妻子一商量，干脆掏钱替乡亲们垫上。可需垫税的乡民实在太多，更要命的是这一年的“芦课”问题解决了，新一年的“芦课”问题又来了，左家就算有百万家财也不够啊！百姓还是缴纳不出，县官照旧打人、关人，左麒的火气腾地就上来了。左麒怒不可遏，收拾行李，直接进京找皇帝告御状去了。

明初大力倡导上访直诉，老百姓认为地方上有什么问题，可以直接进京，地方官谁阻拦处理谁。老百姓说得对，皇帝有赏赐，所以明初老百姓押着地方官进京的事都有，地方官不敢轻易欺负老百姓，社会秩序恢复得也快。

但是，上访直诉制度的设计也有问题：国家这么大，事无巨细都由最高统治者来公断，这量也实在太大了，没有什么可持续性。后来设了道“门槛”，《大明律》规定：未经地方政府处理直接进京申告，越诉者“笞五十”，然后再受理。这招特有意思，如果莫名其妙被人扇了一耳光，明显太委屈，可又打不过人家，怎么办？理论上可以找皇帝去主持公道，但前提是得先接受这五十大板，身体欠佳的可能小命不保。为“一耳光”的事挨“五十板”，事主觉得不划算，不如自己咽下这口气。

左麒为乡亲的事越级进京上访，显然是知道这个利害的，这“笞五十”下来，左光斗的曾祖父左麒也不知道会是什么后果。好在左家的家童左恩很忠勇，自愿替主人领受了“笞五十”——左恩偷了主人的状子，提前赶到午门击鼓鸣冤。“笞五十”下来，左恩果然一命呜呼。左恩死后，左麒见到了明宪宗，当面向其陈述桐城“芦课”实情，明宪宗“允奏，减课额十之三”。

仅仅看不下去，完全与己无关，为了这场进京上访，左家耗银近万两，外加一条人命。

乡风

明初的万两银子，折合人民币不下五百万元，是个天文数字。为一桩与己不相干的事，搭上一条人命，耗去巨额家财，左麒究竟是因为什么？

性格，或是性情。左麒在地方，人称侠义之士，看不惯的事情，拼命也是可以有的。

从曾祖父左麒到左光斗，左家数代的性格，基本上差不多，左家的家风就是这样。

左家的家风，似乎是“遗传”。其实，不尽是。左光斗的家乡桐城东乡，民风全都是这样。

桐城东乡是一个俗称，真正的乡名叫“清净”。清净乡地处桐城县的最东端，是一个枕山览水之境。乡名“清净”，本是个佛教用语。宗教呵护的是人的心灵，“清净”也是乡民信仰追求，地方民风原本淡泊，但这是地方的“过去式”。

左光斗的先祖本居江南泾县，明洪武年间迁居桐城东乡。这时桐城东乡，民风剽悍，崇尚勇武，人心耿直。清代桐城派大师吴汝纶《章冠鳌传》曰：“东乡俗尚意气，其民好斗敢死。”

桐城东乡的民风巨变，正是起于左氏家族迁居桐城的明初。中国历史上，明代实行最严格的“役籍乡贯”制度，即所谓“籍贯”。“籍”指“役籍”，“贯”指“乡贯”，与现代的“籍贯”概念差异很大。简而言之，“役籍”相当于当代的户口类型，明代的“役籍”分为“民籍”“军籍”等。不同的役籍，通常都会从事农业，但承担的税赋、徭役等义务完全不同。民籍承担的是田赋与力役 、杂役等，军籍则承担军役义务，包括治安维护与征战等，是单一的兵役义务。

左光斗家族虽属民籍，但整个桐城东乡的氏族多为军籍。桐城东乡所出的著名历史人物方以智、方苞家族，章纶、章伯钧家族等，皆为军籍。这些职业军人性质的乡民，长期接受军事“操术”与“军纪”的训练。军纪即军规，明代的军规内容复杂而严酷，核心在强调军人的服从性。军人以服从命令为天职，长官命令无论对错，军人都须无条件执行，显示军人式的牺牲精神。

武艺精湛，军纪严明，义气为先，牺牲生命在所不惜，民风格外剽悍，传承至今。清代江南九华山出了欺男霸女的恶僧，桐城东乡人听说后，一下去了三十六个武术高手，奔袭百里，把九华山打得稀里哗啦。清末太平军想借道东乡，老百姓根本不拿太平军当回事，来一次打一次，打得太平军不敢进东乡。明代“役籍”制度的养成，桐城东乡人说一不二、敢作敢当的性格尤为凸显，也就是桐城派大师吴汝纶所称“好斗敢死”的东乡民风。

左光斗便是这种说一不二的人。有一年，左光斗与朋友、老乡方大铉一起喝酒，见其六岁的儿子方文在一旁玩耍，随口问了一句：“你读过什么书？”方文答：“杜诗。”左光斗顿时来了兴趣，对小孩说：“这么小都能背杜诗？ 背一首试试，真背出来了，我把女儿给你！”结果方文真的背出来了，左光斗也真的将长女许配给了方文。

左光斗的女儿成亲后，与婆家人的生活不和谐，一次口角后自杀身亡。左家一大帮人冲进方家，将方家砸了个稀巴烂。方文有个小妾有孕在身，不幸成为出气筒，一顿拳脚后当场毙命，闹出一尸两命的惨剧。左光斗的女婿方文跑得快，好多年后都不敢回家。

家风，乡风，可见一斑。左光斗进入官场，明季的世风又席卷而来。三风合一，左光斗命中的血雨腥风隐约可见。

世风

传统社会，平民上升路径是儒和侠。习儒入仕，左光斗骨子里又是“侠”的精神。什么是“侠”呢？金庸《射雕英雄传》中，“江南七怪”的领队柯镇恶是个瞎子，柯大侠有著名的三句话：每次大战之前，柯大侠吩咐兄弟们——“等会儿，看我眼色行事”；敌人来了，不管对手武功多高，柯大侠拎着大铲子就上去了，断喝一声——“无耻之徒，拿命来”；分分钟不到，柯大侠趴下了，但柯大侠仍旧大义凛然——“要杀要剐，随便你，我柯镇恶不怕！”

柯大侠是个瞎子，让大家看他眼色，这就是他的使命担当，千刀万剐在所不惜。侠的要义，乡风家风，构成了左光斗精神品格形成的内核与氛围。个性爽直、讲义气，尤其是崇尚武勇、敢作敢当的民情特征，成就了左光斗官场角斗士的秉性特质。

万历四十八年（1620年），左光斗担任巡城御史，一般人干这个差事，无非是做做样子，在城里转转表示在岗，保证“责任区”内不出事就行了。左光斗不，较真了。

左光斗刚到任时，鲁仁前来状告王承恩、张科抢劫。天子脚下，还能有这事？左光斗认真了，找来原告与被告，发现这双方居然不认识，被告还说根本没这回事。城里刁民多，一般情况下，官员应该将诬告方打一顿，这事也就算结案了。

左光斗可不是那么好糊弄的，不合常理的案子，他一下挖出了原告背后的幕后主谋指使周成。周成为什么要构陷王承恩、张科呢？是这二人知道了不该知道的事。

什么事必须鬼鬼祟祟地干呢？买官。

贡生李友芝、郭希孟，是可以候补当个小官的，但前面排队的人太多，不知要候到哪个猴年马月才会轮到自己，于是找人在吏部弄到了一纸文书。帮这个忙的，是吏部管文书的书办金鼎臣。

左光斗想，这事不对呀！书办弄张单位的文书是可以的，但这种小人物怎么可能拿到吏部的大印呢？再一查，这印是刑部贵州司缪槚弄的。

这印，当然是假的。

造假印，不光有刑部的人，还有户部山西司事例科胥吏魏成铨。

假文书盖假印，这样卖出去的官能管用？当然跟真的一样管用，否则也没傻子花银子。六部中的胥吏，清楚哪个地方哪个位子上缺人，弄个假官去上任，下面是很难发现的。下一次，如果有人要补那个缺，想办法将那个已经有人冒名顶替的缺留着不补。吏部掌握的官场资源太多了，基本上盘点不出来。

左光斗火速查抄了缪槚的家，搜出盖有假印的文案八十九宗，假公文卷宗两册。在魏成铨的家，搜出假公文三百八十六宗，假簿册卷宗一百零七册。这案子越查越大，牵扯到了一百多人，轰动京城。

世风日下，是王朝末期的普遍特征。左光斗官场经历十八年，六年默默无闻，六年“下岗待业”，最后六年手段雷霆。左光斗任御史的时间并不长，“铁骨御史”的声名却不小。

左光斗显然充满了正气，朋党之风中左光斗不能不置身其中。左光斗是东林党成员，并且是东林骨干。为了东林党的利益，左光斗还看上了另一个人：《明史》所载的“奸臣”阮大铖。

阮大铖于万历四十四年（1616年）中进士，官场是非一言难尽，最终他以文学而史上闻名。阮大铖因父亲去世在家丁忧守孝，但丁忧期满后，吏部依旧没有给阮大铖安排新的工作。天启四年（1624年），吏科都给事中的位子出缺，左光斗想到了阮大铖，写信让其速速来京。为阮大铖谋官，像是老乡帮老乡，也说得过去。左光斗确实是阮大铖的同乡，并且还是“同里”。除了是同乡，还是朋友，左、阮两家一直很有交情，交往频繁。

但是，这些都不是最重要的。左光斗关照阮大铖，关键在于二人是“同志”：左光斗是东林党的骨干成员，阮大铖是东林党的老成员，加入东林党都已是一二十年了——阮大铖早在求学之际，就成了东林党领袖高攀龙的弟子。东林党领袖亲自当“介绍人”，阮大铖就这么加入了东林党。

朋党的群体利益优先至上，吏科都给事中这顶帽子，必须戴在东林党的成员头上。可是，等阮大铖赶到北京时，左光斗自己先为难了起来。东林魁首顾宪成及吏部尚书赵南星等人认为，阮大铖性格太张扬。东林党树大招风，与昆、齐、浙、楚诸党及魏忠贤之间，难免需要明争暗斗，保密工作至关重要。从东林党整体利益出发，另一东林党成员魏大中则城府极深，更适合出任吏科都给事中。此时的东林党领袖并无恶意，亦非认为阮大铖品行存在问题。公平起见，拟让阮大铖出任同级别的工科都给事中。但是，工科权力不显，魏大中资历又不如己，阮大铖极不乐意。

天启朝，唯一能与东林党乃至整个文官集团相抗衡的，只有宦官集团。而天启皇帝最信得过的宦官，便是太监魏忠贤，也是东林党最强劲的对手。阮大铖绕了一大圈关系，好不容易找到了魏忠贤这里。现实世界中，放射金色光芒的不是太阳而是银子。阮大铖“找人”不是白找，银子太重魏忠贤也就顾不上年老体弱了。

理论上讲，阮大铖“找人”找到魏忠贤这里，能不能把事情办成是个问号。魏忠贤的官品与左光斗一样大，都是正四品，并且没有东林党控制下的吏部职能。但是，理论都是来源于实践的，左光斗帮阮大铖没办成的事，魏忠贤还真帮他办成了。

左光斗能力，难道比魏忠贤差？不是这回事。左光斗有学识、有经验，还有他人没有的打拼精神。这里，不妨一览左光斗的官场行进图——

万历三十五年（1607年），左光斗考中三甲第九十一名进士，任内阁中书舍人，官从七品；万历四十一年（1613年），擢御史台候命；万历四十七年（1619年），授浙江左道监察御史，官正七品，直到天启三年（1623年）。官场摔打十六年，其中还有七年是“下岗”。官，只升了一级。

接下来，见证奇迹的时刻到了：

天启三年（1623年），左光斗升授大理寺左丞，又晋大理寺少卿，官阶已是从五品；天启四年（1624年），升都察院左佥都御史，官正四品。

一年多的时间里，左光斗创造了官场神奇。他升官了，升了多少？连升三级？错，连升六级！

但是，官的大小与权力的大小，完全是相对的。左光斗的四品官相对于赵南星的三品官，足足小了两级，所谓“官大一级压死人”，左光斗说行赵南星说不行，那就绝对的是不行。魏忠贤也比赵南星小两级，但这个四品是太监四品，约等于文官的二品，或更高一些。文官的最大一顶官帽是“首辅”，也就是俗称的“宰相”。首辅是外相，太监是内相，二者只有权力范围上的划分，品级仅是参考系数。

权力范围，同样是相对的。吏部、内阁的人事安排方案，最终要通过太监送到皇帝手上，皇帝说行才是真行。如果太监将公文压着，或者利用与皇帝个人间的关系，做通皇帝的思想工作，吏部、内阁的人事安排方案就得改，一直改到太监满意为止。魏忠贤用的就是这一招。东林党没办法，不得不修改对阮大铖人事安排的意见，让其担任吏科都给事中，回到左光斗最初的建议上。

事情算是回到了从前，但相互间的关系再也回不到从前了。左光斗与阮大铖之间的关系，最初是“同志”“朋友”和“同乡”，插上这一出，只剩下一个“同乡”，剩下的都不存在了。

更严重的后果，还不在这里。

惹祸

历史的偶然性是不容忽略的，如果东林党的人事安排尊重了左光斗的意见，吏科都给事中用了阮大铖，而不是赵南星力挺的魏大中，东林党的“党史”很可能被改写。正是这个魏大中，最先将东林党带进雷区。

魏大中（1575—1625 年），字孔时，号廓园，明万历四十四年三甲十三名进士，“家庭成分”是“军籍”。虽说“出身论”不科学，但魏大中确是一副臭硬脾气，也是东林党中敢打敢拼的著名打手，性格与左光斗颇为相似。

天启四年二月十九日，刑科给事中傅櫆弹劾左光斗、魏大中“招权纳贿”。东林党的两大骨干一齐中枪。是不是东林党与魏忠贤集团之间正式开战？像是，其实不是。傅櫆确实投靠了魏党，更重要的是他是江西人。“翰林多吉水，朝士半江西”，明朝官场上的江西人一直有实力。明末朋党丛生，江西人不能不抱团结建“江西党”。

这个时候的江西党，也不是要全面反攻东林党，而是要把左光斗与魏大中往死里整。傅櫆奏疏上写的是左光斗、魏大中“招权纳贿”，实际上是魏大中不给江西人面子——他驳了刘一焜的恤典。恤典，简单地说就是朝廷对去世官吏给予追封、赠谥、竖碑、立坊、建祠之类的“政治荣誉”。刘一焜，江西南昌人，曾任浙江巡抚。其兄刘一燝，是继方从哲之后的明朝首辅，天启二年（1622 年）去官后，崇祯初年再复原官。他们的父亲官小一点，也是陕西右布政使。所以，刘家绝对是江西党的总部。魏大中不批准刘一焜的恤典，不仅使刘家失了面子，也使整个江西官员都感到矮了三分。

左光斗跟着魏大中成为江西人的靶子，同样不是收黑钱的事，而是他深深地得罪了江西人。《明史》“左光斗本传”曰：“熊明遇、徐良彦皆欲得佥都御史，而（赵）南星引光斗为之，两人亦恨光斗。”当初，与左光斗争夺左佥都御史的，竞争对手便是熊明遇、徐良彦。熊明遇，南昌进贤人；徐良彦，江西南昌新建人。左光斗仰仗党的领袖赵南星击败了熊、徐，仇恨的种子也就这么种下了。

江西党死整左光斗、魏大中，傅櫆还只是个“领衔人”，幕后总策划则是章允儒。《明史》“黄尊素传”曰：“是时，东林盈朝，自以乡里分朋党。江西章允儒、陈良训与大中有隙。”章允儒，万历四十四年进士，时任礼科都给事中，江西南昌人。这个人比较凶狠，算不上厚道，但也不算坏人，看魏忠贤不顺眼时，他也攻击。共同的政敌，章允儒当了领头羊，熊明遇、徐良彦积极参与，一同鼓动傅櫆出头露面，奏劾左光斗、魏大中。

面对江西党的进攻，左光斗与东林党人并不紧张，因为这二党的实力，远远不在一个层面上。但是，他们忽视了这个事的“领衔人”。

合作

傅櫆的身份颇为特殊——他是江西党，也是魏忠贤的人。面对傅櫆的挑战，左光斗作出回应是必须的，《明史》之“左光斗本传”曰：“光斗疏辨，且诋櫆结东厂理刑傅继教为昆弟。櫆恚，再疏讦光斗。光斗乞罢，事得解。”

有惊无险，左光斗像是没事了。但是，“诋櫆结东厂理刑傅继教为昆弟”，《明史》这一句写得很简洁，左光斗惹下的新麻烦其实很怕人——“东厂”，魏忠贤主管的部门；“傅继教”，魏忠贤的外甥加养子。左光斗没提“魏忠贤”一个字，这火则几乎烧到了魏忠贤的胡子，幸亏魏忠贤没有胡子。

魏忠贤应该很生气，这当然纯属推理的。事实上魏忠贤没有生气，他对自己的认识比较清醒：自己的文化水平低得不能再低，在官场资格也比较嫩。前者，自己五十多岁了，也不适合到“扫盲班”进修，买一张文凭也不管用。至于后者，倒是可以想办法的。

明末的阉党，是官场上的客观存在，与左光斗关系很铁的太监王安，就是当时的阉党领袖。万历朝的官场背景，是皇帝对文臣与宦官都不太信任，这也是前朝嘉靖皇帝的传统，所以文臣要与宦官合作，阉党与东林党是“友党”。天启元年（1621 年），王安被杀，王体乾担任司礼监掌印太监，魏忠贤担任司礼监秉笔太监兼东厂提督太监。因为与天启皇帝关系特铁，名义上的“二把手”魏忠贤，实际上就是名副其实的阉党领袖，这时的阉党等于是魏党。

这还不仅是一个称呼的问题，魏党与阉党有着实质不同：天启皇帝继承了爷爷的传统，继续不信任文臣，但对以魏忠贤为首的内臣非常倚重。皇帝对内外臣都不信任，东林党可以视阉党为“友党”；皇帝信任内臣、不信任外臣，东林党看魏党便是满满的敌意。

作为魏党的领袖，魏忠贤对阉党的性质作了实质性的开拓，大力在文臣中发展成员。七十多岁的礼部尚书顾秉谦成为年龄最老、资历最浅的魏党成员；少数东林党党员转投魏党，成为十足的“两面人”。所谓“五虎、五彪、十狗、十孩儿、二十孩儿、四十猴孙、五百义孙……”说的就是魏党的盛况，东林党事实上已不是一党独大。

作为东林党的主要负责人，赵南星并非很无能。他领导下的东林党，曾成功地击败了齐、浙、楚三党，同时也注意到了魏党的做大做强。但是，他没有注意到魏党与齐、浙、楚三党有什么本质上的差异——人家老魏，那可是皇帝的“代言人”。

赵南星瞧不起新对手，魏忠贤却不想拿东林党作对手。并且，魏忠贤找到与赵南星“合作”的基础——咱们都是河北（北直隶）“老乡”，为此魏领袖还特地跑去会见赵领袖。但是，会见气氛很不友好，以赵南星为核心的东林党，坚决要“正义”战胜“邪恶”。这种分裂，也是明季官场的撕裂。

天启四年（1624 年）六月，也就是在江西党对左光斗、魏大中进攻后不久，以杨涟为代表的东林党，毫不犹豫地找魏党开战了。

打骂

杨涟（1571—1625 年），字文孺，号大洪，应山（今广水）人。在东林党与魏党的决斗中，杨涟的表现至为突出，成为明代著名的谏官。清初著名史学家查继佐称：“当时号‘杨左’，杨径直而左沉密。”杨涟性格刚烈，对皇帝极为忠心，“移宫案”中他闯进内宫，逼走李选侍，强抢太子，骂得内臣抬不起头来。对天启皇帝顺利上台，杨涟也以功臣而自居。但朝政出现的诸多问题，杨涟一股脑儿推到了内臣领袖魏忠贤头上。

天启四年（1624 年）六月，杨涟弹劾魏忠贤，奏疏一共罗列了魏忠贤二十四大罪。魏忠贤后来倒台时，崇祯皇帝让官员办案，钱嘉徵一笔划掉了十四条。剩下的十条请崇祯帝过目，崇祯帝又接着划掉了六条。“径直”的杨涟，数落魏忠贤的二十四条，实际上只有四条可以成立。

身为左副都御史的杨涟重拳出击，魏忠贤着实被吓得半死。但是，魏忠贤只是被杨涟凶相所吓倒，可怕程度并不严重——后来痛恨魏忠贤的崇祯帝，认为杨涟的二十四条有二十条不靠谱；当时魏忠贤的天启帝，则认为杨涟的二十四条没有一条靠谱。魏忠贤吃了定心丸，权当杨涟酒喝多了骂人，一口怨气吞进了肚里又吐到了空气中。

杨涟没有骂倒魏忠贤，魏忠贤又不出手，东林党人便一齐开骂。魏忠贤依旧不出手，东林党人火气更大，发动国子监千余师生一起怒骂、围攻。这下魏忠贤惨了，上班都要带保镖，否则就要被人堵着骂。提心吊胆，魏忠贤就这样过了近半年。

没完没了，社会秩序都搞乱了，天启四年（1624 年）十一月，天启皇帝忍不住也开骂了。第一个被骂的是赵南星，皇帝骂得够狠：结党营私。接着被骂的是高攀龙、杨涟、左光斗。东林党的领袖与骨干，被天启皇帝骂了个遍。

东林党的骂是造声势，皇帝的骂比打都厉害。天启皇帝骂完，赵南星、杨涟、左光斗辞职回家。东林党领袖叶向高，没有被皇帝点名骂，但自己觉得很没面子，“公章”交给顾秉谦后跟着走人。韩爌想了想皇帝骂人的措辞，反省两天后也走回家去了。不可一世的东林党，就这样，在皇帝的骂声中偃旗息鼓。

但是，被后人视为“沉密”的左光斗，在去职前又愤怒地上了一道弹劾魏忠贤奏疏。这道奏疏叫《二魏交通三十二该斩疏》，其中的“二魏”，指的就是魏忠贤与建极殿大学士、吏部尚书魏广微。

左光斗瞄准的，是内外朝两个重量级人物。左光斗的奏疏，拟于十一月二日上。但这封奏疏根本没递上去，左光斗有个家奴叫福生，京师人，提前将奏疏的内容密报了魏忠贤。在计划上奏的前一天，左光斗接到了去职圣旨。

这封奏疏也没有流传下来，左光斗之子左国材编定的左光斗《奏疏》二卷中，并未收录《二魏交通三十二该斩疏》。据称在锦衣卫逮捕左光斗时，左家人赶紧烧掉了这封奏疏。“三十二该斩疏”应该真实存在，并且是左光斗在自己与魏忠贤之间系的一个死结。

刀子

天启四年（1624 年）十一月，两大朋党之间的恶斗，以魏党的胜利与东林党的失败而告终。

什么叫失败？官场斗争中，从台上掉到台下就叫失败。历史上的朋党之争并不鲜见，失败者多以罢官、革职成为“政治极刑”。宋朝的王安石、司马光与苏轼，斗争的结果见于政治上的你沉我浮，而不是肉体上的你死我活，否则大宋的文坛那该是怎样的愁云悲声？明朝官场上的左光斗，因为“党争”而酷刑致死，“三十二该斩疏”已显露端倪——“斩”，施加的对象只有肉体。

官场失败的东林党人，其实并不悲伤，甚至有些欢乐。回到家中，他们会客的会客，吹牛的吹牛，写日记的写日记，吟诗填词的吟诗填词。“风云三尺剑，花鸟一床书”，左光斗在老家，也是一会儿住城里，一会儿住乡下。桐城的地方大族本来就多，左光斗这应酬或顺便看看山水的事，几乎一天都没得闲歇。明末的朋党争斗，很长时间里确实算不上悲惨，斗败的一方去职往往是暂时的，重新当官的资格继续有效。“清誉”，东林党就这么赢得的。甚至每玩一次，资历自动生成一个星，人气上升一个等级，下次复出底气更足。

但是，他们全都忘了这一次的对手是谁，左光斗也忘了离京前草拟的那封奏疏。

“径直”的杨涟，罗列了魏忠贤二十四罪；“沉密”的左光斗，罗列的魏忠贤是三十二罪。尤其是左光斗的“三十二该斩疏”，倘如期送出，魏忠贤面临的都不是一“杀”字，而是“剁、剁、剁、剁、剁……”你死我活，魏忠贤不能不纠结：哪天东林党人要是又上台了，自己肯定就不是回家喝酒这么简单了。

左光斗的“三十二该斩疏”，就这么折磨了魏忠贤将近半年。

魏忠贤也不是什么善类，东林党欲整死魏忠贤，魏忠贤想把东林党捅了只是找不着刀子。关键的时候，东林党人汪文言居然递上了一把。

汪文言（？—1625年），本名汪守泰，休宁县人。汪文言是东林党中的智囊人物，也是东林党中人品欠佳的一位，《东林点将录》称之为“鼓上蚤”。左光斗是“东林六君子”之一，没人好意思加上汪文言，凑成“东林七君子”。

汪文言本是狱吏，脑子好使，胆子也大，因监守自盗被判遣戍，后来又当了衙署中侍茶捧衣之贱役的“门子”。为了生计，也为了体面，汪文言又到东林党官员、刑部郎中于玉立的门下，当了个书吏。于玉立被贬官后隐居家乡，不知京中情况，选中汪文言进京，广结朋友，了解动向，还为他捐了个“监生”的身份，便于其开展特殊工作。

汪文言就这样来到京师，投奔到太监王安门下，并与杨涟、左光斗、魏大中等过从甚密。汪文言用计离间齐、楚、浙三党，从此东林党一党独大。脑子好使，颇有能耐，汪文言得到东林党魁、内阁首辅叶向高的赏识，官至中书舍人，完成了身份转变，汪文言从此高调游走官场。

从一个有“前科”的平民，一步一花钱，汪文言挤进了东林党的核心层，这钱该花的地方也实在太多。只花钱，不进钱，又清正又廉洁，鬼才相信他家里有那么多钱。

魏忠贤曾经抓过汪文言一次，并非因为魏党与东林党间的“党争”，而是涉及银子。汪文言被抓，问题性质不是太严重，东林党又没有理由袖手旁观，魏忠贤只好将汪文言放了。这一次，又是因为银子，魏忠贤将汪文言逮了个正着。

这是一桩惊天大案，汪文言自己坠入万劫不复之渊，也让好友左光斗等大祸临头。

银子

早在天启二年（1622年），“广宁失陷案”即惊动朝野。广宁失陷，是天启年间明朝与后金军事对抗中最严重的事件，明朝因广宁失陷而尽失辽西，与后金对抗的战略优势开始丧失。

广宁失陷同样是一起责任事件，时任辽东经略熊廷弼，与广宁巡抚王化贞不和，二人在军事部署、战守之策上分歧严重，导致广宁失守。广宁巡抚王化贞不习军事，对广宁失陷负有主要责任，故天启二年（1622年）二月，王化贞被逮捕，熊廷弼罢官听候查考。

王化贞，东林党首叶向高弟子，广宁失陷后又贿赂魏忠贤，从而得到东林党与阉党的双重袒护。熊廷弼，湖广江夏人。熊廷弼人脉交往复杂，为楚党，曾获东林党最直接的对头江西党支持，又与杨涟、左光斗等东林党人亦关系密切，传言杨涟弹劾阉党魏忠贤的奏疏即出自熊廷弼之手，故又为东林党的死敌魏忠贤所恨。

“广宁失陷案”初期的处理，王化贞负主责，熊廷弼负次责，应该客观、公允。但朋党背后复杂的争斗，使“广宁失陷案”的处理迅速走偏，熊廷弼成为不二的“替罪羊”，为王化贞背锅——天启五年（1625年）八月，熊廷弼以“失陷广宁罪”被杀，并传首九边。王化贞则免于一死，重罪轻判为斩候决，直到崇祯朝重理旧案，崇祯五年（1632年）才被处以死刑。

广宁失陷后，熊廷弼也没有坐以待毙，而是多方交通运作以图减罪。替熊廷弼私下交通打理的人，主要是汪文言。熊廷弼提供给汪文言的贿金，是个天文数字。御史梁弹劾熊廷弼侵盗军费十七万两，御史刘徽弹劾熊廷弼家财百万。熊廷弼贪污空穴来风，但违法事实被阉党极力夸大，造成事后无法追赃。

汪文言替熊廷弼消灾，难度颇大，因为熊廷弼罪轻即意味着王化贞罪重，这在东林党内部肯定行不通。汪文言铤而走险，竟然让人找魏忠贤帮忙，并许诺重金。魏忠贤这一查，汪文言又一次浮出水面。

天启五年（1625 年），魏忠贤将汪文言下镇抚司诏狱，魏党锦衣卫指挥使许显纯对汪文言严刑拷打，熊廷弼贿赂案几乎真相大白。

熊廷弼为自保，行贿的对象也很复杂，事涉魏党、东林党等。熊廷弼不仅行贿，而且贪污，主要事涉其辽东任上，负责辽东边事中的官员以东林党居多，魏忠贤欲借“贪污辽东军饷”一事，彻底消灭东林党的残余力量。在魏党编造的汪文言在狱中供述中，“东林六君子”杨涟、左光斗、袁化中、魏大中、周朝瑞、顾大章六人的受贿数目是：顾大章四万两，杨涟、左光斗各两万两，袁化中、周朝瑞各一万两，魏大中三千三百两。但汪文言临死前，曾极力否认杨涟受贿。

以汪文言为契子，“广宁失陷案”衍生出“熊廷弼行贿案”。又因“熊廷弼行贿案”延伸出“左光斗受贿案”。传说中的“银子”，将会成为怎样的一把利刃？

挖坑

天启五年（1625 年）三月，左光斗因受贿罪被锦衣卫逮捕。左光斗对事态的估计似乎有点乐观，缇骑到桐城缉拿左光斗时，父老乡亲觉得这一次左大人太危险，志愿组成“护卫队”，以确保左大人的人身安全。左光斗一挥手，笑着说：都回去吧，没事，没事！

左光斗向缇骑提出的要求是，在桐城境内不要囚枷。面子，形象，左光斗是一个特别珍惜声誉的人。

但是，左光斗的家人哭作一团。其实，哭是对的。左光斗入罪，办案人员是锦衣卫缇骑，锦衣卫是明朝最厉害的一把宰牛刀，杀鸡宰羊的事是犯不着使用的。左家人从锦衣卫缇骑身上，看出了恐怖。

锦衣卫，全称“锦衣亲军都指挥使司”，本是皇帝侍卫的军事机构。皇帝的安危至高无上，所以需要锦衣卫这么个特权部门。其特权，大凡人们听说过的它都具有：锦衣卫掌管刑狱，有巡察缉捕之权，下设镇抚司，从事侦察、逮捕、审问活动，可以逮捕任何人，包括皇亲国戚。而最大的特权，是怎么捉人，捉进去之后怎么收拾，不必公开，司法部门也管不着。如果不小心弄出人命，告诉亲属一声过来料理后事，也就结了。

说好的“受贿案”，怎么惊动了锦衣卫呢？因为左光斗“受贿案”是挂在“广宁失陷案”上的，涉及社稷安危，不是普通的受贿案，锦衣卫办案“顺理成章”，并可以直接判决。

当年，魏忠贤被人称作“魏傻子”，知识与智商似乎等于“零”。但那是过去，此时的魏忠贤是一面旗帜，魏党的大旗下有的是高手。杨涟为魏忠贤挖了二十四个坑，左光斗为魏忠贤挖了三十二个坑，坐等魏忠贤往坑里跳，跳完第一个又来第二个，随便落进哪个坑都是一个“斩”。魏忠贤只为他们选了一个坑——锦衣卫诏狱。想出这个坑，那是很难的。

从桐城到京城，缇骑带着左光斗走了三个月。时间有点长，因为沿途左光斗还要会会故旧，包括喝酒。天启五年（1625年）六月，左光斗被投进锦衣卫诏狱，械、镣、棍、拶、夹棍一齐上，方苞《左忠毅公逸事》描述的情形就是这么出现的。

遭受种种酷刑，左光斗最终承认收受熊廷弼贿银两万两。

以左光斗的人格、操行以及与熊廷弼的私交，曾参与营救熊廷弼当有可能，但收受熊廷弼贿赂，除了“供述”别无依据。左光斗有“铁骨御史”之誉，不畏一死，为什么在狱中遭受酷刑后即承认“受贿”呢？其实，这是左光斗为魏忠贤挖的又一个“坑”。

作为“广宁失陷案”的延伸，左光斗“受贿案”属于锦衣卫正常的办案范围。依照大明律，左光斗如果仅是“受贿”，即应由锦衣卫诏狱转入刑部狱，交由三法司（刑部、都察院、大理寺）依法审理，顾大章后来即移交刑部。案件移交，区别极大：东厂、锦衣卫为魏党势力掌控，办案手段特殊，不受三法司节制，几乎没有约束。左光斗本供职都察院，三法司中亦仍有大量东林党成员，且办案程序明确。左光斗若交由三法司审理，不仅自己可以洗冤，甚至可能导致魏忠贤的非法行为被追究。“沉密”，查继佐评价左光斗的这两个字是相当精准的。

“沉密”这两个字，同样也属于此时的魏忠贤。左光斗承认“受贿”只是一个开头，“受贿案”坐实需要“追赃”，形成完整的证据链。明末的银价有所贬值，以综合购买力测算，两万两银子接近人民币五百万元。左光斗“受贿”数额巨大，本系捏造，左家及亲友多方筹措，仍旧无法足额“退赃”。据《安庆会馆征信录》记载，为营救左光斗，安庆同乡卖掉了京城的“安庆会馆”，获银二万二千两，帮助左光斗如数“赎赃”。“人赃俱获”，证据链形成，左光斗“受贿案”彻底“坐实”。

魏忠贤会像左光斗预想的那样掉进坑里吗？没有，魏忠贤把那个坑给填了：尚未移交三法司，左光斗即死于诏狱。“生为贪婪之贼臣，死为不忠之逆鬼”，朝廷的圣旨，这样为左光斗的一生画上了句号。

天启五年（1625年）七月二十六日，左光斗在诏狱为狱卒所毙。“东林六君子”中，为狱卒所毙的还有杨涟、袁化中、魏大中、周朝瑞四人；如东林党人所期转入刑部狱的，只有顾大章一人——他是“东林六君子”中最清醒的一个，在刑部狱中上吊自尽；天启七年（1627年）八月，二十三岁的明熹宗朱由校意外早逝，所育三男二女无一长成，诏立五弟信王朱由检为皇帝，即明思宗崇祯皇帝；天启七年（1627年）十一月，魏忠贤上吊自杀，魏党终结。前后两年，魏忠贤与左光斗殊途同归。

诛灭魏党，崇祯帝朱由检并非出于匡扶正义，明鉴忠奸。明代高度集中的皇权，以分授于内臣、外臣维持国家机器的运转，天启帝偏向了“内相”魏忠贤一边，导致以江南士大夫为主的东林党与魏党之间斗得你死我活。崇祯帝呢？权力内外臣谁都别想，包括“内相”魏忠贤的那一份。

魏忠贤倒台，不等于左光斗昭雪。崇祯元年（1628年）十月，左光斗继妻戴氏伏阙讼冤。左光斗计有三个妻妾，原配妻子周氏早逝，三十二岁时继娶戴氏，三十八岁时纳十三岁的袁氏为妾。戴氏“生来醇谨，不善事事”，左光斗居官袁氏作伴，戴氏居家侍奉公婆。戴氏进京讼冤后左光斗平反，南明福王时左光斗获追谥“忠毅”。

左光斗的父亲叫左出颖，左光斗死后家人哭作一团，他端坐桌前一言不发；长子左光霁被株连致死，他一言不发；丧子蒙难老夫人悲痛而死，他一言不发。魏党被诛，左光斗昭雪，八十四岁的左老太公闻讯后一声巨号，溘然长逝。

左老太公悲从何来？不得而知。历史，有时只是一个说法，有时只是一个看法。

第十三章

魏忠贤：
不加掩饰的朝堂裸奔

“好人”的历史，通常少不了粉饰；“坏人”的历史，一般少不了阉割。明季“顶级坏人”魏忠贤，究竟是个什么样的人？要想还原出来，事实上是非常困难的。

打工时代

魏忠贤（1568—1627年），字完吾，北直隶肃宁人。

就真实性而言，正史中能整理出来的魏忠贤身份信息，只能有这么多。作为正史的补充，野史及相关文人笔记中，魏忠贤的信息又太复杂。其实，他活了六十年，真叫“魏忠贤”的时间不过六七年。他自小叫魏四，自宫后变姓名为李进忠，进宫后有了进步赐复姓成了魏进忠，最后混得挺好赐名忠贤就成了魏忠贤。

荣辱是非，一个人的姓名弄得这么乱，多半是这个人的“辉煌”史太短。而除了这“辉煌”的一截，他便完全是个可有可无的人。

但是，魏忠贤不能是个可有可无的人，并且必须是个“坏人”，否则大明朝的轰然倒地，就会产生情节上的“漏洞”。所以，《明史》魏忠贤本传是这样起笔的：“魏忠贤，肃宁人，少无赖。”

这是一种典型的“主题先行”写法，执意要把好人写好、坏人写坏。这种写法的好处，是有利于突出主题，建立起与“坏人”间的因果联系。但是，作为明朝重臣，如此写法未免存在漏洞，并且容易掩盖本质与真相。

按照史书的记载，魏忠贤是个乡下人。家庭出身，则有两种：第一种说法，他爹妈种地，是当时的下等人，但似乎还有点正经的味道。第二种说法，他爹妈是在街头耍猴或干其他杂耍活——这不是渲染魏忠贤有艺术细胞，而是添加一点出身下贱与作贱人的味道。

按照塑造坏人的传统笔法，先要交代一下他的童年。魏忠贤的童年，主要是街头混事。

——很可能是半对。因为人家爹妈长年在街头卖艺，孩子多少也有点艺术天赋，街头遛遛，顺便作一些才艺表演，对一个孩子来说与上家教老师家里去练琴、画画，也不一定就有多少区别。问题是，那个时候的朝廷对此并不重视。

从少年长到青年，魏忠贤明显是向坏人的方向快速发展。魏忠贤最终是要成长为顶级坏人的，吃点喝点，事情太小，不足以作为证据证明论题，这里就忽略不计了。魏忠贤的坏人特征，适宜从嫖娼开始。

嫖娼，这个事情通俗易懂，也是对一个人道德层面的阐述。嫖娼的时候，魏忠贤已经结婚了。据称，魏忠贤是嫖遍了大街小巷，凡是挂红灯的地方他都要光临。

这一类记载，让人想到魏忠贤家估计还是有点钱的。因为乡下那种地方，虽说比不得“高级会所”，但收费肯定不便宜。更重要的是，越是不正规的场所，收费工作就越正规，管理工作就越科学、严谨。——魏忠贤家里没有钱，嫖娼时又没有志愿者买单，这事迹本身就很有信息量。

关于魏忠贤的赌博问题，那也是相当严重的。但细细琢磨，好像也有一点问题——不是魏忠贤的问题，而是作家们的问题。魏忠贤上赌场，通常身上是没有钱的。但没有钱的魏忠贤，下的赌注却上百万——魏忠贤真坏，开赌场的真傻！这种无本生意，魏忠贤万一赌赢了，岂不等于白白送人家一个“百万富翁”？

可惜，魏忠贤输了——“与群恶少博，少胜，为所苦，恚而自宫，变姓名曰李进忠。”

《明史》这一段，神来之笔是这个“恚”字：一“恚”之下，就能要了自己的“命根子”。魏忠贤这人，心狠，手毒，容易动怒，是个多血质的人物。

其实，魏忠贤决定自宫，一方面只能是生活所迫，而另一方面当上宦官，工资肯定是相当诱人的。

魏忠贤能当上宦官，这本身也是一种幸运。从报名到录用，去当宦官比参加什么“向前冲”“大冲关”之类的游戏要难得多，危险得多。当宦官的第一关，那是赌生死——负责手术的一律都是“个体户”，“私立医院”都没有。如果说“私立医院”收费狠毒，那“个体户”的收费估计就是歹毒。魏忠贤本来就穷，交不起费——天下没有免费的午餐，天下更没有免费的手术。

但魏忠贤就是魏忠贤，交不起手术费，就干脆不交费，自己解决！这种人将来准成大器——对自己都这么狠，还有他办不成的事？

风平浪静，生死关魏忠贤顺利通过。到底怎么过的，反正他没死，这也叫事实胜于雄辩。

——吃喝嫖赌，走投无路，卖掉女儿，魏忠贤果断“北漂”。

一怒之下也好，胸怀梦想也罢，来到京城的魏忠贤，迎接他的却是南柯一梦，尽管只想当一名普通宦官。

就业从来就是难题。宦官是个专业性太强的工种，关键是硬件有特殊要求。

干了这个工作，就不能再干别的工作，流动性自然差，必须敬业一辈子。你这一干一辈子，后面的人就麻烦了。你不死，他进不来。所以，招工指标特别紧张。指标越紧张，条件就越苛刻。明代有一次宫中大规模招收太监，一千五百个名额，竟有两万多人应聘。

魏忠贤这次前来应聘，报名关都过不了。就一项：年龄。人家招的是“少年班”。宫里招宦官，年龄越小越好，好管，好调教，服务年限也长。魏忠贤婚也结了，女儿都养了，二十多岁，已经超龄。

死结，死了！人生最悲催的事，莫过于那玩意儿割了，宦官还没当成。自我动刀子的时候没有死，这回魏忠贤不死也有死的心思了。吃碗公家饭，怎么就这么难呢？

魏忠贤还是有办法，这个办法就是不是办法的办法——降低就业标准，先进“私企”打打工，弄个临时饭碗。

——其实连“私企”都算不上，就是一个“个体户”。但不是一般的“个体户”，因为这个老板叫孙暹。

孙暹（？—1598年），涿州人，万历朝司礼监秉笔太监，掌管东厂。司礼监秉笔太监有“内相”之称，与“外相”内阁首辅同属朝廷重臣。魏忠贤不能进宫当宦官，进孙暹家当佣人还是可以的。

撇开《明史》对魏忠贤秉性的先入为主，至少可以肯定，那个早年不成器的顽劣少年，一准儿在他自宫的一刻，已经与自己的过去一刀两断。在孙暹这里，魏忠贤百分之百地表现出了过硬的政治素质和业务素质。魏忠贤的模范事迹感动了孙暹，他决定推荐他进宫——以孙老先生的阅历，如果李进忠是个偷鸡摸狗的模样，借他一百个胆也是不敢的。因为这是进宫，在那里行为不端，是要出大事的。除非孙先生知道自己马上要死，如果不死，肯定是要寻根问责，追查到底的。

魏忠贤明明不符合招工条件，如今又为何符合条件呢？因为这事在孙先生看来，并非难事。当初李进忠自个报名时，人家不给报，仅仅是因为超龄。而孙先生卖个面子，放人一马也不是大事。

万历十七年（1589年）腊月十四日，在孙暹的推荐下，二十二岁的魏忠贤特招进宫，成了正式宦官。

但是，宦官不是太监，比太监的孙子还差几辈——太监品级高，宦官充其量只是个“办事员”，或小“干事”，甚至等同于是普通工人，并且工种极差，专干后勤，最多有个“以工代干”的身份。不少学者写到魏忠贤这一节的时候，精神都比较亢奋，好像魏忠贤一手挥刀自宫，另一只手就能领到高官的乌纱帽。

魏忠贤终于进宫了。有必要再提醒一下，他当的是宦官，不是太监。准确而又专业地讲，他进宫去做的是火者。

什么是火者？从大往小数，太监，少监，监丞，长随，当差。当差以下还有没有？还有一个，这就是火者。换上有上进心的，这一数，心都凉了。

火者干的是哪些工作？无非是扫地、抹桌子、倒马桶等，想为领导搞点近身服务，根本就没有机会。换上一个有进取心的，也是寻死的心思都有了。

时来运转

扫地、抹桌子、倒马桶，处在底层宦官队伍中的魏忠贤，那真叫沧海一粟。在这个岗位上，魏忠贤一干就是十几年，默默无闻，任劳任怨。当服务员，要的就是这种精神，耐心也是一种能力。魏忠贤会不会有前途呢？应该说魏忠贤有能力，但没有资本，能力以外的资本通常等于零。

明朝的普通宦官，由默默无闻而叱咤风云也是有的，如正统年间的王振，但人家有文化、有雄心、有智慧、有机遇，是典型的“四有”人才。王振不仅是个知识分子出身，还当过地方官员，进宫后又陪伴东宫太子，太子登基后他才水涨船高，成为大权尽揽的太监。而这些，魏忠贤无一具备：魏忠贤是个文盲，进宫后除了工作，就是弄点酒喝。有一次魏忠贤借机出宫，为的就是到监矿太监那里讨点酒钱，对方不乐意，差点把他打死。魏忠贤相当小儿科，别说当官，就连出人头地的心事从来都没有过。魏忠贤一干就是十几年，默默无闻，任劳任怨，所有的成果就是大家的口头表扬：“魏傻子”。

请注意，对魏忠贤的口头表扬是“魏傻子”。史书记载的这一点非常重要：第一，这人很“傻”，硬找一个意思相近的褒义词当是“忠厚”；第二，这人姓魏，作为对李进忠工作的表彰，“傻子”被恢复了本姓魏了。后来杨涟弹劾魏忠贤二十四大罪时，认为他就是“李进忠”，在宫内当过小偷。事实上，宫内当小偷的是另一个“李进忠”，那李进忠“进去”后，这个曾经的李进忠一点事没有。杨涟把李进忠的事弄到魏进忠头上，也不一定是有意栽赃，很可能是他对宫内的事掌握得不准，“魏进忠”还是个无名之辈。

最可悲的是，“魏傻子”三个字真正属于魏忠贤的，只有“傻子”二字，还不是至关重要的“魏”字。“魏”字，属于魏朝。

魏朝，万历、泰昌、天启年间的“三朝太监”，司礼监秉笔太监王安的下属，魏忠贤的顶头上司。魏忠贤为人忠厚，干事实诚，这样的下属魏朝要是不喜欢，那魏朝也是“魏傻子”了。

万历三十三年（1605年），万历皇帝添了个孙子，儿媳妇的生活待遇要作相应改善。魏忠贤一生最大的幸运，就在这里——魏忠贤为魏朝所赏识，魏太监便给魏火者调整了工种，当了典膳。典膳的职责是管后宫的伙食，这差事好，相对高尚，又在领导身边，说不准领导高兴的时候，还能帮助解决一些实际困难。

进宫三十年，五十二岁的魏忠贤算是交上了好运。但实际上，领导并不能给他解决什么问题，主要是他跟班的领导不对劲，是位女领导——王才人。“才人”相当于职称，给帝王家当老婆提供相关服务，都要持证上岗。王才人自身职称不太高，但有两个男人很耀眼，一个是她老公朱常洛，后来的光宗；一个是她儿子朱由校，后来的熹宗。虽说是两代皇帝，但这都是后话。

王才人相貌平常，虽然为太子生了个儿子，前途却并不光明，因为公公万历皇帝一直不喜欢她的丈夫，文官们呼吁了十五年，才勉强按惯例册封他为太子。册封之后，万历皇帝还想以自己喜欢的第三子取而代之。皇帝这态度，宫中的宦官最清楚，所以狗仗人势，甚至经常欺负太子。

魏忠贤也像一条狗，不过他是一条忠诚的狗。魏忠贤侍候王才人，兼管小皇孙的伙食，从不问这二位的前途如何，始终谨谨慎慎，恭恭敬敬，一丝不苟。王才人一高兴，将他复姓为魏，他成了魏进忠。此时的魏进忠，离天启二年（1622年）朱由校为其赐名忠贤，成为写入史册的“魏忠贤”，还有很长而艰辛的路。

眼前的王才人，相当衰，老公太子的地位带着问号，儿子的前程远得没影，最纠结的倒在眼前——老公另一个老婆李选侍太强势，老是欺负王才人。

主子不好，奴才自然是坏。但这还不是最坏的，最坏的是万历四十七年（1619年），王才人居然又死了。辛辛苦苦几十年，魏忠贤一觉醒来，便有人通知他去做“仓库保管员”了。

魏忠贤的又一次好运，也是从死人开始的，而不是他的诡计或阴谋。

万历四十八年（1620年），明神宗朱翊钧驾崩。这位明朝在位时间最长的皇帝，早年锐意进取，王朝一派中兴气象。但他执政期间，皇权与文官集团的权力矛盾空前，从此他荒于政事，成为后世唾骂的“昏君”。明神宗留给子孙最大的政治遗产，便是对文官集团的不信任——这也是魏忠贤日后意外胜出的根本。

明神宗与王才人之死，受益最大的女人是李选侍，即明光宗的李康妃。王才人去世后，其子朱由校（明熹宗）便由这个李选侍抚养。朱由校没有亲妈，依恋的是魏大叔。所以，魏忠贤当了一年的“仓库保管员”，来到了李选侍这里。时来运转，这个几乎倒霉透顶的老宦官，现在成了李选侍最喜欢的人。

随着明光宗朱常洛的上台，李选侍的地位逐节攀升。因为要照顾皇长子朱由校，李选侍住进乾清宫。但是，好景不长，朱常洛上台之后刚露面几次，人就死了。历史真实的节奏，比电视剧快多了。

这前后，仅仅一月的工夫，明光宗暴病而亡，李选侍成了寡妇，继位的是她的养子朱由校。朱由校没了生母，李选侍按理能沾点光，但是东林党以防其干预朝事为由，逼迫李选侍移到仁寿殿哕鸾宫——是为明末三大案的“移宫案”，从此她被迫享受“提前退休”的待遇。

李选侍失势了，魏忠贤这次可没有再去当“仓库保管员”，因为有另一个女人关注上了他——这就是客氏。

客氏是谁？客印月，侯客氏，客……如何称呼没关系，放在今天称她为客女士，或许会更公平妥帖一些。这是一个传奇女子，如果不是在明朝、在中国，她足以成为《战争与和平》《红与黑》或《漂》的主角。

——还是先称她客印月吧。

最初的客印月，是北直隶保定府侯二的妻子。侯二又叫侯巴儿，所以客印月又叫客巴巴，农民身份，生育过一孩。

如果你就此认定她如何平凡，那一定就是大错特错。因为人家即便身份普通，长相可是相当出众，并且运气也非常人能比——

就在她生下儿子的时候，来了一帮上级，请她进宫门。进了这个门，真的就是跳进龙门，为龙子龙孙服务，比为哪门子大款服务都光荣。

那一年，应该是个喜庆之年：皇家大喜，王才人生下了朱由校。为了保证这个喜庆的果实，全国上下层层海选。客印月成为年度总冠军，顺利当上了乳母。

客印月进宫，应该也“一人进宫，全家光荣”，场面也会很隆重。而体检、政审，肯定过关，不存在讲人情搞内定。哪个评委敢拿自己的脑袋开玩笑，玩忽职守到皇帝的头上？

特别值得一提的是，客印月在宫中的表现是十分出色，授予她“帝国特别贡献奖”或“帝国英模”也不足为过。大家可能知道她有这么一条先进事迹，就是她丈夫去世了，她仍然坚守在工作岗位上。对当时的女人来说，死了男人比死了爹妈还要重要。所以她的事迹虽少，但十分典型。

另外一条，长期被人忽视。客印月的本职工作是奶孩子。她喂养的朱由校身体健壮，智力反应正常——成年的朱由校心灵手巧，对制造木器兴趣极浓，凡刀锯斧凿、丹青髹漆之类的木匠活，他都亲自操作，并且经常加班到深夜。

关于朱木匠的事迹，可以简单地提炼出几句：作为客印月的工作成果，一个纯智力劳动者竟能从事体力劳动，充分证明客印月的德能勤绩，除了“德”这一条暂且存疑，剩下那都是毋庸置疑的。

数年如一日，家里死人都不请假，客印月为国（皇）家而奉献，国家总该有所酬谢，否则这东家也就太黑了点！给她点什么呢？皇家的土特产只有两样：银子，“帽子”。

客印月最后被封为“奉圣夫人”，很多人很眼红，实则无可厚非。这无非是张奖状，一种政治荣誉，是一封诏书就可以解决的事，与她的贪恋实在没多少关系，甚至无所关联。

但按照规定，朱由校长到六岁，客印月的“聘用合同”就应该到期。找了一个满意的“临时工”，东家很高兴，多给她一点一次性补偿，赠送一份“养老保险”，或者看在丧偶的份儿上，让她回老家又于心不忍，将其安排到合适的领导岗位，也不算为过。但问题是，朱由校十六岁了，客印月还在宫里。

而且客印月还完成了官场上的高难度工作：她帮助魏忠贤整倒了魏朝，又帮助魏忠贤打倒了王安，完成了内廷的新老人事交接，让魏忠贤成为新党的党魁，官场权力争斗中新的一极。

客印月为什么能干成这等大事？原因有点儿秘密。关于客印月的野史，流传甚多，并且涉及皇帝的隐私问题。有史称客印月每日清晨进入天启皇帝寝宫的乾清宫暖阁，侍候天启皇帝，每至午夜以后，方才回返自己的宫室咸安宫。《甲申朝事小纪》记载：“道路传谓：上甫出幼，客先邀上隆宠矣。”也就是说，天启皇帝刚刚懂男女之事，这个做奶妈的主动引诱他，使他以后没法离开客氏。《甲申朝事小纪》只是一本清初笔记，但著者不详，一家之言，未见正史有证，并且人家又加了“道路”二字。以一个不知道真相者的话说服自己，或教育别人，都不是治学者要干的事。所以，《甲申朝事小纪》这类野史即便写的是真事，也不能作为证据被采信的。

在熹宗心目中，客氏远远超出乳母的概念，是集各种女性角色于一身的不可须臾或缺的伴侣，这应当是毫无疑问的。野史上说客氏长得很漂亮，面似桃花，腰似杨柳，性情媚惑，态度妖淫，这些也不重要。重要的是客印月给予了朱由校足够的安全感。而朱由校从小经历曲折，一直备受冷落，缺少父爱和母爱，成为始终长不大的孩子，一辈子在心理上断不了奶，生活上离不了奶，长到十几岁了还要吮吸客印月的奶汁，不理朝政，终日嬉玩——这一点，很有一些心理学上的支撑，可视为社会科学。

但什么时候相信正史，什么时候相信野史，什么时候相信道听途说？这就是一个火候问题，掌握得恰到好处，便是大家，成就学问。而最大的误区，往往是思维定式。当我们丧失对苟且的想象力时，对客印月除了谩骂，也就不再有多少认知能力。

缺德男女

客印月为什么会对魏忠贤那么好呢？因为魏忠贤脾气好，人又长得帅。魏进忠身材高大，性格爽朗，从他遗留下的画像看，可以算个帅哥。当然，由于年龄的原因，他是属于帅大叔的那种。

在魏忠贤地位卑微的时候，大家都叫他“魏傻子”，就是这人缺心眼。这对魏忠贤不是件好事，但对别人来说绝对是件开心的事，谁愿意成天提心吊胆，跟一个阴沉的人做朋友呢？

客印月在宫里要啥有啥，缺的就是朋友，尤其是跟性有点关系的朋友。可惜，这在内宫要找到货真价实的“男朋友”那是不可能的。明朝宫廷中一直流行“对食”的习俗，据说这还是汉代传承下来的，就是宫里男女闲得慌，宫女与太监之间就成了相好。因为宫女常为一个固定的宦官热菜热饭，所以又称女方为“菜户”，“菜户”无形中就成了“临时老婆”。单身男浆洗做饭有困难，单身女挑水劈柴乏力气，互相一补充，有利于和谐，同时也是宫中男女间实事求是的一种玩法。万历皇帝那会禁止过，认为这样有违人伦。但是，这种需求是刚性的，根本禁不住，最后也就不了了之。

客印月的“对儿”原是魏朝，天启皇帝登基后，魏朝自然升官了，做了乾清宫管事并兼管兵仗局印。公务繁忙，也就把客印月给冷落了。魏忠贤由于管理伙食，与客印月接触甚多。“魏傻子”的形象与性格，一下子拉近了与客印月的距离。

魏忠贤与客印月感情升温，魏朝当然不干了——客印月风韵犹存，又无比尊贵，还被下属给抢了，魏朝既不甘心又觉得窝囊。天启帝即位后不久的一天深夜，魏忠贤和客印月正在乾清宫西阁亲热嬉闹，恰巧路过的魏朝听到里面笑声浪语，一股热血直冲头顶，他猛地一脚将门踹开，揪住了魏忠贤，抡起拳头就朝魏忠贤打。魏忠贤虽是半百老人，但一直是个运动型的人才，“喜驰马，能右手执弓，左手控弦，射多奇中”，身手敏捷，很快将魏朝打得鼻青脸肿。

处于劣势的魏朝，拽过客氏就跑。色字头上一把刀，这回“魏傻子”再也不傻了，为了心爱的女人，“魏傻子”拔腿就追。打又打不过，跑又跑不过，两人“醉骂相嚷”，缠斗到乾清宫外，司礼监掌印太监卢受、东厂太监邹义、秉笔太监王安、李实、王体乾、高时明等全被惊醒。

天启皇帝早已睡下，动静太大也被吵醒了。他穿起衣服赶出来，吓得一班人慌忙跪下。惊动圣上，杀头也是可以的，打板子那是恩典。可是，天启帝一点都没生气，反而和蔼地问客氏：“客奶，只说谁替尔管事，我替尔断！”（《酌中志》）

客印月一点都不拖泥带水，果断地站到了魏忠贤一边。天启当场表态：魏忠贤今后专管客氏之事——从此，魏忠贤与客印月成了钦点的鸳鸯。

魏朝就倒霉透顶了，王安见皇上态度明确，上前狠狠抽了魏朝几个耳光，既表明自己对皇上英明决定的拥护，也是恨透了魏朝的不争气。王安当场决定，将魏朝调离乾清宫，去兵杖局养病。魏忠贤算是魏朝的弟子，魏朝算是王安的弟子，王安处理了魏朝，魏朝算是被魏忠贤害苦了。

——就情理而言，魏朝无疑是魏忠贤的恩人。但是，魏忠贤不仅没有知恩图报，反而回馈了恩人一个夺“妻”之恨。恩将仇报，这是魏忠贤见诸史册的第一桩缺德事。至于以前的什么，或是空穴来风，或是子虚乌有，毕竟都是传说。

缺德了第一次，第二次也会有的。

万历皇帝死后到天启帝即位后的一段时间，宫中的实际权力在太监王安手里，但他并不是司礼监掌印太监。一朝天子一朝臣，天启元年（1621 年）五月，原司礼监掌印太监卢受已经年过七旬，于是主动提出辞职，让出自己的位子。正常情况下，王安会是理所当然的继任者，天启帝也决定任命王安掌管司礼监。按照惯例，王安必须以德能勤绩各方面存在的不足谦虚一下。所以，王安上疏辞谢。为了表示自己对当官不感兴趣，写辞职报告也不是例行公事，王安还特意带上自己手下的几个人到西山游玩。但等他从西山玩回来，司礼监的大印就跟他无缘了。

王安致命的错误，是卢受懂得的道理他不懂。卢受是万历朝旧臣，他则是泰昌朝的旧臣，尽管泰昌朝实在太短。夺去王安位子的是王体乾，王安一直“视王体乾为道义友”，二人长期服务于东宫，关系相当密切，但权力面前这些就什么都算不上了。

王体乾这事干得很缺德，但这人非常明智，他知道天启皇帝与客印月、魏忠贤之间的特殊关系，一直拿自己这个“一把手”当“二把手”，对客印月、魏忠贤逢迎有加，后人也由此认为整王安完全就是客印月、魏忠贤的歪主意。整垮王安虽与魏忠贤并无直接关联，最大的受益者非魏忠贤莫属。王安属于有原则的那种，王体乾属于无原则的那种，魏忠贤尽管没有登上司礼监太监的位子，但他与客印月的亲密关系，又与天启皇帝越走越近，做出惊天动地大事的条件越来越成熟了。

一个宦官，尤其是太监，为什么能做出惊天动地的大事呢？先得把宦官、太监的奥秘说清楚。

清宫剧看多了的人，通常都觉得宦官与太监是一回事，并且认为他们也就是给皇帝端茶送水的“服务员”。其实宦官的身份是官员，并且阵容强大，级别也可以很高，并非很多影视剧里一口一个奴才的。明朝的宦官，编制上有十二监、四司、八局即“二十四衙门”。所谓“太监”，是指十二监中的掌印太监，即最高长官，正四品，与知府一般大，比有学问的国子监祭酒高一级，比翰林院学士高两级。“三年清知府，十万雪花银”，官做到知府这一级，虽是修成了不败金身，但论实际权力，知府与太监那是无法相比的——想继续进步的知府，深更半夜上他们家，都得堆着笑脸自称奴才。

宦官们为什么这般牛？以明代的政治体制，那宦官确实是奴才。但是，宦官的本质属于皇权，皇权又绝对置于政权之上。朱元璋时代的明朝，禁止宦官“干政”，铸了一块铁牌挂在宫门：“内臣不得干预政事，犯者斩。”这时的宦官，基本都在做孙子，当奴才。但你看准了，这孙子是皇帝的孙子，奴才也是皇帝的奴才。你千万别拿皇上的孙子当自己的孙子，也千万别拿皇上的奴才当自己的奴才。坚持这么想，哪天掉坑里了都不知道挖坑的是谁。

到第三任皇帝朱棣时，宦官的皇权面目就显现了：宦官又是带兵打仗，又是出国访问（李兴使暹罗，郑和下西洋，侯显使西域），又是到下层检查（王安督军营，马靖巡视甘肃），又是扩权增编（增设东厂，委任宦官主持），忙得不亦乐乎。但是，没出事。

没出事，不等于不出事。原因同样简单：朱棣也是个厉害的角色！试想，能把响当当的第二任皇帝打得影子都没了，还有什么活做不成?

朱棣的孙子宣宗朱瞻基，十分注重宦官的素质提升问题，抽调一流的专家（翰林院学士）办培训班，设“内书堂”，一期教两三百小宦官。宦官的素质，大幅度提升，你也别再欺负宦官没文化了——请你从此更新观念，所谓宦官，并非你感觉的一群被阉割的大文盲。人家已经有知识，有文凭。至于什么文凭，没考证过，估计是比照国民教育同等学力的内部文凭。但朱瞻基的开掘创新，算得上为宦官大业画蛇点睛。

但乱子终于也来了——英宗朱祁镇在王振的指导下顺利成为俘虏，武宗朱厚照被刘瑾玩得溜溜转……为啥，就因为是一帮小屁孩：走马上任，朱祁镇九岁，朱厚照十五岁。你如果认为他们能干好，你可将儿子改成户主，白天让他上学，晚上不做作业主持家政！

这就是事情，这就是权力，并且是皇帝的事情，是皇帝的权力。当皇帝没有智力、没有能力来做事、用权时，大权旁落只是时间、多少、方式的问题，比方窃取，比方顺手捡到，一切皆有可能，随时都会发生。何况，很多情况下他们的权力还不是捡的，而是皇上白送的——用今天的话说，就是口头授权。宦官捡到这些，那叫便利。因为皇帝就算掉个纽扣，最容易捡到的，只能是宦官。这枚纽扣是不是及时回到皇帝那里，如果没有监督的探头，那只能取决于宦官的素质。素质，那是最大的偶然。素质的对面，才是最大的必然！所以，当魏忠贤出现的时候，你无须大吃一惊，谩骂，感叹。

尝试弄权

魏忠贤很快得到了这样的权力，原因与过程也不复杂。

天启皇帝朱由校死时只有二十三岁，即位时只有十六岁，更要命的是他还是个晚熟的孩子，治理天下是根本不可能的事。这是一个新难题，其实是个老问题。

——“受命于天”的天子，很少有自己治理天下的，襁褓中的天子，也不一定就把天下治理得一团糟。凭借血缘优势取得最高权力的帝王，通常由政治代理人来完成职责，中国历史上形形色色的贵戚辅政、母后垂帘、权臣专擅、嬖幸弄权层出不穷，根源无非如此。

这四种选择，在天启皇帝登基时已有两种不复存在：贵戚辅政的问题在明太祖时代即已杜绝，母后垂帘对天启皇帝而言根本不存在——他的亲妈早已去世，养母李选侍已被文臣赶出了宫。剩下的两种又怎么样呢？

权臣专擅，万历朝的张居正将其做到了极致。物极必反，这在万历朝出现了一百八十度的大转弯。对内阁及文官集团的不信任，正是从天启皇帝的爷爷万历皇帝开始的。万历朝后期，自叶向高开始内阁已经一人，他上疏七十五次要求配齐内阁班子，但都泥牛入海。人少事更少，无权无事的“独相”叶向高觉得太没意思，加之身体欠佳，于是辞职，推荐了方从哲。

方从哲（？—1628 年），字中涵，德清人，万历朝的最后一任首辅。很有意思的是，方从哲位极人臣之首，当了七年“独相”，最终连其出生何时都不为后人所知，可见是个可有可无的人。更倒霉的是，万历四十六年（1618 年），方从哲的长子方世鸿狎妓时出了“交通事故”，一个妓女坠马身亡。文官集团对这个不敢争权的首辅早已不满，趁机弹劾他纵容儿子打死妓女，换一个替代他。万历皇帝可不上当，他让方从哲继续干，但方从哲从此不仅无权，连基本的形象都没了。

天启皇帝登基后，刘一燝接任内阁首辅。刘一燝（1567—1635 年），字季晦，南昌人。明光宗驾崩时，李选侍将朱由校藏了起来，刘一燝大喝一声：“谁敢匿新天子者？”于是刘一燝与王安找到朱由校，拉着朱由校跑到了文华殿。这一喝一拉，刘一燝地位上升了，权力却没多少。天启皇帝对他第一印象差，宦官这一方也得罪得不轻，所以一直处于孤立无援的境地。

四种除掉三种，剩下的只有一种：嬖幸弄权。

天启帝自幼生长在清冷的东宫，由于父亲当太子时长期被冷落，他这位皇长孙就更无人问津。皇家不缺钱也不缺教师，可是他爷爷万历皇帝心里不顺，从不关心他上学的事情。直到大龄少年，他还辍学在家，认识的几个字，还是身边的宦官随意教的，听起来简直令人难以置信，而事实又确实如此。

缺少正规的教育，天启帝得到的潜移默化，事实上很低。他虽贵为皇太孙、皇太子，社交圈其实小得可怜，明朝规定后妃不亲自抚养婴儿，皇子自幼由奶妈、宫女及宦官抚养长大。这些人都来自社会的底层，带来的是市井文化的低俗、现实、狭隘、目光短浅。机灵一点的，也无非擅长处理家长里短的琐事，更谈不上见识。

独特的成长环境，使天启帝对自己的直系亲属与朝中大臣都非常陌生，也缺少感情上的联系，尤其是文臣普遍年龄较大，存在事实上的“代沟”。客观的情感需要，他身边亲密接触的人正好填补了空白。天启帝最依恋的是奶妈客氏，而客氏给他的是真的母爱。他对客氏的情感，甚至超过了亲生母亲，十六岁了还需要和奶妈住在一起，一旦分离就失去安全感。登基之后，朝臣强行将客氏从宫中赶出，天启帝不得不遵守“规矩”。但客氏出宫只有两天，他竟“思念流涕，至日旰不御食”。这一回，朝臣再怎么反对他也不听了，硬是将客氏重新接回宫里。

没爹没娘的天启帝，找到了娘的感觉，与客氏“对食”的魏忠贤，自然就成了“爹”。天启帝对魏忠贤同样有依赖感，他的左颧生有白毛，自我感觉很重要，有次被小宦官误拔，天启帝异常愤怒，要把小宦官打死，谁劝都没有用。直到魏忠贤出来劝慰，天启帝的气才消了。

这种说法，丝毫不过分。天启帝还是小皇孙的时候，魏忠贤就跟随在他的左右。小皇孙想玩什么，魏忠贤都会千方百计淘弄来，哪怕是自己给小皇孙当“玩具”。进宫三十多年，魏忠贤事实上就是个孤老头，所有的情感除了客氏，小皇孙是唯一的精神寄托。这种情感出自本能，真实而无法替代。一时半会见不到小皇孙，魏忠贤就会莫名地失落。后来有一次天启帝在西苑划船，一不小心落入水中，并不会游泳的魏忠贤急忙跳入水中，差一点儿搭上性命。魏忠贤对天启帝的忠诚，完全是真诚的，并没有任何目的，也不是刻意争宠。

小皇孙成了皇帝，一切也在慢慢地转变。一般情况下，太子继位前都有接触政务的“实习”机会，朱标当太子时跟着父亲朱元璋“见习”了二十五年，国家大事或小事，朱元璋都有意让他亲自处理，还帮他分析处理的对错。但天启帝的父亲死得突然，连个处理政务的实习机会都没有，甚至根本就没见过什么世面。猛然间当上了皇帝，外面的世界给他的印象简直有点恐怖。上朝时，他几乎像个木偶，显出孩子式的羞涩，大臣们的高谈阔论，多半听不懂。越是听不懂，越就不想听，每次上朝，他都巴不得早点结束，回到宫中才如释重负。

后人认为天启帝只知道玩，属于“昏君”，其实这是拿理想中的君主标准来要求一个孩子。天启帝算不上早慧，但并不愚蠢，跟白痴皇帝晋惠帝是两码事，那人智商实在有点低。除了性格懦弱，十六岁的朱由校显得心灵手巧，干得最著名的就是“木匠活”，有些能工巧匠的天赋。

年幼而缺乏从政经验，天启帝对繁重的政务难以承受，甚至当作是一种折磨而心生厌恶。魏忠贤同样是个对政治一无所知的人，他需要尽力而为的是，让回后宫的天启帝感到快活。天启帝要玩游戏，他除了找玩具，就是当玩具。天启帝对木匠活有强烈的兴趣，魏忠贤便给他当下手。就宋徽宗天生绘画异禀，天启帝有着杰出的工艺天赋，能自己设计精巧的玩具，“用大木桶、大铜缸之类，凿孔创机，启闭灌输，或涌泄如喷珠，或澌流如瀑布……皆出人意表”。对自己才能的欣赏，天启帝乐此不疲，“每营造得意，即膳饮可忘，寒暑罔觉”，以致“朝夕营造”，正事全抛到了脑后。

真正的政务，很长时间里都是王体乾“代劳”——代皇帝批旨，拟上谕，这些按惯例都是司礼监太监的工作，魏忠贤还没有感受到权力的魔力，仍旧一门心思陪天启帝玩。

作为天启帝最亲近的人，天启帝对客氏给予的是荣誉与奖金，对魏忠贤则给了几顶官帽：司礼监秉笔兼惜薪司掌印太监。这几顶官帽并不显眼，只不过是高级宦官集团的一个普通成员。宦官队伍的“一把手”，有“内相”色彩的是司礼监掌印太监，这个位子是王体乾的。对政治本无兴趣的魏忠贤，对政治也是一窍不通，既不懂名正言顺，也不懂有位有为，直到死的那一天，他都没有坐到宦官“一把手”的位子上，而以他后来的炙手可热，拿下王体乾绝对是易如反掌。

但是，正是司礼监秉笔这顶帽子，让魏忠贤致幻成瘾，走上了弄权的不归路。司礼监秉笔的职责，是替皇帝批答奏折。天启帝对批答奏折毫无兴趣，也视其为负担，一股脑儿地推给了太监。魏忠贤接过这活，其实是“合法”的，因为这是皇帝意愿的真实表达，皇帝有个话或点个头就行了，张居正当年“摄政”也找不到诏谕之类。代批奏折，对魏忠贤来说不是一件美差，而是很辛苦。魏忠贤是倒马桶出身，又是文盲，文官们的奏折送过来，先要有个文言文翻译的过程，而内宫里的宦官文字水平都不高，所以魏忠贤乱批一气那也是没办法的事。好在魏忠贤对皇帝很忠贞，批起奏折来总是十分认真。

有一次，兵部奏请将镇虏关提调董节提升为游击将军。魏忠贤边听边琢磨：提调到游击将军，中间不是有个都司佥事吗？这么用人，明显是破格提拔。没听说董节有什么特殊贡献，这么超常规，一定是有人吃了好处！于是，魏忠贤下旨要对兵部问责。兵部只好解释：都司佥事一级实缺较少，提调一般都直升游击将军，几十年来都这么做，属于惯例。不解释还好，越解释魏忠贤越认为这有问题，硬是把武选司的官员给免了。

还有一次，礼部官员李恒茂的奏折中有一句“曹尔桢整兵山东”。也是李恒茂运气欠佳，他提到的这个曹尔桢，魏忠贤正好认识，并且刚刚将其提拔为山西巡抚。山西与山东魏忠贤还是分得清，于是下旨切责李恒茂。李恒茂要是认个错，这事说不定就过去了，偏偏李恒茂又较真，上书辩解说曹尔桢本为山东布政使，目前还未到山西赴任，说他“整兵山东”没有错。魏忠贤顿时火了，以“不恭”之罪将李恒茂削职为民。

皇上给的这支笔，实在太有分量了，但也没有办法，明太祖当初的苦心设计，就是没有考虑后世子孙任性了怎么办。纠错机制的缺失，大明王朝进入一个危险的境地。

天启二年（1622 年），魏忠贤掌管了东厂。在这个特殊的年代，东厂的权力几乎无边，除了皇上，魏忠贤已经无人制约。

权力角斗

从常理上讲，魏忠贤始终是宦官中的“二把手”，王体乾才是“一把手”。“二把手”之所以成为领袖，主要是“一把手”过于精明。王体乾明白，他这个“一把手”其实是客氏与魏忠贤给的，没有这二位，凭自己的能耐是整不倒王安的。能将前任拿掉，拿掉自己只能更简单些。所以，代批奏折的时候通常是王体乾组织人马，将奏折读给魏忠贤听，最后由“二把手”拍板定夺。逆向投靠，王体乾甘当魏忠贤的助手，终天启一朝，他都是魏忠贤的密友与心腹。

朝政大权皇帝大方地给宦官，最不乐意的是文官集团。文官集团的这种想法，正面讲他们都是饱读圣贤之书的人，有“修齐治平”的人生理想，有“致君尧舜上”的使命意识。从另一个角度讲，权力就是利益，一边倒的分配方式谁都会有意见。

明朝自内阁形成的那一刻起，内阁就成了文官集团争夺权力的“领头雁”。争夺的对象有时是皇上——皇上放出权力总量上来了，大家分到手的就多一点；争夺的对象有时是宦官——皇上放出权力比例上来了，大家分到手的同样也多一点。所以，内阁死磕皇帝与死磕太监，一直层出不穷。但万历中期情形大变，万历皇帝是否昏庸有点争议，因为他当政时期明朝的内政外交都成功地干成了大事，这位皇帝的小气倒非常鲜明：他手上权力自己不用，也不给别人，无论是内臣还是内阁统统不给，所以没有第二个冯保，也没有第二个张居正。

这一拖几十年，文官们算是明白了，指望内阁或首辅为自己争权力肯定没戏了，倒不如大家“合伙”，吃掉“个体户”或小本经营的一方。万历朝后期的

“党争”，很有点合伙经营的味道。天启皇帝一改万历皇帝的小气风格，极大地刺激了官员们的“党争”胃口。利润太低的生意，很少有人干。

天启年间的党际大战，场面是相当壮观的。谍战，肉搏战，拉锯战，轮番上映。这场大决战的时间，大约是八个年头——万历四十八年至崇祯元年（1620—1628 年）。官员们放下本职工作不干，统统改行当角斗士，因为机会太好。官场大战集中在这八年，是因为皇帝有了四位。皇帝忙着上位，熟悉环境都来不及，哪有时间来过问具体工作，让大家集中精力勤政、廉政，搞稳定、发展。

万历四十八年（1620 年），杨涟、左光斗等东林党的优秀成员，抓住朱翊钧不幸逝世的机遇，奋力拼搏，确保了朱常洛顺利上台。不到一个月的时间，朱常洛不幸逝世，东林党与阉党通力合作，再让朱由校黄袍加身。朱常洛、朱由校，备受后人非议。撇开治国水平不说，他们整体上都是厚道人。知恩图报，放在他们身上，做起来也算不容易。死了两个人，立了两次功，论功行赏，顺理成章，大家的好处，都是大大的。

注意了！在两次大的政治事件中，东林党与阉党（非魏党）是一个友党，两家在合作的过程中，实现了双赢。都有好处，打什么仗呢？这个时候，他们谁也没有提正义与邪恶。玩在一起，彼此要说的，也该是些表扬与自我表扬的话。言语不当，那是很败兴的。

内外臣之间的和平与和谐，总是难得的，也是暂时的。这种局面的破裂，与魏忠贤有着直接的关系——魏忠贤缺少的是政治经验，有的只是对皇帝的忠诚，皇帝让他干的事，他就一个人干。政治智慧的缺失，他想不到学学冯保，找个张居正式的人物一起干，这样事情会干得更好，“利润率”也能均衡下来，不至于出现为抢生意而打破头的局面。

天启三年，东林党决定发动官场战争。不过，他们选择的打击对象不是以魏忠贤为领袖的宦官，而是自己的同类。东林党的同类是谁？是齐、浙、楚等党。他们都是执政党，分一杯羹的消灭一个少一个，分子不变，分母减少，分数值增大——东林党的哲学就是初等数学。

齐、浙、楚三党尽管是些小党，但并不是弱党，无非队伍声势差点。浙党，首辅沈一贯创立，该党抢占政治主阵地也很一贯——后继者方从哲，也已当上了首辅。齐、楚二党，虽无显赫高官，但敢在官场上单开账户，人家没那粉根本就不会做那粑——他们比较有优势，多是言官，操控国家的宣传、舆论机器，保佑你发财不行，保佑你头痛是没问题的。

但三党与东林党没法比，那是肯定的。东林党的三巨头顾宪成、邹元标、赵南星，哪个都是扔到水里鱼都跳的人物——顾宪成，读书的人都会知道，所谓“风声雨声读书声声声入耳，家事国事天下事事事关心”就出自他手。邹元标，敢与张居正对着干的那位。赵南星，不知道没关系，他是吏部尚书，“组织、人事部长”。

其实，一个党里面三个头子都太厉害，也不是好事，一言九鼎容易变成三言二十七鼎，不太好统一思想，统一行动。但到了天启二年（1622 年），形势变了，顾先生永垂不朽了，邹先生光荣让贤了。剩下赵领袖，党内独大，掌控朝廷。

赵领袖敏锐捕捉到的有利战机，是天启三年（1623 年）。这一年，是换届之年——六年一次，所谓“京察”。

赵南星主持的换届工作，官员调整、安排前，会进行庄严的官员考察。一考察，结果出来了——先撤职、开除公职四个人。

处理了哪四个？亓诗教，赵兴邦，官应震，吴嗣亮。亓诗教，齐党领袖；官应震，吴嗣亮，楚党领袖；赵兴邦，浙党中坚。处理了四个人，消灭了两个党的“一把手”，一个党的中坚力量。赵领袖这一出手也太不凡了，人家小党内部开个会，连主持人都有问题了。

赵南星的形象很丰富，不仅严肃，也挺活泼，曾著《笑赞》，且与冯梦龙《笑府》、石成金《笑得好》和游戏主人《笑林广记》并称中国古代“笑林四书”。但实际工作中的赵南星，一点也不幽默，他这一刀下去，三个党几乎全都没了声音。

东林党在大肆清除异己，魏忠贤的安宁只能是暂时的。

首先挑起祸事的是文震孟。文震孟是天启二年（1622 年）的新科状元，上班没几个月，他就递上了《勤政讲学疏》：“皇上昧爽临朝，寒暑靡辍，于政非不勤矣，而勤政之实未见也。鸿胪引奏，跪拜起立，第如傀儡之登场，了无生意。”

文状元的这一段，说明他还是一个十足的官场新手。皇帝按时上下班，从不迟到早退，出勤不出力，这个问题官场老手都清楚。皇帝不问事，也不一定是坏事，天启帝的爷爷万历皇帝长期不上班，他那种高超的操控手段，还不是人人手中无权，天天日子不好过？

文状元接下来的这一段，便充分证明他确实是个状元水平：“且陛下既与群臣不洽，朝夕侍御不越中涓之辈，岂知帝王宏远规模？”

这段话讲出了文官集团的真实想法，大意是说作为皇帝，应该跟我们打成一片，不应该跟阉人混在一起，否则皇帝的能力与水平统统都是问号。

《勤政讲学疏》通篇并不曾提到魏忠贤，说明文震孟对天启朝问题的认识，是在对皇帝授权对象上有所不满，并没有提魏忠贤个人太出格。

魏忠贤接到奏疏，再也不是“魏傻子”了。文震孟“傀儡登场”这几个字，魏忠贤不满，天启帝也不满，于是圣旨下来，文震孟需要廷杖八十。文震孟虽是新科状元，但也是五十好几的人了，真打到四十板，说不定就与世长辞了。作为文震孟，完全是初生牛犊不怕虎，说出了文官们的心里话，所以圣谕一出，大家纷纷施予援手，次辅韩爌更是豁出去了。最后，文状元被免了廷杖，仅被贬秩调外。

文震孟带了头，后面沉不住气的就多了。从天启三年（1623年）到天启四年（1624年），反对的浪潮一浪高过一浪，策略也渐渐地由皇帝、太监一起批，改为集中火力猛攻魏忠贤。这是一个高招，如果这次“斩首行动”成功，权力自然就回到了文官集团，其中大头要归东林党所有。

魏忠贤确实没见过这种阵式，特别不明白自己赤胆忠心替皇帝办事，反而越来越不招大臣的喜欢。天启帝对文官们本不信任，也无好感，众人追着魏忠贤喊打，他便不断地给魏老头发奖金加奖状。天启皇帝的态度一明确，东林党人一时也没有更好的办法了。

在斗争中成长，从来就是一条颠扑不破的真理。天启帝上台的三年里，魏忠贤的地位是脆弱的，在朝中并没有政治基础。东林党的群起而攻之，让魏忠贤有了建立自己势力的行动。而皇帝对魏忠贤的贴身保护，也让寄希望于东林党的人有了新的选择。

真正的阉党，是在东林党首次进攻遭挫后形成的。在魏忠贤这里，第一批加入阉党的有顾秉谦、魏广微等。顾老先生是礼部尚书，家宴中他对魏忠贤叩道：“本欲拜依膝下，恐不喜此白须儿，故令稚子认孙。”七十多岁了，不顾风烛残年，带领儿子一起加入了阉党，仍有着强烈为魏忠贤之辈效力的愿望，实在难能可贵。川贵总督张我续，不好意思学顾秉谦，他家有个女仆恰好是魏忠贤本家，于是“加于嫡妻之上，进京八抬，称‘魏太太’”，张总督从此成了魏家姑爷。

之所以还要说魏广微，因为从他的身上可以认识到入阉党的好处。在魏忠贤的培养下，两年时间里，他从礼部侍郎升到了礼部尚书，又升到了东阁大学士。先进的势力当然没有自身的利益，落后的势力浑身都是自己的利益。

至于顾秉谦，可能是另一种代表。说他想升官发财，是理想信念，或是纯粹就是为了无耻，未免自己都感到无耻。一齐追寻到魏忠贤这里的，主要是被压迫的其他党的成员，无主子人士，还有犯过错误自新无门的官员。能找个老大，让日子好过点，哪怕交点保护费，也是一种不错的选择。

其他的一些东林党成员，也有干脆加入这个与时俱进又与日俱增不断伟大起来的魏党。总之，过来的人，实在也太多了。中间的就省了，魏党里面有名号的成员，即有“五百义孙”。千儿八百的一大群，一个个细说，太费事了。原因也不复杂：谁来，给谁好处！

正所谓泰山不让土壤故能成其大，河海不择细流故能就其深。

作为东林党的主要负责人，赵南星并非很无能。他领导下的东林党，成功地击败了执政的三党，同时也注意到了魏党的做大做强，但他没有学习的意思。不学习的原因，是他的志向太远大。他的目标，是一党专政。措施呢？老办法——新对手，打过去。

魏忠贤对自己是有清醒认识的。自己的文化水平太有限，名声也不是很光彩。所以很知趣，坚持和谐，坚持维稳，你在你的地盘，我在我的地盘，你吃你的饭，我吃我的饭，坚决不跟饭碗过不去。为了这个目标，魏忠贤甚至决定见见赵南星。

对这次见面，魏忠贤应该有很好的预期——人家浙江的、山东的、湖北的，同乡会与党派组织都是一个机构两块牌子，咱们河北（北直隶）的老乡就算不学习他们，搞个“东魏”合作或统一战线，总是可以的。但是，见面气氛很不友好，也没有取得建设性成果。以赵南星为核心的东林党，坚决要“正义”战胜“邪恶”。

“正义”战胜“邪恶”，这话一点错误都没有。但历史事实是，要想成为“正义”，前提是你要能战胜“邪恶”。那种谦虚到底，说自己是“邪恶”战胜了“正义”的，到目前为止，历史上还没有惊现过。

有这种思想后，你死我活的决战，也就不可避免了。

这是天启四年（1624年）六月，在南昌人打响反对东林党中坚派第一枪后，以杨涟为代表的东林党，居然毫不犹豫地开辟新战场，启动了消灭魏忠贤一派的行动。

看准了——不是要把魏忠贤赶下台，而是要消灭。因为杨先生的挑战书中，列的是魏老板的二十四大罪。杨先生好像“沉湎电游”，魏忠贤似乎是“超级玛丽”，有二十四条命，摔死一只，还有二十三只会继续往前蹦。

魏忠贤呢？继续建设和谐官场——退让。东林党不是这么看。赶尽杀绝，一党独大，实行专政，谁有螳螂的独臂，都要被车轮碾掉。所以，当杨涟打响第一枪时，广大东林党成员全面冲锋，喊杀声一片。

东林党冲锋在前，学界运动也被全面发动了——国子监千余师生，一起声援上疏。魏忠贤惨了，上班都要数百披甲宦官当保镖，提心吊胆，过了近半年。半年过后——天启四年（1624 年）十月，魏忠贤不战而胜，东林党力战而败。

——这不是戏剧场景，史实本就如此。天启皇帝的圣旨出来了，是怒斥赵南星结党营私。接着又来了最新指示，骂的也是高攀龙、杨涟、左光斗。东林党再伟大，也经不起蠢材的折腾。跟着赵南星一根筋喊杀、冲锋的东林党成员，瞬间全都霜打了一样：

皇帝点名的赵南星、杨涟、左光斗，辞职回家；

叶向高没有被追究领导责任，很没面子，权力交给了顾秉谦；

韩爌反省了两天，也走吧！

不可一世的东林党，不可思议地烟消云散了……

生死决斗

再看一下魏忠贤，根本就没有反冲锋。他有一件更重要的事在做：进一步强化势力。

如果你看到广大东林党成员纷纷离京，千万不要悲伤——因为他们自己都不会悲伤。尤其是东林党内部的老人们，什么时候都有必胜的信心，并且也是屡试不爽——辞职，不是丢官。历史的经验告诉他们，每次这般玩上一把，人气必定会升一个等级，资历也会添一个星级。清誉，东林党的秘笈呀！

回到家里，他们会客的会客，吹牛的吹牛，写日记的写日记，作诗的作诗。大约，又过了半年。

半年，太长了吧？不，太短了。一个人如果知道自己只能再活个半年，谁都不会大喊太长。半年之后，魏党决定开战，因为势力培植已经完成，兵力布置全部到位。

战场选在哪儿？“反腐败”主阵地。

“腐败”，是意味深长的一句汉语。通俗地理解，“腐”可能指贪腐，“败”可能指败亡。一看到别人收钱就想到腐败，肯定是自家学识短浅的表现。朱元璋是在苦海中长大的，他给官员们的工资可能是历朝最低。这一点，一直受到民间的褒奖，但很少有人破解出统治者的政治智慧。公正地讲，明朝的“低薪制”是双面的：一方面，是统治者精心设计的手段，以行政手段拍卖道德的统治风格；另一方面，“低薪制”下必然的贪污、搜刮与巧取豪夺，又置于统治者与民间的双重监督，官场的生存更依附于最高权力，官场必然表现出对皇权的绝对忠诚。封建官场中的官员能清廉到哪儿，百姓看得出，领导更清楚，什么时候拎谁，绝对是那小子犯浑或长了反骨。作为最高统治者，始终是反腐谬论的收益方与获利者。他们捉一个，腾出一个位置，在当时所谓的反腐都在给另一个更腐的人和自己创造机会，百姓跟着白高兴。让一个腐败的制度去杀贪官，只能说老百姓太有才了。

——腐败，很早就与忠诚相联系。后唐名将、谋臣郭崇韬灭掉后梁后，就曾公开地贪腐，但他是为了做好后梁降臣的思想政治工作，同时也是为了打消主子对自己政治追求的疑虑。当然，郭崇韬是个正面人物，他贪腐的成果，最后这钱是全都用在了新国家的建设大业上。只有不兼顾国家利益的贪腐，国家才会有意见。因贪腐而败亡的，当然就是正宗的腐败。如果那人很贪腐，但就是不败亡，你也称其为腐败，那你也太迂腐了！

——至少明朝的语言学，包含这样的诠释。

明朝的反腐败工作，一直是一把利器。从朱元璋那时起，大小官员在官场跌倒，甚至丢了身家性命，往往就是一锭银子。由于朱元璋对反腐败工作高度重视，十几两银子，也就足以拿下一颗人头。看起来朱大爷出手太重，但并无多少从严从宽的人为选择。

第一任皇帝开创的反腐败工作，如果坚持不渝地实行到朱由校这里，应该能够再铸辉煌。而这时该砍下人头或剥了人皮的，第一人选当是非魏忠贤魏老公公莫属。

事实上，这案子办理的方向正好相反——魏忠贤并没有成为腐败分子，而且在领衔办理别人的贪污腐败，这就是十足的坏人管好人。

——看到这里，你对“腐败”的本义应该多少有所了解了。

与东林党的舆论先行迥然不同，魏忠贤坚持低调行事，战书一概省略，只有几个人悄悄地进行，东林党那边几乎无人知晓。

要说东林党成员都不知晓，那也不是事实。有一个老成员，他不能不知道。这就是汪文言，东林党的智囊团组员。

汪文言住在牢里已经不是一两天了，因为魏忠贤主抓的腐败工作也不是一两天了。当初，他试水反击东林党的时候，突破口选得很准，就是汪文言。

汪文言是东林党的骨干力量，并且与其他成员相比，相当的与众不同。东林党的成员是以知识分子为主体的，他们有两点天生的优势：第一，这官最初都是考来的，不是买来的，既省钱，也亮堂；第二，正因为如此，容易怀疑别人有贪腐，有较强的反腐败自觉。

汪文言则是全党的一个例外，被贬的东林党官员、刑部郎中于玉立为其捐的官，他投奔王安门下，和杨涟、左光斗、魏大中过从甚密。汪文言用计离间齐、楚、浙三党，从此东林党独大。由于对东林党的贡献，在东林党内阁首辅叶向高的扶持下，官至中书舍人，《东林点将录》中称之为“鼓上蚤”…… 汪文言属于官场奇葩，本来只是个“临时工”，变成“正式工”，再被提拔，中间还要补齐了相应的文凭，不用钱那是不可能的。从一个普通百姓，一步一花钱，成长为东林党核心层领导，这钱该花的地方也实在太多。如果没有钱，汪先生早就趴窝了。只花钱，不进钱，又清正又廉洁，鬼才相信他家里有那么多钱。真的腰缠万贯，鬼才相信他还出来当“临时工”。

魏忠贤怀疑上汪文言，那是绝对有道理的。选中汪文言作为突破口，说魏忠贤独具慧眼，那是吹捧。恰如其分的，叫知己知彼。因为他被魏忠贤盯上，纯粹是自找的。

汪文言有次收了别人的好处费，结果自己又没那个能耐，把受请托的事情摆平。最后，汪先生大胆决策，再转手让魏忠贤代办，自己赚个差价。办成事不出事，汪先生本来是能做到的，因为魏公公并不爱好讲原则。为什么又出事了呢？因为汪文言一直不支付“手续费”。老百姓的工资都不能拖欠，何况是拖欠上级的“合同款”——尽管是“口头合同”！魏公公较真了，一调查，请托人居然是汪文言！再不把汪文言抓起来，“合同法”就成儿戏了。

但这桩腐败案，看起来很好做，事实上很快就做不下去了。尽管汪文言虽是个腐败的合适人选，但在东林党内部太重要了。既然与东林党的利益休戚相关，东林党就没有理由袖手旁观。结果连魏忠贤也不敢相信，汪文言怎么悄悄地进去，就怎么风光地出来！

魏忠贤有了这次办案教训，汪文言第二次被收网时，就应该凶多吉少了。至少，办案人员的准备工作要比以前充分，手段也要改进不少。

强调一下：魏党发动的这场反腐败斗争，如果只局限在汪文言身上，这桩反腐败案子也就太普通了。这桩反腐败工作之所以能永载史册，是因为战果很大，不仅摧毁了腐败分子，也摧毁了无坚不摧又绝不承认自己腐败的东林党。

锁定了汪文言，下一个突破的方向，便是杨涟。杨涟对东林党来说，同样很重要。东林党倘若是只虎，杨涟就该是虎牙。虎口拔牙，很有风险，真拔成了，那就太有意义了。

当然，东林党的虎牙可不是一颗，而是一排。左光斗虽然没有杨涟厉害，但作为党内头号杀手，也是没有问题的。左光斗这颗牙被拔了，东林党这只老虎，就算得上虎爷爷了——这只猛虎，怎么地也该进动物园，供游客照相用了。

魏忠贤掀起的大明官场上最强烈的反腐风暴，很快席卷了一批：汪文言，杨涟，左光斗，魏大中，等等。

对汪受贿，正常人应该是相信的。对杨涟、左光斗受贿，要是相信那就不是正常人了。但你不相信的事，人家自己都承认了。即便有个翻案的机会，那法律程序也是相当复杂的，除非也来一言堂。

左光斗自己承认的受贿金额，是两万两。这个数字，可以供杀头杀几百次。行贿人，是熊廷弼。

熊廷弼（1569—1625 年），字飞百，号芝冈，湖广江夏人。万历三十六年（1608 年），熊廷弼受命巡按辽东。天启元年（1621 年），建州叛军攻破辽阳，再任辽东经略，因与广宁巡抚王化贞不和，终致兵败溃退，广宁失守。王化贞，东林党首叶向高的弟子，所以熊廷弼的唯一选项是替东林党人背黑锅。天启五年（1625 年），熊廷弼被冤杀，并传首九边。

熊廷弼案本是东林党弄成的，结果一块石头又砸在东林党自己头上，被魏忠贤做成了大“窝案”，很有弄权反被权弄的味道。这些案子，后来被确定为冤案，熊大人与左大人等享受了平反昭雪。

平反昭雪，似乎是个褒义词。享受这等褒奖的对象，无疑叫好人，只是以死人居多。公权名义下的反腐败，结果是好人在奈何桥上来回跑，受用的就是一碗“平反昭雪”的孟婆汤！

魏忠贤反腐败顺利成功，因为他办出来的都是“铁案”。冤案能办成铁案，很大程度上要归功于许显纯。

许显纯又是何方神圣？这就得说说另一个组织——锦衣卫。

将魏忠贤反腐败顺利成功归功于许显纯，这个说法其实有点肤浅。个人的力量，什么时候都是有限的。

东林党与魏党进入实质性交火的时候，双方使出的都是各自的优势。政治斗争，东林党那可是强项。强项有，弱项也有。东林党擅文，开打之前技术战，谁接招，谁中招，往往不战而屈人之兵；魏党擅武，什么前戏都没有，你磨墨，他抡刀，你只好嘴喊“秀才遇见兵”心理找自信。两股势力的这轮较量，毫无历史战例，实况就是势力与“枪”的较量。

魏党的这杆枪，绝不是一般的武器——它叫锦衣卫。锦衣卫，全称“锦衣亲军都指挥使司”，前身为太祖朱元璋时所设御用拱卫司，洪武二年（1369年）改设大内亲军都督府，洪武十五年正式更名锦衣卫，作为皇帝侍卫的军事机构。

千万不要以为锦衣卫只是皇上的警卫部队——这是个实质性的特权部门，你听说过的、没听说过的特权，它都有。锦衣卫掌管刑狱，有巡察缉捕之权，下设镇抚司，从事侦察、逮捕、审问活动，可以逮捕任何人，包括皇亲国戚。它干什么，最大的特点是不公开，怎么捉人，捉进去之后怎么收拾，司法部门也管不着。如果不小心弄出人命，告诉亲属一声过来料理后事也就结了。

——这杆枪的威力，就在这里。说白了，就是游离于法律之外，皇上发个话，可以随便捉人。至于后面接着怎么审，再怎么判，全是人家的事。你要是找人说情，除非找皇上。

锦衣卫这个组织，要找一个合适的现代对应机构，似乎找不着。现在是法治社会，讲究依法办事。专制社会，只有无法无天的部门，才能对付无法无天的人物，包括坏人。

锦衣卫，是根据需要办事，需要办成怎样就办它怎样。当年，朱元璋是个何等聪明的人，他知道跟他一起打天下的人，多少都有点能耐。既然能将别的皇帝打跑，若再把自己打下台，也不是一件多难的事。所以，朱元璋为了千秋伟业，把辅佐自己打天下的文武功臣基本扫净，也就多少在情理之中。胡惟庸、蓝玉两案，株连四万人，这类案子，查无实据，如果交给朝官们按法办理，最后不知弄出什么结果。这些案子交给锦衣卫来办，自然就是心想事成。

蓝玉案之后，朱元璋认为大局已定，便下“诏内外狱无得上锦衣卫，大小咸经法司”。但时事多变，朱棣起兵夺了建文帝的宝座，杀人又不能依法进行了，锦衣卫便重新派上用场。锦衣卫的事业，也重新灿烂辉煌了。

明朝的宦官，裆中没杆枪，手上则有几支枪。永乐十八年（1420年），设立东缉事厂，即“东厂”，权力在锦衣卫之上，同样只对皇帝负责，可不经司法机关批准，随意监督缉拿臣民，由宦官提督担任。西厂，官署名。明宪宗时为加强特务统治，成化十三年（1477年），设立西缉事厂，即“西厂”，由宦官汪直提督厂事，其权势超过东厂，引起朝野反对，后被迫撤销。武宗时又恢复西厂，刘瑾倒台后又被撤销。明武宗时还设大内办事厂，即大内行厂，简称内厂，刘瑾以谋反罪被杀，西厂、内厂彻底撤销了。

无论风云变幻，东厂则始终红火。到魏忠贤这时候，东厂不仅是“专案组”，更是一杆枪，并且还是杆非常好用的枪，谁撞上，那真叫撞到枪口上。

政敌与竞争对手是不一样的，政敌是以消灭对手为目标，所谓不是东风压倒西风，就是西风压倒东风，谈不上双赢，是你死、我活。

魏忠贤的狗腿子们，拷掠杨涟、左光斗等正直官僚时，械、镣、棍、拶、夹棍，五毒俱用，血肉溃烂，即是一例，使整个明代成为中国历史上罕见的专制黑暗皇朝。

明朝的这类特务组织，也不尽是私人打手的角色。就算是，这个私人也是皇上，否则也犯不上花大笔银子，让一帮邪人过瘾。只是在皇上相当软弱的时候，这杆枪才失去了控制，成为官场上的杀人利器。

到了崇祯朝，这些组织几乎被废了，很多读书的人为此情不自禁地为朱由检的英明决策发出欢呼。其实大家该想到，用熟了的东西将它丢掉，等于让自己玩空手道。别鼓动人家乱改革，西厂这样很管用的东西都扔了，崇祯这小子肯定是玩不久了。

先别说崇祯，还是救东林党要紧。但是，没得救了，因为魏忠贤的身手太利索。

从天启五年（1625 年）四月到七月，东林党的优秀成员汪文言、杨涟、左光斗、周朝瑞、袁化中，陆续招认了自己受贿，进入贪官系列，外面的成员想捞也下不了手，决心下手时，那里面的人也已先后死在了魏忠贤的“枪”下。只有顾大章一个人没有承认，但也没有活着出来，在魏忠贤开枪之前，上吊在狱中。

一群官场上的风云人物，也是世人称慕的英雄好汉，为什么一“进去”就扛不住呢？有一种解释，并且出自史学家笔下，就是这些东林君子，太了解东厂的性质，“招认”只是策略，目的是快点离开这里，进入正常的司法程序，那里有公正，也有自己人。

这只能是一种分析，与猜谜并无二致。因为所有的当事人从站着进去躺着出来，没有一个活口，外人充其量只看到首尾这么两个镜头，中间的故事情节，人物的心理活动，只有小说家才能够完善。

唯一能推测其中事实真相的，当是“六君子”中的五具尸体：血肉模糊，筋骨分离，在这等惨景面前，任何人都无法保持淡定。但你无须咒骂打手的残暴，东厂作为一个“合法”的非法组织，完全可以“合法”地干任何非法勾当，而天底下最恐怖的事，就是撞上这种恐怖组织。有这样的组织，就没有弄不出的事情。当然，它们弄出的那些事，哪件是真的，哪件是假的，外人不清楚，它们自己也不一定清楚。所谓“东林六君子”，骨头很硬，但硬度不会超过斧头。在一个秩序混乱的社会，所谓正义与邪恶，都不是笔写出来的，而是“枪”敲出来的。

镜花水月

完败东林，魏忠贤也走到了人生的顶点。魏忠贤会施展什么样的抱负呢？没有。硬要说有，他的理想与抱负，无非就是好处与面子。

自朱由校登基当月，“忠贤寻自惜薪司迁司礼秉笔太监兼提督宝和三店”，到天启“三年十二月魏忠贤总督东厂”，升官已是到此为止。他的好处，是皇帝发给的一笔又一笔赏金，暗地里官员送来的黑钱。有了这个“白加黑”，魏忠贤过上了好日子。

魏忠贤最大的面子，是在打败东林党后得到了皇帝的表扬。天启五年（1625年）九月，天启帝“赐魏忠贤印，文曰：‘顾命元臣’”。十一月，又“岁加魏忠贤禄米一千二百石”。

赐印，是天启帝对魏忠贤所作所为的肯定。提高他的年薪，是论功行赏。不仅如此，天启帝还给了魏忠贤空前绝后的政治荣誉——帝国模范！

据《明史纪事本末》记载：天启六年，“巡抚浙江佥都御史潘汝桢请建魏忠贤生祠，许之”；天启七年，“监生陆万龄请建魏忠贤生祠于太学旁，祀礼如孔子，许之”。

建生祠，就是把英雄模范人物的画像或雕像放在专用建筑物里，供广大群众学习。这是一种民间行为，谁建谁掏钱，潘汝桢请建的魏忠贤生祠，就是杭州纺织协会（机户）筹资兴建的。“许之”，则是一种官方行为，并且出自皇帝。声势浩大的“全国英模事迹”展示，魏忠贤在官员和百姓中的威望也达到了顶点。百姓的感情历来单纯，官员的内心就复杂些。有一次，一个心腹说漏了嘴——“外官谄哄老爷！”魏忠贤悲从中来，“垂首冷笑，长吁短叹”，病倒了好几天，夜里还作噩梦。时常觉得自己真的像别人所说的那样无所不能，又时常觉得自己其实一无是处，日夜纠结，总是一身冷汗惊醒。幸亏有皇帝护着，否则保住“魏傻子”的日子都难。

怕什么还就来什么。魏忠贤有滋有味又提心吊胆地当了两年多“九千岁”，“万岁爷”天启就出现问题了。

天启七年（1627年）五月，年仅二十三岁的皇帝感到腰疼，然后发烧，又浑身浮肿。野史认为，天启帝纵欲过度，不是很正面。其实，天启帝对女色不仅不强烈，反而有点冷，文人道听途说，多有一点感情色彩。以现代医学常识判断，天启帝很可能患的是急性肾炎。天启帝从此一病不起，呈现出大限将至的迹象。

何去何从，魏忠贤头脑一片空白。阉党集团中有的是高人，懂得集团的今日一切，支撑的基石只有一块：皇帝！皇帝换了，大厦势必瞬间倾覆。个别人胆子大，干脆劝魏忠贤代君自立，反正老朱家也找不出像样的子孙。

这种悄悄话，让魏忠贤吓得不轻，他严厉警告谋士：不要说这样的话，连这样的念头都是罪孽！“一腔忠诚”，“赤心为国”，他魏忠贤怎么能大逆不道，背主忘恩，干出欺天灭祖的悖逆之事？！

天启帝游走在生死线上，魏忠贤也陷入了绝地悲伤。六十多岁了，他住到皇帝寝宫旁边的懋勤殿，夜以继日侍候皇上。皇帝的病一天比一天重，他比御医都着急。太医没有办法，他在想办法。他在宫中发放金寿字大红贴裹，以期喜庆之色驱赶病魔，甚至想到了“贿赂”神仙，烧香拜佛，连巫师都派上用场——现在看起来的荒诞，那时其实也是诚心。

皇帝生病三个月，魏忠贤以泪洗面三个月。无力回天的事实，天启皇帝“召见阁部、科道诸臣于乾清宫，谕以魏忠贤、王体乾忠贞可计大事”。临终前，天启帝让魏忠贤宣召朱由检入宫，“谕以当为尧舜之君，再以善事中宫为托，及委用忠贤语”。据《明史·宦官传》记载，天启皇帝朱由校临终嘱托朱由检的是：魏忠贤“恪谨忠贞，可计大事”。

“恪谨忠贞，可计大事”——朱由校盖棺之前，似乎要为魏忠贤“盖棺定论”！

天启皇帝走了，新皇帝第一件事是赶走客印月。《明季北略·客氏出宫》载：“熹庙既崩，上命归私第。”《明通鉴》载：“客氏将出外宅，于五更赴梓宫前，出一小函，用黄色龙袱包裹，皆先帝胎发、痘痂及累年落齿、剃发，痛哭焚化而去。及是，诏赴浣衣局掠死，籍其家。良卿、国兴、光先皆弃市，家属无少长皆斩，婴孩赴市有盹睡未醒者。人以为惨毒之报，莫不快之。”

客氏的真情，得到的是人们“快之”。官家的刻薄寡情，很少为后人关注。

魏忠贤继续小心侍奉着崇祯皇帝，从此也不再替皇帝做主。

魏忠贤与崇祯帝的关系，应该不算坏。魏忠贤过得称心如意时，别人送来的好东西，新玩意，他总要挑几件名贵的，送给尚为信王的朱由检。但是，客氏的命运，很快降临到了魏忠贤头上。两个月后，崇祯皇帝让他走人。魏忠贤这个前朝老仆，卷起铺盖前往凤阳祖陵守陵。还没几天，崇祯帝又下令将魏忠贤缉捕回京。天启七年（1627 年）十一月初六日，得知京城信息，魏忠贤与老友李朝钦痛饮至醉，然后投缳自尽。

魏忠贤为什么必须一死了之？当初，杨涟认为魏忠贤有二十四大罪。后来，钱嘉徵去掉了杨涟捕风捉影的十四项，认为魏忠贤有十大罪。再到朱由检时，又减去钱嘉徵不靠谱的十项，最终剩下四项：不报国酬遇，专逞私植党，盗弄国柄，擅作威福。

这个结论，是在魏忠贤死后的第三年（崇祯二年）作出的。结论的依据，是魏忠贤的奉旨都变成了“矫旨”，并且还不关朱由校任何事。魏忠贤，朱由校认为他忠贞，朱由检认为他奸佞。孰是孰非？一个被自己阉割的人，最后重新被人阉割。

第十四章

徐霞客：孤独的旅行家

《明史》并未为他立传，他却是明朝最著名的人物之一。不读书做官，也不养家挣钱，一生只为游山玩水，最终跑遍大明的两京一十三省——徐霞客，他走过的是一个怎样的旅途？

中国旅游日

5月19日，“中国旅游日”。

中国每年数以亿计的游客，聚焦的多是“长假”“小长假”，留意这个纪念日的人并不太多。作为当代“朝阳产业”的旅游，选择一个“代言”也是必须的。在浩如烟海的历史人物中，没有比徐霞客更资深的旅客，也没有比《徐霞客游记》更著名的游记著作。“5·19”，出处即是《徐霞客游记》。

《徐霞客游记》开篇《游天台山日记》：“癸丑之三月晦，自宁海出西门，云散日朗，人意山光，俱有喜态。三十里，至梁隍山。闻此地於菟夹道，月伤数十人，遂止宿。”

通篇只有四十六个字，在经典的《徐霞客游记》中其实谈不上经典。时光流水中，它能显出的倒是几分文字晦涩：“癸丑”，指明万历四十一年；“晦”，即每月最后一天。“癸丑之三月晦”，亦即公元1613年5月19日（万历四十一年三月三十日）。这一天，徐霞客到宁海游玩，走了三十里地，听说有老虎出没，人命关天，徐霞客选择住进旅馆。

兴冲冲出门，该看的景点没看着就掉头，对游客来说是件挺晦气的事。《徐霞客游记》的开篇，即是这般旅游气氛。

更为严谨的问题是，这篇日记是不是徐霞客游记的开篇呢？肯定，或否定，都没有更翔实的证据。

徐弘祖（1587—1641年），字振之，号霞客，南直隶江阴（今江阴市）人。

徐霞客的故乡在今江苏江阴，《徐霞客游记》中其“首游”地点是今浙江宁海，明代两地路途足有千里之遥，人生第一次旅行即远袭千里？不合情理，当然也不是实情，综合徐霞客的相关史料，至少六年之前他游过太湖，四年之前还游过泰山、北京。宁海只是一个普通县城，北京则是大明的首都，《游天台山日记》怎么可能是《徐霞客游记》的开篇呢？

徐霞客的习惯，是白天旅游，晚上写日记，终身不改。《徐霞客游记》中收有六十余万字，堪称鸿篇巨制。旅行家、地理学家、文学家等，这些现代色彩的标签徐霞客当之无愧。但是，《徐霞客游记》并不是徐霞客旅游日记的全部，相关研究资料显示，其《游记》本有二百六十余万言，徐霞客有着更多的鲜为人知之处。

徐霞客生活于明季乱世，逝后仅三年即明清易代。在这样一个天崩地坼的时代，一切意外皆可能发生：清顺治二年（1645 年），清兵南下之际，社会秩序完全失控，一个长期被奴役的阶层乘势而起，江南地区“奴变”此起彼伏。江阴四乡大族的奴仆早有联络，农历七月十五是民间的“鬼节”中元节，这天夜里，徐家奴仆联合造反，抢劫财物，焚烧徐宅。徐家二十余人由此丧生，毕徐霞客一生心血的《游记》也遭火劫。尽存，或尽毁，都在情理之中，今天的“中国旅游日”显得格外偶然。

留存于世的《徐霞客游记》，最早整理刊刻于徐弘祖逝世四十三年后，一百三十五年后得以新的增补。“中国旅游日”的形成，首先得感谢这样一个“怪人”。

一个并不姓徐的“怪人”

最早整理刊刻《徐霞客游记》的人，叫李寄。

李寄（1628—1700 年），字介立，江阴人。

以一己之力而使《徐霞客游记》流传于世，基本上就是一个奇迹。现代人司空见惯的册页书诞生于明代，但制作成本十分高昂，买不起书的人多，刻不起书的人更多。“遗子黄金满籯，不如教子一经”，古人这么看重读书？不是的，全因书籍本身太贵，一页书纸等于一张钞票，密密麻麻的文字，等于直接印在纸币上，不能不珍惜。所幸，《徐霞客游记》刊刻了，也让徐霞客名垂千古。

李寄，偏偏不是一个有钱人。

没有钱，但李寄很怪，而且执着。李寄自幼聪颖，学业优异。早年的李寄，走的是读书谋取功名之路，童子试的开局挺顺利。童子试包括县试、府试和院试三个阶段，通过了就是秀才，意味着摆脱平民身份。李寄通过了前两场，并且府试成绩名列第一，通过最后一场院试的可能性很大。但是，李寄不干了，当起了一名乡村教师。

不追求功名，总该成家立业。但是，李寄终身未娶。他这一辈子，除了课徒奉母，就是搜集、整理《徐霞客游记》。

徐霞客逝后，文稿散佚非常厉害。李寄为此痛心疾首，好在还有抄本可寻。李寄设法四处搜集，康熙二十三年（1684 年），他从宜兴史夏隆处得到一个抄本。

这时的徐霞客，算是地方“名人”，但远非现代意义上的“名家”。收集、传抄徐霞客《游记》的，亦非都是当时的名家、藏家，大多是些有特殊嗜好的文人，是对徐霞客记录的奇闻异事颇感兴趣。传抄了，读够了，好奇心满足了，该扔的也就扔了。最幸运的是，纸是这个时代的“奢侈品”，拿纸当一次性消费品的人并不多，传抄的徐霞客《游记》文稿，被人继续写，继续画。惜纸的理念，在最大限度地延长徐霞客《游记》的生命。

李寄搜集到的徐霞客《游记》稿，多是这种被人随意涂改，已经面目全非的抄本。同样值得庆幸的是，古人没有橡皮擦字的习惯，只是旧墨上面涂抹新墨，一直写到无从下笔。李寄拿着的就是这样的文稿，对着太阳或灯光照映，一页一页辨识原文，然后一一订正。

即便这样面目全非的抄本，散佚仍然十分厉害。李寄有些着魔，只要听说哪儿有，就不惜一切代价前去寻觅。徐霞客《游太华山记》《游颜洞记》《盘江考》等，就是为李寄意外搜集。李寄整理的《徐霞客游记》，成为后来流传诸版本之祖。

毕一生心血于故纸，李寄究竟为了什么？

梦一样的人生

李寄，其实就是徐霞客的儿子，并且是诸子中最不幸的一个。

徐霞客一生共有四个妻妾，每个妻妾各生一个，李寄是徐霞客四子中最小的儿子。李寄还没出生，徐家就将母亲连同母腹中的他一同卖了。

李寄的生母周氏，本是徐霞客原配妻子许氏的陪嫁丫头。许氏嫁入徐家后久未生育，徐母便为徐霞客娶了小妾金氏。徐家这时挺兴旺，金氏生下一女儿，许氏接着生下一儿子。可惜的是，许氏的命运很悲剧，儿子三岁时许氏病逝。

中国传统的婚姻制度，是“一夫一妻制”。当然，这不包括媵妾，妾的多少取决于财力，没有律法上的明确规定。媵妾也谈不上什么地位，即便是与正妻相比，妻妾关系几乎就是主仆关系。许氏逝后的第二年，徐母为徐霞客娶了继妻罗氏，李寄的生母周氏依旧是徐家的丫鬟女仆。

徐霞客的两任妻子，皆出自地方名门，且各有千秋：许氏贤惠，罗氏能干。

徐霞客一生除了云游，只管花钱不问挣钱，当家理财的事主要靠罗氏。女汉子色彩的罗氏，尽管治家有方，却不得丈夫喜欢。夫妻俩“三观”不一样，罗氏进门后，徐霞客便喜欢上了许氏的陪嫁婢女周氏，私纳为小妾。

罗氏在徐家无法心理平衡，地位高，贡献也大，偏偏不得徐霞客喜欢，这思来想去，周氏就成了出气筒。徐霞客喜欢周氏，更喜欢游玩。周氏怀孕后，徐霞客出了趟远门。几个月后回家一看，周氏没了。

徐霞客与周氏的亲密，带给罗氏的是满满的醋意。现实生活中的事，罗氏想得很多：周氏是徐霞客原配的陪嫁丫头，现在又怀孕了，如果生下儿子，对自己日后的地位无疑又是潜在的威胁。趁徐霞客不在家，罗氏将周氏卖给了邻乡李姓人家为妻。

主子卖奴仆，是件正常不过的事情。罗氏是个有心眼的女子，卖周氏之前，也做通了婆婆的思想工作。徐霞客对母亲十分孝敬，周氏已经嫁人，再说什么也于事无补，只是对罗氏多了些怨气，居家的日子越发少了。

第二年，周氏在李家产下一子，徐霞客为此子起姓名“李寄”，意为寄养在李家。李寄成年后，又为自己取字“介立”，或因介于明清两朝，或是介于徐李两姓，而不忘血脉似乎更可信些。

李寄降生不久，养父即病逝，周氏甘守清贫，悉心教养儿子。李寄早年曾想认祖归宗，但罗氏从中作梗，周氏也不乐意，两个女人就这么相互怨恨终身。徐霞客的子女则与李寄时常交往，外孙周仪甫更是经常去看望这位舅舅。

李寄也是一位江阴名士，徐霞客曾想让李寄归宗，江阴名士沙张白出面相劝。李寄很有个性，加上母亲与罗氏形同水火，他执意不肯恢复本姓，坚持随养父姓李。

李寄憎恨的只是罗氏，对父亲徐霞客深有感情。父亲去世后，李寄收到了父亲的部分手稿。此时李寄尚幼，这份珍贵的手稿，在李寄母子这里悉心保存。

徐霞客的四个儿子中，李寄才学最高，也大有出息，文名彰显，著述颇丰，“乡之人感称其有父风”。母亲周氏去世后，李寄埋头著书，积有二百余卷。“三不朽”是古代人生的三个最高标准，李寄致力于“立言”，著作却并未刊刻。毕生心血倾注在父亲的《徐霞客游记》上，成就了这部中华经典。

晚年的李寄极度穷困，却又拒绝援助，直到七十二岁孤苦离世，全部的光辉闪耀在父亲身上。

李寄的一生，如同一梦。

家族的噩梦与不甘

一生如梦，李寄的梦无疑是噩梦。而这个噩梦，在徐家至少已经存续了百年。

每一个人，每一个家族，都会有梦想。千年里这种中国式梦想，往往体现为谋取功名，出人头地。简洁，也实在，江阴徐氏家族也不例外。

两宋时期的徐霞客先祖多为官宦，这个家族的一世祖乃北宋末年开封府尹徐锢。金兵南侵之际，徐锢随宋王室南迁杭州，历五世于元初再迁江阴梧塍里，是为“梧塍徐氏”。梧塍徐氏子孙俱不仕元，直到明王朝的建立。

明初，江阴梧塍徐氏九世祖徐麒，以白衣应招出使西蜀招抚羌人，功成后以一品朝服荣归故里。徐麒在家乡大规模垦荒开田，不数年成为拥有良田数万亩的地方巨富。徐麒之子徐景南、徐景州，“务农重谷，读书好礼，敦行孝悌，资累钜万”，在灾荒和边患之际，兄弟出谷八千斛赈灾，并“进鞍马助边”，被朝廷旌为“义民”。徐景南因此进京上表谢恩，趁机为儿子徐颐谋取一官半职，徐颐由此步入仕途，成为一名中书舍人。

中书舍人只是个从七品的高等文书，徐颐干得却很不自在。明代是一个科举兴盛的时代，不经“秀才—举人—进士”这样的科班出身，既无多大的前途，也在官场被人看低。徐颐的这顶小官帽，实际上是靠父辈捐款得来的，与直接掏钱买官没有太大的区别。遭人瞧不起，徐颐干得没有意思，加上身体欠佳，便辞官归里了。

有着官场上的切身感受，徐颐决心让子孙走科举正途。徐颐长子徐元献，十岁能诗，天资颖异，徐颐将所有的希望押在这个儿子身上。华亭状元钱福罢官居家，徐颐开出“年薪”五百金的天价，请其教儿子读书。被徐家聘为塾师的，还有原翰林检讨张亨父等。只要儿子能金榜题名，光耀门庭，徐颐不在乎这些银子。

徐元献即是徐霞客太祖，明成化十六年（1480年）参加乡试，一举夺得“经魁”（第三名）。徐家数代人的期冀，似乎指日可待。但是，成化十七年（1481年），徐元献赴京会试，居然落第而归。希望越大，失望越深，二十九岁的徐元献竟然一病不起。万念俱灰的徐颐，也在儿子逝后数月故去。

徐家第一场科场大角逐，就这样以两条人命为代价凄凉作终。

徐霞客的高祖徐经，亦即徐元献之子。徐经“少孤力学，淡于世昧，酷嗜学问，虽大厦千间，金珠委地，未尝一着意焉”。徐经接棒父祖之志，继续冲刺金榜题名。徐经像父亲一样，顺利通过了乡试这一关。明朝弘治十二年（1499

年），徐经与唐寅同船赴京会试。

这一年的会试，考题既怪又难，考得大家垂头丧气，只有唐寅、徐经兴高采烈，声称考题不难。其实，唐寅考中了，徐经并没有考中。试题都说难，这二位说不难，那肯定事先买了试题！徐经家太有钱，于是“江阴富人徐经贿金预得试题”的传言满城风语，迫使朝廷严肃查处。“鬻卷案”查无实据，为了平息舆论，唐寅与徐经被削除仕籍。

为光宗耀祖而谋取功名，结果连当官的资格都被取消了，成为个人与家族的奇耻大辱。明正德元年（1506 年）新皇帝登基，朝廷通常会大赦天下，坐不住的徐经北上京师，探听朝廷有无赦令，让自己有个东山再起的机会。不幸的是徐经一去不返，他病逝京城，重演父亲的悲剧。

光耀门庭、一雪耻辱的重担，落到了徐经次子徐洽的肩上，徐洽是为徐霞客曾祖。徐家以强大的经济实力，将徐洽送进了国子监。但徐洽参加了七次会试，始终榜上无名。徐家又花钱为徐洽捐了入鸿胪序班，五十七岁时徐洽自感科举无望，郁郁寡欢辞官归里，一心培养长子徐衍芳。

徐衍芳即徐霞客的祖父，手持家族的接力棒，徐衍芳毕生的精力花在了科考上。但是，徐洽七次会试落榜，徐衍芳则六次会试落第。接近父亲的科考纪录，徐衍芳陷入了无比的苦闷，开始终日以酒浇愁，四十来岁匆匆辞世。徐洽因丧子而精神崩溃，绝望之中随之离世。

这个家族近百年的科场角逐，从对金榜题名的羡慕，到欲雪科场败北之耻，徐家再次上演父子同年而逝的家族悲剧。

还要继续考下去吗？欲求不得，欲罢不能。早在徐衍芳科场拼搏之际，其子徐有勉即已寒窗苦读，步其后尘。

徐有勉，即徐霞客之父。父、祖去世后，徐有勉悲痛之后冷静了许多。又到了新一轮科考时间，有人告知徐有勉，应该整装出发了。徐有勉闻听后，扔掉手中的笔，淡淡地说：不干了。

徐有勉的妻子王氏，在一旁对丈夫补了一句：对，再也不干了！

科考，自己不干，让不让儿子去干呢？

决裂大明

徐有勉的儿子徐霞客，其实是个天生的读书材料。陈函辉《霞客徐先生墓志铭》载：徐霞客“童时出就师塾，矢口即成诵，搦管即成章”。

抛开家族的科举阴影，徐有勉开始做自己喜欢的事情。至于儿子们，读书归读书，科考归科考。

徐霞客的家族是江阴名副其实的名门望族，曾有田产四万余亩。家族繁衍，分家析产，徐霞客的曾祖徐洽仍得田产一万二千六百亩。到徐霞客的父亲徐有勉时，徐家有些大不如前，但这完全是相对的。决计告别科考的徐有勉，一心振兴家业，而妻子王氏，又是徐有勉的得力帮手。

王氏同样出自江阴城大户，不仅是位大家闺秀，更是一位奇女子。徐家的主业是田稼，王家的产业则是纺织。王氏嫁入徐家后，与丈夫开辟了新的挣钱门径：织布。徐家的织布作坊，有织机二十余架，这在当时已是相当规模的纺织企业。徐家的纺织没有品牌，却相当驰名，陈继儒《王孺人传》载：徐家“织布精好，轻弱如蝉翼，市者辄能辨识之”。顾客一看就知道是徐家的产品，华亭、松江（今上海）的市场被徐家占领，家业在徐有勉夫妇手上再度中兴。

徐有勉夫妇更重要的收获，是老来得子。王氏四十一岁时生下了徐霞客，这时徐有勉的长子已经二十一岁了。当时女子的生育年龄多在二十来岁，徐霞客的出生，算是一个奇事。徐有勉夫妇对这个“老来子”，不能不格外偏爱。

王氏是一位当家理财的好手，一手打理家庭纺织，业余时间还喜欢种豆。王氏种了一大片扁豆，藤蔓形成天然的凉棚，“豆实垂垂，机声轧轧”，王氏让织工在豆棚下织布，工作环境优美，劳动效率高，王氏还是企业文化的有心人。放弃了功名之念，徐有勉一心经营田产与纺织。有钱又有闲，徐有勉兴趣是侍弄园艺，然后就是四处游玩。

徐有勉时有远行，有时乘船，有时骑马。有一次，徐有勉骑马外出游玩，不小心堕落马下，掉进了河里。所幸无性命之忧，徐有勉受了重伤，摔折了一条腿，从此跛足而行。这位有钱的徐跛子，时常带着儿子徐霞客游山玩水。

这时的徐霞客，正是上学读书的时候，并且对读书很有兴致。徐有勉对徐霞客学业并不太上心，这要是有了好去处，说声走就走，还带上儿子一起走。

先生教的书，当然还是正统的那一套。读四书五经，以谋求功名为目标，围绕科考的指挥棒，这也是主流的价值观。徐霞客很有读书的天赋，但却喜欢读一些“闲书”。有一次在私塾里偷看一本探险游记，不经意间眉飞色舞，塾师一看原来如此，赶紧向徐霞客的父亲告状，要他管管孩子，这样下去会耽误孩子的前程。徐有勉却说：这是孩子的爱好，追求什么功名啊！

喜欢看的书，先生不教，徐霞客只有自己买，自己读。徐霞客特别爱书，有时外出发现新书，手头一时缺钱，徐霞客二话不说，脱掉身上的衣服卖了，弄得家里到处都是书。

读了近十年书，万历二十九年（1601年），十五岁的徐霞客参加了一回童子试，自然没有考取。但是没有人有他读的书多，也没有人知道他读书干什么。

明季的社会，已经有点乱，万历三十二年（1604年），徐有勉又遭遇盗匪绑架，徐家上下乱作一团，只有王氏格外冷静。徐家与人并无冤仇，灾祸肯定是冲着钱财来的。王氏决定不报官，找通黑道的中间人与绑匪交涉，甩出一笔钱，赎回了丈夫。遗憾的是，徐有勉没有妻子老到，与绑匪争执时被打成重伤。一年之后，徐有勉不治身亡。

这一年，徐霞客十八岁。

十八岁，意味着成年，徐霞客与兄长分家。与父亲相比，徐霞客也喜好上了游玩，但父亲理财的本领，徐霞客一样不会，也毫无兴趣。尽管罗氏是把当家的好手，但母亲太了解儿子了，仍旧不放心。母亲王氏与徐霞客生活在一起，帮助徐霞客当家理财。

成年的徐霞客依旧悉心读书，但读书又不去参加科考。除了读书，徐霞客依然不经营家业，没事就四处游荡，到处交友，成为乡邻眼里的"白相"——不务正业之徒。有一天，徐霞客竟然对母亲说：我要出趟远门玩玩。

王氏一听，兴奋地说：好啊！什么时候带我出去看看？

后来，年迈的王氏还真的与儿子一道，出了几趟远门，共同游山玩水。天启四年（1624年），年届八十的老母，跟随徐霞客游玩了常州荆溪、句曲（茅山）。

以现有的《徐霞客游记》梳理，徐霞客的旅行始于二十一岁，终于五十四岁去世前的一年，有明确出游记录的年份计达二十年。徐霞客的一生，超过三分之一的生命是在旅游的路上。实际时间，应该远不止这些。

饱学而不求功名，父亲赞同，母亲支持，这时的徐家，已经与大明传统的价值观彻底决裂了。

旅游纪念品

说走就走的旅行，徐霞客并没有跑得太远。而每到一个地方，徐霞客的习惯是把一天的见闻记录下来，少则几个字，多则数千字，这就不简单了。笔、墨、纸、砚这“文房四宝”一样不能少，外出旅行可不是在家里，旅行跑得很累，回来连个凳子都不一定有，坚持把日记写下来，这就相当不容易了。

写日记的动因在哪里？文章传世，应该替圣人立言。但徐霞客连功名都不在乎，更不会指望这类不入流的日记留名千古。徐霞客有个朋友叫陈继儒，跟徐霞客一样绝意仕进，也是每天写文章，但写的是修身处世格言，当下与身后，都会有庞大的读者群。

明知不可为，刻意而为之，原因同样很简单：老母亲健在，徐霞客要把自己的见闻与老母亲分享。

徐霞客是个致孝的人，父亲去世了，夫妻关系很平淡，母亲是他最亲的人，他要让母亲跟着自己的足迹，将自己目睹的天下神奇载诸日记，使母亲足不出户卧游天下。

日记，是徐霞客归来送给母亲的第一份礼物。然后，就是“旅游纪念品”。这些珍稀的外地物产，有些得来经历就足够传奇，徐霞客同样会把它们记录下来，让母亲品尝意外的喜悦。

天启三年（1623年）三月，徐霞客去了趟太和山，即今武当山。太和山对徐霞客有什么特殊的吸引力？明代的太和山，被尊为“皇室家庙”。永乐三年（1405年），道士李素希发现山上的榔梅树竟然开花结果，太罕见了，极度兴奋的李道士，便以“祥瑞”之名进献给了明成祖朱棣。明成祖这皇位是从侄子手里夺的，名分的问题一直在纠结。天降祥瑞，“君权神授”的事就坐实了，李道士的榔梅果及时扔到了明成祖兴奋点上，朝廷很快派员捧敕御香太和山，以答神贶。李素希获封“榔梅真人”，榔梅果被专旨保护，成为国禁圣物。

榔梅“相传玄帝插梅寄榔成此异种”，也就是说这种植物是玄帝亲手嫁接培育出来的。玄帝即太和山供奉的真武大帝，民间传说他是盘古之子，炎黄二帝的父亲，榔梅果有着“治疾延寿”的特殊功效。榔梅果成为国禁圣物，平民就不可能再吃了，偷吃榔梅果可能就不再有吃饭的机会。

徐霞客是位饱学之士，榔梅果的传奇早已了然于胸，朝廷的禁令也并不陌生。越是神奇，徐霞客就越好奇。徐霞客这次上山，不仅是要一睹榔梅果的风采，而是要弄到榔梅果。皇家能享用，平民怎么就不能品尝？母亲的寿辰马上要到了，拿国禁圣物给母亲祝寿，徐霞客觉得这很有意义。

真的上了太和山，徐霞客不免大失所望。榔梅果的神奇有无数传说，榔梅果的保护绝对不是传说。太和山上“榔梅数株，大皆合抱”，果树长得这么粗大，是皇家禁令在起作用，它们的枝干只可能老朽脱落，榔梅树上动刀是要挨刀的。至于榔梅果，远远看看倒可以，偷摘那是不可能的。

太和山上转了三天，三月十四日徐霞客找到看守的道士。徐霞客长得器宇轩昂，一开口更是谈吐不凡，道士一下子被徐霞客给镇住了。当徐霞客提出要几颗榔梅果时，道士吓得连话都不敢说了。被逼无奈，道士几乎央求徐霞客：这是禁物，我哪敢给您啊！从前有人带走了几颗，被株连的道士有好几个，他们全都被弄得倾家荡产！

徐霞客很善于分析判断：这个道士是个实诚人，透露私拿榔梅果的后果很严重，说明拿到榔梅果的可能性是有的。于是，徐霞客对这个道士穷追紧逼。

没有办法脱身，道士拿了几个榔梅果交给了徐霞客。但是，这几个榔梅果全都腐烂变质了。就是这样几个废品，道士还反复交代徐霞客：千万不要让人知道，否则我就死定了。

一个普通道士，想必权力有限，直接去找观主。观主有权，也阅人无数，得知徐霞客的来意后，两个字就将徐霞客给“封杀”了：没有。

“没有”，自然就不存在给不给榔梅果的问题了。观主老于世故，徐霞客的能力更不容低估：他除了知识渊博，交际能力极强，无论村妇、仆役，还是官宦、僧道，徐霞客都能一见如故，引为朋友，使对方为之折服。观主见过世面，感到像徐霞客这样的异人着实不多。

没有要到榔梅果，徐霞客大失所望地离开了道观。这种失落的心情，在《徐霞客游记》中并不多见。

走至半道，一个道童追了过来，说观主有要事请他回去。没有料到，观主竟然送了两枚榔梅果。观主拉着徐霞客的手说：“您的心情太令人感动，正好有了两颗榔梅果，想来想去还是送给您吧！但是，您一定要保密，千万不要让别人知道，否则我就大祸临头了。”

徐霞客第一次见到了榔梅果：这种金橘似的榔梅果，金子般的外表，白玉般的质地，皇家独享的贡品，果然都是极品。

可以，只有两小颗，太少了，而道主显然冒着极大的风险，也尽到了最大的努力，怎么再弄几颗呢？徐霞客想到了太和宫，这是明廷最尊崇的地方。

太和宫可不是普通的道观，吓唬人的事不能做，忽悠人的话可能也不好使。徐霞客琢磨，得有一个奇特的办法。

明代的太和宫被尊奉为“皇室家庙”，“四大名山皆拱揖，五方仙岳共朝宗”，管理机构为正五品，比知县还高四级，太和山最神圣的地方就数这里。太和宫的正殿是金殿，铜铸鎏金得名，位于天柱峰巅，这儿徐霞客铁定要见识一下。

还没进金殿，徐霞客傻眼了：得交钱！当了这么些年游客，遇到收“门票”的景点，还是第一遭。这么抢钱吗？“需索香金，不啻御夺”，徐霞客在日记中几乎是开骂的。

掏完香金，徐霞客倒有点醍醐灌顶：圣山之尊，金殿之贵，感情也和大明世俗社会一样糜烂！这榔梅果事，看来有门了。

太和宫里慢慢转，徐霞客给人塞了一笔黑钱，通过贿赂，一下子即获得了六枚榔梅果。

钱能通神，徐霞客第二天又去了太和宫，打算再贿取几枚榔梅果。但是，那人不敢再收这笔钱了。皇家禁令在那里，收黑钱收到掉脑袋的份儿上，那钱还有什么用呢？

耗时近两个月，徐霞客如愿得到了八枚榔梅果。徐霞客对旅途格外熟悉，母亲寿辰前如期赶回了家中。

乡下老太太享受到了皇家贡品，这是何等开心的事情。“以太和榔梅为老母寿”，徐霞客在《游太和山日记》的最后，郑重地写下了这几个字。

严重违法的事还白纸黑字地记下来？徐霞客缺少的就是这种认同，更重要的他是在写私密日记，最初的读者只有一个老母。靠一本日记名扬后世，这还不是徐霞客的初衷。

旅行，写日记，一辈子乐此不疲，徐霞客还有什么考虑？

天生的旅行家

一辈子四海云游，写成日记记下来，徐霞客靠的就是两个字——“喜欢”。除此之外，解释没有更多，也纯属多余。兴趣、爱好，是人类拥有的“自主性功能”，心理学视之为动机的最深水平，持续驱策一个人去行动。

因为喜欢而满足自己的兴趣、爱好，并非每个人都能做到。旅游的爱好，像基因一样地贯穿着徐家。徐霞客的父亲徐有勉，喜欢旅行，可惜身体不支，一条腿的残疾，遭遇早逝。徐霞客的儿子李寄，同样喜欢旅行，可惜财力不支，还靠教书挣钱养活老母与自己。徐霞客身体好，也有钱，父亲与儿子的不足，他都没有。整个大明，即便有着无数徐霞客式爱好的人，看看自己的身子骨与钱包，长龙似的队伍不散也得散尽。

早年，徐霞客为三个徐姓儿子取名“屺”“帆”“岣”。三个儿子以山水命名，自己“以身许山水”，这就是徐霞客对山水的喜爱，以及达到前所未有高度的信心。简单，没有更多，也没有更复杂的后人附会。

看遍大明江山，徐霞客几乎就是唯一。徐霞客是个天赋异禀的人，身高 1.8 米，是个天生的运动健将。二十七岁时，徐霞客去游天台山，人迹罕至的地方根本没有路，徐霞客像猿猴一样借助树枝攀援跳跃，或是一种空中飞人。绝壁深涧挡住了去路，徐霞客便在绝壁上凿孔，靠一只脚尖立足壁孔攀崖而行，职业的攀岩运动员无非也就这种水平。

尽管身手利索，徐霞客还是差点丢掉性命。游雁荡山时，徐霞客要通过百丈深的悬崖，便拿仆人裹腿布当攀岩绳，中途布被石头磨断，徐霞客硬是停在了悬崖上，没有摔下去。

徐霞客年轻时体魄过人，年老时运动能力仍旧非凡。五十三岁时徐霞客远游广西，看到层层叠叠的崖之上有一个山洞，根本没有攀登的路径，徐霞客以两手两足试探出牢靠的石头，先悬空移一手，再悬空移一足，一手足牢靠，再悬空又移一手足，硬是凭借指力与脚尖，胸部贴着石壁攀爬了上去。在游剑川州的金华山时，崖上竹树深密无法通行，徐霞客爬至竹梢或枝头，压弯枝头搭上另一枝，再次上演猿猴欢嬉丛林的特技与惊险。

徐霞客身材高大，身体的柔韧性又异于常人。徐霞客游武夷山时，顺着山岩爬到了尽头，这里上下皆是绝壁，转角处的岩壁有一线缝隙，钻过去就能到达山岩的另一侧。但是，这个缝隙仅有七寸的空间，外壁则是万丈深渊。要么钻不过去，要么掉下深渊。徐霞客“胸背相摩”，居然安全地钻过去了。

世界上不乏勇于冒险的人，也不乏意志坚定的人，“以性灵游”者众，“以躯命游”者有，但成功做到却是不以人的意志为转移的。做到了又能怎样呢？那就是“犹若更生”，徐霞客这一辈子，不是在不断地翻看陌生的风景，也不是重复一桩机械的运动，他是不断地自我重生，沉浸在自我重生的愉悦中。

可以欣赏，不可复制，所谓高山仰止——徐霞客，“亘古以来，一人而已”！

驴友

旅行家只有一个，驴友从来都是一群。

徐霞客游历一生，每次都是数人结伴而行。大明算是世界上的发达国家，旅游产业还谈不上起步，除了交通其他配套设施几乎是零。这旅行的景象跟现在差不多正好相反：现在返程是大包、小包一大堆，那时出门得这样，如果有钱不在乎，返程时可以两手清风。

出行的准备不能不充分：日常生活用品得带，衣服、被子得带，干粮、大米得带，连碗筷、铁锅也得带。万一进入荒无人烟的地方，前不着村后不着店，草坪上可以躺一宿，不能自己埋锅造饭，岂不活活饿死？

纪念品也得带。没错，出门自己得带一堆纪念品。旅行要看的就是奇山异水，但这是旅行家的观点。在土著人眼里，“奇山异水”就是“穷山恶水”，瀑布中不能养鱼，奇石上也不能种庄稼，徐霞客眼中的顶级景区，大多是大明的贫困地区。江阴工商业很发达，扇子、雨伞这类手工艺品，价格很便宜，人家也稀罕。旅途中相互酬谢，或与人交换，做起来效果最好，全都得带足了。

空箱子都得带几只，“竹撞”“皮厢”“皮挂厢”“大笥”等等。徐霞客需要一路看，一路写，一路带：地方的书籍、资料要收集，拓片、抄本要收集，奇异标本要收集，石头都要带一堆。孤独的旅行者，徐霞客没法当。

随徐霞客出行的仆役，通常得一两个。最多时，役夫得有十来个。当然，这都不是严格意义上的驴友。

徐芳若是徐霞客的叔父，旅游的爱好不比徐霞客低。泰昌元年（1620 年），徐芳若跟着徐霞客游了一趟福建。这一气就是两省、十一府、十九县。

来到九鲤湖，徐霞客哪高往哪爬。景色倒是越来越奇，徐芳若好奇地跟着爬。徐霞客越来越兴奋，徐芳若的汗珠不断地下来了，央求徐霞客：侄子呀，你能不能挑个低点的地方走，我这心脏都快爆了，总不能把一条命扔在这绝顶上吧？

徐芳若有点恐高，那就拣低的地方看吧。徐霞客带徐芳若去看山涧，云蒸霞蔚，其乐无穷，徐芳若心脏受得了，腿又受不了。这就没得选了，徐霞客说：那你就在这待着，等我回来。

徐霞客沿着山涧往里钻，一直钻到山涧的尽头。泉水叮咚，幽幽鸟鸣，徐霞客在这享受，徐芳若在那边看草。陪徐霞客看景，确实很累。

徐霞客的族兄徐仲昭，陪徐霞客游过天台山、雁荡山。徐霞客的玩法徐仲昭领教得太多，这哥们比徐芳若脑子好使，实在陪不下去的时候他给徐霞客出主意：你喜欢猎奇，我喜欢看寺庙，咱俩各取所需，你看好了咱们在寺庙会合。

这账算得精，徐霞客也觉得挺合意。

合格的驴友好像也是有的，徐霞客在嵩山便遇上了一位。不过，这是一位地方“导游”，山中生活了几十年的老樵夫。他领着徐霞客飞身过涧，身轻如燕地跳跃层崖，攀援树林同样如猿猴，徐霞客跟着大呼过瘾。景色看得差不多了，老导游给徐霞客提了条建议：前面的美景远观一下就得了。徐霞客顺着导游手指的方向，什么东西都没有看到。

陪徐霞客旅行时间最长的人是顾行，他是徐霞客雇用的仆人。陪同徐霞客从江阴万里遐征到云南的，就是这位顾行。顾行有时同徐霞客一道游览，有时等候徐霞客在客栈、路口。风餐露宿不觉苦，与歹徒玩命不退缩，但在云南，顾行实在陪不下去了。

离家三年，徐霞客越来越兴奋，顾行越来越郁闷：徐霞客没有回家的意思呀！顾行咬牙忍耐，因为这一次回去，会得到丰厚的酬金。但是，归期遥遥，顾行选择了不辞而别。

顾行带走了徐霞客的衣物。他知道什么对徐霞客重要，也知道什么对自己重要。徐霞客发现了，惊讶，慌张。幸好，仅有一只装衣物的箱子空空荡荡。

背主，也算不上最坏的人。徐霞客返回家乡后，没有追究顾行的行为。这旅途，谁都受不了。

神助

旅游显然不是为了忍受痛苦，没有快乐的体验是一件完全不可想象的事情。崇祯九年至崇祯十三年（1636—1640 年），徐霞客一生中最后的旅行长达四年。

由浙江经江西、湖南、广西、贵州，崇祯十一年（1638 年）十月，徐霞客计划由太平府进入云南。徐霞客对路途非常熟悉，但这只是一个大的方向。太平府至云南的路有两条，不知哪一条更便捷一点，一时不好决断。太平府郊外有个班氏神庙，当地人都认为神灵极为灵验，徐霞客决定请示神灵。

十月六日，徐霞客进庙求了一签。求完签的徐霞客，发现还有比神灵更灵验的：寺庙中几位当地的儒生正在祭神，徐霞客上前一招呼，效果大大出乎意料。经济落后地区文化同样不发达，儒生们从来没见过徐霞客这么有才华的人，简直就是一尊神。

对徐霞客佩服得五体投地的是滕肯堂父子，他们立即邀请徐霞客到家中做客。这位老儒生实在热情，杀鸡、备酒且不说，还亲自到鱼塘捕鱼招待徐霞客一行。

徐霞客与滕老爷喝起酒来，两人谈得更为投契。滕肯堂说：您如果要从归顺走，最好的办法就是弄一张“马符”。马符是官方驿递机构的信物，驿递除了传递军事情报也供官员出行之用，这就成了官方的“招待所”。有了“马符”，就可以免费在驿递吃住，使用驿递的马匹、人力等，连交通费都不用自己掏。马符这东西好是好，但不是官员公务在身，弄一张当然很困难。

徐霞客认为是难事，滕肯堂认为有办法。滕肯堂跟千户所的人很熟悉，对徐霞客说，你是一个大名鼎鼎的人，给他们写封申请信还不行吗？

滕肯堂让儿子陪徐霞客去递申请信，这次当面一交谈，徐霞客又找到一位新朋友：参将章易，浙江会稽人，离徐霞客老家有点远，但与徐霞客的一个老乡是同学（同年）。章易不仅答应了他的请求，还请他喝了一顿酒。只是这手续比较烦琐，几天后另一位参将唐玉屏便把“马符”给送来了。

有了“马符”，徐霞客便让顾行去驿站落实运送行李的挑夫。徐霞客携带的物品太多，食品、生活用品、小礼品，书籍、书信、文稿，碑刻拓片及抄件，沿途采集的标本，地方官员的推荐信等，人少了绝对不行。而明代的规定，即便是一品高官使用驿站，行李也只允许两百斤，徐霞客这要求让驿站颇为难。

有困难，那就拿时间耗着，好在徐霞客出门为的就是旅游。半个月下来，十月二十六日徐霞客等到了两顶轿子，十个力夫。这些力夫，实际上是服地方的劳役，也是临时义务工，将徐霞客送到下一站就得换人。十一月初二，这个村寨竟派了两名妇女。第二天，下一个村寨竟派出两个小孩凑数。十一月二十一日，又到了一个新村寨，力夫又得换，徐霞客一看，村寨里没有人啊！徐霞客拿着官文，挨家挨户地搜，好不容易搜出两个妇女。徐霞客命令两个村妇人找人搬行李，命令她们给自己弄吃的。

边疆地区，语言不通，边民确实不好对付。十一月二十二日，徐霞客一行又到了一个新的村寨，力夫们一看可以交差了，一哄而散跑了个精光，村民们也躲得没个影子。幸亏徐霞客眼疾手快，逮住了一个跑得慢的老头。这下，老头的老伴急了，连忙向徐霞客求情，说我帮你找人，请您把我老伴放了吧！徐霞客正准备放人，发现自己带的两只鸡不知被谁给顺走了。徐霞客扣留了人质，人质大呼小叫，徐霞客不能讲客气了，直到村民赔了两只鸡，喝令村民连夜去找逃进山里的人。

第二天，徐霞客总算起轿上路了。走进山里，三个夫役趁机逃进了深山。徐霞客人生地不熟，一时没追上。这力夫一跑，行李就没人挑了，徐霞客只得派人去找，最终只找到一个，还是个腿脚残疾的。

十一月二十六日，是徐霞客最高兴的一天。这天，驿站为徐霞客派来两乘轿子、十名轿夫。在边境地区旅行，没有困难是不可能的，有时徐霞客都失去信心，不时占卜求观音菩萨有什么明示。这一路上，徐霞客都是什么心情？

大明残月

徐霞客的心情，其实是愉悦的。愉悦的理由，很多，也很具体。

崇祯十一年（1638年）八月，初七至十六整整十天，徐霞客待在广西府（今泸西县）。远道而来，待这么久，就为得到一本《广西府志》。

书在明朝人的眼里是昂贵，在徐霞客的眼里则是珍贵。边远地区的志书契合的是其求知欲，那是志在必得的。《广西府志》属贵重物品，一般人没有，也送不起，徐霞客只能向知府要。

可是，这时的广西府偏偏没有知府，一位姓何的通判（别驾）代理知府。徐霞客直接上了知府大堂去找何别驾，很不巧，这天正是何别驾的生日，自己给自己放假了。办公室里没找着，徐霞客便写了封索要《广西府志》的信，让仆人顾行送了过去。第三天，徐霞客让顾行去催，何别驾说有事情，没时间接见。徐霞客再让顾行去催，何别驾说急什么，搞好了就送来。但说是立即送来，就是始终不送。

到了初十，何别驾又说找不到《广西府志》了。这部《广西府志》，是万历四十年（1612年）修的，当时只印了五套，边远的广西府实在是穷啊！徐霞客又催，何别驾实在纠结：徐霞客是名人，又有当朝官员的推荐信，不送又不好，送又要花一大笔银子。好在《广西府志》的旧版还在，最后下定决心，为徐霞客单独印一套。

要找人印，还要找人装订，费钱费工，一直印到十五日。为了赶工期，何别驾还将负责印刷的小吏打了一顿。十五日下午，何别驾命书吏送来《广西府志》，并赠送了礼物。第二天，徐霞客高高兴兴地启程了。

强烈的求知欲，驱使着徐霞客行常人所不能行，也使其成为“地理学家”。而这个“地理学家”，似乎是源于理想，抑或信仰。

徐霞客的地理发现，成就于晚年万里遐征云南。而去云南，徐霞客要看的原来只是一座鸡足山。

早在十六年前，徐霞客就动过这个念头。滇南鸡足山并不神奇，但很神圣。佛祖释迦牟尼的大弟子饮光伽叶僧，抱金襤袈裟，携舍利佛牙，传教布道之地便是鸡足山。万历四十六年（1618 年）八月，徐霞客在庐山遇见了一位来自鸡足山的云游僧人。徐霞客是一位佛教徒，那时，他即想着有机会得去一趟鸡足山。但一等，竟是整整十八年。崇祯九年（1636 年），徐霞客又遇到了一个命中注定的人——静闻。

静闻是位虔诚的佛教徒，徐霞客的朋友天台迎福寺莲舟上人的弟子。静闻出家二十年，刺舌血写成了《法华经》，最大的愿望就是将其供之鸡足山。志同道合，徐霞客与静闻结伴而行，了却这桩由来已久的心愿。

崇祯十年（1637 年）二月十一日，徐霞客与静闻来到湖南衡州境内。深夜时分，一阵恐怖的刀剑声惊得众人魂飞魄散，遇上打劫的强盗了！徐霞客身体敏捷，跳河而逃。静闻是一个出家人，没逃，没躲，独自一人留在船上，乞求盗贼留下佛经和徐霞客的书籍、文稿。拉扯中，盗贼刺了静闻两刀，然后放火烧船。烈焰熏人，河水刺骨，静闻带着伤，将船上的物品一趟趟抢搬到岸上，直至船只沉没。然后，坐在沙岸上等人认领。

第二天早上，静闻等来了徐霞客。仓促逃命，徐霞客只穿着单衣单裤，冷得浑身发抖。静闻赶紧脱下自己的衣服，让徐霞客穿上。

徐霞客与受伤的静闻继续前行，到了南宁崇善寺，静闻已病重倒下。静闻说，自己一定能活下去，你先走吧，等我身体好了，自己走到鸡足山，实现平生的心中大愿。

徐霞客离开静闻，前往鸡足山。途中放心不下，又返回崇善寺。这时的静闻已经故去，静闻留给徐霞客的遗言是：我出家二十年，立志要去朝拜鸡足山，今已不行了，我死后望你能将我的骨头带到鸡足山去。徐霞客背着静闻的骨灰，于崇祯十一年（1638 年）腊月二十三日，到达了鸡足山。在这个静闻梦想到达的地方，徐霞客将静闻的骨灰安葬在文笔峰下，血经安放在悉檀寺。

这场悲壮而悲戚的旅行，徐霞客真的是为了理想夙愿，为了颠覆前人而考察地理？是，又不是。崇祯五年（1632 年），挚友陈函辉问徐霞客：你这一生就是到处游玩，什么时候才游够呢？徐霞客回答：还早着呢！凡是大明的江山，我都要去看看。

但是，壮丽而广阔的大明江山，徐霞客已经无法如愿成行。天启五年（1625 年），徐霞客的母亲王氏离世，这一守孝，徐霞客又是居家三年。徐霞客最后一次远行前，这样与家人交代："辟如吾已死，幸无以家累相牵矣。"在徐霞客"家"的概念中重要的是老母，妻子罗氏无足轻重。"父母在，不远游。"没有了母亲，徐霞客也就不再有最后的牵挂。

徐霞客好不容易等来壮游时机，这时早已充满着遗憾：崇祯元年（1628年），灾荒导致西北流民蜂起。崇祯二年（1629年），李自成、张献忠等已经不再是大明的良民。东北后金（清）崛起，西北自中原，继而南直隶、湖广、四川，陷入空前的战乱。大明王朝的万里江山，唯有大西南这一轮残月显得宁静。

徐霞客是一个洞悉天下的人，身不由己，壮游的方向只有南下、西行。最终，旅行家徐霞客与朱明王朝永历帝朱由榔一样，都将"句号"画在了云南，谈不上刻意，或许就是历史的必然与偶然。

徐霞客在鸡足山重病不起，丽江土司派人将其送回江阴，崇祯十三年（1640年）六月，徐霞客生还故乡。崇祯十四年（1641年）正月，五十六岁的徐霞客病逝家中。徐霞客临终前，手捏两块游程中带回的奇石，平静地说："古来题名绝域者，汉张骞、唐玄奘、元耶律楚材三人而已。吾以老布衣，孤筇双屦，得与三人为四，死不恨矣！"

自豪还是欣慰，很难为人知晓。风雨飘摇的大明王朝，已经不可能让人比徐霞客走得更远……

第十五章

张献忠：轮回中的死路与活路

崇祯二年（1629年），桐城黄文鼎等杀富济贫，活路上没走几天即被地方富绅与官军联手送上了死路。六年后，大队农民军兵临桐城，百姓箪食壶浆，以迎“义师”——挣扎于死路的平民，以为这回看到了活路。一个老农拦住几名兵士，向他们倾诉自己的苦难，民军一个小头目说：“哎呀——既然那么苦，何必活在世间？”顺手一刀，把老农杀了。

置民于活路，又置民于死路，张献忠拉起的就是这样一支队伍。

活着不容易

张献忠（1606—1647年），字秉忠（一说秉吾），号敬轩，陕西延安府肤施人。

严格地讲，张献忠的籍属并不确切。据计六奇《明季北略》记载，张献忠家里比较有钱，小时上学读书，同学之间起纷争，张献忠怒起一拳，将同学给扑杀了。过失杀人，张献忠刑事责任免了，但民事责任就大了。张家为这个事，赔光了家财千金，张献忠也因此被父亲赶出了家门。

漂泊异乡，张献忠被人收养。好斗的性格是隐性的，显性的特征是：张献忠长相奇异，能断文识字，还有一把好力气。养父喜欢上了张献忠，也将他送进学门。一上学，张献忠就坏了，又与同学打架。这次，张献忠打死的不是一个，而是同时打死了两个。祸事闯得不是一般的大，混社会成了张献忠的唯一选择。

计六奇的记叙过于离奇，张献忠家根本没有那么富裕过，当然也不是太穷。如果处于太平盛世，张献忠日后当个地主或是富商，过上小康生活当是可能的，因为他的父亲不仅种地，还做些贩运小生意。但是，自万历末年开始，陕北灾荒不断，张献忠本来就不是块读书的料，在学校打架斗殴又是常事，便被教书的林秀才赶出了校门。生活越来越艰难，父亲便带他远走四川，靠贩枣过活。

如果要探寻张献忠最早的杀人之心，应该就是这趟四川之行。在内江，父子俩来到了一个富户家，将毛驴拴好，准备谈笔小生意。结果，毛驴一通屎拉到了这家门前的石柱上。富户眼里的这两个外乡人，其实还不如一头驴，他拿起鞭子狠抽张献忠的父亲，并喝令他将毛驴的粪便用手擦干、捧走。临去时，张献忠狠狠地盯着这个为富不仁的人家，发下誓言：“我复来时，尽杀尔等方泄我恨！”

对一个少年来说，说杀人也只是说说而已。社会秩序只要不是濒临崩溃，杀人都不可能成为职业。成年的张献忠，在家乡谋了个差役。延安府与肤施县府县同治，公差的需求量比较大，张献忠谋到了肤施县捕快。县衙的捕快与现代的警察还是有区别的，报酬很低，也没什么威风。干了一阵子，张献忠招呼也不跟领导打一声，就跑去当兵了。

这种“跳槽”，显然是为了让自己活得更好。但是，边兵的生活同样很艰苦，与当捕快最大的区别，就是不再是一两个人干那么一件事，而是一大群人干相同的事。张献忠是个好动而无法安静的人，在“战友圈”中，这个年轻人找到了归属感，马斯洛需求层次理论虽然很现代，但就人性而言，古今的区别几乎没有。处在这等需求层次的张献忠没有维持太久，很快又被打回到安全需求上，甚至连生理需求都不保——在部队张献忠犯下“淫掠”之罪，就是调戏妇女、偷盗、抢劫，并且是不少于十八个人的团伙行动。

犯下军规，处理的方法很简单：杀头！张献忠小时打死过三个人不一定是真的，这回自己要被处死绝对假不了。这十八个人被押赴刑场，剥光了衣服，一刀一个，十七颗人头就掉到地上了。

还有一颗没有掉下来的，是张献忠。张献忠肌肉男的魔力身材，引起了在场总兵陈洪范的极大兴趣。总兵觉得杀了他太可惜，一念之下将张献忠的死刑改为杖刑。也可能是总兵大人想验证一下，张献忠满身的肌肉是真是假。

张献忠要接受的是一百军棍，这要是换了个普通人，还不如申请杀头来得痛快。事实证明，陈总兵没有走眼，张献忠的体质天生货真价实——这一百军棍下来，张献忠不仅命还在，身体状态还算不错。当然，他也不再是大明军人了，开除那是必须的。

从衙门混到军队，张献忠又重新回到家乡。不过，就算普通农民他也当不成——他被人诬告，肤施知县将其铐进了衙门，当初逃跑的事官方也还记着账呢！“跳槽”都不打招呼，蔑视朝廷，这社会岂不乱套了？

“逼迫若此，是驱虎入山耳！”张献忠想当老虎吃人？问题不大，他确实遇到了一个乱套的社会。

张献忠日后的道路，与天下大乱有关。而最早乱套的，恰恰在张献忠的家乡。据说朱元璋开国时曾找半仙咨询过，半仙卖力地运算半天，最终给出明朝的国运：“始于东南，终于西北。”

半仙的科研成果，其实搁在当时就该打二折半——朱元璋起家的地盘，就连半傻都知道，哪用得着半仙？剩下的五折，还要打五折——除了西北，还有东北。一个是内乱，一个是外扰，几乎同时在捣乱。

西北最早出现内乱的时候，当时世界上还没有张献忠。不过，那时闹的动静不太大，最多也就几十个人抢抢有钱的人家。因为是集体行动，所以干完一票后，大摇大摆地回家就太愚蠢了，一般选择上山为匪。这种地方治安性质的动乱，最大的因公牺牲者无非是知县，还不涉及社会稳定问题。到崇祯元年，事态猛然变得不可收拾，陕西、甘肃一带民变四起，运气差的巡抚都会因公殉职。更可怕的是，这帮人干完杀人越货的事，再也不进山避避风头，而是干完一地换一地，经常找没被抢过的地方抢——这跟不在一只羊身上薅羊毛是一个道理，因为属于流动作案，所以史书上称之为“流贼”或“流寇”。

流贼都有谁？一丈青、飞天虎、飞山虎、混天王、王和尚、黑杀神、大红狼、小红狼、上天龙、过天星……这是崇祯元年陕西巡抚上交给皇帝的黑名单。这些名字似曾相识，有些像古典小说上的，有些像当代网络上的，人都是真的，名字肯定是假的。干坏事还留真名，似乎有点傻。

这种“网名”，其实还是“群名”。每个“群名”后面，往往有几十个不知名的。朝廷对他们为什么不管呢？官兵当然不是吃素的，别看昨天露面的团队是五十人，今天露面还是五十个人，事实上有二十个是新注册进来的，另二十个已被永久“销号”了。流贼像韭菜一样割不尽，关键是老天在帮忙：崇祯元年，陕西旱灾；崇祯二年，陕西旱灾；崇祯三年，陕西旱灾；崇祯四年，陕西旱灾……有个举人陈其猷，将进京会试沿途见闻上呈皇帝：道旁刮人肉者如屠猪狗，既不忌讳行人，行人也习以为常。有个妇人边哭边煮一死婴，陈举人问她，“既欲食之，何必哭？”妇人回答：这是我的儿子，丢弃别人会吃掉，自己充饥又……

说着说着，老女人就再也说不下去了。

明朝弄成这样，与腐败还真没有多大关系。今天的《中国近五百年旱涝分布图》及相关论著，一再从科学的高度，以灾害性的气象危机，证实王朝的可怜——明朝中叶（1500 年）后，气温骤降，“小冰河期”来临。1600—1644 年，气温骤然下降到了千年来的最低点，万年来的次低点，百万年来也是第六、七个极度寒冷的时期之一。极度寒冷时期的骤然加剧，粮食产量骤然下降，这对于一个人口庞大的帝国来说，是致命的打击。北方的酷寒使降雨区域普遍南移，导致明朝全国各地几乎连年遭灾——先秦晋，后河洛，继之齐、鲁、吴越、荆楚、三辅，并出现全国性的大旱灾。这样长时间和高密度的灾害，极度削弱了明朝的国力，国家财政开始枯竭。气候给明季带来了复杂的社会问题，一位路经延安的官员马懋才，向崇祯的书面报告才是实事求是：“现在之民，止有抱恨而逃，飘流异地，栖泊无依。恒产既无，怀资易尽，梦断乡关之路，魂销沟壑之填，又安得不相率为盗乎？”

张献忠赶上的就是这么一个时代，所以他选择了杀人谋生。他最早选择的老板是回族人，绰号“老回回”。陕、甘地区回族人较多，这一带的回族人有个谋生传统，就是麦熟时节便携带妻小辗转流徙，靠拾麦穗等维持生活。现在灾荒连年，麦秸都难得一见，拾麦穗就属于天方夜谭了。“老回回”马守应的脑子比大家好使点，果断转行，带大家造反，实际上也只是混口饭吃，不过是要杀掉别人自己才会有吃的。

明白人的尴尬

张献忠跟上马守应，从就业的角度上讲算不上明智。大凡人群扎堆的地方，收益往往都小，风险通常都大。西北地区流寇成群，朝廷想不管都难了。出来处理流寇问题的，是三边总督杨鹤。

杨鹤，湖广武陵人，万历三十二年（1604 年）进士，时任都察院左副都御史。

崇祯元年，民变四起，懂军事的、不懂军事的官员，都在议论对付流寇的问题，方法大家都不约而同地想到了“打”。至于怎么“打”，那就是另外一回事了。杨鹤与人聊天，自然也要聊这个话题。不过，杨鹤确实是“鹤”立鸡群，他竟然认为不用打！

杨鹤的独到见解，其实是一种中医理论——“补元气”。杨鹤认为，现在造反的人，并不是跟国家过不去，而是没法活下去。今辽事甚急，把老百姓给杀了，谁来保卫国家呀？国家千疮百孔，需要培养“元气”。崇祯帝听到了杨鹤与众不同的高见，真的就叫杨鹤“鹤”立鸡群去了。

不杀人都能解决选择问题，杨大人真够书生气到家的。但是，一年以后，杨鹤向崇祯皇帝递上了自己的理论成果：神一魁、王左桂、王嘉胤、大红狼、小红狼、点灯子、过天星、独头虎……西北闹事有点知名度的，几乎全都归降了。

张献忠这时还不在杨鹤的名单上，因为他实在不够格。张献忠只是一个小伍长，需要在王嘉胤的营门口站岗放哨。

不战而屈人之兵，杨鹤的“中医理论”第一次压倒了“孙子兵法”。文官杨鹤，是个有良心的人，也是个明白人。他最初上疏分析“盗贼”起因就很准确，认为这是“因饥荒之极，民不聊生”。走上一线后，积极采取“招抚为主、追剿为辅”的战略，陕西的各部民军几乎全都接受了招安。

但杨鹤很快尴尬起来了，理论成果只经受了半年的实践检验。为什么只管了半年，因为杨鹤带来的钱只够花半年，带来的粮食也只够吃半年。老百姓不至于饿死，造反就没多大意思。招安后还要饿死，受招安就毫无意义。杨鹤带来的十万帑金和藩王捐助的五万白银，二万石粮食，对整个西北地区的老百姓无疑是杯水车薪，“所救不及十一”。

不过，对朝廷来说就不是这么一笔账：钱花掉了，事情没解决，杨鹤做的则是一桩血本无归的生意。这在朝廷的眼里，杨鹤无疑是个白痴，生意这么失败必须跳楼。西北这么穷，想跳楼高楼也不好找。杨鹤再也没有好办法了，崇祯四年（1631 年）九月，杨鹤被捕，发配袁州。

接下杨鹤难题的是洪承畴。洪承畴，字彦演，号亨九，福建南安人，万历四十三年（1615 年）进士。崇祯四年（1631 年）十月，洪承畴正式接任三边总督。

与杨鹤一样，洪承畴也是一个书生，并且书生气更浓。他跟着杨鹤来陕西打仗时，车上带的尽是书。对流寇问题的认识，洪承畴与杨鹤的观点是一致的，但技术措施完全不同。杨鹤认为老百姓造反是因为没有粮食，有粮食老百姓就不会造反，应该解决“粮食问题”。洪承畴也认为老百姓造反是因为没有粮食，但他觉得这是一个“人口问题”，如果减少了老百姓，粮食的刚性需求就会直线下降，剩下来的老百姓同样不会造反。

等杨鹤狼狈下台，自己说了算的时候，洪承畴将自己的理论付诸实践——杀人！不投降的杀掉，投降的也杀掉。

民军有几十万，洪承畴只有几万，能办到吗？不难，通常情况下，民军的队伍一出征都是几万、几十万，队伍长达数十里。其实，能跟正规军作战的并不多，兵器也以农具为主。队伍里最多的，是“业余军人”的正式家属：爷爷、奶奶、老婆、孩子。大家一起出来玩命，考虑的是能抢到粮食也不容易，就地分了也省点运输费。

作为一个军事天才，洪承畴完全做到了知己知彼：面对十倍于己的民军，洪承畴总是集中优势兵力猛攻民军的前锋。前面一垮，后面只剩下官兵杀人的力气活了。只用了一年多时间，王左桂、王嘉胤、神一魁等崇祯元年的三大民军，几乎被消灭殆尽。

死里逃生

陕、甘本来就穷，洪承畴打得又狠，正所谓“此处不养爷，自有养爷处”，张献忠跟着大部队来到了新地方山西。

来山西的尽管都是些残剩的民军，人数却并不少，将近二十万，分属三十六部，史称“三十六营”。造反多年，大伙也算是有经验。在王嘉胤部将王自用的召集下，大伙开了一个会。会议达成的共识，就是要并肩作战，实际上就是“打群架”。至于政治诉求，目前还没想到那档子事。

不是说洪承畴基本把民军搞定了吗？那只是在陕、甘，山西本身也有想活命的人，所以造反的“兵源”始终没有问题。山西巡抚是个缺少实战经验的人，民军兵分几路，搅得山西天翻地覆。崇祯皇帝很恼火，换上了曹文诏。

曹文诏本是辽东游击，不仅是个职业军人，而且是个出色的军事家。崇祯六年（1633年），曹文诏升任总兵，到山西围剿民军。不出半年，“贼几消尽”。

打不过就跑，这是民军最擅长的。他们一路往直隶（河北）跑，一路往河南跑。往直隶跑的智商有问题，那里是大明朝的心脏，不会有好果子吃。往河南跑的，也后悔了——他们遇上了左良玉。

左良玉（1599—1645年），字昆山，山东临清人。他幼时父母双亡，由叔抚养，虽未曾上学，但聪颖过人。从军后更显出足智多谋，时任兵部侍郎侯恂守昌平，发现左良玉是个人才，便将其由卒伍提拔为裨将。侯恂一点都没看错，论军事才能，左良玉并不在曹文诏之下。

民军原以为河南是块肥肉，没想到左良玉又是个杀猪的。几个月里，民军被左良玉追得到处跑，人也死了上万。崇祯六年（1633年）九月，民军觉得再跑就太没意思了。琢磨的结果，就是与左良玉一决生死。这是一个愚蠡的决定，但愚蠡也是有目的的——老是跑路，哪有吃饭的时候呢？

但是，左良玉选择的是对峙。真正的军事家，不会草率决战，左良玉在等待万无一失，要将民军彻底解决在河南。在左良玉的等待中，山西总兵曹文诏、京营总兵王朴、总兵汤九州等大军于九月底抵达，迅速完成对民军的合围。官军的包围圈里，张献忠与民军最著名的人物高迎祥、罗汝才、李自成等，一个都没少。

本来，民军对左良玉军还有人手的优势。现在，唯一的一点优势也没了。更可怕的是，这次官军联合作战，最高指挥官非曹文诏莫属。一提起这个人，民军的头都大了！

可是，曹文诏刚刚领兵赶到，又被调走了。崇祯六年（1633年）九月，曹文诏调任大同总兵。朝廷怎么出昏招呢？一种说法是与官场腐败有关：御史刘令誉与曹文诏曾经是邻居，曹总兵老是立功受奖，所以对刘御史从不正眼相瞧。刘御史巡视河南时，还被曹总兵骂了一通。旧恨新仇，刘御史回去后便趁机打了曹总兵一黑枪，崇祯帝便上当干出了“自毁长城”的事。实际上，崇祯皇帝完全是没有办法，因为皇太极正率军进攻大同，没有曹文诏，边防要出大问题。崇祯帝调出曹文诏不是愚蠢，而是英明，两害相权取其轻，只能这么着了。

曹文诏一走，包围圈就受到了影响。

只能说是影响，应该不会出大问题。民军突围了两个月，一点效果也没有。冬天到了，十几万民军如果不饿死，也得要冻死。打不过，跑不掉，只有投降。

投降，民军最专业的就是这个，打从陕北的时候就练过，但没有一次是真的。八大王张献忠，更是投降“专业户”。论投降，民军比官军的业务水平强多了。民军研究的结果，是向王朴投降。为什么不向左良玉投降？左良玉的厉害他们早领教过，王朴是京城来的，实践经验应该不多。即使王总兵也是个狠角色，那也只是一种可能。明知左总兵的底细还选择他，百分之百就是死路。

投降之前，民军凑足了银两。虽然缺衣少食，民军最不缺的就是钱，这一路大家都是干抢劫业务，况且在包围圈里钱根本就派不上用场。

收了黑钱，又即将立功，王总兵做梦都没想到有这么好的事情。崇祯六年（1633 年）十一月十八日，民军头领们派了代表找王朴请求投降，王朴愉快地接受了请求，命令民军十日内缴械投降。民军答应，不用十天，四天就行——又冷又饿，十天谁受得了啊！

二十四日，王朴等着民军前来投降，士兵也准备观看受降仪式。十余万民军走出山沟，向王朴的大军走来。结果，全跑了。

论跑路，大家都长着两条腿，民军与官军分不出上下。冲出了包围圈，都是安全地带。河南境内的军队，都用来扎包围圈了。

最急的是左良玉，河南是他的防区，河南要是成了陕西、山西，那他就有“好日子”过了。左良玉率兵就追，追了二十天，张献忠与民军跑得没影了。

张献忠这一跑，将近一年，四川、湖广，最后又到了河南。那些地方不能待，主要是“官军太盛”，加上灾情不重，“群众基础”自然差了许多，尽管能抢的东西很丰富。至于到河南，那完全是被逼的。老家陕西有洪承畴在等着，山西曾是曹文诏的地盘，往人家枪口撞的事不能干。几个省瞎转悠，虽然没被官军给砍了，给官方添的麻烦那是肯定的。

对付民军的跑，朝廷想到了围。崇祯七年（1634 年），崇祯帝设立五省总督，就是山西、陕西、河南、湖广、四川五省成立大防区，你就算跑五个省，还在一个地盘。任五省总督的，是陈奇瑜。

陈奇瑜，万历四十四年（1616 年）进士，后外放陕西任职，洪承畴是左参政时，他是右参政，对付民军早有了经验。陈奇瑜上任四个月，打了二十三仗，没有一次失手。陈奇瑜的观点与洪承畴非常接近，就是光打胜仗不行，关键要把人口基数降下来。人越少，矛盾与问题就越少。必须想办法把民军赶到一块，最后一网打尽。

最适合作大型屠宰场的是车厢峡。车厢峡位于陕西南部，四面山石陡峭，中间长达四十里，易进难出。民军误入其中，官军在山口垒起了石寨，切断了他们的通路，只要山上扔块石头，下面都要死伤个把人。老天又下了二十天大雨，弓箭都丢失了，马也没有草吃，没等官军动手，民军已经死去过半。民军困在这里，挨宰只是个时间问题，时间主要看官军的工作效率。

陈奇瑜最大的成果，还不是围进车厢峡的人多，而是这里面有张献忠、李自成这样的民军“领头羊”。中国的农民“起义”，很多都不是一种有计划、有意识、有组织的行动，更多的是无路可走时出现了一人领头，群起响应。领头的一死，差不多都散了，自生自灭。有了张献忠、李自成这样的“领头羊”，民军集体在车厢峡等死也是不可能的。

不愿等死，又没有活路，没关系，还有第三条路：投降。

民军想到这第三条路并不难，当年杨鹤就教过他们。但是，陈奇瑜不是杨鹤，他的思路是要把人给解决掉。

一个要投降，一个不让投降，民军的韧劲上来了：坚决投降！

但这不是打口水仗的问题。好在张献忠、李自成都在体制内混过，知道其中的潜规则——花钱买投降。可惜，陈奇瑜素质太好，根本不收钱。

总有素质不好的，这就是领导身边的人。民军顺利买通了陈奇瑜的左右，买卖成交。这场投降是怎么回事，张献忠、李自成知道，陈奇瑜心里没底。三万六千多民军，好歹算是投降了。但民军诈降的可能性，陈奇瑜肯定想到了，他选择了一个自认为万无一失的方法：遣送民军回乡时，平均每一百人派一个安抚官护送，发布檄文要求所经过的州县拿出粮草供应他们，递接遣送他们还乡，各地将领不得拦截，以免惹怒了这些人，逼他们重新造反。

这个方法似乎很幼稚，其实很合情理。民军基本上全是老百姓，一个官兵看百个老百姓，甚至看一千个老百姓，都是足够的。问题是现在的这些老百姓有点特殊，况且没有遭受大的损伤。走过栈道，脱离了险境，那就叫鱼游大海，飞鸟入林，张献忠就反了，五十多个安抚官被杀了个干净。

张献忠脑袋，再一次回到了自己的脖子上。陈奇瑜的脑袋，就差点掉了。好在陈奇瑜脑子好使，罪名全推到别人身上。民军一路攻打，沿途的州县全都背了黑锅，陈奇瑜根本不提自己工作失误，反而责怪宝鸡知县李嘉彦及凤翔乡官孙鹏等，破坏了招安大局，造成民军复叛，这五十多人当了替死鬼。陈奇瑜的下场也不好，被贬到边疆充军去了。

死人活人一起死

文人出身的陈奇瑜，显然是个“三高”症患者：高估了自己的能力，高估了民军的素质——张献忠的队伍很边缘化，“叛卒、逃卒、驿卒、饥民、响马、难民”很多，普通农民的厚道都没有，又何来诚信？更严重的是，高估了国内的形势，灾荒面过大，流民数过多，辽事对朝廷的牵制其社会控制能力已经很弱。几万民军跑了，犹如一大盆火种倒了出去，河南、陕西、宁夏、甘肃、山西大地全都着火了。到崇祯八年（1635 年），中原与西北基本失控。

外患急救外患，内忧急救内忧，崇祯皇帝顾不得许多，打出了洪承畴这张王牌。

洪承畴担任五省总督，目标还是杀人。在洪承畴的眼里，基本没有生命的概念，他是个“人口控制论”者，只要没有人，政治经济问题自然全都没了。洪承畴几个月的凶狠剿杀，民军羊一样地被赶进了河南，其他几个地方自然消停下来。

但是，民军的数目不仅没有减少，反而还增加了，约有三十万——中国是个人口大国，崇祯朝不缺的就是灾民。

洪承畴显得很兴奋，他杀人从来只嫌人少，不计较人多。但洪承畴很谨慎，因为他的包围圈里有上百支民军，还有张献忠、李自成、高迎祥、罗汝才这样的凶悍而狡猾的头领。为了万无一失，左良玉与曹文诏等也加入进来，这二位一直是民军的克星。

到崇祯八年（1635 年），洪承畴将民军挤压到洛阳附近。陷入重围的民军，在河南荥阳开了一个会。

——“荥阳大会”非常著名，其实是一次“最后的晚餐”，所谓的“十三家”“七十二营”，很可能在这次聚餐之后就要“上路”了。官军的重兵强将，民军明显不是对手，所以会议几乎是在哀乐声中进行的。

但是，两个人的报告改变了会议气氛。

张献忠的报告只有四个字：“怯懦诸辈！”

李自成的报告稍微长一些：“一夫犹奋，况十万众乎！官兵无能为也！”

话虽这么说，但总得有个办法，光喊口号解决不了问题。民军头领商量来商量去，找到了一个令人叫绝的办法——打不过活人，可以打死人！

打死人，就是去挖皇帝家的祖坟。明朝有三个都城：首都北京，留都南京，中都凤阳。凤阳是朱元璋的老家，虽然很穷但地位很高。大家一致认为，朱元璋能当皇帝，与老家的祖坟有直接关系。挖掉他的祖坟，他的江山应该就没了，至少可以提高民军的知名度。

打死人的可能性应该很大，但打死人的路上自己当死人，可能性应该也很大，毕竟洪承畴在等着，你一开拔他的大刀说不定就砍过来了，所以不能都去打死人，还得有人去打活人。明知是死，也得有人拿性命把洪承畴挡住。

让一班人去死，让一班人去活，并且也能名利双收，这种工作分工实在残忍。这等超级难题，民军解决起来倒很简单：好在大家的认识都很朴实，砍掉脑袋也不过碗大的疤，死生由命属于天理——谁死谁活，抓阄决定。

张献忠的运气最好，抓阄的结果是打凤阳。另两帮民军一路去山西，一路去湖广，什么结果听天由命。

张献忠的民军直扑凤阳，这天正好是元宵节，老百姓要忙着放花灯，官方几乎都放假出来看热闹，加上大雾弥漫，民军进城之后守军才知道出大事了。杀这几千守军，张献忠只花了半天时间。至少挖祖坟这类土方工程，本是民军的强项。比较难的是拆迁，凤阳的宫殿太雄伟，体量大。明皇陵的地表附属物更多，参天巨松即有三十万株。这个张献忠讲效率，放了一把火——用火，也烧了数日，“光烛百里”，“焚公私庐舍二万二千六百五十余间”。朱元璋早年的“就业单位”皇觉寺，张献忠也给烧了。

皇帝的老祖宗又死了一回，凤阳的活人也死了。从凤阳知府颜容暄，到凤阳富户，一个不留。这些原本来自底层的民军，对同属底层的平民同样残忍。在凤阳，“士民被杀者数万，剖孕妇，注婴儿于槊”。不分男女，也不分老幼，暴力屠杀是一种娱乐，一种心理学上的畸形快感。

张献忠的民军很快学会了分类杀人。凤阳成为一片焦土，该抢的也抢了，张献忠与手下共同大吃大喝了三天，树了个“古元真龙皇帝”大旗，然后开拔——

坐等后面的追兵，张献忠没有那么傻，并且还要赶下一个场子。

下一站，六合。六合与凤阳不同，凤阳因为风水上的考虑没有城墙，六合不仅有城墙而且很坚固，民军的攻城技术和设施基本没有，张献忠临时发明了一项技术：抓来几千名妇女，脱光衣服，集体对城叫骂。民间妇女都很保守，凡是不肯脱尽衣服，或心理素质不好脱尽衣服发不出声音的，立即剁成肉酱。

这个办法很新，但效果很差，张献忠又将技术进行了改进：砍掉妇女的头，倒埋在土里，阴部朝着城墙。据说，这样可以压制明军的火炮和冷箭。

六合围了数天，守军固守不出，张献忠无计可施，手下很是苦闷，于是“聚小儿百十，环木焚之，听其哀号为笑乐”。

而在霍山，民军的暴行更为惨烈：士兵当着父亲、丈夫的面，强奸其女儿、妻子；大庭广众之下，强迫父亲奸淫女儿；猜测孕妇胎儿性别，然后剖腹验证；将婴儿扔进油锅，观其挣扎取乐……“暴酷亘古未有”。

老大的滋味

如此天理不容，张献忠这是自取灭亡吗？事实恰恰相反。作为世界历史上独一无二的现象，中国农民起义就是这样驱动历史的轮回。没有尊严与生命保障的底层民众，一旦社会陷入无序，同样无视他人的尊严与生命，良民成为魔鬼，暴力成为狂欢。

更多的底层民众加入张献忠的队伍，张献忠也一路从北打到南，再由南打到北，崇祯九年（1636年）初再进河南。

祖坟被挖，凶手还越发猖狂，崇祯皇帝几乎疯了。狠的怕硬的，硬的怕不要命的，崇祯皇帝也只能拼命了。在几乎倾巢出动的官军合力围剿下，张献忠惨败。

张献忠从来就不害怕失败，毕竟都“死”过好几回了。他也很有方法，老一套：逃跑，向南。地方大概在今安徽、湖北，准确地点很难说清，因为这人身体好，太能跑了。

逃窜中的张献忠，甚至心里有点高兴，因为失败总是相对的，有人比他败得更惨：民军的“老大”高迎祥命都没了，接盘高迎祥做闯王的李自成，惨得简直有点不好意思——最潦倒的时候，总共只有十八个人，还包括他自己。而令张献忠觉得可笑的是，李闯王居然连老婆都跟人跑了。李自成最终进京做了皇帝，张献忠特别不服气，道理就在这个地方。

张献忠感到不对劲的，是杨嗣昌来了。尽管知识面不足，张献忠对杨嗣昌还是了解的，毕竟跟他爹杨鹤打了多年交道。

杨嗣昌，字文弱，湖广武陵人，万历三十八年（1610 年）进士。

由于父亲的原因，杨嗣昌对“流贼”非常痛恨，矢志将父亲的未竟之业进行到底。在别人害怕接这茬活的时候，杨嗣昌主动要求为国分忧，所以崇祯很感动，决定重用杨嗣昌。

杨嗣昌的计划很宏伟，简单地说就是八个字：“四正六隅，十面张网”。四正，包括湖广、河南、陕西、凤阳；六隅，是指山东、山西、应天、江西、四川、延绥。这是史上最大的“十面埋伏”，全国范围内设置十个战区，四个主要的，六个次要的，天罗地网，要将民军一网打尽。

盘子大，预算当然也大，杨嗣昌要价增兵十二万，饷银二百八十万两以上。人的问题好解决，没饭吃的人多得是。钱的问题才叫问题，当然也只能找老百姓要，方法就是加租。这个决策在论证的时候争议很大，因为道理过于简单：老百姓正因为没法活才造反，为了解决问题又让更多的老百姓没法活，这跟帮助张献忠、李自成征兵没什么区别。但是，除了这个办法又没有别的办法，崇祯只好同意。

最后，杨嗣昌说，要实现这个计划，我必须用一个人。崇祯说，十个都行。杨嗣昌要的人，是熊文灿。

熊文灿，贵州永宁卫人，万历三十五年（1607 年）进士。崇祯元年，熊文灿巡抚福建，成功地招抚了著名的历史人物郑成功他爹——海盗郑芝龙。熊文灿又利用郑芝龙，消灭了海贼李魁奇、刘香，彻底平定了东南沿海的海盗，为大明朝立下了汗马功劳。最值得称道的是，利用“汉奸”打“鬼子”，花的还是别人的钱，熊文灿在经济学上应该很有建树。

崇祯十年（1637 年）十月，总督熊文灿正式来到湖广上任，明显是冲着张献忠来的。张献忠准备接招，等了很多天，什么招都没见着，居然等到了一纸“广告”。

熊文灿是玩招安起家的，杨嗣昌让他来剿贼，他决定招抚。与流贼真刀真枪地玩，这个专业他很陌生。在熊文灿的辖区内，民军主要是张献忠、刘国能两支，熊文灿也不知道如何联系，所以就派了几百个人到处贴告示。

张献忠派人拿着“广告”找熊文灿兑现承诺，熊文灿说这个没问题。轮到张献忠方面表态，张献忠的人说我方人马太多，需要时间准备，反正投降那是一定的。

张献忠的意思是先套住熊总督，让对方开出更优惠的价码。投降一阵子，也是没办法的事，各路民军不争气，自己成为“老大”，压力也挺大，杨嗣昌“十面埋伏”已经实施，跑哪日子都不好混。

张献忠要价的工夫，刘国能却真投降了。张献忠很生气，觉得这后辈真不会做生意，人家出什么价你就答应什么价？！但也没有好办法，张献忠决定比照刘国能的价码，办理投降手续。

张献忠立即派人去找熊文灿，熊总督的答复让张献忠心更凉了——熊文灿说：研究研究再说吧！

这意思，是“广告”上的词儿只能参考，生意也不一定再做了。

熊文灿这态度，倒不是诚信问题，也不是谋略问题，而是压力有点大。熊文灿主抚，朝廷的主战派很有意见。特别是张献忠这种诚信记录有严重问题的“客户”，熊总督的手下左良玉压根就不相信，跟领导之间总是磕磕碰碰。

但张献忠不愧是在官场混过的，办法立马有了：送礼。

捞钱之余又有政绩，熊总督觉得顶住压力很划算，也不研究了，直接同意接受投降。同时，照顾一下张献忠，民军的安置地依旧放在谷城（今湖北）。

按理，张献忠就算真心投降，也应该将他异地安置，更不能集中安置，这样便于监管，万一不听话也好下手。

置身其境的熊文灿没想到的事，千里之外的杨嗣昌想到了，并且更绝、更黑：让张献忠去打李自成。

宋江招安后，第一桩事就是打方腊，《水浒传》如果都没读过那就不是杨嗣昌。但崇祯皇帝没同意，究竟是他多疑担心两家联手，还是真心厚道不忍看同伙互捅，这就不清楚了。就这样，张献忠在谷城归顺了十个月，刷新了自己的投降纪录。

熊文灿没有给张献忠压力，李自成却给了张献忠压力。张献忠本来已成为民军的“老大”，可李自成太会来事，很快将其反超。不进则退，假投降影响真发展。

但张献忠的嫉妒，很快又变成了担心。因为李自成变成了“老大”，同时享受了优先挨打。“十面埋伏”是针对所有民军的，谁当“老大”谁优先享受。熊文灿嘴功厉害，洪承畴、孙传庭拳头厉害，这二位打得李自成陕西、四川、甘肃、河南来回躲，最后在河南南原被打出了民军排行榜——李自成只剩下了十八个人。

西北民变歇菜了，剩下最大的一股民军就数张献忠。当上反对派的“老大”，张献忠想到李自成的境遇，预感到这绝对不是好事。这种老大，从来都是众矢之的，李自成的命运迟早要落到自己的头上。李自成好歹还下落不明，自己这颗脑袋说不准还要挂在哪座城头上。

被忽悠掉的大脑袋

但是，张献忠脑袋依旧长在自己的脖子上。

李自成陷入绝境，张献忠日子依然滋润，原因很简单：解决掉李自成，朝廷准备使第二枪，枪又有急用——崇祯十一年（1638 年），多尔衮、岳托率领的两路清军越过长城，兵锋指向了大明朝的心脏。

主要人马拉去急救，本应享受“特级护理”的张献忠不得不被晾在了一边。不作死就不会死，张献忠的人马确实需要休整，主动挑战说不定就是死路。不投降，不造反，只能玩忽悠。

但是，张献忠的问题一日不实质性地解决，熊文灿也一日睡不着觉。熊文灿并不糊涂，对外宣传张献忠是真降了，那也只是说说而已。所以，隔三岔五熊总督都给张副总兵出点题目。有几次缺兵，熊文灿想一箭双雕，找张献忠“借”。张献忠没有缴械，因为张献忠有“忠心”，需要留着队伍为朝廷“效力”。这个说法，也算说得过去，熊文灿也曾顺水推舟表扬过他。你留我借，天长日久地借下去，被借成穷光蛋是迟早的事，张献忠不会干的。

熊文灿要借，张献忠也不能不借，撕破脸皮对谁都不好，所以也只能忽悠，先答应下来，然后给熊文灿回话：事情的落实要点时间，迟几天，再迟几天。几天之后，下文当然是没有，因为新理由肯定会出来。

熊文灿知道张献忠在忽悠，不愿较真，是因为自己也在玩忽悠。并且，这种想法比张献忠还早。

两年前，熊文灿接到调令，即在庐山咨询过空隐和尚。所谓旁观者清，官场内那是听不到真话的。熊文灿的咨询事项还没提交，空隐和尚就给了他三个字的答案：公误矣！

熊文灿条件反射般地回了个“为什么”。空隐说，那你掂量掂量，你有能搞定流贼的士兵吗？

这个没有。接着空隐来了段文言文：“有可属大事当一面不烦指挥而定者乎？”

熊文灿的文化水平没有问题，他回答空隐：指挥大局，独当一面的将才，这个真没有！

空隐甩出的包袱，一点都不幽默：皇上对你万般器重，事实上你又无兵无将，结局大概就是杀头。

熊文灿沉默半晌，试探道：招抚行不？

这是熊文灿成功的起点，也是自己的强项。空隐的结论是：流贼，不是海贼。

时过境迁，发达地区的经验拿到贫困地区来，熊文灿成功的起点就这么成为他成功的终点。

熊文灿对张献忠始终不采取强硬措施，完全是可以理解的。没有金刚钻，不揽瓷器活，熊文灿的忽悠，很有一点明智的色彩。

张献忠对熊文灿的事忽悠，对自己的则十分实诚。他住在谷城，除了天天练兵，还认真补习文化。没有文化的军队是愚蠢的军队，张献忠找了个秀才，给自己当军师。军师潘独鳌，又作潘独骜，湖北应城人，秀才出身。别瞧不起秀才，洪秀全学历其实还不如他，造反的活干得照样惊天动地。张献忠到来之前，潘独鳌就拉过一支三十人的队伍，不过那时是准备打张献忠的。关键时刻，潘独鳌审时度势，归顺了张献忠，可见在他的眼里民军是一支潜力股，比起当时资不抵债的“国企”是值得投资的。张献忠对潘独鳌很器重，后来还让他的儿子当自己的礼部尚书。潘独鳌干活很卖力，经常加班给张献忠部的军官补习文化，张献忠和他的大小头目也由此知道了“孙子兵法”。从这个时候起，张献忠的民军就不再是乌合之众了，战略战术也与官军缩小了距离。

除了练兵，学习文化，张献忠开始学习“行政管理”。谷城这一带，张献忠安排人收税收费，抓贼断案，跟老百姓的关系搞得也比较好，随便杀个老百姓开开心的事几乎没有。没事的时候，张献忠还到处视察，俨然自己是谷城县令。

假县令太敬业，真县令就不干了。谷城县令阮之钿，桐城诸生。阮县令如今知道他的人很少，但与他有关的两个人很有名：阮大铖，刘若宰。前者是他本家，后者是他亲戚。阮之钿的县令帽子，便是状元刘若宰帮忙争取来的。

但是，阮县令政治素质好，工作认真负责，自打张献忠的军队被安置在县境，阮县令的日子实在没法过。该阮县令收的税，被张献忠收了，总不能让老百姓交两次税，完成自己税收任务。更麻烦的是张献忠不仅收税，部下还又四处抢掠，造成社会治安问题。阮之钿找张献忠交涉，张献忠说：你是朝廷的地方官员，我是朝廷军队将领，军队供给不足，你应该负责，我们自己想办法，没去找你就算不错了！

阮县令这个窝囊实在没法说，眼睛始终盯住张献忠的一举一动，巴不得早点解决。崇祯十二年（1639 年）年初，阮县令的关注有了重大成果：张献忠密见了一个人。经过秘密侦察，阮县令大吃一惊，这个人竟是朝廷“一号通缉令”上的主角：李自成！

成天忽悠，以改邪归正自居，张献忠还能蒙过一些人。但李自成改行当官兵，可是他自己都没说过的。打得只剩下十八个人还不肯求饶，李自成与张献忠是风格完全不同的两路人。在混得最潦倒的困难时刻，李自成又跋山涉水只身来到张献忠大营，不是求张献忠给两个钱花，而是要把造反大业进行到底。

阮之钿对张献忠的图谋，已经一清二楚，恰好同乡方孔炤巡抚湖广，方孔炤是个主战派，本来就不相信张献忠是真投降，于是八次上疏要求把张献忠给解决掉。但是，所有的报告都没有下文。

熊文灿不是相信张献忠有诚心，而是对自己没信心。撕破脸皮打起来，怕的是自己不是张献忠的对手。更重要的一点，张献忠送了他不少的钱，还有不少古董。张献忠虽说文化水平不高，但搞到的古董却没有一件是赝品。阮县令对朝廷倒是实诚，但这么长时间，也没给过自己什么好处啊！

张献忠就不一样，几乎每个星期都要给熊文灿送份礼，分量还不轻。除了熊文灿，远在京城的高官，他也不嫌麻烦，经常派人专程送礼，顺便打听点信息。

阮县令不够客气，那是因为他官太小。张献忠如今是个副将，按照官场的规矩，也没有哪个上级对下级点头哈腰的。对上级和关键人物，张献忠还是很讲礼节的，拜见时都是行下跪礼，还且很规范，尽管讲礼貌、讲规矩他打小就不习惯，为了工作需要，这些年算是磨炼出来了。

官场正规礼节，张献忠懂。细节问题，他也无师自通，熊文灿等高官的住处，他还时常去串串门，联络联络感情，加深加深印象。所以，怀疑张献忠贼心不死，熊文灿多少有点于心不忍。左良玉、方孔炤、阮之钿等三番五次地提醒要防范张献忠，甚至要解决张献忠，熊大人觉得可能与张献忠没有送礼有关，或送礼太少有关。也可能是这帮人站着说话不腰疼，万一军事行动出了差错，领导责任谁来承担？类似的报告太多，熊大人统一口径回复：不会的！

大人有大量，左良玉、方孔炤提了多次没有结果，最终说说也就算了。阮之钿做事太较真，熊文灿不肯干的事他要去干。当然，刺杀张献忠，阮县令是做不到的，他能做的是思想工作，让张献忠安心为朝廷工作。于是，独自一人来到张献忠大营，承诺只要张献忠不造反，可用自己全家人的性命担保张将军身体健康，万事如意！张献忠真想上前一个嘴巴把他抽死，但是忍住了，改送阮县令一顿臭骂。张献忠嗓门大，话又脏，并且还是书上找不到的新词。阮县令一时想不开，回家之后在墙上写下了张献忠早晚必反这样一段话，拿起“农药”便喝了下去。幸亏是古代“农药”的科技含量低，阮县令想死没死成，但是留下了后遗症，经常生病。

或许是李自成的反动宣传起了作用，或许是内部情报搞得太准：清军大举入侵，张献忠心里发怵的孙传庭、洪承畴全都去了辽东，朝廷很难顾得上湖广的事。崇祯十二年（1639年）五月，张献忠依旧戴着熊文灿给的副将帽子，毫不客气地打起了官军。

张献忠重新起事后的第一站，是拿下谷城县城，这对张献忠来说太容易。轻而易举地拿下谷城，民军打开监狱放出囚徒，还发动百姓跟着造反，还把阮县令上班的地方放火烧了。县城里的官员全都跑了，阮之钿很有士大夫的气节，在家里第二次喝“农药”，药还没找到，张献忠派人来了，让他投降，他不降；让他交官印，他不交。张献忠能搞掂熊文灿，就是搞不掂阮之钿。盛怒之下，张献忠砍了阮之钿，再挫骨扬灰。这一天，是大明崇祯十二年（1639年）五月六日。

顺手拿下谷城县，张献忠也不像过去急着去抢第二家。按照事先的秘密约定，赶去与曹操会师。

曹操，跟曹丞相没有关系，真名叫罗汝才，出生地及后来的简历与张献忠如出一辙，投降后的安置地是郧县。两股民军合兵一处，然后大军开溜！

不开溜，等于待在官军的包围圈。

重举大旗，张献忠发布了史上最奇葩的檄文，通篇不讲自己的正义之举以及豪迈决心，而是一份大字号的送礼清单：受贿人姓名，受贿金额，详略得当，一清二楚，没有一句废话。

经济问题被举报，熊文灿也顾不得许多，就算坐牢也比掉脑袋好。正好手下有个左良玉。左总兵提建议熊大人不听，熊大人下命令左总兵还是雷厉风行地执行，因为他对张献忠超喜欢，过去经常打，每次都打赢，自己的身份地位，等于是张献忠这个陪练送的。

追到襄阳附近的罗猴山，左良玉与张献忠两军遭遇。准确地讲，不是左良玉追上了张献忠，而是张献忠等到了左良玉。潘军师传授的“孙子兵法”普及本，张献忠运用得出神入化：民军布下的大口袋，网住了河南总兵张任学，也网住了左良玉的几万官兵。左良玉的能耐确实比张任学大，最终带着几百残兵逃了出来。

左良玉回来后停职反省了，因为他不光打了败仗，还把总兵官印给弄丢了。丢在哪儿，根本想不起来。

最惨的是熊文灿，辛辛苦苦忽悠了几年，最后把自己的脑袋给忽悠没了。

崇祯皇帝杀掉熊文灿，不是解气这么简单，是熊文灿忽悠的结果太严重：李自成、马守应、革里眼、左金王这些差不多人间蒸发的全都重回人间，归顺官军的诸多民军也都出来效法张献忠。当然，闹得最凶的是张献忠。

出来收拾张献忠的是杨嗣昌。如今的杨嗣昌是东阁大学士，为他送行的是皇帝朱由检。殊荣备至，杨嗣昌感动落泪。擦干泪水，杨嗣昌向皇帝要了两样东西：一把尚方宝剑，一枚平贼将军印。

崇祯十二年（1639 年）十月，杨嗣昌抵达襄阳。见到杨嗣昌，第一哭了的是左良玉。按照常理，左良玉兵败可以杀头，但杨大人不仅不要他的脑袋，还补发了一枚新将军印。杨嗣昌临出门要的平贼将军印，送给了左良玉。杨嗣昌官当大了，境界如何不说，视野算是开阔的：能拿刀砍人的，左良玉算一个，只要能找到理由留着，就不能给砍了，公平执法是要看什么时候的。当然，尚方宝剑是自己留着用的。

知恩图报，左良玉想不打张献忠都难了。张献忠知道杨嗣昌来者不善，马不停蹄地往远方跑。压力从来就不如动力，在四川，左良玉追上了张献忠。

论实力，张献忠是不如左良玉的。短短一天，张献忠被打得一塌糊涂。张献忠是一个不懂得伤心的人，这一次伤心狼嚎：老婆被杀了一个、抓了两个，八岁的儿子拔刀自刎，军师潘独鳌、徐以显被活捉，自己的大刀也弄丢了。更伤心气恼的是，自己还“死”于乱军，只是官军连找三天，没找到自己的尸体。

接到捷报，杨嗣昌兴奋至极，当即命令左良玉乘胜前进。左良玉前进了十几天，也没找到真的张献忠。杨嗣昌头都大了，因为他遇上了两个难题：张献忠失踪，左良玉请假。

张献忠失踪好理解，左良玉请假干什么？左良玉的请假报告上说，进入四川水土不服，病得不轻。而据《明史》记载，在左良玉即将追上张献忠的时候，张献忠眉头皱都不皱，淡定地派出心腹马元利，掉头去找左良玉，对左良玉说：左公你别一根筋，灭了老张你有什么好？你有今天，正因为老张给你陪练，没有老张你就该回家抱孙子了。

说完，马元利在左良玉面前放下重重的一袋钱。

“献忠在，故公见重”，拥兵自重，养寇自保，左良玉与张献忠文化水平差不多，社会经验也差不多。虽说是敌手，共同语言还是有的。

张献忠有没有派人说这话，有一半可以肯定是真的。左良玉是个很有争议的人，被言官弹劾已经数不清多少次了，没有倒是因为需要他这样肯卖命、会卖命的人。到了国泰民安的那一天，受贿问题不说，刑事犯罪肯定要追究——纵兵抢劫，左良玉比张献忠经验丰富。张献忠勒索不到钱，砍人质解恨。左良玉勒索不到钱，会把人质用门板夹着烤，直到家属提钱领人为止，有时钱款两清，退还对方的还是尸体。公正地讲，左良玉的军纪介于李自成与张献忠之间。再过一段时间，还会被张献忠反超。放张献忠一马，也是放自己一马。

张献忠休养得差不多，人马也补充得差不多了，终于在四川"活"过来了。左良玉不方便，杨嗣昌自己率领各路人马入川。四川地形复杂，张献忠打小就在四川做过买卖，所以来去自如。杨嗣昌与他的部下就不一样了，路不熟，地图又没有，找了大半年，只找到张献忠的一首诗："前有邵巡抚，常来团转舞。后有廖参军，不战随我行。好个杨阁部，离我三尺路。"

邵巡抚、廖参军，是指四川巡抚邵捷春与监军廖大亨。杨阁部，当然是指杨嗣昌。张献忠的"老干体"，杨嗣昌压根不敢评点，他怕知道的人多了，影响自己的声誉。

杨嗣昌接着找，居然把张献忠给找没了。

找不到张献忠时杨嗣昌急，找到张献忠时杨嗣昌魂都没了！张献忠，竟然在赴襄阳的路上。

张献忠不在四川与杨嗣昌死磕，是因为他已经完成了由劫匪到军事家的升级。搞硬拼，打败杨嗣昌的可能性小；搞埋伏，左良玉已经上过一次当了。杨嗣昌重兵入川，留在大本营兵力少。避重就轻，是明摆的一笔账。

况且，襄阳有一个极重要的人——不光是自己老婆孩子，两个军师，而是一个忠言逆耳以杀杨嗣昌而不见血的人。

兵贵神速，张献忠直扑襄阳。首先进襄阳城的，是十二个人，也没有打，他们自我介绍，说是杨嗣昌的传令兵。查验证件，都是真的，接受守城官兵的注目礼，十二个人大摇大摆地进去。

十二个人要是杀人成效不会很大，专门放火那就既轻松又有效率。深更半夜，襄阳城火光冲天，一片混乱。这时候，张献忠的大队人马到了。没费多大周折，张献忠拿下了襄阳，也找到了至关重要的那个人——这就是朱翊铭。

襄王朱翊铭，崇祯皇帝的爷爷万历皇帝见了都得叫他兄弟。不过，这位七十多岁须发皆白的老王爷，很丢祖宗的脸，见了张献忠跪倒在地，大叫"爷爷"。张献忠要是真有这么个孙子，哪用得着提着脑袋成天打打杀杀啊！

明知不是孙子，张献忠倒也客气，亲自把襄王从地上扶起来，还拿把椅子让他坐着说话。

张献忠客气，襄王更客气：千岁爷爷，要什么财宝，随便搬好了！

张献忠笑着说：你是千岁，倒叫我千岁。我不要别的，只借你的头用。

襄王大呼饶命，张献忠让人给他端来一杯酒，算是临终关怀："你不给我头，那杨嗣昌不得死？"然后，砍下襄王的头，投尸火中。

杨嗣昌正在赶回襄阳，得到消息内疚自杀，并且是带病自杀。

杨嗣昌其实可以不死。但是，襄王死了，他也死了，为的是忠诚，为的是责任。闻知噩耗，崇祯皇帝悲痛欲绝。他不是哭襄王，而是哭杨嗣昌。

死路与活路

崇祯皇帝尽管很悲愤，却并没有对张献忠采取激烈的报复。不是客气，是因为皇太极又发兵了，而李自成也不再玩潜伏了。

崇祯十三年（1640年），李自成重新起事河南——这对专业造反的李自成来说，是在正确的时间、正确的地点做出了正确的选择。这时候的河南，遭遇了明朝历史从未有过的大旱，百年一遇，并且还要乘以二。朝廷面临内忧外患，要花钱的地方太多，只有让老百姓将裤腰带勒到脖子上。如果不愿将裤腰带勒到脖子上，只有逃离，到处找吃，至少也让朝廷找不着纳税人。世界那么大，有粮食的人总会有的。

"吃他娘，穿他娘，开了大门迎闯王，闯王来时不纳粮。"李自成的口号，既有着真理的属性，也有着实践的价值，所以找李自成当兵的，就差没有"开后门"了。

困境中的崇祯帝曾痛哭而不解，大臣们一致给出了答案："气数。"唯心主义的"气数"与唯物主义的"气候"，在崇祯朝达到了高度的统一，就连与崇祯水火不容的李自成也举手赞成——几年后，他书面通知崇祯："嗟尔明朝，气数已尽。"

李自成造反大业选址河南，唯一的缺陷是离京城太近。投资黄金地段的高收益与高风险是并存的，所以他成了崇祯关注的焦点。相对于京城，四川、湖广（湖南、湖北）、南直隶（安徽、江苏）都属于偏远地段，张献忠的"开发"近乎随心所欲。

明崇祯十四年（1641年）二月，张献忠继攻克襄阳后再下樊城，然后一路狂杀乱打，至七月先后拿下随州、南阳、郧西、信阳。打得太猛，朝廷不得不重视起来。在信阳，张献忠被左良玉打得大败，人也受了伤。秋八月张献忠逃向英山，完全被王允成击败，“众道散且尽，从骑止数十”。

这时的张献忠，又到了关门歇业的境地。再玩招安，你这几十个人人家一二三就可以灭掉，花一分钱都属于冤枉。于是，张献忠决定硬着头皮去投李自成。李自成对张献忠太了解了，即便混得再潦倒，张献忠寄人篱下都是假的，所以打算悄悄把他给灭了。罗汝才与张献忠合作了很长时间，合作失败，改投了李自成。买卖不成仁义在，罗汝才觉得这样对待张献忠不够意思，劝阻了李自成，还私下送了五百人马，让张献忠赶紧走人。

这时的李自成正围攻开封，督师丁启睿和左良玉等官军主力，尽北上增援。这么好的机遇，张献忠果断南下，跑到了英、霍山区，与“老回回”马守应、革里眼贺一龙、左金王贺锦、争世王刘希尧、乱地王蔺养成的“革左五营”合伙了。从山穷水尽到声势复振，张献忠只花了一年时间。崇祯十五年（1642年）二月，张献忠率会合后的民军，攻陷舒城、六安、克庐州，又连下无为、庐江，今天的安徽几乎被闹得底朝天，总兵官黄得功、刘良佐的官军先后被打败，“江南大震”。

民军队伍的急剧扩大，都是有原因的。西北的老百姓跟着李自成跑，那是为了有口吃的，免得被饿死。安徽的老百姓跟在张献忠后面，不完全是因为没得吃，而是免得被砍死。张献忠攻下舒城，先把房子烧尽，活人全掠到一起，然后亲自问：“有愿去家者，另立一边。”

另立一边的，全部被剁了。

死路与活路，就这么简单。

但是，对底层民众而言，只有面临死路，才能明白过来。在这片广阔的地域里，民众对张献忠的态度是复杂的，有人欢迎，有人恐惧。欢迎者，自有道理。《萤芝堂集》记载的社会底层的僮仆生存状态，足以超越后人想象：“奴多腹坎无食，膝踝无裙，臀臂无完肤；妇女未配耦，早破其瓜；妇未耦子，先割其鲜。”当既有的社会秩序被打破，张献忠就是他们的救星。麻城有个叫汤志的僮仆，就曾自费前往潜山迎接张献忠。张献忠抵达桐城时，正值张献忠生日，地方民众搭起戏台为之祝寿。舞台两侧，挂着红底金字的两副寿联，其中一则是：“天上命明君，曾见黄河清此日；人间寿新主，争似嵩岳祝千秋。”张献忠与民众，都快活不已。

崇祯十六年（1643年）正月，张献忠又一路攻打湖广，五月攻下汉阳，逼进武昌。

湖广是长江中游最富庶的地区，境内皇亲宗藩林立，有长沙吉王、衡州桂王、常德荣王、宝庆岷王、蕲州荆王、襄阳襄王、荆州惠王等。武昌为湖广省会，城内的楚王朱华奎也是藩王中的首富。左良玉找楚王借钱充作军饷，楚王一毛不拔。驻武昌的三个“一把手”都指挥使、布政使、按察使一齐跪在楚王面前，求他掏钱好招兵保城，楚王终于下了决心，捐出一把高档椅子，说你们把它卖了充作军饷吧！

五月二十九日，民军攻下楚王府，“尽取宫中金银各百万，辇载数百车不尽”。张献忠找来楚王，对他说：“吾来，正欲扶王为天子耳！”楚王没有等到这个好事，他被张献忠塞进竹笼，扔进了长江。

张献忠虽然处死了楚王，内心应该是感谢楚王的：他一分钱不借给左良玉，积下的钱财全给了张献忠！这下，张献忠比大明的“国防部”都有钱，一笔就拨了六百余万两银子，召集各地流民前来当兵。张献忠的队伍不断扩大，因为不管是给谁当兵，毕竟能解决吃饭问题。

有钱有兵，当然就是皇上！就在当天，张献忠宣布自己是“大西王”，武昌为京城，树了两面旗：一面“天与人归”；一面“招贤纳士”。

张献忠从此还真有了变化，因为“有大志，不甚残杀”。他给武昌、汉阳、六安各拨了五千两银子，用于赈济饥民，引来“蕲、黄二十一州县悉附”。

八月，张献忠决定离开“京城”南下。离开的原因，是李自成给他送了封“贺电”，电文曰：“老回回已降，曹革左皆死，行及汝矣。”

当时李自成在襄阳建号称王，张献忠占据武昌，分明是与自己争夺天下，那就等死吧！张献忠不怕官军，但很是恐惧李自成。干脆，离他远点。

张献忠几十万重兵横扫今湖南，十月占领武陵县。这里是杨鹤、杨嗣昌父子的老家，这仇恨不是一般的深。张献忠把杨家的老祖宗挖出来，再“死”一回，活着的“九族尽诛”，“有捉杨姓一人者，赏银十两。捉其子孙兄弟者，赏千金。”至于杨家的田产，反正也带不走，做个人情：谁愿种，只管种。并且，免税，一个人情做到底。

不管怎么说，张献忠把一部分人送上了死路，一部分人送上了活路。

湖广、两广扫了一圈，张献忠决定进军四川，因为这些地方没什么有价值的东西了，并且官军也赶过来了，更主要的是“天无二日，民无二王”，李自成不乐意。

张献忠来到汉州，许多百姓“匍伏道左”来欢迎，张献忠一高兴，每个人赏给一个元宝。张献忠来到新都，又有许多老百姓在道边迎接他。张献忠勃然大怒：“你们是想要老子的元宝吗？”于是，抡起一根棍子就打，跑得慢的，骨头都断了。

其实，这完全不相干的两帮人，都是无路可走的人，是指望换个新主子能带来活路。可惜，这样的主子，给的是死路还是活路，主子自己也不知道……

天堂地狱之间

崇祯十七年（1644年）正月，张献忠率部向四川进发，这是他第五次入川。七月，围困四川首府成都。

此时的成都守兵，已到了“食绝”的地步，守将刘佳允、巡按御史刘之渤等前往蜀王府，请求解决粮饷。成都蜀王朱至澍同样是个铁公鸡，他对守将们说：钱没有，只有这座大殿，你们可以卖了充作军饷。刘之渤悲愤难当，厉声道：殿下，这座大殿无人买得起，只有李自成是受主！

军心溃散，八月初九民军攻克成都。蜀王朱至澍、太平王朱至渌自杀，四川巡抚龙文光、巡按御史刘之渤、按察副使张继孟等主要官员被杀。

崇祯十七年（1644年）十一月十六日，张献忠迎来了他的好日子——他称帝成都，国号“大西”，改元“大顺”，以成都为西京。王朝轮回的影子似乎显出，张献忠设置左右丞相，六部尚书等文武官员，开科取士，颁行《通天历》，设钱局铸造“大顺通宝”。

当了皇帝，大兴土木是必须的。成都蜀王府经过大规模装修改建，成了新朝的王宫。雕龙画凤，整饰一新。张献忠新衣新帽，端坐殿中，文武百官，叩拜如仪。张献忠掀髯大笑：“起来吧，龟孙们，弄得还挺像个样哩！”

皇帝有了，皇妃也要有。张献忠从抢来的女子中挑了三百个，作为妃子，养在后宫。又阉了一批人，充作太监。皇帝的威严一齐再现，张献忠命人“恭避御讳”，凡使用“献”“忠”二字者一律杀头。全四川的石碑都被翻了个遍，碑文上的“献”字“忠”字一律铲除，甚至连完整的石碑都见不到了。

张献忠终于当上了天子，进入了梦想的天堂。但是，张献忠的天堂旁边，其实就是地狱。

皇帝当上了，不再像“流寇”一样动不动就杀人，总是不太好的。张献忠找到了比杀人更好的办法：剁手。数万被俘明军集中排队，走到民军面前，伸出右手，放到木案上。民军士兵手起刀落，留在木案上的手指微微抖动，痛不欲生的官兵被一脚踹开。

右手没了，回家当顺民也会饿死。机灵点兵士趁着人多以左手冒充右手。结果更坏，左手被剁了，再抓回来补剁右手。

张献忠认为不杀是恩典，剁手是恐怖，有恐怖就能震慑社会，培养教化出天下顺民。

社会层面的控制，张献忠也不比资深皇帝差。他派出大量士兵装成老百姓，游窜大街小巷，侦听民众的思想动态。发现有“讪讽新朝”的，立刻绑走治罪。有对夫妻夜间唠叨邻里琐事，老婆说：“净说些张家长李家短的，有什么用！”特务听到一个“张”字，破门拿人。张献忠听说了，掀髯大笑：“他这是说我张家长，李自成家短。良民，放了！”

张献忠对文人似乎好点，毕竟也读过一阵子书，知道文人有用。他一年搞了两次科举考试，录取进士一大堆，对状元张大受更是情有独钟。此人仪表堂堂，张献忠“一见大悦”，又是赐赏，又是赐宴，欢聚了一天，“复赐美女十人，甲第一区，家丁二十人”。第二天，张大受入朝谢恩，张献忠闻听后忽然皱起眉头：“这驴养的，老子爱得他紧，但一见他，心上就爱得过不得。老子有些怕看见他，你们快些与我收拾了，不可叫他再来见老子。”就在宫门口，把张大受给杀了。

张献忠对待自己最亲近的人，同样令人匪夷所思。有次他患了疟疾，对天许愿病好了以“朝天蜡烛两盘”贡奉上天。病好后，张献忠命令士兵将砍来的女子纤足，堆成两堆。张献忠看了以后，觉得需要两只漂亮的三寸金莲，作为莲峰。回头瞧见自己的小妾，这脚很合适，于是砍了下来。然后放火，这就叫点“朝天烛”。

死路究竟有几条

张献忠生于天崩地坼，不甘人下，心理叛逆，又屡受挫折，形成强烈的反社会型人格。如果生逢太平世界，他一生或许会在监狱中终结。但他生逢乱世，恰是生逢其时，囚徒成为一时的领袖，从而将无数无辜送上死路。最终他也异于常人，有了种种死亡之路。

死路，对张献忠来说只是迟早。即位成都，既是他的人生巅峰，也是末路的开始。在四川，他受到曾英、李占春、于大海、王祥、杨展、曹勋等各路明军及地方武装的联合剿杀，同时也为同类李自成部所攻击。李自成为清兵所败，张献忠又成为清军的重点打击目标。

张献忠什么时候死的？清顺治三年（1646 年）。具体死亡时间，《平寇志》说是五月初二，《世祖章皇帝实录》称是十二月二十七日。在这半年多的时间里，他都得不停地“死”！

怎么死的？更复杂。《明史纪事本末》记载，张献忠是病死的。《明季北略》记载，张献忠是其义子孙可望毒死的。《滟滪囊》记载，张献忠与清军交战，被乱箭射死。《世祖章皇帝实录》记载，张献忠是被清军护军统领鳌拜所杀。《清史稿》之“豪格传”记载，张献忠为豪格射杀。而费密《荒书》的说法，是十二月十一日清晨，张献忠被清军的蒙古射手雅布兰射死。

一个人，不可能死一次后还死两次，也不可能在不同的时间、不同的地点被不同的人杀死。作为一个复杂的历史人物，张献忠不同的死路，寄托了后人更为复杂的情感，甚至隐含着复杂的目的。

比较可信的史实是，张献忠在明朝残余军队与四川地主武装的进攻中失利，不得不放弃成都，北上转移，在西充凤凰山与清军遭遇。

清顺治三年（1646 年）十一月二十一日清晨，漫天浓雾。豪格派护军统领鳌拜等将领，分率八旗护军轻装疾进，对民军发起突袭。侦察部队连续三次向张献忠报告敌情，张献忠都“殊不为意”。自己只剩几十个人时都没怕过，何况现在有几十万人。张献忠说：“老爷我统天兵在此，谁敢来捋虎须耶？”

清兵突入张献忠驻地附近，张献忠正在吃早饭。得到报告，张献忠披上飞龙蟒袍，嘴里含着饭就上马了，带着卫队迎击清兵。来到凤凰山的太阳溪边，被对岸的刘进忠发现。

刘进忠对张献忠太熟悉了，他本是张献忠的手下，刚刚叛投清军。刘进忠指着张献忠，对身边的清军射手蒙古人雅布兰说：“衣蟒者，八大王张献忠也。”

雅布兰虽是无名之辈，却是优秀的职业“狙击手”。这一箭，正中张献忠左胸。张献忠顿时血流如注，倒地身亡。张献忠的遗体被部众“以锦褥裹尸，埋于僻处”，清军“求得发而斩之，枭其首于成都”。

张献忠最终也“死”了两回。这种死法，张献忠最为熟悉。或许，这也叫“轮回”。

第十六章

朱由检：末代帝王的四大皆空

河南淇县有一块“扯淡碑”，墓碑顶书“再不来了”，下书“扯淡”二字，墓主曾传为明崇祯皇帝朱由检：李自成攻入北京，朱由检逃脱至此，遁入空门，等待明朝起死回生。但直到他活到144岁，仍未如愿，最后发出无奈的悲鸣。作为亡国之君，朱由检步入绝路，其“四大皆空”并非子虚乌有。

治与乱

天启七年（1627年）八月，朱由检登上帝位时，只是一个十七岁的少年。

作为一个亡国之君，一些史料记载他比较傻。其实，朱由检比较聪明，但作为帝王有着明显的先天不足：他不是太子继位，当皇帝的“岗前培训”一次全无，完全没有从政经验。朱由检登上帝位，是出于偶然：哥哥天启皇帝英年早逝，朱由检“兄终弟及”。

在幸运地登上帝位之前，朱由检完全是不幸的。他的母亲刘氏，只是明光宗朱常洛所薄幸的婢妾，有孕后才封为淑女，也就是内宫低等级妾媵。朱常洛喜欢刘淑女，仅有一阵子，在之后朱常洛的一次歇斯底里中，刘淑女便因“家暴”身亡。或当场打死，或事后自杀，没有人知道，因为这事很敏感，需要高度保密——当时的朱常洛尚为太子，父亲万历皇帝正在琢磨找个茬，把他这太子给废了，所以朱常洛让身边的人一齐撒谎，只称刘氏因病亡故，最后以宫人的身份草草葬于西山。

五岁的朱由检，几乎就此成了孤儿。他先由庶母西李抚养，数年后西李生了女儿，朱由检又被送给了另一庶母东李。至于母亲，朱由检根本不知道是什么样。朱由检成了皇帝之后，画工根据宫女们的记忆，又请外婆过来指导，画了一幅母亲的像。时间太久了，老宫女们看后有人说不像，也有人说很像，朱由检听后泪如雨下，跪倒在地失声痛哭。

不幸的童年，也让朱由检的教育大受影响。当皇帝后，朱由检文化水平相当有限，官员们引经据典的奏疏，大多似懂非懂。有一次大学士周道登给他讲课，朱由检问周道登：“近来诸臣奏疏内多有‘情面’二字，何谓‘情面’？”

周老师很为难，毕竟在官场混了许多年，琢磨过后他给了皇帝很有“情面”的回答：这个问题很深奥，我也不懂！

——以朱由检的学识与经验，来操持大明朝，事实上是非常困难的。大明朝这个家，这时已经十分难当：在东北，十几年都没摆平的后金，闹腾得越来越凶；在西北，流民不再只抢点食物，劫官府、杀知县不再是偶然事件。

内忧外患，横亘面前。“家有三件事，先从紧的来”，当家主妇都懂的，朱由检却不明白。继位之后的朱由检，他以极大的精力，做了一桩朝野震惊的大事。而这桩事的起因，正是一个妇人。

这个妇人，就是张嫣。张嫣（1606—1644 年），字祖娥，小名宝珠，祥符人，天启元年（1621 年）二月入宫，四月册立为皇后。张皇后长朱由检六岁，这时是个二十三岁的少妇。这位出身民间的女子，并无多少政治智慧，却政治欲望明显，从将朱由检推上皇帝的宝座，到朱由检最终吊死于煤山，都与她的“政治主张”密切相关。

在天启皇帝病入膏肓时，继承人问题有了分歧：大臣主张用朱由检，魏忠贤主张用“胎儿”——据称，天启皇帝的两个妃子怀有身孕。魏忠贤的主张似乎很荒诞，但毕竟是为主子着想，天启皇帝犹豫起来。张皇后坚决反对，决策的天平顿时倾斜了。

天启七年（1627 年）八月十一日，朱由检被火速召进宫，天启帝拉着他的手说：“来，吾弟当为尧舜……”

对前因后果一无所知的朱由检，当时的反应相当敏捷：是真当皇帝，还是搞忠诚度测试？

可能是个圈套！朱由检顿时跪地，打死也不答应。关键时刻，张皇后从屏风后面走了出来，对跪在地上的朱由检说：事情紧急，不可推辞！

原来是真的，朱由检马上答应了。

接着，张皇后做了第三桩事：告诉已经进宫等待登基大典的朱由检，“勿食宫中食”。意思是说：这里不安全，当心有人下毒。

朱由检吓得不轻，也对天下最好的嫂子感激涕零。入宫后的第一夜，朱由检根本没睡，整整一夜都点着蜡烛，恐惧地打量身边的每一个人，唯恐这就是暗藏的刺客。恰巧有一个宦官从身边走过，朱由检一把拦住他，取过他腰间的佩剑，说是要看看。但朱由检根本没有看，而是搁到了桌上，接着给了他一笔赏钱。接下来更有意思，朱由检将所有的卫士和宦官召集过来，说是犒劳，其实就是聚在一起陪自己吃饭。

朱由检的用意很清楚：一个人不安全，人多自然就不存在了。这样真的安全吗？如果这其中真有刺客，恰恰给对方创造了下手的机会——这就是少年天子的智慧与思维。

事实证明，一切子虚乌有，下毒，刺杀，什么都没有发生。

张皇后所说危险究竟是什么呢？两个月后天下人都知道了谜底：魏忠贤！

魏忠贤与张皇后，确实是敌对关系。张皇后打十五岁进宫，首先与天启帝最信任的客氏干起来了。客氏受气，魏公公自然掺和进来。张皇后曾骂魏忠贤是“赵高”，魏忠贤斗争水平很有限，一时竟想不出对付这小姑娘的办法。后来想出了一个：造谣说她不是她爹亲生的，是个“土匪”的女儿，准备向皇帝举报。司礼监掌印太监王体乾跟魏忠贤关系很铁，脑子也好使，他提醒魏忠贤：人家夫妻关系挺好，弄不好我们会没命的！

魏忠贤算是醒了，惹不起躲躲算了。这样，客魏没干掉张氏，张氏也没干掉客魏。国家大事，张皇后也靠边了，直到丈夫天启帝行将就木。

崇祯帝与张氏对魏忠贤的恶感，首先是徐应元告诉魏忠贤的。太监徐应元是崇祯皇帝的头号亲信，但跟魏忠贤既是同事，也是朋友。朱由检由王爷升为皇帝，徐应元与魏忠贤的联系就更多了。从“老领导”的安危考虑，徐应元建议魏忠贤退休。魏忠贤想想也对，皇帝心里不踏实，是因为自己权力太大，没了权力，皇帝放心，自己也自然安全了。

天启七年（1627年）九月初一，魏忠贤主动递交了辞呈，回家养老。九月初三，客氏也提交了辞呈。九月初四，王体乾跟着提出辞职。崇祯帝批准了客氏的要求，至于魏忠贤、王体乾，崇祯帝说是朝廷重臣，工作需要，不能关键时期退休。

既然皇帝信任，那就接着干吧！魏忠贤甚至想，是不是徐应元想自己上位，在玩忽悠啊！很快，魏忠贤证实了自己的判断。

九月二十五日，江西巡抚杨邦宪向皇帝上疏，要为魏忠贤再修座生祠。崇祯皇帝说，已经批准的，不修不严肃，可以继续施工。几天后，崇祯又下令，赐给魏忠贤的侄子魏良卿免死铁券。对崇祯皇帝的“好心”，魏忠贤感激不尽。

一个多月，崇祯皇帝没什么事，魏忠贤也没什么事儿。但反对魏忠贤的人，还是有两个：工部主事陆澄源，十月二十三日上疏弹劾崔呈秀、魏忠贤；国子监监生钱嘉征，十月二十七日上疏弹劾魏忠贤十大罪。动静不大，分量很轻，魏忠贤想起徐应元的提醒，安全起见，第二天便再次提出请求退休。

这次崇祯帝很爽快，当天就批准了魏忠贤的辞呈。

魏忠贤在家闲住了三天，圣旨到了：崇祯帝说魏忠贤应该老有所为，需要到凤阳看坟。于是，魏忠贤只好收拾行李，前往凤阳上班。又过了三天，崇祯帝下令逮捕魏忠贤，逮捕令是兵部发出的。

违法犯罪的事，应该是刑部或都察院管。兵部管的事，应该与国家安全有点关系。魏忠贤想趁机谋反？没有。魏忠贤听说兵部来人，就上吊自杀了，跟在他后面的一千多名护卫，也没有为主子鸣不平，唯一的闹事，就是把主子携带的财物给分了，然后走人。

魏忠贤终结，崇祯帝又下令把客氏抓了回来。经过简单审讯，客氏被送往浣衣局，然后乱棍打死。大明王朝是有法制的，客氏如果犯有死罪，按理应该经法司审判。黑灯瞎火地打死，合理的解释是她知道得太多，又涉及后宫机密，不适合公开审理。

所谓的“客魏集团”，就这么顺利拿下，双方家属连不同意见都没有，更别说上访闹事了。崇祯帝与张氏提防的事，什么也没有发生。按理魏公公与客氏都死了，给个结论就行了，至于他们的党羽，朝廷毕竟有那么多职能部门。新皇帝上任，大明朝的要事太多。

但是，崇祯帝决定亲自抓，还要一抓到底。

崔呈秀听到客魏的下场，也没反抗，喝了一杯酒，然后自尽。

崔呈秀还真是个明白人，因为崇祯帝很快开列了一张逮捕表：兵部尚书崔呈秀、原兵部尚书田吉、工部尚书吴淳夫、太常寺卿倪文焕、副都御史李夔龙；左都督田尔耕、锦衣卫指挥许显纯、都督同知崔应元、右都督孙云鹤、锦衣卫佥事杨寰。

前五个是文臣，后五个是武官，史书上对他们的声称叫“五虎”“五彪”。

刑部、都察院对十人展开调查，经会审上报了处理意见：崔呈秀已死，免于追究；田尔耕、许显纯曾参与杨涟、左光斗案致人死亡，执行逮捕；其余七人，免职。

崇祯帝说，轻了。皇帝说轻了，就改重些：田尔耕、许显纯死缓，其余七人充军，倪文焕等附加罚款。考虑到都是朝廷官员，充军地点就近安排。

崇祯帝对刑部、都察院的复审结果十分震怒，找来吏部尚书王永光，说你来审理。王永光愣了，说自己刚从南京调来不久，干的又是户部、吏部的活，对案情不熟，法律知识非常有限……反正，就是不干。

王永光不干，崇祯帝说那就朕自己干！崇祯帝的效率很高，一气写了十个“杀”字。那个死了的崔呈秀，也被挖了出来，再杀一次！

“五虎”“五彪”共十个人，加上为首分子魏忠贤与客印月，一气死了十二个人，应该不算少。但是，这只是开始。为了扩大“战果”，崇祯让乔允升接任刑部尚书，大学士韩爌、钱龙锡领衔办案。内阁牵头办案，这在明朝还是第一次。

这三个人来办魏忠贤的案子，似乎意味着崇祯执政理念的重大变化：韩爌本是东林党元老，天启朝一度担任首辅，魏忠贤挫败东林后韩爌辞职，现在是官复原职。钱龙锡在魏忠贤如日中天时被革职，乔允升更是与阉党势不两立，用这个班子查魏忠贤，绝对是对症下药。

韩爌一帮人加班了几天，整理出一份五十多人的阉党名单。韩爌兴冲冲地找崇祯帝汇报，本想让崇祯帝给句表扬，结果领回一顿训斥，原因是人数不够。

韩爌大学士原本算不上厚道，皇帝让他清查阉党，他连得罪过自己的人都凑了上去。没想到，皇帝居然认为少了。少了，就加。第二天，他送出了一份六十余人的名单。

这回，韩爌又没得到表扬，差点连帽子都丢了。崇祯帝大拍桌子：这么几个人，存心糊弄？再不认真，抗旨论处！

问题出在人数还不够？韩爌真是有点糊涂了。好在韩爌大学士聪明，既不说皇帝不实事求是，也不说自己能力、水平不足，而是强调客观原因：魏忠贤的案子主要牵涉内宫，我们外臣不是太清楚。

崇祯帝冷笑一声，命人抬出了几个包裹。这里面是历年官员与魏忠贤往来的公函或私信。有了这一大堆书面材料，韩爌再办不好案子，自己都不好意思向崇祯汇报了。

加班加点了四个月，在崇祯皇帝的直接领导下，崇祯元年（1628年）三月，魏忠贤案完整名单出炉，共二百六十一人，计八等（有史料将魏忠贤、客印月单列，故又称七等）：

首逆魏忠贤、客印月，凌迟；

首逆同谋崔呈秀等六人，斩首；

结交近侍计十九人，秋后处决；

结交近侍次等计十一人，流放；

逆孽军犯计三十五人，谄附拥戴军犯计十六人，交结近侍又次等计一百二十八人，祠颂计四十四人，各获得充军、有期徒刑、免职……

直接处理二百六十余人，什么概念？当时明朝内阁及部院官员，大概只有七八百人，二百六十余人接近三分之一。三分之一的官员杀头的杀头，坐牢的坐牢，充军的充军，免职的免职，中央机关想正常开门都难！

人太多只是一个方面，关键是案子定得挺有奥妙。阉党最高领导是司礼监掌印太监王体乾，罪名只是“谄附拥戴”，倒数第二等。建议给魏忠贤在国子监立牌坊的陆万龄，连官都不是，竟被定罪第二等，跟“五虎”“五彪”同等享受杀头“待遇”。还有当年得罪张居正的，这次不知得罪了谁，也被戴上“阉党”的帽子。魏忠贤多年权倾朝野，谁都想跟他套个近乎，万一有证据留了下来，那不是死路一条吗？剩下的三分之二，谁还有心思上班干活？

而这时的大明朝，正需要加班加点的时候。否则，真正高兴的，只有后金。后金势力日益强大，虎视眈眈。后金的铁骑比过去更经常、更深入地在中原大地驰驱。

在境内，更是民不聊生，饿殍遍野，“群盗满山，四方鼎沸”。崇祯帝继位期间，北方大旱，赤地千里，寸草不生，《汉南续郡志》记载：“崇祯元年，全陕天赤如血。”

形势如此严峻，不求治而自乱，崇祯究竟想干什么？

疑与信

自乱阵脚，崇祯皇帝肯定是有目的的。

目的，是执政理念的重大调整。“钦定逆案”大功告成以后，被魏忠贤们把持的国柄，当然回到了朱由检的手里。他爷爷上台，依靠的是文臣，尤其是倚重张居正；他哥哥，依靠的是内臣，尤其是倚重魏忠贤。

崇祯帝依靠什么？像是文臣，但显然又不是。宋代建隆元年至嘉祐四年（960—1059 年），一百年时任用宰相五十人，崇祯十七年，也是五十人。前后这五十人，不乏有用之才，陆以湉在《冷庐杂识》中认为：“明崇祯朝五十相，文震孟最贤，入阁三月遽罢。而奸如温体仁，辅政乃至八年之久。是犹病剧而投以峻削之剂，欲不亡得乎！”崇祯帝少年登基，长在帝王之家，不谙世事，少有处世经验，临机失措，难免用人失当。他要用的人，没有一个坚持到底。

黄立极是崇祯帝上台时的内阁首辅，也是最先提出立其为皇帝的重臣，并且与魏忠贤的主张正好相反。但在天启七年十二月，黄立极首先因“交结近侍”的罪名而下台。黄立极讨好魏忠贤是肯定的，扶持崇祯帝即位，清除魏忠贤也是肯定的。

继任首辅施凤来，是万历丁未科（1607 年）榜眼，可谓才高八斗。为魏忠贤立生祠事，施榜眼投过赞成票。这事有白纸黑字，被崇祯帝发现了，所以在当了四个多月的首辅后，崇祯元年三月“钦定逆案”，崇祯决定让施榜眼走人。

李国普“时人称为长厚”，崇祯帝元年三月进为首辅。李国普比较正直，也是个有功之臣——当年魏忠贤与张皇后较上劲时，刘志选弹劾国丈张国纪，李国普坚定地站在张国丈一边。所以，崇祯登基后，张皇后对他很信任，皇帝对他也很信任，李国普一路进左柱国、少师兼太子太师、吏部尚书、中极殿大学士，直到首辅。但李国普有个致命的“出生问题”——与魏忠贤是老乡，国子监生胡焕猷弹劾他是魏忠贤的同党，崇祯帝觉得这完全有可能，开始对李国普怀疑起来。李国普觉得这样搞太没意思，干了两个多月的首辅，主动提出辞职。

厚道的李国普走了，不太厚道的来宗道捡了首辅。来宗道为人比较圆滑，魏忠贤时代他出任《三朝要典》副总裁。崇祯帝要毁《三朝要典》，来宗道一点都不计较自己辛勤劳动的成果，说这种破书早该毁了，我举双手赞成！来宗道既不是阉党，也不是东林党，官场上靠圆滑取胜，魏忠贤当年没将他怎么样，东林党却不容忍这种耍滑头。来宗道当首辅时人送“清客宰相”，但历史上的污点同样是有的：他当礼部尚书时，曾为阉党崔呈秀的父亲办理过“恤典”，这份公文被东林派的官员给找出来了。首辅只干了一个多月，来宗道就此下台。

也就半年多时间，首辅走马灯式地换人。崇祯帝怎么都不明白，怎么就没有一个信任的人呢？既然都不值得信任，干脆换种方法。为了重建一套像样的领导班子，他命令大臣们推荐十个能力和人品都优秀的内阁人选，周道登也位列其中。十个人的内阁，太多了。怎么选呢？崇祯皇帝别有高招——抓阄。

第一次抓出的结果，是钱龙锡、李标、来宗道、杨景辰，崇祯帝不满意。皇帝不满意，游戏接着进行，这一次周道登、刘鸿训被抽中，崇祯帝说游戏至此结束！

崇祯帝比较满意周道登，因为他曾担任过自己的老师，值得信任。崇祯元年六月，周道登担任内阁首辅。但他只干了半年，因为有人弹劾他无能。周道登说，说我无能我就无能，辞职算了！

有皇帝做靠山，这世界上还有什么好怕的？周道登怕的正是皇帝：崇祯帝生性好猜疑，阁臣鲜有得善终者。对“学生”的了解，莫过于当老师的。

除了自己的老师周道登，值得崇祯帝信赖的重臣，韩爌算一个。作为“钦定逆案”的主办者，韩爌是崇祯上台后首建奇功的人。崇祯帝不仅信任韩爌，而且对他的门生袁崇焕还特殊信任，让其督师蓟辽。崇祯元年（1628年）十二月，韩爌担任首辅，干了一年多，工作卓有成效。但是，天有不测风云，崇祯二年（1629年），后金军绕道古北口入长城，围困北京。崇祯帝接到举报，因为袁崇焕叛变，所以有如此严重的后果。于是，袁崇焕被逮捕下狱，并被磔刑处死。作为负有领导责任的韩爌，本来就胆战心惊地过日子，这回一了百了：崇祯三年（1630年）正月，韩爌罢职还乡。

继任首辅李标，是个比较正直的人，同时也是个无组织归属之人。因为反对官员结党，所以受到崇祯帝的信任。在崇祯帝的眼里，官员结党是件不能容忍的事，所以“寄耳目于厂卫”，安插了很多探子，对朝臣进行暗地监视，搞得朝廷上下人人自危。李标觉得这样不利于安定团结，所以上奏崇祯帝：“人臣不可以党事君，人君亦不可以党疑臣。”跟领导有分歧，李标这首辅没法干，当月上台，当月下台。

成基命因为受到过魏忠贤的打击，而被崇帝祯列为信赖的人，并由此成为李标之后的过渡首辅。袁崇焕案时，成基命与崇祯帝发生分歧，又成了崇祯帝不信任的人。崇祯三年（1630年）九月，当了半年首辅的成基命决定辞职。

这时，最受崇祯帝器重的大臣是周延儒。

周延儒（1593—1643年），字玉绳，号挹斋，宜兴人。周延儒机智敏慧，二十岁时连中会元、状元，崇祯帝即位不久，便将周延儒从南京召回北京，担任礼部右侍郎的官位，年仅三十五岁的周延儒，已有十四年的从政经验。

崇祯元年（1628年）冬，锦州发生士兵哗变，督师袁崇焕认为是“欠薪”所致，所以上书请发军饷。崇祯帝为此在文华殿召集大臣商议，诸多大臣都说了句正确的废话：缺钱，那就给钱！

其实，边事缺钱倒是事实。问题是，朝廷如果有钱，边事早就摆平了。没有钱又要办事，周延儒力排众议，提出自己的看法：宁远士兵哗变发军饷，锦州士兵哗变再发军饷，这样下去边军风气只能更坏，朝廷不仅要防外敌，连自己的士兵都要防了。

挟边自重！周延儒发现了问题的另一面，并非完全是投皇帝之所好。对问题有独到的见解，又敢说真情实话，崇祯帝对周延儒更为器重。

崇祯三年（1630年）九月，年仅三十七岁的周延儒出任首辅。但是，周延儒遇上了一个官场老手——年长自己二十岁的温体仁。给一个后生当下手，温体仁咽不下这口气。周延儒的子弟也不争气，仗着周延儒在家乡横行霸道，温体仁逮着把柄便让言官不断弹劾，弄得周延儒灰头土脸。崇祯四年（1631 年），周延儒的姻亲陈于泰参加殿试，利用周延儒的关系抢了状元，著名的才子吴伟业“屈居”榜眼，社会舆论一时大哗，温体仁又找到了一个说事的机会。空穴来风，崇祯帝开始对周延儒怀疑起来，加上温体仁的步步紧逼，周延儒被迫于崇祯（1633 年）六年六月托病回乡。一心当首辅的温体仁，终于如愿以偿。

从时间上看，崇祯帝最信任的人应该是温体仁，在崇祯朝他整整干了五年首辅，创造出生性多疑帝王下的居官纪录。

温体仁资历较老，但品性欠佳。崇祯帝刚刚即位，便擢升温体仁为礼部尚书，证明崇祯对他确实比较信任，温体仁也认为这是皇上有意重用他的信号。崇祯元年（1628 年）冬，崇祯帝决定增补内阁阁员，温体仁对入阁满怀信心，但会推阁臣时赞成票很少，温体仁名落孙山。温体仁不自我反思，而是决定找江南才子钱谦益的茬，因为他得票太多。整掉前面的，后面的自然就递补上去了。一个人的力量有限，温体仁又拉周延儒入伙，二人联手，共同对付钱大才子。本来崇祯帝对钱大才子也很信任，但听温体仁说钱大才子私下缔结朋党，态度立马变了，钱谦益也由此回到了乡下。

温体仁以阴狠毒辣著称，朝臣中早有共识，但崇祯帝非常自信，认为温体仁很忠诚。温体仁、周延儒联手搞倒钱谦益，崇祯帝反而很高兴，庆幸自己发现了一个明察秋毫的良臣，并由衷地发出感叹：没有温体仁，朕几乎误了大事！

当然，温体仁也为崇祯帝办理了大事：就是按照崇祯帝的意思，处理了袁崇焕一案。温体仁成功地掌握崇祯帝的性格，投其所好，直到挤走周延儒，登上首辅的宝座。

钱谦益被温体仁算计到乡下，日子倒也逍遥自在，文人性格，本无找温体仁报仇雪恨的心思。但一个偶然的事件，竟无意中把首辅大人给扳倒了。

有一天，一个叫张汉儒的地棍找上门来，让钱谦益帮忙办件私事。钱谦益比较清高，对品行不端的混混根本不拿正眼瞧。结果，祸事上门了：怀恨在心的张汉儒，竟然跑到京城上访，说钱谦益在乡里结交朋党，谤议朝政。

温体仁差不多也将钱谦益给忘了，张汉儒这一上访提醒了他，决定顺手再收拾一顿钱大才子。钱谦益被逼急了，连忙向司礼太监曹化淳求救。曹化淳也是个有身份的人，便给温体仁打了个招呼，说这等子虚乌有的事干脆算了。温体仁不厚道就在这里：不给人面子也就罢了，居然准备连同曹化淳也给收拾掉。于是，温体仁将曹化淳说情的事添油加醋密奏给了崇祯帝。

温体仁这一招阴毒，也似乎有点愚蠢，但是很有道理。在不设宰相的明朝，阁权与宦权冲突得很厉害。皇帝信任内阁，宦权就靠边；皇帝信任宦官，阁权也自然靠边。温体仁对曹化淳打黑枪，既是防微杜渐，也是一箭双雕。

崇祯帝确实很信任温体仁，但温体仁忽略了一点：铲除魏忠贤已经好多年了，崇祯帝对宦官的态度有了微妙的变化，他已经不将宦权看作皇权的威胁，甚至觉得宦官很有用，也比文臣忠诚可靠。崇祯帝将温体仁的密奏拿给曹化淳看，曹化淳吓得魂都飞了。曹化淳向崇祯帝如实报告了事情的缘由：这不是图谋不轨，除了说情还是说情！既然这样，崇祯皇帝也就算了。

吓得半死的曹化淳，就此与温体仁结下了深仇。一不做，二不休，曹化淳毛遂自荐要求亲自侦察审理钱谦益一案。曹化淳手下有的是东厂特务，钱谦益的事查得水落石出，温体仁私植党羽的事也“顺便”一清二楚。崇祯帝对钱谦益的事一点都没兴趣，温体仁的事触犯了他的神经。崇祯十年（1637 年）六月，温体仁正同家人吃饭，忽有太监来传圣旨：温体仁削职为民。

“当”的一声，温体仁手中汤匙掉在地上摔得粉碎。

论资排辈，张至发当了首辅。

张至发算是崇祯皇帝特殊信赖的人，他的经历比较特殊，有着“基层工作”经历，从知县、知府、巡抚一直干到刑部右侍郎。崇祯八年（1635 年），崇祯帝感到迫切需要有实践经验的人来处理朝廷事务，破格让他进了内阁。没有翰林经历而成为内阁辅臣，这在明朝的历史上十分罕见。

处理具体政务，张至发井井有条，确实是一把好手，但这个人并无治国谋略，小聪明倒有不少。翰林院检讨杨士聪弹劾吏部尚书田惟嘉，张至发见到奏疏，想到的是卖个人情，密抄一份送给田惟嘉，让他先做反驳的准备。结果弄巧成拙，杨士聪的奏疏崇祯帝还未批转到内阁，田惟嘉就上疏一条条地辩驳，辩驳的顺序都没乱。怀疑是崇祯帝的强项，一核查，果然是内阁与吏部串通作弊。崇祯帝对张至发的信任也就结束了。张至发也很知趣，请求辞职。崇祯帝顺水推舟，批示张至发因健康原因，“回籍调理”。其实，张至发的辞职报告中根本没写身体有病，崇祯帝出乎意料地给了他面子。“遵旨患病”，当了十个月首辅的张至发，只给政坛留了个笑谈。

接替张至发的孔贞运，首辅只干了两个月。崇祯帝曾对孔贞运厚爱有加，一是孔贞运为孔子的第六十二世孙，二是孔贞运在南京礼部侍郎任上时“扫黄”出名。在民风与官场风气严重下滑的末世，“德治”或是一针强心剂。崇祯帝想树这么一种典型，在孔贞运担任国子监祭酒时，特意对其赏赐有加。崇祯帝的想法虚构成分太大，孔贞运对自己祖宗倡导的礼义仁智信，其实是“历史地”看待的，因为官员选拔问题与崇祯帝发生分歧，郭景昌趁机上疏弹劾孔贞运，崇祯一气之下停发了郭景昌的工资，孔贞运则被免职了。

崇祯十一年（1638 年）六月，刘宇亮进为首辅。这年冬天，多尔衮率清兵南下，从墙子岭进入长城，京师戒严。关键时刻，刘首辅挺身而出，要求出城督察军情，崇祯帝大为感动。刚过真定府，听说清兵将至，刘宇亮赶紧进晋州城躲避，结果知州陈弘绪紧闭城门，一个不让进。刘宇亮大怒，下令陈弘绪开门，否则军法从事。陈弘绪回答说：你是来抗敌的，现在敌人来了，哪有躲避的道理？反正，城门就是不开。

刘宇亮一面上疏弹劾陈弘绪，一面要抓陈弘绪。陈弘绪在地方的影响很好，晋州离京城又近，很多人跑到京城上访，为陈弘绪鸣不平。从此，崇祯帝对刘首辅的能力、水平大为怀疑，认为他只会扰民，正事干不了。

第二年正月，刘宇亮行至天津，发现诸将畏敌退避，便将总兵刘光祚给弹劾了。公文出来后，刘光祚偏偏又打了次胜仗，刘宇亮只好又重新上疏，为刘宇亮求情。崇祯帝气不打一处来，将刘宇亮给免了。

刘宇亮罢官，薛国观一跃成为内阁首辅。崇祯帝看上薛国观，当然是能力，视其为温体仁第二，从而对其信任有加。不过，跟温体仁比，薛国观伪装的水平又差了许多，没多长时间崇祯便对他心生怀疑。有一次崇祯与薛国观讨论官员贪腐问题，作为百官之首，薛国观至少要检讨一下自己认识与工作上存在的不足，有个自我批评的姿态。薛国观认为官员贪腐，主要是东厂和锦衣卫监督不力。如果厂卫不失职，官员怎敢如此贪婪？

脏水净向别人泼，另一旁的东厂太监王化民恨得牙根直痒痒。既然薛首辅认为厂卫失职，那厂卫就好好尽职一次。王化民悄悄一查，将薛国观贪腐的事实写了几张纸。崇祯帝一看，肺都气炸了。

论得罪人，太监王化民算是小儿科。内外形势严峻，朝廷的收入早已入不敷出。崇祯帝让薛国观想办法，薛国观还真想出了一个：向皇亲国戚、达官贵族“借”。

这个主意本身也算不上太歪，因为老百姓身上确实榨不出什么了，再往死路上逼倒不如直接让老百姓造反。问题是这些有钱的主，愿不愿意出钱。于是，薛国观又出了第二个主意：外廷官员我负责，皇亲国戚你负责！

给皇帝派活，薛国观是明朝第一人。皇亲国戚，钱是有的，但谁比国字号银行都牛，皇上不亲自出马，借一分钱都是问号。朱由检无可奈何，同意了薛国观的意见。

朱由检选定的第一人，是武清侯李国瑞，开口白银四十万两。李家原籍山西平阳，自打出了孝定太后，也就是崇祯帝的曾祖母，晋商便多了强买强卖的底气，生意也做到了京城。《燕都游览志》载：“武清侯别业，额曰清华园，广十里。”

掏个四十万，关键是心痛。皇帝开口了，公然抗旨那不是傻吗？武清侯李国瑞一个劲地叫穷，并且以实际行动证明，李家确实穷：拆一栋房子，搬出一大堆杂物，摆满一条街，大声叫卖，有事没事的市民全都赶过去看热闹。

不肯借钱直接说好了，居然出这等损招打皇家的脸，崇祯帝极为震怒，削了李国瑞的爵禄，也把李国戚给吓死了。

李国瑞吓死了，其他皇亲国戚也几乎吓得半死。如何不出钱又不死呢？造谣：孝定太后在天之灵发怒了，皇帝对外戚太刻薄，要遭天谴！也是蹊跷，崇祯帝的皇子朱慈焕不久真死了。

崇祯帝十分后悔，李家上缴的金银悉数退还，李国瑞七岁的儿子再封为武清侯，必须让孝定太后消消气。薛国观，只能拿来出气了。

薛国观本来运气大好，因为到了官员定期考核时期，属于首辅的收获季节。行人司官员吴昌时提了一包重重的银子，请求薛首辅关照一下，谋个吏科给事中。但有人出价更高，薛国观只给了吴昌时一个礼部主事。吴昌时觉得这桩买卖不公平，便把薛首辅受贿的事给举报了。当然，他是举报别人行贿。

崇祯帝已忍耐了很久，一口恶气正没处出，薛首辅便回家了。

薛首辅回家时心情太好，毕竟这些年钱着实捞了不少。装满钱财的车辆络绎不绝，动静太大，被他得罪的东厂觉得这是个机会：薛首辅都回家了，肯定就不是皇帝宠信的主了。放开手脚去查，薛国观收受贿赂的证据全出来了。崇祯帝见到薛国观贪腐情况的调查报告，立即下令逮捕薛国观。狱中的薛国观上吊自尽，崇祯帝说不准收尸。薛国观在梁上足足挂了两天，这时的崇祯帝气算是消了。

崇祯十三年（1640 年）六月，范复粹接下了薛国观的摊子。范复粹因告发尚宝卿、董懋中等，受到崇祯帝赏识，但能不能当首辅是个问号。给事中黄云师评价说：当宰相要有“才、识、度”，薛国观可能这三项一项都不具备。在崇祯帝的支持下，范复粹当了将近一年的首辅。明朝内外交困的局面日趋严重，薛国观想有什么作为，客观上难度也大。李自成攻占洛阳，福王遇害，崇祯帝悲痛欲绝，范复粹说：“此乃天数。”崇祯帝问：“就算是气数，难道就没有办法挽回吗？”范复粹无言以对，崇祯帝心也凉了。

张四知怎么也当了首辅呢？这人脸上有过溃疡，长相奇丑，干的事也一点不漂亮。张四知兄弟分家时，他竟将其弟弟灌醉，拿着弟弟的手在房契印上按了手印，从而“合法”地赚了一笔。不过，张四知只是在内阁临时负责，时间不过五个月。

能臣，其实是有的。朝中多数官员与崇祯帝同时想起了一个人：周延儒。

崇祯十四年（1641 年）九月，周延儒二度为相。这一次，他果不负众望，一时政绩卓著，朝野称贤，崇祯帝对他也是越发器重。崇祯十五年（1642 年）正月初一，崇祯帝受群臣朝贺，他叫周延儒背东面西站好，郑重地向其揖拜：“朕以天下听先生！”

大厦将倾，非一木可支。正月十一日，清兵从墙子岭、青山口入关，明军一触即溃，清兵长驱直入，越京畿，入山东，如入无人之境。周延儒自请督军，崇祯帝再次为之激动。周延儒驻地通州，崇祯帝差不多每天都能接到报捷。到了四月，清军兵退，周延儒凯旋。

周延儒的好日子只过了几天，数日后锦衣卫奏知，清兵并不是周延儒打回去的，而是完成抢掠任务后自己退兵的，崇祯帝大怒，下旨追究周延儒蒙蔽推诿之罪。周延儒自知理亏，席藁待罪，自请流放戍边。崇祯帝气消了，又觉得“延儒功多罪寡，令免议”。

但是，周延儒当了两任首辅，这政敌也跟着翻倍。锦衣卫指挥使骆养性弹劾周延儒，其他的官员相继跟进。崇祯帝主意又变了，大骂：“最恨周延儒对朕玩弄计谋欺瞒。”

崇祯十六年（1643 年）十二月，崇祯帝勒令周延儒自尽，籍没其家。骆养性手持圣旨及吊绳，来到周府时尚为酉时，周延儒向家人一一哭别，直到第二天清晨近卯，五十一岁的周延儒自缢而亡。两个月后，几乎也在这个时辰，崇祯帝与周延儒殊途同归。

在崇祯帝最后的两个月里，首辅陈演、魏藻德等均无建树。崇祯帝认为陈演错误决策，造成大同、宣府失守，将其轰出大殿。李自成逼近北京时，崇祯帝问末任首辅魏藻德如何救急。魏藻德曾以口若悬河而让崇祯帝印象深刻的，关键时刻没有主意至少会有个说法。但魏藻德始终闭口不言，崇祯帝说：你只要开口，我立刻下旨照办！魏藻德依旧垂头不答，他不是没有主意，而是他的想法与皇帝相对。不说，比说出来至少可以多活几天。在这种无可奈何中，北京城被李自成攻破，崇祯帝自尽。

战与和

其实，崇祯帝有数次将李自成赶尽杀绝的机会。但是，每当李自成等被官军逼到绝路时，如同时约好了似的，后金的大军总是出手，让明军难以招架，崇祯帝不得不抽出平定内忧的手，紧急去按外患问题。按下葫芦浮起瓢，最后一个问题都没有解决。

腹背受敌，两个拳头打架，为什么不稳住一个，先解决一个呢？不是没有，而是没成。

万历四十六年（1618 年），后金崛起，努尔哈赤以“七大恨”起兵，开始进攻大明。明朝的态度是，“大彰挞伐，以振国威”“务期殄灭，以奠封疆”。谁闹揍谁，不给会哭的孩子奶喝，绝不谈议和之事，万历帝的态度，证明了他并不昏庸。

此时的后金统治者，并无鲸吞辽东之意图，更未有问鼎中原的宏愿。即便到了皇太极时期，他一生也没有夺取大明江山的明确目标，他与袁崇焕的往来书信不下十封，谈的也是议和。但他们攻城略地，抢劫财物，还自己跟自己吹牛皮倒是真的。努尔哈赤最大的志向，是希望明朝承认他的存在，封其为王，为此他曾数次派遣喇嘛携书给明辽东官员“言和”。“和”不成就打，双方这一打就是八年，努尔哈赤处处得手，想议和的一方，积极性也没了。

天启六年（1626 年）正月，袁崇焕于宁远重创努尔哈赤。这次胜利对双方都太重要了：明朝要战胜后金，实在不容易；后金要吞掉明朝，也不是想象的那么简单。于是，双方开始了第一次和谈。

与侵略者坐在一起谈买卖，政治风险等级极高。宋金和谈，高宗成了投降派，秦桧由此遗臭万年。大明朝谁出来干这桩事？大名鼎鼎的袁崇焕！

袁崇焕（1584—1630 年），字元素，万历四十七年（1619 年）进士，初授邵武知县。天启二年，因御史侯恂的赏识而任职兵部，又因孙承宗的器重而镇守宁远。

和谈与劝架是两回事，不是讲通道理大家消消气事情就过去了。和谈的关键是谈条件，并且要双赢：出钱的一方，要感到掏出银子的价值，必须远远大于不花银子的结果；收钱的一方，要感到得到一纸“合同”的利润，远比拼命更划算。为了改变对方的预期收益，双方都要让对方知道自己拳头的厉害。

天启六年（1626 年）的和谈，时机对明朝相对有利，因为刚刚打败了后金，努尔哈赤没有被当场击毙，回去之后也医治无效。这年九月，当死讯传至宁远后，袁崇焕派镇南木锉（李喇嘛）等三十四人的庞大队伍，前往后金吊唁努尔哈赤，祝贺皇太极继位。皇太极自然也客气起来，“欲两国通好”。最后的核心问题当然是“价码”：前提是大金国皇帝，改称金国汗。见面礼，是明朝先送给后金金十万两、银百万两、缎百万匹、青蓝布千万匹。然后双方关系正常化，以后每年后金给东珠十颗、貂皮一千张、人参一千斤，明会金一万两、银十万两、缎十万匹、青蓝布三十万匹。明方还价，见面礼砍掉一半，其他的既然国际贸易，就不算具体的细账了。

这笔交易倘若达成，什么李自成、张献忠恐怕早就被逮捕，或早已死不见尸了。明军虽已腐败，但收拾一群闹事的老百姓，实力还是没问题的。

利润从来都是诱人的，为了哄抬“价格”，五月皇太极率军至辽西攻掠，进攻锦州、宁远。为了压价，袁崇焕也早有准备，谈判桌之外明朝占了上风，取得“宁锦大捷”。这一败一胜，竟把双方的“生意”搅黄了：天启皇帝太高兴，和谈的事晾到了一边。但相关官员加官进爵，作为和谈一号主角的袁崇焕，官只升了一级，奖金只拿了三十两银子。袁崇焕极为恼怒，辞职不干了。皇太极更是傻了眼：拿着“账单”，找不着“签字”的了。

崇祯元年（1628 年），明朝国内的日子开始难过起来，主要问题是灾荒加重，造反的太多，迫切需要宽松的国际环境。退休在家的袁崇焕，又被崇祯皇帝请到了京城。

崇祯帝给袁崇焕交代工作的地点，不是他的正规办公室，而是紫禁城里的平台，参加工作会商的也只有几个人。这一天，是崇祯元年（1628 年）七月十四日。面谈之后，袁崇焕最终给了崇祯一颗定心丸：“计五年，全辽可复。”

崇祯帝与袁崇焕都很高兴，也都很有把握。但许誉卿觉得不太可能，因为他是兵科给事中，情况太熟：后金的事拖了十几年，皇帝都拖死了三个，怎么可能那么容易？

袁崇焕告诉他：“聊慰上意。”

逗皇帝玩？不可能。胆子再大，也不能拿自己的脑袋和阖家性命开玩笑。袁崇焕是不能跟许誉卿聊得太多，因为有五年的机动时间，袁崇焕认为自己能把辽东的事情摆平。

但是，袁崇焕从平台召对到最终被拿下，既未狠揍皇太极，也未收复寸土，唯一真抓实干做的一件事，就是杀了毛文龙。

毛文龙是各方都不喜欢的人。他是辽东的东江总兵，东江的几个海岛，在当时就是明朝伸进后金与朝鲜之间的一个楔子。朝鲜是明朝的附属国时，经常向明朝告毛将军的状，因为他时常借东西不还。后金从明廷手里抢走朝鲜后，恨毛将军的又多了个皇太极，因为他不好甩开膀子与明军干。袁崇焕到任后，毛文龙又不断“讨薪”，要袁崇焕解决欠饷问题。

毛文龙的实力不是很强，但战略威胁太大，被人从背后插一刀的感觉，谁都受不了。袁崇焕的军事素养很高，战略、战术都不是外行，居然把毛文龙给杀了。袁崇焕要杀毛文龙，直接原因是他不服从调动，并且无法正面沟通。但不经审判，当场把一个总兵给杀了，袁崇焕当时也没有受到任何追责——这与他有尚方宝剑、拥有先斩后奏的特权没有关系。按照明制，尚方宝剑只能杀总兵以下的将官，这个袁崇焕清楚，毛文龙也清楚。袁崇焕杀毛文龙时，用的是“圣谕”——崇祯皇帝要杀毛文龙，所以袁崇焕心安理得，毛文龙无话可说。

究竟什么原因，崇祯帝与袁崇焕为什么要杀毛文龙？碍事。毛文龙的人头，很能证明明廷和谈的诚意，此时的袁崇焕，与皇太极谈出了成果。后金方面有些诚意，皇太极与袁崇焕的往事书信中，主动去掉了自己的天聪年号，只写己巳年（崇祯二年，1629 年）。这年四月，皇太极致书袁崇焕，要求明朝铸给“金国汗之印”，袁崇焕没有回复。皇太极再催，依旧泥牛入海——这么大的事，袁崇焕应该是做不了主的。

袁崇焕不答应，可能是认为皇太极开价过高。为了证明这个价码属于“优惠价”，皇太极要以自己的实际行动作出说明。这年十月，后金军绕过宁远、山海关，由大安口毁长城攻入内地，占领遵化、滦州、永平、迁安四城，进而围困北京。袁崇焕吓坏了，赶紧去追，在北京城外追上了后金军队。皇太极没有攻下北京，但后果太严重：袁崇焕进城去跟崇祯帝解释，只是这一去，他再也没有出来。

袁崇焕于次年被崇祯帝下令凌迟处死，一百多年后，清廷宣布：崇祯帝中了咱的“离间计”！其实，清朝《满文老档》中关于袁崇焕与后金秘密往来的记载翔实，后金“离间”明朝的证据并无多少说服力，而且明朝锦衣卫的侦察水平一直不低，骗人不是一件容易事。崇祯帝要杀袁崇焕，“叛国”“投敌”的指责，只在逮捕袁崇焕时的圣旨：“谋叛欺君，结奸蠹国。斩帅以践虏约，市米以资盗粮。既用束酋，阳导入犯，复散援师，明拟长驱，及戎马在效，顿兵观望，暗藏夷使，坚请入城，意欲何为？致庙社震惊，生灵涂炭，神人共忿，重辟何辞！”

——《国榷》中的这段记载，在八个月后对袁崇焕的正式判决与定性时，《崇祯长编》中有了重大更改：“谕以袁崇焕付托不效，专恃欺隐，以市米则资盗，以谋款则斩帅，纵敌长驱，顿兵不战，援兵四集，尽行遣散，及兵薄城下，又潜携喇嘛，坚请入城，种种罪恶。命刑部会官磔示，依律家属十六以上处斩，十五岁以下给功臣家为奴。今止流其妻妾，子女及同产兄弟于二千里外，余俱释不问。”

“付托不效，专恃欺隐”，为崇祯帝担负秘密使命的袁崇焕，国家需要卖，又没卖上价，还造成严重后果，这才是崇祯帝恼怒的真正原因。

秦桧替宋高宗背黑锅，精神损失物质补，高宗给了他一个丞相。袁崇焕替崇祯帝背黑锅，最终被剐成一堆肉酱。虽然对袁崇焕家属的处理“皇恩浩荡”，但毕竟还是吃力不讨好。袁崇焕死后，这种不明不白的事，很长时间再无官员肯干了，尽管后来皇太极又多次向明朝表示，“如天朝许款情愿休兵”，甚至找大凌河战役中被俘的监军兵备道张春，让其为后金上表明朝请求议和，但明廷既没出现秦桧，也没出现袁崇焕。

可当秦桧的，其实还有一个人：兵部尚书熊明遇。崇祯五年（1632 年）六月，他授意宣府巡抚沈棨、总兵董继舒，在张家口与后金官员“刑白马乌牛誓告天地”，达成局部和解协议。但是，尝试失败了，崇祯帝心中始终有个“尧舜”的结，只要不是山穷水尽，他都不肯做有失面子的事。崇祯十一年（1638 年），阁臣、兵部尚书杨嗣昌，也是与崇祯帝关系密切的重臣，又授意辽东巡抚方一藻尝试议和。杨嗣昌长期主导国内的平叛工作，深知同时开辟国际、国内两个战场的不可为，竭力主张与清议和，但崇祯皇帝予以“切责”，谈好的条款无人签字。

崇祯十五年（1642 年），松锦之战败局已定，崇祯帝紧急召见了兵部尚书陈新甲，让其见机行事，重启议和。陈新甲委派兵部职方郎中马绍愉携带崇祯皇帝敕书，前往沈阳。国内的局势，已迫使崇祯帝将更大的精力转移到与清的议和上。据《明史》《清太宗实录》，议和期间崇祯帝“以议和委新甲，手诏往返者数十”。五月，马绍愉率领的上百人议和使团，在沈阳与清方谈判。此时明清之间的实力对比已大非往昔，境内“盗贼蜂起”、中原势如瓦解的局面也为清方洞悉，这正是勒索的大好时机。清方本欲让明朝“纳贡称臣”，经过艰难的谈判，最后达成以“两国”相称，“以宁远双树堡中间土岭为贵国（明）界，以塔山为我国（清）界，以连山为适中之地，两国俱于此互市”。

互市，当然是清国的“人参千斤、貂皮千张”，换明朝的“金万两、银百万两”。代价当然大，但与明朝的江山以及无法承受的军费相比，也算是毛毛雨了。

得到密报的陈新甲，崇祯帝对这个结果显然比较得意。一旦清军的威胁解除，最有战斗力的明军腾出手来，农民军将面临灭顶之灾。

因为高兴，陈新甲估计酒喝得太多，马绍愉从边关发回议和条件的密函，被他随手扔在了桌子上。不巧的是手下人做事太负责，误以为桌子上的密函是份《塘报》，需要交给各省驻京办事处传抄。

崇祯帝进行的议和行为，是在高度保密的情况下进行的，仅有几个人知晓这一核心机密，更没有在一定范围内形成共识，更缺少必要的思想准备与组织准备，基本的舆论氛围都没有。历史上，主持议和者无不背恶名，陈新甲的议和，自然又被斥为“顿忘国贼”“损威辱国”。

面对群臣哗然，陈新甲一点也不紧张，因为他底气十足。在一些场合，陈新甲更是自诩其功，吹嘘自己办了一件皇帝想办而终于办成了的事。崇祯皇帝的底细，暴露给了群臣。缺乏担当与谋略，让崇祯皇帝愤怒至极，把议和说成是陈新甲擅作主张。关在监狱中的陈新甲这才意识到，自己确实犯了个低级错误，揽过责任，上书乞宥，崇祯帝根本不买账，要立杀陈新甲，以平息舆论。

舆论压力好解决，军事压力怎么办？大学士周延儒、陈演觉得应该给陈新甲留条后路，这也是给大明朝在留后路啊！真的彻底堵死议和之路，明、清之间还会有第二次机会吗？

但是，九月二十二日，陈新甲仍旧被斩于市。陈新甲死了，他带走了明朝的秘密，也带走了明朝生存的机会。战不能胜，败不能和，崇祯皇帝飘摇不定的心思，让他离死亡越来越近了。

守与走

崇祯帝之死，死于内外夹击。他本来仍然可以不死，因为他还可以跑。宋高宗赵构逃跑时，连匹像样的马都没有，最终都跑成了。崇祯帝至少有御林军，有轿子，居然没跑出京城。

崇祯帝不是不想跑，而是事不顺心，最终跑不成。

内忧外患骤然升级的崇祯朝，“南迁”问题数度进入最高统治者的重要议事日程。所谓“南迁”，就是崇祯朝在京师难保的形势下，主动作出战略放弃，迁都南京。与历代王朝不同，明代长期实行“两京”制度，即当年朱棣迁都北京后，仍旧保留南京为留都，并一直配备相应的中央机构。国家危难之际，“两京”制似乎又是明朝歪打正着的政治优势。崇祯十五年（1642 年）十一月，清军再次入塞时，朱由检想到了迁都。《三垣笔记》载：“上以边寇交织，与周延儒议南迁，命无泄。”

首都长期处于清军的兵锋之下，迁都南京既有必要，也完全可行，但这场南迁之议由于天启懿安皇后张氏的反对而作罢。这个女人，最初让他下定决心来当皇帝，最终无形中让他又死在了皇帝的宝座上。

崇祯十七年（1644 年）正月，李自成西安称帝，遣兵东渡入晋，志在灭明，京师形势更加危急，明廷再起南迁之议。《明季北略》载，李明睿等奏请南迁，崇祯单独召见李明睿曰：“朕有此志久矣，无从襄赞，故迟至今。汝意与朕合，但外边诸臣不从，奈何！”

崇祯帝的本意是自己迁往南京，留内阁等一班官员留守京师，但未能如愿。二月初一，大顺传檄到达御前，檄文有“将于三月十五日到达京师”之语，君臣上下甚为恐慌。二月间，大顺军刘芳亮等部已出河北，基本完成了对京师的包围，京师形势急剧恶化，崇祯帝安全南迁已困难重重。《明史·李邦华传》载，此时“邦华密疏，请帝固守，而太子监国南京。帝得疏，意动，绕殿而行，将行其议。中允李明睿，亦疏言南迁便”。可是，这个折中的南迁方案最后还是胎死腹中。

紧急关头，唯有南迁才是可用之策，崇祯朝的两次南迁方案，为何可用之策不能实行，除了朝廷对大顺军战略意图缺乏有效应对之策，崇祯帝困顿于政治顾虑外，便与光时亨等人的强烈反对密切相关。

崇祯帝廷议时，李明睿曾援引宋室“南迁”国祚延续一百五十年的先例，提出只有“南迁”方有中兴希望时，《明史》称光时亨拍案而起，“以倡言泄密纠之”，并扬言不杀李明睿，不足以安定民心。

李明睿（1585—1671 年），字太虚，南昌人。虽然《明史》《清史稿》等均无其传，但他确是明末清初颇有影响的诗人、史学家与社会活动家，著名作家谭元春、吴伟业均出其门下。京师陷落后，李明睿一度进入李自成与清军阵营，随后又南下加入弘光政权。

但在崇祯朝，李明睿是最能契合崇祯隐微内心的人，也是深受崇祯帝信任的人。崇祯十七年（1644 年）正月，崇祯帝“升李明睿右春坊右庶子，管左春坊印”，破格将其由正六品提拔为正五品。

尽管如此，光时亨却恰恰将矛头对准李明睿，拿皇帝的身边人和皇帝信任的人开刀。

对于李明睿的主张，光时亨肯定清楚其中的背景，知道这不是李明睿的个人意见。光时亨之所以仍旧有胆有言，同样有着深厚的背景，支持他的便是陈演。

周延儒罢相身死，陈演代为首辅。《明史》称陈演为人“既庸且刻”，事实上陈演聪明绝顶，他知道一旦崇祯帝“南迁”，他自己就会带队留守京师，下场不会比周延儒更好。皇帝“亲征”南迁的第一方案搁浅后，其后太子监国变相南迁的方案，同样遭到光时亨的阻挠。《石匮书后集》载：李明睿等奏请太子监国南京，而光时亨曰：“奉太子往南，诸臣意欲何为？将欲为唐肃宗灵武故事乎！”

唐肃宗即李亨，唐玄宗李隆基第三子，唐玄宗西逃时经马嵬驿兵变，李亨继位，后在宫廷政变中惊忧而死。崇祯帝内心并不愿唐玄宗、唐肃宗历史的一幕重演，光时亨此语，显然刺中他的心病，最终被迫无路可走，死守京师，直至自尽。

如果没有光时亨的反对，如果崇祯帝真的迁都南京，如果大明朝后与李自成或清军一方出现政治联姻……历史的万般假设，因为光时亨的出现，一切都成为泡影。无论如何，光时亨事实上改写了历史。这位光时亨，究竟何许人物？

光时亨（1599—1645年），字羽圣，号含万，桐城人。

关于光时亨，野史中的形象，那是相当灰暗。

光时亨家乡的史籍，则完全不同意野史中损人不利己的说法。马其昶《桐城耆旧传》对光时亨总的评价是：光先生“少有俊识，敢决事，性不能容恶”。《桐旧集》记曰：光时亨“性刚直，独立无援，忌者以阴迁为名诬杀之。海内知其冤，莫不相向流涕”。《桐旧集》中收录的光时亨第一首诗，便是《南楼誓众》，完全是一个国难担当者的壮士形象：“人臣既委质，食禄当不苟。受事令一方，此身岂我有。即遇管葛俦，尚须争胜负。矧今逢小敌，安能遽却走。仰誓头上天，俯视腰间绶。我心如恇怯，有剑甘在首。读书怀古人，夙昔耻人后。睢阳与常山，不成亦匪咎。沥血矢神明，弹剑听龙吼。”

从人物的秉性到为官处事，地方史对光时亨的看法，都与相关正史、野史迥然相异。据《桐城耆旧传》等地方史籍记载，光时亨崇祯七年（1634年）进士，初授四川荣昌知县。这个时候，陕西流贼已经蜂起，天下大乱。县里有一帮热心公益的志愿者，筹集了一大笔资金为县城修桥。光时亨说：贼早晚要到，城墙破旧，应当毁桥买船，用修桥石来修整城墙。在做好“群众工作”的基础上，光县长果断拍板：稳定压倒一切，先抓维稳，后搞建设！城墙修好，流贼也来了。现在，城墙很坚固，河上又没了桥，流贼自认倒霉吧！

光先生的先进事迹，传到了皇帝那里，崇祯皇帝亲自接见了他。面对领导的提问，光先生又提出了许多建设性意见。崇祯帝感动了——“当对时，上为起立注视者三。”皇帝一般都很矜持，现在居然从位子上站了起来，一遍又一遍地欣赏你，光先生真是太有才了。

桐城地方文史中的光时亨，实在太完美了。为什么完美？因为还有一段：“桐城岁用兵，又年比不登，漕米三年未缴清。布政下檄补征，民疲病，无以纳，公疏请免之。”帮老家的百姓免缴农业税，比给一个困难户发两百块钱强多了。看来，一个人做好事并不难，难的是真诚为家乡做好事——老乡不送你土特产，但会记住你几辈子。

光时亨有没有投降李自成呢？野史答案是肯定的，说是李自成攻城时，光时亨与王章同守阜成门。王章尚在殊死抵抗时，光时亨拖着王章就跑。王章说：“事已至此了，你还怕死啊？”光时亨答曰：“这样死掉了，和普通士卒有什么区别？不如我们进城找皇上，找不到再死，那时死还不晚呢。”两人就这样走着，迎面撞上贼兵，王章大呼：“吾视军御史也，谁敢犯！”旋即被刺死。光时亨呢？“仓皇下马跪”，就这么一声不响地投降了！

桐城地方文史，更不同意这些说法：北京城陷落时，光时亨正与御史王章巡城，王章被杀，光时亨大腿伤，逃入尼庵。半夜，准备追随崇祯上吊，被尼姑救了，没死成。过御河时，他与御史金铉一起投河，结果金铉死成了，光时亨没死成。天意如此，光时亨“遂潜行南还”。

都是后世文人的追述，哪一种可能正确？应该是桐城文人的说法靠谱些。如果光天化日之下已当了叛徒，那就倒不如再当回叛徒，投李自成是投，投清军也是投，何苦只接一次客就洗洗从良，还自己跑到老东家这里来送死？可以侮辱人家的品格，但不要侮辱人家的智商。

但《甲申传信录》《弘光实录钞》等野史认为，光时亨确实在李自成那儿闪过。《明季北略》“北回目击忠逆定案”更是记道，光大人在李自成旗下受宠若惊，又怀着万分复杂的心情，给尚在南明统治下的儿子写信：“闯逆召见，面加奖励，随谕以原官视事。时亨寄书其子有云：‘诸葛兄弟分事三国，伍员父子亦事两朝，我以受恩大顺，汝等可改姓走肖，仍当勉力读书，以无负南朝科第。’”

光大人这水平，也不能说就比诸葛先生差。对天下时局的研判，历来都有个准确率问题。依光大人的观点，李自成完败不太可能，将事业进行到底也不太可能，天下大势，中国再现“南北朝”或“三国”模式，当有相当的把握。那么，以诸葛前辈为榜样，孩儿们在南朝参加科举，老夫在北都工作，咱们几处做裸官，最终哪棵树倒了，都不太碍事。

如此看来，说光时亨投靠了政治暴发户李自成，当是可能的。有可信度，倒不是说的人多，而是符合情理——形势太复杂，谁有能耐谁看得准？明清易代之际，不把鸡蛋放在一个篮子里，这样的光大人才算得上精明。

但这事似乎又不靠谱，因为没过多久，光家的公子即大喊冤枉，黄道周很是同情，便走唐王的路子，为其办理了“平反手续”。如果正规的“平反文件”都不算数，历史也就没法子再读了。

无论光时亨的人物属性是正面还是反面，叛变没叛变，是否得罪人，他都是必死无疑，因为他确实犯了一桩弥天大罪，只是写在野史里不够吸引眼球——这个罪名明律上没有，中国唯一，世界唯一，且专为光时亨量身定做，名曰：“阻南迁”。光时亨的旁征博引，让崇祯帝道义上体无完肤，堵死了崇祯帝的后路，只得违心固守北京。

事后，崇祯帝对光时亨咬牙切齿。

美国汉学家魏斐德在《洪业——清朝开国史》中谈到“南迁”不成时，有这样一段透辟的分析：“这对后来‘满清’占领北京时的形势产生了深远的影响。‘满清’比较完整地接管了明朝的中央政府，拥有了他们最缺乏的东西，由此接手了明朝几乎全部汉族官吏，依靠他们接管天下，并最后征服南方。崇祯帝的决定还导致诸多皇室宗亲继承权利的暧昧不定，以致派系倾轧，削弱了南明政权。”

光时亨不反对——朱由检南迁——明朝不亡，无论这个逻辑是否成立，朱由检不上吊，肯定是成立的。

确定不走，坚守不过是一句空话。坐困京城的崇祯帝，很快处于李自成的兵锋之下。在这个紧要关头，崇祯帝收到了蓟辽总督王永吉、顺天巡抚杨鹗的密奏，二人请撤关外四城，退守京城。崇祯帝异常激动，召集阁臣陈演、魏藻德等商议。但是，“无故弃地二百里，臣不敢任其咎”，他们谁也不愿承担“弃地”的责任，崇祯帝报之以苦笑而不了了之。直到三月六日，崇祯帝才下定决心，下令弃宁远，征召吴三桂、蓟辽总督王永吉、蓟镇总兵唐通、山东总兵刘泽清率部入卫，但这些显然来之太晚。

崇祯十七年（1644 年）三月十六日，李自成军攻陷昌平，十七日攻至西直门外，勤王部队尚无踪影。十九日，天刚破晓，太监王相尧以宣威门投降，农民军队浩浩荡荡开入城中，守卫正阳门的兵部尚书张缙彦、朝阳门的朱纯臣也先后开门迎降，北京内城陷落。崇祯帝亲自在前殿鸣钟召集百官，可钟声没有召来一个人。面对冲天火光，崇祯帝去冠冕以发覆面，光着一只脚，与太监王承恩登上了煤山寿皇亭。在这之前，崇祯帝密令收葬了魏忠贤，重复的一句话据说是："忠贤若在，时事必不至此。"

最后的关头，崇祯帝否定了自己的一生。他在衣襟上愤然留下了这样的话："朕凉德藐躬，上干天咎，致逆贼直逼京师，皆诸臣误朕。朕死，无面目见祖宗，自去冠冕，以发覆面。任贼分裂，无伤百姓一人。"然后，与王承恩自缢身亡。

"言伪而辩，行僻而坚，心生执拗，居高位必误天下苍生者。"这话大半出于《春秋》，据说后来有人将这句话送给了王安石。其实，这话更适合送给崇祯皇帝朱由检。

第十七章

史可法：一介书生的困兽之斗

史可法的母亲尹氏，梦见文天祥来到她的屋里，从而受孕怀胎，生下史可法。《明史》中的史可法，有着《宋史》中文天祥的神似，但更色彩斑斓。

秀才与兵

史可法（1601—1645年），字宪之，又字道邻，河南祥符（今开封）人。

史可法与文天祥同属末世英雄，但就人物形象而言，史可法与文天祥相去甚远：文天祥“体貌丰伟，美皙如玉，秀眉而长目，顾盼烨然”，宋理宗曰“此天之祥，乃宋之瑞也”；史可法则“短小精悍，面黑，目烁烁有光”——长得矮，生得黑，眼睛还一闪一闪的，这与史家世袭的锦衣卫百户形象，还真的非常吻合。

因祖上的荫德而世袭武职，到史可法祖父史应元这一辈，其实已经改变了。史应元中过举人，官至黄平知州，因为为官清廉，所以没有解决家庭脱贫致富的问题，无非比贫寒之家稍好一些。史家家风正派，史可法读书用功，崇祯元年（1628年）举进士，任职陕西西安府。这时，蜂拥而起的流民恰起自陕西，但史可法并没有参加平定流寇，因为他只是西安府的正七品推官，主要从事司法、审计之类的工作。史可法除了扎实的知识功底，更有超强的敬业精神，任职期满后便被擢升为户部郎中，督太仓及辽饷，这也是朝廷用人所长。

民变的现实，影响着史可法。民军张献忠、罗汝才诸部，长期奔袭于今安徽及与湖北、江西结合部，崇祯七年（1634年）冬，江南巡抚张国维提议将安庆、池州诸地巡抚分设，以集中解决这一地区的流寇问题。平定流寇通常是吃力不讨好，众多官员都因此结局凄凉，但史可法有着与众不同的使命意识与担当精神，他大声疾呼：“国家养士，原为社稷封疆计。今若此，非所以报主恩也！”于是，经张国维的举荐，史可法于崇祯八年（1635年）春任江西右参政、安池兵备道，负责监督地方军事并直接参与军事行动，其文官身份也自此一变。

史可法在地方很受官兵与百姓的敬重，关键是他有亲民之心，能自觉与士卒同甘共苦。明季的官军条件艰苦，军营里甚至帐篷都没有，寒冬腊月都露天扎营。史可法同士卒一样夜坐草间，与士卒背靠背相倚，深夜的寒霜结满甲胄，欠身起来，一身冰霜戛戛坠地。

明朝的灾害地域广泛而种类繁多，皖地蝗灾为史上罕有。崇祯十一年（1638

年），无数蝗虫自西北飞来，若云密雨骤。史可法组织官民进行扑杀，被打死的蝗虫堆积如山。但是，老的蝗虫打死了，新的蝗虫又来了，了无尽头，史可法几乎精神崩溃。深更半夜，史可法跪地祷告上天，每次都虔诚地焚尽三香。三炷香烧完，天也就亮了。精神的折磨，体力的透支，史可法人更瘦，脸也更黑，手下的人倍感心痛，劝其休息，保重身体，史可法说：没什么的，我做秀才时，一个月也只睡眠七夜。当官以后，无非惰性大了些吧！

史可法确是一个天赋异禀的人，他的身体并没有累垮。但史可法文官出身，更多的是书生属性，只是主观上有建功立业的思想，有为国分忧的精神。

有运筹帷幄之心，决胜千里之志，史可法的军事才能却很平常，多年战果也屈指可数。崇祯十一年（1638年）三月，史可法因没有如期实现平叛目标获罪。这时，朝廷也是可用之人太少，官员不能处理太多，于是朝廷自己为自己找了个台阶，责令史可法戴罪立功。

最要命的是，在此之前，史可法不但没有灭掉流寇，还差点为流寇所灭。崇祯九年（1636年）十二月，民军大举进攻桐城，史可法率军御敌，在距桐城三十里处安营扎寨，结果陷入民军的围困。夜深人静，几乎又是一番四面楚歌。绝境中的史可法苦思冥想：如果这样坐候天明，明天必定全军覆没。于是，史可法让几个人突围出去，到桐城县城求援。其实，县城里的兵力也非常有限，两家合起来也不是民军的对手。县令杨尔铭很年轻，也很聪明，打不过就不打。杨尔铭自己穿上军装，领着一大队人马去救史可法。这一大队人马，什么兵器都不带，但每人的双手都举着火把，有多大嗓门就多大声嚷嚷。黑夜里，火光冲天，人声鼎沸。民军里打仗不怕死的多，真读过兵书的少，一见这阵式，以为官军的主力到了，吓得自己赶紧跑了。

能将民军吓跑，这也是一种实战经验。崇祯十年（1637年）三月，潘可大等部四千余人在安庆府的宿松被罗汝才部包围。罗汝才与张献忠皆以凶悍著称，这次包围潘可大的民军有数万人，潘可大久战既不能取胜，也无法逃脱。军情紧急，史可法率部增援。远远地瞧见民军，史可法下令开炮。大炮轰鸣，震耳欲聋，史可法等着民军吓跑，可这一次大出意外，民军不仅不跑，还反冲过来，连着史可法部一起砍，因为这是白天。双方血战，潘可大战死，诸多部将自杀，随史可法逃脱出来的士卒，只剩下一千余人。

史可法治军的效果，也相当不好，客观上是风气使然，末世的风气是从上到下一起糜烂的。史可法管辖的官军，多为陕西、山西的士兵。秦晋之兵，皆犷悍不率，优点是能打仗，但军纪不好，当过流寇也不是少数。史可法的特点是治军严谨，要求官军要有个官军的样，否则这帮人就与土匪有得一拼。有个士兵因一桩小事，与当地的一个老太太起了争执，军爷本性上来，一箭把老太太给射死了。史可法闻讯大怒，下令军法从事，几十军棍打下来，这个小卒便一命呜呼。杖责，这是军纪规定的，打死一个士卒，史可法也完全没有放在心上。

同伴被打死，士兵中的反响就大了。晚上大家聚在一起，你一言我一语，群情鼎沸，士兵哗变了。一群士兵提着兵器冲到史可法住处，正值夜间，史可法身边只有几个文职人员。史可法一看情形不对，连忙叫他们带着重要文书翻墙逃走，自己朱衣正坐堂上。黑夜里，史可法秉烛仗剑，神光照人，端庄可怖。这阵式，居然将闹事的士兵给吓回去了。

崇祯十二年（1639年）正月，北方战事吃紧，史可法率师北援。行军至彭城，川兵不肯渡河。天下哪有这样的军队？养兵就是为了去打仗，当兵岂能怕吃苦，史可法强行下令起兵渡河。川兵仗着人多，根本不买账。史可法再一逼，部队又哗变了，幸亏将领李忠和见多识广，将哗变的士兵镇住，才没有酿出更大的祸端。但沿河一带的四百余间草棚，被哗变的士兵焚烧殆尽。

监军五年，史可法不仅吃尽了苦头，更差不多死了四回以上。崇祯十二年（1639年）四月，真正死去的是史可法的父亲。史可法是有名的孝子，父亲去世，史可法悲痛难当，痛哭数日水浆不进，手下的人好劝歹劝，史可法才勉强喝了一碗粥，这也是保住身体好为国分忧啊！按照明制，史可法应该回家“丁忧”三年，考虑眼下情况紧急，朝廷准备按惯例让其“夺情”，也就是不执行“丁忧”规定，继续正常工作。但史可法坚决不同意，辞官回家“丁忧”三年。

崇祯十四年（1641年）六月，史可法擢升户部侍郎，总督漕运。在这个以文职为主的岗位上，史可法如鱼得水，勤奋而敬业。内忧外患突出，战事频仍的明季，漕运不仅是一项经济工作，更关乎国家的生死存亡。回到老本行，史可法不再是灰头土脸的官员形象，而是政绩斐然，并受到崇祯帝的器重。看到史可法办事得力，崇祯帝在想，要是剿寇的人都像他这样多好，哪有许多窝心事！于是，崇祯帝准备让史可法去当凤阳总督。但御史刘达建议说：人有所长，史可法治理漕运是把好手，换到别的岗位不一定合适。

直到崇祯十六年（1643年）七月，南京兵部尚书熊明遇被罢，史可法才改任新职——接任南京兵部尚书。正是在这个任上，历史的重任落到了他的头上……

书生意气

明朝自永乐朝开始实行“两京”制度，留都南京的衙门虽与首都北京相似，但权力与范围却与北京天差地别。和平年代的北京官员转任南京，通常是解决职级待遇问题，或是带有贬抑的意味，“二线官员”的色彩很浓。史可法到南京任职，显然属于升官，因为南京兵部尚书毕竟也是尚书。

崇祯十七年（1644 年）三月十九日，李自成攻陷北京，南京衙门的地位骤然上升，匡扶社稷的重任自然落到南京官员头上。北京连兵部都没有了，南京兵部尚书史可法，自然由此而显得举足轻重，但事实上却并没有。

作为兵部尚书，史可法的信息相当滞后。四月初一，崇祯帝的后事都处理完了，史可法得到的信息还是李自成逼近京师，准备率师北上勤王。直到十四日，史可法才从南下的官员那里确认崇祯帝已殉社稷。史可法悲痛欲绝，以头抢地，甚至准备自尽以表明对朝廷的忠贞。

王朝的生死关头，史可法的抉择同样是进退维谷——崇祯帝自杀，王朝群龙无首，又面临清军与民军的双重打击。迅速谋立新君，作出有效的应对，才能避免王朝树倒猢狲散。南京官员在谋立新君问题上非常敏感，但正是这个关键问题上，史可法出现了手足无措，直接导致他在弘光朝陷于政治困境。

崇祯帝朱由检身死，三个皇子均未逃出，继位者只能是各地的藩王。以血缘关系讲，崇祯帝的祖父明神宗的直系子孙福王朱由崧、惠王朱常润、桂王朱常瀛最有资格当选。但桂、惠二王均在广西，距南京太远，且均比崇祯帝高一辈，不如福王以兄弟关系继统更为妥当。除此之外，神宗的侄儿——潞王朱常淓，也因避乱逃到淮安，拥立新君，他也是一个可以考虑的选项。

恰在这时，福王朱由崧从封地洛阳逃到了江南，新君人选也由此变得明朗起来。

朱由崧（1607—1646 年），明神宗朱翊钧之孙，福王朱常洵之子，崇祯帝朱由检堂兄，崇祯十六年（1643 年）袭封福王，封地洛阳。李自成军攻占洛阳，老福王朱常洵身材过于肥硕，众人帮助都上不了墙头，最后付出了生命的代价。世子朱由崧身轻如燕，成功翻墙，尽管颜面尽失，流落江淮，形同乞丐。鸡飞狗跳过日子的朱由崧，天子这顶帽子，本来是有机会顺理成章地戴在他头上的——他爷爷谋划了多年，一心想将他老爸扶成太子，结果被东林党给整灭了。现在，应该“物归原主”。

崇祯十七年（1644年）四月，南京诸勋贵大臣议立新君。无论就近救争，还是按伦序，排在队伍前面的，都是朱由崧。可是，由于福王朱由崧牵涉到党祸问题，他又差点儿没有当成。东林党担心一旦朱由崧登上帝位，重翻旧案，东林党人将再次受到打击，因此一致反对立其为新君，主张拥立潞王。

东林党以张慎言、吕大器、钱谦益等为首。张慎言时任南京吏部尚书，他以曾举荐赵南星而在党内地位显赫。吕大器时任南京兵部右侍郎，钱谦益则是在野的党首。诸人认为朱由崧有“贪、淫、酗酒、不孝、虐下、不读书、干预有司”之“七不可”，从而主张“立贤”。

“贤者”，即潞王朱常淓，明神宗朱翊钧之侄。清军入关，朱常淓随军南渡长江，寓居杭州。后来清军兵临杭州，朱常淓投降，“兵入杭，市不易肆”——天翻地覆，老百姓还照样上街打酱油，几乎就是和平演变。导演出这一幕的朱常淓，似乎不是一般的“贤”。

究竟是立朱由崧还是立朱常淓，作为南京兵部尚书的史可法，这时的态度举足轻重。张慎言等致书史可法，以“七不可”立朱由崧。时任淮扬巡抚路振飞，也致书史可法，认为：“议贤则乱，议亲则一，现在惟有福王”，提醒史可法“伦序当在福王，宜早定社稷主”。对官员中的分歧，以及立潞王与福王的后果，史可法掌握得最为全面，其实也最清楚。但在关键时刻，史可法则完全倒向了东林党一边。

史可法入仕较晚，东林色彩并不突出，也未深度介入天启与崇祯朝的“党争”，为什么会作出这种抉择？很重要的一条，是书生情怀，而不是政治谋略。

史可法出自东林党骨干左光斗门下，左光斗对其有着不同寻常的知遇之恩。左光斗视学京畿时，尚为一介书生的史可法苦读寺中，左光斗偶然发现后对其大为赞赏。左光斗主试时，当听到门吏唱出史可法的名字时，“瞿然注视”，当即“面署第一”。在史可法拜见左夫人的时候，左光斗更是当着子女的面，对史可法赞不绝口：“吾诸儿碌碌，他日继吾志事，惟此生耳。”乡试后左光斗将史可法请到家中，与自己的子弟一起读书，以参加会试。在左府，有一天史可法将左光斗的官服穿在自己身上，恰被左光斗撞见，史可法满面通红，十分尴尬。左光斗笑着对史可法说：将来，你一定比我更有成就，我这官服其实是配不上你的！

左光斗对史可法的关怀无微不至，二人“不啻家人父子之欢”。

出于对东林党的特殊情感，史可法既明白路振飞所讲的道理，又担心东林党所预见的后果，最终感性战胜理性，他决定支持张慎言，并出面去做持不同意见的凤阳总督马士英的工作，理由就是东林党提出的“七不可”。

其实，史可法并不了解朱由崧其人。真实的朱由崧，形象被清朝严重污化。东林党所言的“七不可”，除了“不孝”是指朱由崧仓皇出逃中半道与母亲走失外，其余“六不可”很难找到事实的支撑。

在议立新君的紧要关头，史可法亲自写信给马士英，明言朱由崧“七不可”，要求马士英支持东林党与自己的主张。但是，马士英收到史可法的私笔信后，将其作为公函予以收文，并加盖督印予以存档。

作为主持大局的兵部尚书史可法，完全清楚南方官员册立新君上的巨大分歧，也完全清楚这种分歧面临的后果，竟然出于意气，给马士英写了一封信。送出给马士英的私信后，史可法立即又犹豫起来。真实的内心里，史可法认为按伦序迎立福王是对的。于是，史可法又试图说服东林党人，放弃迎立潞王：“以齐桓之伯也，听管仲则治，听易牙、开方则乱。今吾辈之所立者，岂其不惟是听，而又何患焉？”

史可法给东林官员讲历史故事，目的是想他们不固执己见，但明显又是两头不讨好——赞成潞王与反对潞王，赞成福王与反对福王，史可法都不是旗帜鲜明。不表态，让人琢磨，这也是史可法的工作方法与策略。但是，没有人出来帮史可法解套，他还得自己拿主张。犹疑纠结的史可法，接着想到了折中。他亲自前往浦口，与凤阳总督马士英密议。最后，二人达成共识：拥立远在广西的桂王。在谋立桂王时，史可法再一次表现出他的实诚——他详尽地论证了朱由崧德才不备，根本就不能立为新君。

这个决策有相当的科技含量，史可法对自己两全其美的智慧决策，感到十分满意——既避开了矛盾的焦点，又淡化了部分南京官绅的意见。而且，又借马士英在军队的实力，获取军队方面的支持。

谋划完了，史可法静静地等着好消息。

马士英虽说也是书生出身，却没有一丝书呆子气。当军方开始动作，出手谋划拥立福王时，马士英果断转舵，成为拥立福王的领军人物。他同时与南京其他官员取得一致，并让手下的将领发兵，护送福王到南京即位。至于史可法那边，他连个招呼都没打。

“定策”中的重大失误，是史可法最终在弘光退出核心层的根本原因。马士英与史可法在弘光朝的地位，其实在这个时候就已经分出高下了。

天下大势

史可法不赞成福王朱由崧即位，当马士英与黄得功、刘良佐、刘泽清、高杰发兵护送福王南下时，诸多官员要么远迎到仪真，要么迎接到燕子矶，最近的也迎接到南京城外——这是向新主子表现的大好机会。史可法始终忙于督师，精神可嘉，但这在政坛上，不过是一种书生的可爱。

崇祯十七年（1644 年）五月初一日，朱由崧进入南京，住进了内守备府，史可法这才入城觐见福王。在群臣商议战守大事时，史可法对福王说："王爷您应当身穿孝服，住在郊外，这样发兵北征，可以显示您报仇的决心。"第二天，群臣讨论福王监国的事，连领头反对福王的张慎言都改口了："国虚无主，福王就此可以即皇位。"史可法一开口，居然仍旧大倒福王胃口："太子生死不明，如果有一天太子到南边来了怎么办？"史可法的意见当即被群臣否定。第三天，福王监国。

要说朱由崧，还真不是朱由检。否则，老是与"一把手"过不去，史可法在朝中就不会只是被动与打压，不被杀头至少也该是免官。在弘光朝，史可法顺利进入内阁，依旧执掌兵部事务。

因与马士英等阁臣及勋戚刘孔昭等存在分歧与矛盾，史可法自请外出督师。但是，史可法外出督师，手握军权，其军事战略却令人匪夷所思。史可法的军事战略，依旧充满了书生的想象。面对清朝大军，他想到的是与其结成"军事联盟"——借虏平寇。

在这个国策的指引下，史可法安排了左懋第为首的北使团。新政权虽然财政很困难，但再大的困难也要克服。北使团一干人带上"大明皇帝致书北国可汗"的御书，赐吴三桂的诰敕，白银十万两，黄金一千两，绸缎一万匹。诏谕清朝，并称顺治帝为清国可汗，提出四件事：安葬崇祯帝及崇祯皇后，关外土地给予清朝，每年十万岁币，建国任便——实施外交救国。

结果，礼物人家收了，派出去的人只收到一顿打骂。

史可法身居兵部尚书之职，后人能叫好的，无非是他以"大司马"身份写出的精彩美文——史可法死守扬州时，多尔衮致书劝降。这封史可法"复多尔衮书"，真实地反映了他的想法和思路，也可从中看出他的谋略。

"越数日，遂命法视师北上，刻日西征。忽传我大将军吴三桂借兵贵国，破走逆贼，为我先皇帝后发丧成礼，扫清宫殿，抚辑群黎，且罢剃发之令，示不忘本朝。此等举动，振古铄今。凡为大明臣子，无不长跽北向，顶礼加额，岂但如明谕所云‘感恩图报’已乎！谨于八月薄治筐篚，遣使犒师；兼欲请命鸿裁，连兵西讨。是以王师既发，复次江淮。”

后人皆曰吴三桂引清兵入关，汉奸味十足。但史可法声称，如果我是吴三桂，我也会这么做的，因为吴三桂打败了李自成，报了“君父仇”——这就是史可法对形势的判断。

在当时情况下，自顾南保半壁尚不足，却还要欲图合师进讨，问罪秦中，先讨伐李自成军。史可法的战略，使得北岸清兵赢得时间和精力。前期战略失误，最后又作困兽之斗——不计较一城一池之失是兵家常识，史可法执意固守一城，到底是怎样考虑战略的呢？

史可法的未来战略是：“今逆贼未服天诛，谍知卷土西秦，方图报复。此不独本朝不共戴天之恨，抑亦贵国除恶未尽之忧。伏乞坚同仇之谊，全始终之德；合师进讨，问罪秦中；共枭逆贼之头，以泄敷天之愤。则贵国义闻，昭耀千秋，本朝图报，惟力是视。”

——用“同仇之谊”感动清军，幻想用清兵消灭李自成，这就是史可法的完整救国方略。

一筹莫展

史可法出朝督师，实际权力并没有减少。风雨飘摇的弘光朝，朝中阁臣并无多大实际权力，权力的大小与掌握的军事实力关联，而史可法直接控制的是所谓“四镇”，也就是南明的军事主力。

五月十三日，史可法上《请设四镇疏》。根据史可法的意见，南明设立了“四大军区（四镇）”，分别驻扎仪征、寿县、淮安、瓜洲。“四镇”除了拥有军事权力，还拥有财税与人事权力，事实上又是四大特区。

史可法直接掌管的“四镇”，并没有发挥应有的作用。史可法虽然有收复失地之志，实际上“四镇”均在南京附近，体现的是他消极防守，保存江南一隅的真实意图。

史可法督师江北时，正值李自成败出北京，清军入主京师之时，河南、河北、山东等地一度出现统治真空。清军兵力不足，无心也无力控制如此广大的地区，而当地明朝的残余势力，纷纷组织武装自保，并盼史可法率兵北上收复失地。五月初，河南原明归德府知府桑开第和明参将丁启光光复商丘等八县，并派使者赴南京弘光朝廷。原明河南总兵许定国，也占据战略重镇睢州。四月底，山东德州官绅赵继鼎等，在一个月内收复济南等地四十三个州县。史可法节制的刘泽清，也在这时派了一千余部下北上。不过，他是让士兵去河北老家接自己的家眷。这一千余人，从淮安北上穿越山东全境，直到河北地界，最后带着大队刘的家眷与大批财货，安全返回。

作为南明政权的头号军事长官，史可法驻守与山东接壤的江淮，在不费一兵一卒即可收复大片失地时，为什么按兵不动，还向多尔衮派去“友好使团”？史可法上奏说：“各镇兵久驻江北，皆待饷不进。听胡骑南来索钱粮户口册报，后遂为胡土，我争之非易。”清军不过是一队人马“来索钱粮户口册”，史可法却言“争之非易”。在史可法的眼里，那里已经是“胡土”！

掌握南明底细的多尔衮，彻底消除了大顺军与南明军联合攻击的顾虑，“但得寸则寸，得尺则尺耳”，多尔衮大胆实施逐个击破。

领军“四镇”，严格治军且不说，史可法对“四镇”的基本掌控都没有做到。“四镇”当中，比较正面的当是黄得功，但黄得功与马士英的关系远比同史可法亲密。黄得功原靠几头毛驴靠跑黑户运输，有一次，马士英的甥婿杨龙友进京，行李带得太多，急需半路上雇用的个体运输户，拿下这份订单的便是黄得功。

杨龙友与黄得功走在半道，遇上了强盗。黄得功不费吹灰之力，就将强盗给解决了。杨龙友就此将黄得功推荐给了马士英，在马士英手下，黄得功累功至游击、副总兵，又从总督熊文灿同张献忠、革左五营等战于南直隶江北、河南一带，加太子太师。崇祯十五年（1642年），黄得功大败流贼张献忠于潜山，官至庐州总兵。又随马士英平定叛将刘超，论功封为靖南伯。朱由崧在江南自立后，黄得功很快再封为侯，与刘良佐、刘泽清、高杰并称为“四镇”。

史可法与马士英矛盾重重，马士英看上的黄得功，史可法也看上了。

高杰很跋扈，史可法太不放心了。所以，他让黄得功驻扎到仪真，暗地里牵制一下高杰。高杰这人不地道，没人盯着，这主说不准哪天就逆天了。黄得功有个同姓的朋友黄蜚，准备赴登莱总兵之任，黄得功率骑兵三百由扬州往高邮迎接。高杰想，坏了，黄得功要抢老子地盘了！于是，在路上埋伏下精兵。黄得功走到土桥，部队正在做饭，高杰的伏兵四起，黄得功拼了一条老命，才回到了自己的驻地，随行的三百骑兵全部战死了。

更吐血的还不是这个，黄得功玩命时，高杰真的来仪真抢地盘了。虽说没得逞，但黄得功部损失惨重。无缘无故吃这顿闷亏，黄得功气大了，他发表声明，要与高杰决一死战。史可法急了，召开了多次协调会，才使双方勉强和解。在高杰进趋河南，黄得功又准备趁时袭击高杰军报仇雪恨。这么闹下去，史可法觉得也不是个办法。最后，感到还是黄得功的思想工作好做，安排他重新移镇庐州去了。

扬州是江南的富裕之地，“四镇”头领都争着想要驻军扬州。高杰率兵最先到扬州地面，一路大肆掳掠，尸横遍野。扬州守军不让高杰进城，高杰率兵便打。史可法只好亲自出面劝解高杰，高杰听说史可法要来，连夜掘出近百个土坑，把打死的明军给埋了。史可法没有追究高杰的责任，再次折中让他驻守在瓜洲，高杰高兴地走了。扬州安定下来，史可法这才在扬州开设府署。

高杰本为李自成部将，绰号翻山鹞，后投降明军，反过来参加对民军的追剿，累功升任总兵官。“四镇”之中，高杰军阀习气最重，事实上史可法又与高杰关系最近，因为“大老粗”出身的高杰讲的是实惠，在他与黄得功的矛盾中，史可法作出了有利于自己的调解。对高杰的驻地，史可法也是最照顾的。

不幸的是，作为史可法军事实力的核心人物，高杰在睢州被叛将许定国设计诱杀，高杰军团陷入困境，其部为其妻刑氏及其子高元爵统领。高杰一死，他的地盘刘泽清想要，黄得功也想要，高家孤儿寡母，便想进一步寻求史可法的保护。刑氏知道史可法没有儿子，提出将自己的儿子高元爵过继给史可法。

这时的高营人心惶惶，史可法应该千方百计主动抚恤，安抚高营将士——收高元爵为子，或为义子，都不失为一种策略。但史可法认为流寇出身的高家之子，不配自己的书香门第，尽管手下的人劝史可法接受，史可法还是坚决予以拒绝。刑氏不死心，特意备了一桌酒席，宴请史可法。席间，刑氏带着儿子跪拜史可法，史可法赶紧躲闪。三番五次，史可法绕着柱子躲，刑氏领着儿子跟在后面跪，史可法始终不接受。第二天，高部将领将史可法按在椅子上，刑氏母子又跪拜史可法。实在躲不过，史可法勉强把场面应付下来。但接下来的几天，史可法都怏怏不乐。最后他又来一次折中：命高杰之子拜提督江北兵马粮饷太监高起潜为义父。

本来可以更加亲密的高营，从此与史可法反而生疏起来。高营始终人心浮动，邢氏母子及其名将李成栋等先后降清，转而成为攻打南明的主力，史可法只有困守扬州。

困兽之斗

无所作为，又众叛亲离，史可法从未在自己身上寻找因果。“四镇”当中看起来史可法与高杰最近，但史可法对高杰的真实看法，却出人意料。在高杰出事前的一个多月，史可法甚至有了杀掉高杰之心。

崇祯十七年（1644 年）十一月，郁闷中的史可法找来应廷吉谈心。在史可法的心目中，姜子牙、张良、诸葛亮这三个史上著名的救时人物，最契合自己的理想与志向。史可法满怀书生意气，认为自己就是当代的诸葛亮。同时，他还想知道在别人的眼里，自己与这三个人有什么距离。应廷吉顺着史可法的意思说：“这三个人都是济世良才，只有所处的环境有所不同。三个人中诸葛亮最不成功，那是他没有生逢其时。”应廷吉分析的诸葛亮，引起了史可法的共鸣，他问应廷吉说：“可是，陈寿在《三国志》中，却认为领军打仗不是诸葛亮的长处。”应廷吉回答：“诸葛亮的作为，陈寿怎么可能理解！”

史可法约应廷吉谈，本来就不是叙谈历史，而是感怀时事。面对困局，史可法需要为自己的理想与现实，作出一个体面的解释。应廷吉的话，让他豁然开朗又感慨万端：“天下大事如此之坏，完全是‘四镇’尾大不掉，唯有砍下这四个人的头挂上城门，惩戒那些任事不忠的人，时局或许有救！”

说完，史可法自己都感动了。他拿出新写的两幅字，送给了应廷吉。

史可法将责任推给了别人，其实邢氏母子率高杰部降清，史可法其实有着直接的责任。弘光元年（1645 年）正月，正是史可法的亲自安排，高杰才率军北上，但进军的目的不是针对清军，而是充当清军的盟友，联合扑灭李自成等“流寇”。按照史可法的部署，明军北上至开封地区后要向西面荥阳、洛阳一带推进，与清肃亲王豪格“会师剿闯”。河南总兵许定国叛清，并将高杰在睢州杀害。睢州事变引起了一系列连锁反应：史可法出兵配合清军“讨贼”计划全盘落空，明军与清军的军事实力对比发生质的改变。

弘光元年（1645 年）四月，左良玉又举兵东下“清君侧”，史可法又撤军入援燕子矶。淮防空虚，清军消灭李自成部后顺利南下，清军与南明军的决战开始了。

谋略失败，实战中的史可法又有何奇招？弘光元年（1645 年），多铎部出潼关直趋扬州，攻击刘良佐、黄得功等明军主力。四月十三日，清军至泗州，明守泗总兵率部南逃，清军当夜渡过淮河。面对严峻的形势，史可法居然是惊慌失措。

据应廷吉记载，当时一部分南明军队驻于高邮，史可法一天之内三次发出令箭，上午令邳宿屯田道应廷吉“督一应军器钱粮至浦口会剿”左良玉部叛军；中午令“诸军不必赴泗，速回扬州听调”；下午又令“盱眙告急，邳宿道可督诸军至天长接应”。

一日三调，史可法糊涂了，把应廷吉这帮人也弄糊涂了。

十七日，清军进至距离扬州二十里处下营，次日兵临城下。史可法“檄各镇援兵，无一至者”。实际上，史可法节制的刘良佐和原高杰两藩将领已投降了清军。二十一日，总兵张天禄、张天福也投降了多铎，他们都在攻打扬州的路上。

扬州城里，只有总兵刘肇基部和何刚为首的忠贯营，兵力相当薄弱。当清军初抵城下，刘肇基建议乘敌立脚未稳，出城一战。史可法说：“锐气不可轻试，且养全锋以待其毙。”

不主动出击，那就死守。扬州城西门地形较低，城外高丘能俯瞰城下，又长满林木，诸将建议砍掉，否则对敌有利，于己不利。史可法说：这是人家的祖坟，我怎么忍心砍伐？你们认为这里不好守，我自己带人守。

二十一日，甘肃镇总兵李栖凤和监军道高岐凤带领部下兵马四千进入扬州城。两人的意思是劫持史可法，献城降清。史可法对这一点也非常清楚，但他对二人说：“此吾死所也，公等何为，如欲富贵，请各自便。”李栖凤、高岐凤不好下手，率部出城，史可法就这么眼睁睁地看着他们出城投清。

既不能战，也不愿降，史可法在想什么呢？这一天，他又写了一封家书：“恭候，太太、杨太太、夫人万安：北兵于十八日围扬城，至今尚未攻打，然人心已去，收拾不来。法早晚必死，不知夫人肯随我去否……”

二十四日夜，清军用红衣大炮轰塌城墙，“城上鼎沸，势遂不支”。入夜，扬州城破，史可法自刎不死，众人拥其下城楼，史可法大呼曰：“我史督师也！”多铎劝降他，但史可法不从。史可法被俘遇难，之后便是多铎的屠城。

南宋油尽灯枯，南明邦分士析，史可法与文天祥，都在黑暗中闪耀着永恒的光芒……

第十八章

阮大铖：
历史夹缝中的生存标本

努尔哈赤关外起兵，告天灭明，而后他出生；努尔哈赤子孙定都北京，大明覆灭，而后他死去。六十年间，天崩地坼，恰逢其时的阮大铖，成为这个末世标本。

初入官场

阮大铖（约1587—约1646年），明末怀宁（今属安徽）人，字集之，号圆海。万历进士，天启时依附魏忠贤，崇祯时废斥，匿居南京；力求起用，受阻于东林党和复社。弘光时马士英执政，得任兵部尚书，对东林、得社诸人立意报复。后降清，从攻仙霞岭而死；一说为清军所杀。所作传奇今知有九种，现存《燕子笺》《春灯谜》《牟尼合》《双金榜》四种。

这是《辞海》中的“阮大铖”词条。

历史上的阮大铖，形象相当模糊，甚至是哪里人正史都没搞清。其实，他是桐城人，“竹林七贤”中阮咸的后裔。阮氏迁居桐城后为地方豪族，田产广布桐城、怀宁县境内，阮大铖也一度住进安庆府城。明代的安庆府与怀宁县府、县同治，阮大铖自称“阮怀宁”，潜台词实际上是两个：他是一个城里人，也是一个有钱人。

文化渊源，物质基础的支撑，这个家族名噪一时：万历二十六年（1598年），阮大铖叔祖阮自华高中进士；万历四十四年（1616年），也就是清（后金）太祖天命元年，阮大铖再中进士。这一科，共录取了进士三百四十四人，有爱国时一筹莫展、叛国后运筹帷幄的洪承畴，剿贼如神、终被贼咬的陈奇瑜，阮大铖的著名官场老对手魏大中，帮忙不足、添乱有余的杨维垣等等。

阮大铖进入官场，直接做了京官“行人”。明代的“行人”属于“行人司”。部门职能，国内事务方面他要颁行诏敕，奖励官员，还有奉旨招抚，册封土官，参与军务，奖励边疆功臣等。国际事务方面，行人的外交职责主要是册封国王，奉旨诏谕、赏赐，护送使节回国等。行人出去做这些事，全是代表国家最高领导人，所以这个岗位的官员任用，首先要严格笔试，考不到进士的不要。接着政审，家庭出身有问题，平时表现不突出，尤其是百姓不能公认的（所任行人多孝廉人才），同样不行。这中间，还包括了面试，不过不是单独进行，而是结合前面工作和平时印象。阮大铖出身于书香门第，长得也帅，家里也很有钱，根本不需要狗刨腆脸换点灰色收入，让百姓背地说三道四。高学历、高身材、高收入，阮大铖是典型的“三高”人才。

行人多有升职空间，著名首辅夏言，当初做的也就是行人这等小官。选拔到这个重要岗位的官员，一般都是心情舒畅：工作很体面，大家也少不了要尊敬你——皇帝派他来给你送奖状，你难道还不对人双脸堆笑，双手作揖？明朝的行人升转的周期不断缩短，升迁速度不断加快，多升迁为御史，六科给事中等科道官，全是条条单位，或实行垂直管理的部门。初入官场，阮大铖面临的是大好前程。

出山谋官

阮大铖顺利迈出了官场第一步，官运好像是很好，其实相当不好。

从万历四十四年（1616 年）到天启四年（1624 年），九年间阮大铖基本上都在原地踏步。尔后几年，他一会儿升官，一会儿罢官；一会儿上班，一会儿回家。如果不是家庭经济很强大，仗着啃老，那点工资管路费都不够。

阮大铖官场上的这通折腾，也不能尽归于自己运气不好，主要还是国家的运气也不好。如果硬要从自己身上找原因，可以归纳作“经验不足”。

天启四年（1624 年），是阮大铖连春节都没过好的一年。这个时候的阮大铖，正在老家生闷气。父亲死了，阮大铖按例回家丁忧守孝。守完孝，就是没有人通知报到上班——很明显，吏部的领导不厚道，自己被朝廷“挂”起来了。

官场被“挂”，是官场中人的一个大忌。大好青春，就这么晾着，换机灵人，在当时怎么地也要拎上烟酒，揣上红包，不惜以培育别人的腐败，迎来自己的光荣上岗。

阮大铖没有这么干——不是说这有什么确凿的证据，而是一个道理。作为被政敌与后人推敲了几百年的人，如果有点这方面的蛛丝马迹，那肯定早就通报全国了。很多人习惯将明季的官场描写得一片黑暗，单就这个片段，明朝的官场还真的不是腐败透顶，阮大铖还真的不是嗜官如命，不择手段。

但运气来了，山都挡不住。闲住在家的阮大铖，收到了一封信。信中不光是告诉他去上班，而且还告诉他是一个重要职位——吏科都给事中，科道官中的第一重要岗位。

吏科都给事中，这官名特不好念，但特别好使。按照明朝的政治制度，吏、户、礼、兵、刑、工六部之外，设有对应的六科。六科，不是六个科长，也不是六部的二级机构，他们的顶头上司是皇上。六科给事中的职责是“掌侍从、规谏、补阙、拾遗、稽察六部百司之事”，以皇帝名义发出的制敕，给事中要对之进行复核，有不妥之处给事中可以封还。吏部与吏科，主要是管理官员任免的，所以吏是狠角色。吏部尚书如果拿出了官员调整的初步方案（选任文官），需要与吏科都给事中一同报告皇帝请旨。这待遇，一般级别官员都享受不到。

给阮大铖写这封信的是左光斗，与阮大铖是桐城老乡。二人不仅是同乡，而且交情深厚。但是，如果认为左光斗是因为老乡关系才给阮大铖写信，那就错了。明季的京城，有很多桐城老乡，如内阁大学士何如宠、湖广巡抚方孔炤等，但给阮大铖帮忙谋官的，只有这个左光斗。

左光斗为什么要给阮大铖帮忙？因为他们是同盟——东林党。

阮大铖加入东林党，还是在其“上学”期间。阮大铖十七岁中举，在中进士前的这十三年里，游学江南成了高攀龙的弟子。高老先生是东林党的领袖，也是阮大铖的加入东林党的介绍人。所以，当阮大铖踏进官场的时候，已经加入东林党快十年了。

东林党被后世誉为清流，左光斗史称忠臣、忠烈。但是，东林党与左光斗的另一面，却远不是一个抽象的概念。从天启三年（1623年）到天启四年（1624年），一年多的时间里，左光斗连升六级，担任都察院左佥都御史，官正四品。正常情况下，左光斗的升官模板，会很快复制在阮大铖身上。

阮大铖急急奔至京城，赶到左光斗家时吓了他一跳。左光斗说：这么晚了，你来也不先打声招呼？阮大铖说，我不是来得晚，关键是还没有吃晚饭呢！

左光斗哈哈大笑，说你真是个直肠子，肚里有什么藏也藏不住。左夫人袁氏见状，连忙去准备饭菜，阮大铖说：别那么麻烦，来壶老酒就行了。

阮大铖酒量特大，风格又猛，喝得左光斗是晕头转向。等到阮大铖起身告辞，左光斗坐在椅子上已经起不来了，红着脸对阮大铖摆手道：圆海啊，实在失礼了，我就不送你了。

等阮大铖要出门，左光斗又喊了起来：圆海，君子之交淡如水，你是知道我的，你那袋子里都是些啥？带回去。

阮大铖呵呵一声转了回来，说刚才只顾喝酒了，袋子里不是什么东西，只是一点家乡的特产。阮大铖上前解开袋子，拿出一挂，说这是干鱼。又拿出一包，说这是干竹笋。然后，拿出一个精致的盒子。

这是啥啊？左光斗不放心地问。

阮大铖笑了，说这个啊，您肯定喜欢的。

盒子里只是一块浮山石。左光斗号“浮丘”，指的就是家乡浮山。浮山石的神奇之处，是能漂浮于水。来京之前，阮大铖精心挑了一个檀木盒子，装了一块浮山石。左光斗见到浮石真的乐了，说圆海啊，你真是心细，这浮石我上次准备带一块来京，后来又把这事给忘记了。那好，你这些东西我都收下了。

阮大铖一边把礼物一件一件收回袋子，一边将脑袋凑向左光斗：您信中说的事，没什么变故吧？左光斗一仰脖子：没事！

这下，阮大铖彻底放心了。

出了左光斗家大门，拐了一个弯，阮大铖站稳身子，把脸凑向风，让风吹了一次，又吹了一次。

戴在头上的叫帽子，摆在柜台上的叫商品，眼前的琳琅满目不等于自己光彩照人。

这风一吹，阮大铖又不踏实起来了。

官场游戏

左光斗一而再再而三地承诺，阮大铖心里始终不踏实，是他把吏科都给事中这顶帽子看到太重，同时摸不清这升官的规矩。必然，偶然，阮大铖琢磨这么些年，都没有找到究竟是哪个道道。

当然，也不全是一头雾水。排队，站队，撞大运，哪个办法好使，那都是升官之后才知道的。

明朝的官员升迁，本来是有规矩的，主要是论资排辈。大家站好队，先来后到一目了然，不必争。排在后面的人也不必着急，这次没提拔没轮上，下次一准就是你。左光斗信心满满地推荐阮大铖聘任吏科都给事中，道理就在这个地方。

左光斗给阮大铖写信时，原任吏科都给事中程注，被提拔为太常寺少卿。按照成例，空出来的吏科都给事中这个位子，要以年资为序，在六科官员中提拔一个。排队排在最前面的，是礼科给事中周士朴。

周士朴（？—1642 年），字丹其，归德府商丘（今河南商丘）人，万历四十一年（1613 年）进士。

阮大铖是万历四十四年（1616年）进士，周士朴比他正好高一届。先提拔周士朴，后提拔阮大铖，这很正常啊，总不能让阮大铖插队吧？

不是阮大铖插队了，而是周士朴站错地方了。周士朴不是东林党，又不爱交际，而提拔必须有人荐举，就是给你提名，这基本上就是个程序上的东西，但必须有。过不了"提名关"，提拔的程序启动不了。静静地站在风中，只能在风中悄悄地零乱。

就算过了"提名关"，周士朴同样没戏。为什么？看他的名字就知道了——"朴"，世俗中"呆"的别名，缺少招人喜欢的地方。招人厌恶的地方，周士朴倒有，《明史》载："士朴性刚果，不能委蛇随俗，尤好与中官相搘柱，深为魏忠贤所恶。"

周士朴的个性"刚果"，钻营方面欠火候，投机方面也不行，既没投靠上东林党，还把阉党给得罪了。

《明史·周士朴传》："中官王添爵选净身男子，索贿激变；守陵刘尚忠鼓陵军挟赏；刘朝等假赍送军器名，出行山海外，势汹汹；织造李实讦周起元；群珰索冬衣，辱尚书钟羽正，士朴皆疏争。"

好一个"皆"字，周士朴几乎就是宦官的天敌。即便只有魏忠贤这一个对头，周士朴提拔的事都彻底没戏。如果周士朴找吏部讨个说法，分分钟就可以编一个给他。

排除了周士朴，把阮大铖给排上去，接下来还要看用什么办法：如果六科官员都排队，排在队伍前头的是工科右给事中刘弘化；如果只将吏科官员排队，排在队伍前头的便是吏科右给事中阮大铖。

刘弘化，字贰公，号衡麓，长沙府湘潭（今湖南湘潭）人，万历三十八年（1610年）进士。刘弘化职级不比阮大铖高，但他入仕早了两届。

两个第一名，刘弘化有资历优势，阮大铖有岗位优势，提拔谁都行，这事不好弄。并且，刘弘化与阮大铖都是东林党人，自家人就不宜厚此薄彼了。

但是，这两个人对东林党都不太像死心塌地，在东林党大佬的眼里看法不一。刘弘化属于消息灵通人士，也是有自知之明的人，知道吏科都给事中的位子有人在争，自己可能争不到，关键时刻冲一把的意义不大。

就算争到了又怎么样呢？春节前，刘弘化接到了一个不好的消息：父亲病重，好起来的希望不大，剩下的时间估计不多了，要么家里人也不会不断地来信。如果父亲一旦病故，自己争到的官帽子可能还没捂热，接着就要按规定"丁忧”，辞官回乡为父亲守孝。

想起这件事，刘弘化心里就窝着一团火。为了发泄自己的不满，给东林党大佬私下的盘算添堵加麻烦，在左光斗给阮大铖写信的同时，刘弘化也给阮大铖写了一封信，告诉他吏科都给事中出缺，怂恿阮大铖速速来京递补。

顺便，刘弘化透露了其中的猫腻，让阮大铖心中有数。刘弘化在信中叮嘱：你得争，但要当心，这顶帽子不一定归你。

官员升迁中的各种难题，对做官员任免工作的吏部官员来说，又是司空见惯的，原则不原则，都会有熟练的套路与技术处理措施。别人看了总觉得哪不对，但又说不出个所以然来，这就是有层面的官场“道”与“术”了。

早期的东林党大佬孙丕扬，当吏部尚书时，时常因为给别人发帽子，弄得自己头痛。凡是想挣大钱又想得五星好评的卖家，没有一个不焦心劳思。

孙丕扬（1531—1614 年），字叔孝，号立山，西安府富平（今陕西富平）人，嘉靖三十五年（1556 年）进士。

从地方到京城，孙丕扬历练过的岗位太多，遇到棘手的事、难剃头的人也太多，这并不等于就掌握了包治百病的灵丹妙药。万历二十二年（1594 年），六十二岁的孙丕扬出任吏部尚书。这位老尚书，大胆创建了“掣签法”，以一招应百招：官员升迁，筛选一批符合条件的。这个拟提拔、重用的官员名单，数量比较足，也是有原则的，谁想提提意见，一般不好找茬。

然后，无论贤愚清浊，孙丕扬让他们一概抽签上岗，听天由命。抽到了是运气好，抽不到是运气差。运气，是治愈所有失败者的精神良方。

孙丕扬的这个发明，被后人骂了几百年，并且怎么骂都是有道理。组织人事工作这么神圣，孙尚书却使上了民间分鱼虾、分地瓜的招数。其实，孙尚书是个廉洁清正的人，《明史》评介：“丕扬挺劲不挠，百僚无敢以私干者。”

出此下策，孙尚书实属无奈，因为请托送礼的太多，出面打招呼的太多。这位倔强的秦人，谁都不怕，唯独怕宦官。宦官没完没了地托他给亲信安排肥缺，孙丕扬安排吧又不是，拒绝又不敢，于是官员使用技术就升级到了随机性极强的“抽签”。

宦官属于残疾人，理论上属于弱势群体，实际上属于惹不起的特殊群体。他们天天在皇帝身边转，哪天把皇帝头转晕了，吐一滴口水就够孙尚书喝一壶。所以，孙丕扬敢于担当，公正无私，带头放弃自己手里的安排官员的权力，放弃肥缺的分配权，从宏观上灭了一个灰色产业，从微观上切断了一帮人的财路，取消了灰色权势集团的肥缺索取权，任何人都不能凭自己的好恶安排官员，一切凭当事人的手气。抽签选人，孙尚书以其技术创新，来保障官场秩序的建立。

公正地讲，那时东林党还比较窝囊，孙丕扬想硬也硬不起来。

天启朝的东林党是硬气的，吏部尚书赵南星也是硬气的，官员升迁还用那么窝囊的办法吗？阮大铖对赵南星心里没底，对赵南星与左光斗之间的关系心里也没底。玄乎，就玄乎在这个地方。

升官的诀窍太多，玄机太多，阮大铖总是放心不下，忍不住又找了一次左光斗，暗示左光斗是不是留点心，防止半道出什么岔子。

难道，煮熟的鸭子还会飞？左光斗道。

难道，煮熟的鸭子不会飞？阮大铖想。

旁门左道

不过，阮大铖这一提醒，左光斗觉得还是有些道理，找人沟通一下更为稳妥。找谁呢？高攀龙。

天启朝左光斗的声望很高，但高攀龙的热度更大，原因就在于东林党的群体影响力。这个时候的高攀龙，还不是东林党的核心，但他一直是东林党人的中心。

以高攀龙的官场经历，也没机会有所作为。高攀龙考中进士后父亲去世，丁忧结束被任命为行人司行人。年轻气盛的高攀龙，直接跟首辅王锡爵干上了，顺便把皇上牵扯了进来。万历皇帝那个气啊，直接将高攀龙贬为广东揭阳典史。伤害性不大，侮辱性极强：典史，属于不入流的文职外官，让你心高气傲得见了地方小官都得点头哈腰！

高攀龙实在受不了，上了几天班，说家里有事，请假回家。

能请假几十年，这就是高先生的功夫。高攀龙在家并没有闲着，跟着顾宪成办东林书院。顾宪成去世后，高攀龙成了东林书院的掌门人。这几十年，高攀龙是从不宕机的顶流。

天启皇帝登基后，哕鸾宫起火，又出现“黑气斗日”之异象，这可不是什么好兆头。什么原因呢？东林党人认为：以高攀龙为代表的官员太委屈了，老天已经看不下去了，必须尽快起用！

于是，“起原谪广东揭阳县典史高攀龙为光禄寺寺丞”，“升光禄寺寺丞高攀龙为本司少卿”，“升光禄寺少卿高攀龙为太常寺少卿”，“升大理寺右少卿高攀龙太仆寺卿添注”。天启四年（1624年）八月，左都御史孙玮去世，高攀龙直升为左都御史。

仅仅四年时间，高攀龙蹿升了十七级。

但眼下的高攀龙，还不是左光斗的顶头上司。左光斗认为请高攀龙出面说句话，阮大铖的位子应该就十拿九稳了。

见左光斗来推荐阮大铖，高攀龙挺高兴，说阮圆海的诗写得挺好，真是青出于蓝而胜于蓝啊！左光斗一听，觉得这下有戏了。

高攀龙又话锋一转，说吏科都给事中可是位卑权重啊，你们一定要物色一个最合适的，不能因为阮大铖是我的弟子，就有所偏私。

高先生是个高尚的人，高尚的人是容不下私心的。高先生的弟子也多，想蹭流量的肯定也不是一个两个。

看来，还是直接跟赵南星商量吧。

赵先生应该不熟悉阮大铖，但是偏不。赵先生说，阮大铖确实是个才子，以后要是有机会，我真想到你们家乡去看看。然后，赵南星吟起了一段诗：

结室面东湖，风来湖水香。随意采菱舟，夤缘洲渚傍……

这不是阮大铖的《郊居杂兴》吗？赵先生居然知道。

左光斗不是一个绕弯子的人，直接说起阮大铖任职的事。赵南星沉吟了，皱着眉问左光斗：“你这个老乡，你知道他的性格吧？”

“挺豪爽的。”

“太豪爽了”，赵南星接过左光斗的话，“沉不住气，话多。”

见左光斗没说话，赵南星干脆将意思说到底：“癸亥京察到了最关键的时候，哪个细节都不能出错。吏科都给事中这个位子，还是魏大中更合适些。”

原来，吏科都给事中的人选，赵南星已经明确到这个程度了。

魏大中升迁到礼科左给事中的时间并不长，又转升到吏科都给事中的位子上，拿到台面上不太好说，但赵南星也是为大局着想，并且说的也是实情。但是，魏大中提拔了，阮大铖这块怎么摆平？

赵南星说：以后有的是机会。

官场上的“以后”，等于没有“以后”。

这下左光斗真的急了，面红耳赤，一声不吭，在赵南星面前走来走去。

赵南星想了想，转而对左光斗说："这样可好，阮大铖转升工科都给事中吧！"

"这也太不合常例了吧？"左光斗这下忍不住了。

赵南星不是孙丕扬，这是东林党执政的时代，在哪个场子赵尚书都要体现自己的意图。赵南星对着左光斗哈哈大笑："我说你呀，阮大铖太灵活了，你又太呆板了！什么叫常例？给鬼弄个什么样的纸屋，扎纸匠的想法，就是常例。"

赵南星不愧是段子手，再严肃的事情都能整出幽默感。

阮大铖的思想工作怎么做，赵南星交给了左光斗。"沟通一下，阮大铖那性格，到工科也许比谁都干得好。"赵南星道。

左光斗觉得是这么个理，回去便把阮大铖给找来了。一边喝酒，一边聊事。得知自己被安排了工科都给事中，还真不知道怎么说好。吏科居首，工科居末，坐上吏科属于提拔重用，推上工科只是提拔，而重用是官员提拔的隐形台阶。实实在在的差别啊！当听到吏科都给事中安排给了魏大中，阮大铖一下子就炸毛了。

魏大中是谁？阮大铖"同学（同年）"。万历丙辰科，阮大铖中的是三甲第十名进士，魏大中的是三甲第十三名进士。

这就有意思了，阮大铖与魏大中是"同学"，排名很靠近。官场之上，同学看同学，尤其是提拔重用的时候，那全都是"哲学"：如果是同学与别人竞争，那谁胜出都不对，绝对应该是自己的同学；如果有同学与自己竞争，那谁胜出都没关系，绝对不能是自己的同学。

吏居第一，而工居最末。让魏大中取代自己干吏科都给事中，阮大铖无法忍受。但是，阮大铖这次居然忍住了。

左光斗安慰道："干，两个位子差不多。"

阮大铖回应道："干，两个位子差不多。"

没有意义的争论，非要坚持争论，那是民间谩骂的情形。

难道事情就这么定了？难道真的没有办法了？

阮大铖太不甘心了，怎么也咽不下这口气，板牙狠狠地嚼着一块肉，脑子飞速运转着。

难道，"难道"就不能是一条道了？

人生最大的虚度，就是在烂路、烂事上纠缠，它能耗光你所有的能量。遇到烂路、烂事，及时抽身，立刻止损。及时止损的关键，在于"及时"。从左光斗家出来，阮大铖半道上就想出了一个道道。如果不是夜有点深，阮大铖会连夜赶过去。

阮大铖想到另一位老乡，也是老乡中最大的京官：礼部侍郎何如宠。

何如宠（1569—1642 年），字康侯，号芝岳，南直隶桐城（今安徽枞阳）人，万历二十六年（1598 年）进士。

阮大铖的老家与何如宠的老家离得更近，隔着湖彼此都能看见，阮、何两家关系一直密切。何如宠同样是东林党，乡党加同党，这是官场中最好使的人脉关系。

但是，这些都不是阮大铖动念头的关键所在。

二十多年的宦海生涯，何如宠的经历很特别。进士及第后，何如宠进入翰林院，授庶吉士。天启二年（1622 年），国子监祭酒何如宠，起升礼部右侍郎，兼翰林院侍读学士，协理詹事府事。何如宠不断地升官，不停地换岗位，都是围着皇上转，现在已是第三个皇帝了。

如果请何如宠找一下皇上，事情岂不峰回路转？苦思冥想，阮大铖痛苦地把自己给否决了。

何如宠“操行恬雅，与物无竞”，“无竞”到什么程度呢？何如宠回老家探亲，有天晚上在朋友家吃完饭返回，走进一道巷子时，遇到一个酒鬼，家仆打着灯笼也没在意。酒鬼冷不丁飞起一脚，家仆手中的灯笼一下子就被踢飞了。这下家仆就不干了，扯住酒鬼让其赔偿，何如宠上前制止了。

街坊看见后跑到酒鬼家，说你们家这祸事闯大了，知道踢的是谁吗？你一个老百姓，还是乡下的老百姓，朝廷高官捏死你，也就是捏死一只蚂蚁。

酒鬼的父亲吓傻了，酒鬼也被吓醒了。第二天一大早，酒鬼的父亲领着儿子上门请罪。何如宠出来笑呵呵地问他们什么事，然后说了一句话：“昨天我根本就没有出门。”

这是咋回事？有一种修养就叫人畜无害，招惹麻烦的事从来不干。何如宠要是帮了自己，也就得罪了赵南星，同时让左光斗没了面子。阮大铖把自己的想法否定了，做鬼掐不死人，做人升不了佛，这种人不是关键时刻能求的人。

只要步履不停，目标便会相遇。一条道走到黑，更是不可能的事。阮大铖不想止步，又不知如何迈步。

不可能，不甘心，谁能帮自己这个忙呢？水克火，火克金，金克木，照亮当时官场大道的不是太阳和月亮，而是金子和银子。阮大铖一咬牙，决定找一个认钱不认人的人。

这个人，就是魏忠贤。

阮大铖自视甚高，打心眼里瞧不上魏忠贤这种人。跟一个粗俗的阉人做朋友，阮大铖觉得那也太没品质了。投身需要资格，投靠不需要。有些瞧不上的东西，它就是那么实用，你不得不去做。

答案面前，阮大铖还是有些犹豫：让一个阉人决定自己的命运，这是一个重大抉择。东林党死活不让自己去吏科，左光斗也代表组织谈话了，再这么纠缠下去明显没有实际意义。要想有出路，必须换思路。

思路与出路，只能在魏忠贤那里。阉党与东林党的思路，那是不一样的。东林党的思路，是朋党能为朝廷干事业，朋党的事业做大了，也就不愁某个朋党的利益，到时大家都有好处；阉党的思路，比较直奔主题，只看是朋党能为朝廷作多大“贡献”，银子到手了，还有什么样的事业不能有？

一个高举理想的大旗，理想底下夹着利益；一个高举利益的大旗，利益下面夹着理想。差不多，能有什么区别？阮大铖横下一条心，要到魏忠贤那里使些银子。

先给别人好处，再说出你的需求。行贿理论上的可行性，在于靠行贿提拔最安全，对方受贿后会把你当作自己人，彼此成为利益共同体，从而给予你重用与庇护。依附一个自己都瞧不起的人，阮大铖感到有点悲哀。

“有官万事足，无子一身轻”，不改弦易辙，谁能保证不会像苏东坡先生一样被折腾到死？

两利面前得掂量，两害面前也得掂量。不得已，那就干吧！

可是，事当临头，难题又出来了：阮大铖根本就不熟悉魏忠贤，这门也是进不去的。阮大铖想到了朋友傅继教，他跟魏忠贤肯定很熟悉。

傅继教官不大，是东缉事厂（东厂）的理刑百户，但人脉特殊。东厂首领都由宫中太监担任，傅继教有机会直接与魏忠贤打交道。听阮大铖上门这么一说，傅继教也有点为难了：跟魏忠贤的关系也不是太近，找他办事人家不一定太贴心，钱若花出去了没有效果，那还能把钱再要回来？

有没有与魏忠贤关系很特别的呢？傅继教说有，我哥们傅櫆他特神通。

傅继教说的话，其实也是半真半假。他与魏忠贤是熟悉的，只是觉得魏公公是皇上身边的红人，贸然找他替人办事，自己没有那么大面子。自己与阮大铖是好朋友，万一事情办砸了以后不好见面。

傅櫆，抚州府临川（今江西临川）人，刑科给事中。

傅继教带着阮大铖找傅櫆，这下子果然找对人了。傅櫆特爽快，说这事好办，我现在把我兄弟傅应星找来。

傅应星可不是凡人，御史李乔崙在弹劾魏忠贤的奏疏里说，傅应星是魏忠贤的亲儿子，其实他是魏忠贤的亲外甥。傅应星本是乡下一农夫，也没啥文化，沾舅舅的光，升为礼部仪制司员外。

走后门的事在办公室里谈是不合适的，傅继教在巷子里找了家酒馆。四个人坐在一起也不谈事，一边海阔天空地闲扯一边喝酒。傅应星的酒量不是很大，喝起酒来倒挺勇猛。阮大铖恭恭敬敬站起来，又敬了傅应星一杯，傅应星一手按着桌子，一只手去拿酒杯，拿了几次都没拿起来。傅应星的嘴巴不利索了，说兄弟你有什么事就直接说吧，这酒我实在是干不了啦！

傅櫆乘机把事情说出来，傅应星满口答应：这事，包我身上。我要是办不成，我就是孙子！

说完，傅应星居然把酒杯又端起来了，一仰脖子，杯中的酒倒得一滴不剩。

万丈红尘三杯酒，千秋大业一壶茶。有些事困难得不得了，严肃得不得了，三杯酒下肚，天大的事也能变成小儿科，一辈子不一定能实现的愿望，三杯酒的工夫就可解决得稳稳当当，这就是酒文化的魅力。

傅应星的表态，还真不是酒话。没过几天，傅应星便约好了时间，亲自把阮大铖带到了魏忠贤府上。

凡是能用钱解决的问题，都不是问题。路子找对了，出手一定要毒。魏忠贤见到阮大铖的礼单心里很满意，见到阮大铖聊起来心里也满意。魏忠贤吃了没文化的亏，觉得阮大铖是个有文化的人，以后不送礼也要找几个这样的帮手。

聊到水到渠成，阮大铖开始诉说委屈。魏忠贤也听懂了，这吏科都给事中的帽子，确实轮到了阮大铖头上。“谁这么没良心，干这种缺德事？”魏忠贤问。

阮大铖眨了一下眼，说背后使坏的主要是两个人：一个是杨涟，一个是左光斗。

阮大铖这话说的，杨涟根本没掺和这件事，左光斗对这件事是铁了心地在帮忙，而打翻这件事的实际上是赵南星。

在魏忠贤面前，阮大铖不提赵南星一个字，这就是策略。魏忠贤是皇上的红人，赵南星是朝中的重臣。请人家出来给你帮忙办事，你还给人家弄个重量级的对手，一准儿会把帮忙的人给吓缩回去。

无耻与冷漠，可以省去百分之八十的麻烦。官场资源永远是有限的，好东西需要靠抢，只有弱者才会坐等分配。眼下魏忠贤对赵南星的态度还非常微妙，犯不着为阮大铖的事得罪赵南星。如果是得罪杨涟与左光斗，魏忠贤也不感到无耻和困难。

果然，一听是杨涟和左光斗作梗，魏忠贤跟着就来气了。“翻了天了”，魏忠贤道，“我倒是要看看他们有多大能耐！”

这一刻，阮大铖终于开心了。

离开魏忠贤的府上，阮大铖悄悄递给守门人一块银子。守门人赶紧摆手，说这个小人可不敢收。守门人知道，来拜访魏忠贤的人，都是有来头的人。阮大铖脸上堆着笑，说这是一点小意思，也是给您添麻烦，请把在下的名刺找给我，在下要去看另一个朋友。

名刺，即通名帖，跟现在的名片差不多。收回名刺，也跟找物业删除小区录像差不多。

阮大铖在悄悄地行动，赵南星、左光斗等并不掌握。

阮大铖的机灵，就是熟知官场门径。在封建社会里，当官首先就要立志当一个风尘女子，还又不能像杜十娘那样对李甲专注用情。这一番后台运行，魏忠贤这道程序终于启动了。

正常情况下，东林党的人事安排方案，皇上是不会具体过问的。报上去的名单在皇上那里通过，不会存在什么问题。可这一次出了意外，魏大中担任吏科给事中的请示，皇上就是没有批准。这叫“留中”，就是皇上压下文件，不签字退回。

东林党仍旧蒙在鼓里，继续按部就班具疏题补阮大铖为工科，那肯定也是迟迟批不下来。东林党的当事者正在奇怪时，吏科出缺日久不补的事已经传通部院，议论纷纷，缘由也通过小道消息传出来了。东林党领袖总算看明白了，只好尴尬地重新题补阮大铖为吏科。果然，当天晚上天启皇帝的批示就从宫中送出来了——呼风唤雨的东林党，也有自己说了不算的时候。

不过，东林党领袖并没有感到意外，他们对官场的内幕太熟悉了——这个人事安排，肯定是另外一个朋党的意见起作用了。这个能与东林党叫上板的朋党，除了阉党，不会有哪股势力有这个能力。而阮大铖，一准与阉党攀上了关系。

赵南星对阮大铖恨得咬牙切齿。其实，这个时候的赵南星不应该只感到痛恨，而是要意识到危险。

内讧，分裂，背叛，这已是东林党的不祥之兆。

阮大铖投靠阉党，对东林党来说是一个重大的危险信号。

东林党的队伍是庞大的，少一个人并不影响总体实力。问题是，少的这一个不是消失了，而是添加到了对手的一方。

这还不是最重要的。魏忠贤本是市井无赖，客印月本是乡妮村妇，放到再高的位子，还是市井无赖、乡妮村妇，强项依旧只是耍横撒泼。当知识精英混入这支队伍时，这支队伍的性质想不改变都难。

祸起笔端

天启四年（1624年）二月中旬，阮大铖如愿争得了吏科都给事中。上了几天班，阮大铖突然不干了，辞官回到老家安庆。

好不容易弄到一顶官帽说扔就扔，原因很简单：不当官比当官好。阮大铖得出这个结论，与他的两个朋友有关：傅櫆，章允儒。

阮大铖重回官场时，大大小小的党气候已成，有的已经膘肥体壮，比方说东林党，阉党，齐、浙、楚、昆、宣党等。蜂拥结党，无非一个“利”字。而近乎利益垄断的东林党，势必将成为众矢之的。都说是魏忠贤打败了东林党，有点概念化，打响了反对东林党中坚派的第一枪的，其实是江西人。

天启四年（1624年）二月十九日，刑科给事中傅櫆借汪文言案，弹劾左光斗、魏大中“招权纳贿”。傅櫆不仅投靠了阉党，还与魏忠贤的外甥傅应星是同志加兄弟。傅櫆这个举动的性质，很多人认为是阉党与东林党的决斗，其实并不准确。因为这其中最重要的原因，因为他是江西人。而他需要打击的，也不是整个的东林党，而是要精准地打击左光斗与魏大中。

左光斗与魏大中为什么成为江西人的靶子？当然是他们得罪了江西人。当初与左光斗争夺左佥都御史的，便是熊明遇、徐良彦。熊明遇，南昌进贤人；徐良彦，南昌新建人。左光斗仰仗党的领袖赵南星这个靠山，击败了熊、徐，但他们之间的怨仇，不到断气的那一天，那是不可能了断的。而再一次亲手点燃东林党与江西朋党间导火索的，便是魏大中。

魏大中太不给江西人面子了——魏大中驳了刘一焜的恤典。恤典，是朝廷对去世官员给予的赐祭、追封、赠谥、恤赏、恤荫等方面的典例。刘一焜，南昌人，曾任浙江巡抚。其兄刘一燝，是继方从哲之后的明朝首辅，天启二年

（1622年）去官后崇祯初年再复原官。他们的父亲官小一点，也是陕西右布政使。所以，刘家绝对是江西党的总部。刘家失了面子，江西官员想不震怒都没有理由。

阮大铖的朋友章允儒，也是江西南昌人。但这位章允儒不仅不是魏党，而且还是个“倒魏派”。这个人比较凶狠，不太厚道，但也不算坏人，时任礼科都给事中，崇祯初年改任吏科都给事中。《明史》之“黄尊素传”曰：“是时，东林盈朝，自以乡里分朋党。江西章允儒、陈良训与大中有隙。”共同的政敌，这个时候的章允儒成了领头羊，熊明遇、徐良彦等人加入进来，一同鼓动傅櫆奏劾左光斗、魏大中与汪文言朋比为奸。

章允儒虽说是阮大铖的朋友，但说阮大铖与章允儒共同谋划了江西党的进攻，也太勉强，因为阮大铖同样没有干坏事的时间，江西党恶斗东林党时他远在老家安庆。东林党与江西党交手，章允儒策划，傅櫆领衔，对东林党来说都不可怕，可怕的是傅櫆的特殊身份——这个身份，让江西党与阉党又一拍即合，以迅雷不及掩耳之势，组织起了强大的统一战线。

左光斗的官场败亡就此开始，并且无法逆转，因为他在反击的过程中，又不断挑出战场新敌，并将矛头对准了魏忠贤，迫使魏忠贤大打出手。天启四年（1624年）十一月，在魏忠贤反击下，杨涟、左光斗等去职。天启五年（1625年）三月，杨、左等“六君子”入罪，六月全部到狱；天启五年（1625年）七月二十六日，杨涟、左光斗为狱卒所毙。

血洗东林，魏忠贤的阉党实现了东林党想实现而没有实现的一党专政。但东林党人除了少数被杀，多一点的是被罢，更多的是主动辞官。官场地震，位子豁然腾出一批，阮大铖谁也没找，朝廷便将其召回，出任太常少卿。

太常寺掌管礼乐的最高机关，少卿官四品。这次升官，阮大铖还找了“干妈”客氏。据吴梅村《冒辟疆寿序》：明末四公子陈贞慧、侯方域、方以智、冒辟疆，除了侯方域，都跟阮大铖过不去，而以陈贞慧、冒辟疆为最。后来流寓南京的阮大铖，一度想与他们修好关系，有次便请这几位小聚。结果酒也喝了，饭也吃了，接着娱乐活动开始，看戏看到半夜，突然一位高声叫骂：“若当儿媪子，乃欲以词家自赎乎？”阮大铖很是尴尬，他们则拊掌狂笑，达旦不休——那哥们高叫的此“媪”，即指客印月。

客印月是天启帝最宠信的人，有客氏做靠山，阮大铖应该在官场春风得意。但是，在太常寺干了几个月，阮大铖又辞官回家了。

一个热衷于做官的人，如果棺材外挂一顶乌纱帽，都会从棺材里伸出一只手来，到手的帽子居然不要，阮大铖玩的是哪一出？

——吏科一职的失而复得，已让阮大铖尝到了官场斗争的反复无常。面对这种进退维谷的特殊境地，阮大铖不愿无辜地搅进哪一门派，成为斗争的牺牲品。唯恐站错队，成为政敌的打击目标，但这不是唯一的。明季官场上，还有另一曲高深玩法。著名书画大家董其昌，就是后来亲书《左光斗传》的那一位，也会这么一手：他对政治异常敏感，一有官场风波，他马上辞官归乡。一旦风平浪静，再花点银子将官买回。沽名钓誉，以退为进。这种做法，最为东林人使用——过几年紧日子，待在山林装隐逸，积累了无形资产，回马一枪，多半能找到为人民服务的机会，实现官场的功成名就。但这种做法很有副作用，戏台上称之为“端玉带”，老百姓管这叫“端肚子”，就是在那装模作样，等人叫好，但容易弄巧成拙，弄假成真，搞出冷场。天启朝的东林人最终一败涂地，很多人很奇怪，一个重要的原因是表演太过，戏演砸了。阮大铖主动辞官，只是跟风，并不是他知道魏忠贤、客印月即将败亡。

但是，魏忠贤、客印月真的败了。天启七年（1627 年）九月，天启帝朱由校早逝，崇祯帝朱由检上台，一个多月后魏忠贤上吊自杀，不可一世的宦官权力集团就此倒台。

远在千里之外，阮大铖开始盘算官场动态：东林或其他某派势力将会抬升，前朝的各政治势力对比，将会发生改变。特别是新帝登基，官员需要有一个政治态度，但这对阮大铖来说有点难：离京闲住在乡，各路信息不全；从来未进入朝政的核心圈，高层动态很难掌握，朱由检到底想怎么干，哪一派势力最终得势，他心里没有底。于是，他写了两份奏疏上奏崇祯帝，为自己复出打个基础。

阮大铖的两封奏疏，一封独攻魏忠贤罪恶；一封历数泰昌元年（1620 年）到天启七年（1627 年）间的整个党争事实，陈述东林党和魏忠贤集团的共同罪恶，魏党、东林党各打五十大板——是为《合计七年通内神奸疏》。前一份，完全是昧着良心写的。国家搞乱了，责任全推到一个组织身上，鬼才相信这个组织有这么大能耐。后一份即《合计七年通内神奸疏》，应该客观公正，尤其是什么时候东林党与宦官勾结弄权，什么时候魏忠贤权倾朝野，讲得一清二楚。毕竟是官场中人，党内党外的事大体清楚。这里的亮点，则是抓住了文臣与宦官私相勾结之实，这个很能挑动朱由检的神经。皇权专制政体中的党争，其实就是争皇帝，谁靠近了皇帝，谁就能稳操胜券。

阮大铖将写好的两份奏疏，派人急送到京城友人杨维垣处。稳妥起见，特叮嘱杨维垣见机行事，哪份符合形势就递哪份。因为这两封奏疏的配方是完全不同的，对症下药才是关键。

杨维垣与魏忠贤关系很近，当时正与倪元璐恶斗。倪元璐对魏忠贤则十分痛恨，认为前朝的坏事全在魏忠贤一人身上。政治观点的对立，杨、倪二人互掐起来。闹得不可开交，阮大铖的奏疏到了，杨维垣一看顿时乐了：英雄所见略同，东林与魏忠贤集团确实都是邪党！杨维垣想都不用想，赶紧将《合计七年通内神奸疏》送了上去。

明代虽是皇权专制，对官绅阶层而言却能政务公开，即朝臣们所有的奏章和皇帝的批示、谕旨，都应公布传抄。阮大铖这份奏章一经公布，舆论大哗，官场乱了！

冷板凳上发了个热帖，阮大铖触及了大家的哪根神经？俗话说，是官刁过民。魏忠贤势力之大，天下几人清白？与魏忠贤对着干的东林党人，几乎为魏氏一扫而空。新君崇祯帝继位后扑杀魏党，东林党人的全部希望，就是借崇祯帝之力东山再起。在这个关键时刻，阮大铖却指控东林党和魏党都是通内乱国的党争派系。魏党死定了，想急也急不起来了，东林党不能不发慌，若阮大铖此疏得用，非但大批在野东林人士仕途复起之望就此断绝，就是在朝孑遗者亦处于随时获罪的境地，而东林党孜孜以求重掌大局之心就更别提了，势必全盘覆灭。

关键时刻拆台不补台，性质比打死两个人都严重。这个时候的东林党人，不是愤怒，而是清醒——最凶恶的敌人，不再是魏忠贤。魏忠贤算什么？杨维垣、阮大铖就太狠了，根本就不是发黑帖给东林党抹黑，简直是一刀，将整个东林党上下全阉割。

东林党和魏忠贤的斗争，公舆似有正邪之分，并不清楚其中的隐情。而东林党过去压制阮大铖出任吏科，也只是出于政治党争的需要，很大程度上仍视阮大铖为本系一脉。不料关键时刻，阮大铖却抖出他们与魏忠贤同是党争祸源，且有通内丑行，着实让东林党人大吃一惊又大失所望。东林党人又是一个知识分子群体，一直以清流自居——这不是好面子，而是以此立足并取得政治优势，这也早已为公舆接受。但东林党人通内，同样勾结宦官，扮“好人”又黑灯瞎火地做坏事，外界又是不知情的。

知情的只有少数官场中人。外廷与内廷相勾结，在明季司空见惯，事出寻常，万历前期的张居正如此，当朝的左光斗如此，其他东林党要人更是如此，借以维系与最高统治者皇上的联系。张居正通冯保，左光斗通王安，内外廷勾结，只是他们利用的宦官不是魏忠贤罢了。

阮大铖的“合算疏”，搅乱了东林党人如意算盘，迫使东林党诸人及时进行战略调整，同仇敌忾，力攻阮大铖。

折戟官场

众人一齐动手没关系，关键是阮大铖的这种观点，崇祯帝比较欣赏。崇祯帝擅长猜忌，谁认为坏人越多，他就认为谁越真实。皇帝都喜欢忠诚，不过阮大铖的真话，是别有用心的杨维垣帮倒忙的结果。倒忙帮成正忙，阮大铖走马上任成了光禄卿，官居从三品，成为负责公款吃喝工作的高官。

东林党人对阮大铖的切齿之恨，则刚刚开始，因为这桩仇恨将持续数十年，包括阮大铖死后。东林党人的智商普遍比较高，怎么搞倒、搞臭阮大铖呢？不外乎经济问题、政治问题两大杀器。要想整出经济问题剿灭阮大铖很难，因为这人的经济问题主要是送钱，那时又没有“行贿罪”。所以，剩下的唯一办法，就是搞出阮大铖的政治问题。

崇祯帝正在开展声势浩大的清除魏忠贤余党运动，即所谓“逆案”。把阮大铖整成阉党，有点麻烦，因为魏忠贤在当年打击东林时，使用过一本东林党人的“花名册”——《点将录》，其中的“没遮拦”就是阮大铖。怎么将阮大铖的身份由东林党变成阉党呢？东林人忙活了一圈，却连一条阮大铖介入“逆案”的实据都没有。最终，全党同志拼智商，想出了“阴行赞导”的罪名，将阮大铖塞进“逆案”。“阴行赞导”，近义词大约是“莫须有”。

首攻阮大铖的，是御史毛羽健。毛御史本来是万县知县，崇祯元年（1628年）升云南道御史。这位毛先生，信仰闹而优则仕，在明朝官当得不大，但惹的麻烦却不小。崇祯元年（1628年）他从地方调到中央，毛羽健首先想到的是养个外室。结果，被从老家赶来的老婆逮个正着，外室被打个半死，自己跪了一天一夜。跪得膝盖红肿的毛羽健，怎么都不明白，从湖北到北京自己夫人是飞过来的？后来才明白，毛夫人这个官员家属会来事，出门探亲，知道顺便占点公家的便宜——使用驿站。毛羽健怒而上疏撤销各地驿站，说这样可以将驿卒的工资用来对付满洲人，两全其美。驿站工人李自成，下岗后闹得明朝天翻地覆。

毛羽健发难，朝野之东林同仇敌忾群起而攻之，将其纳入魏忠贤的“逆案”。“逆案”，皇上亲自抓的，最为敏感，自然最重视。主办“逆案”的韩爌，本是东林党的元老，得罪他本人的也有几位被塞进了“逆案”。得罪了东林党广大同志的阮大铖，撞在他手上，那是死定了。

“钦定逆案”计分七等罪名，开列逆案官员二百六十余人，阮大铖入“结交近侍又次等”，即第五等论罪，“坐徒三年纳赎为民”。刚起用为光禄卿的阮大铖，闪电式地又回家了。

终崇祯一朝十七年，阮大铖均废斥在野。明明自己是东林党，怎么忽然变成了阉党呢？乾坤大挪移，在野的十七年里，阮大铖一直为自己叫屈。

其实，被赶出官场的阮大铖，是其一生的崭新气象。后人能知道阮大铖，多因为他是著名诗人与杰出的戏剧家。十七年中，阮大铖以极大的热情投入戏剧创作，计有《春灯谜》《牟尼合》《双金榜》《燕子笺》等十一种，张岱在《陶庵梦忆》中赞曰：阮大铖剧作“本本出色，脚脚出色，出出出色，句句出色，字字出色”。

由于文采出众，阮大铖又惹上麻烦了。因为家乡发生民变，社会治安太成问题，阮大铖避祸到了南京。阮大铖在南京除了写诗度曲，还谈兵说剑，希望朝廷以边才起用。“边才”，即治理边疆的特殊人才。明季严峻的边境威胁，促成官场生成了一条独特的门径。阮大铖身入钦定“逆案”，“钦定”的属性，决定了他官场仕途上的绝境。如何在官场起死回生，边才起用只是逻辑上的唯一一种可能。南京作为留都，同样是东林子弟与复社文人的聚集地，阮大铖在南京又与这帮人撞上了。

南都的这群公子哥儿，个个都是意气风发的理想抱负者。通常情况下，一个年轻人的“理想”，往往又从蛮不讲理与痴心妄想起步。阮大铖的作品，吴应箕读出了“恫喝”嚣张，陈贞慧读出了争风吃醋：一个戴罪的小老头，写戏作诗，搞弄得门庭若市，风头之健一时无双，这叫秦淮河畔晒才艺逗笑艺妓的公子们情何以堪，颜面何存？

阮大铖偏偏就有这个爱好。他在南京除了密交冯梦龙、张岱这样的明季顶级文人等，还有李澹生、顾眉生等这类风月名流。李澹生，即孔尚任《桃花扇》中李贞丽的原型。历史上的李澹生，是一位美女艺术家，工诗，善画，声乐出众，形象映丽。李澹生大约小阮大铖十余岁，她与阮大铖的关系很密切，也很微妙。色艺双绝的李澹生，阮大铖是拿她作为红颜知己的。在阮大铖的诗中，李澹生总如中空夜月，靓丽飘逸，是一个临水照花之人。李澹生弄阮珠声出，横箫夺命音，令阮大铖不能自持："月亦如期会，清辉逗此宵。香声啼玉凤，花颊印红潮。既擘阮咸阮，还吹箫史箫。怜君魂是水，云雨不堪招。"

这是阮大铖写给李澹生的一首诗，将之解读为一首雅致的"淫诗"，也不算为过。从这首诗中，可以窥见阮大铖与李澹生的关系非同一般。陈贞慧是"复社四公子"之一，李澹生与陈贞慧同样极为要好，阮、李、陈三者之间情感纠葛复杂。放歌秦淮河是复社公子的青春强项，阮大铖与陈贞慧，最终也由朋友成为政敌，单纯的政见相左是一个方面，他们与李澹生的关系似乎更直接，更容易上火。这种关系，再次给阮大铖带来无妄之灾。

世上最大的难言之隐，就是在娱乐场所被人黑灯瞎火地猛揍了一顿。寓居南京的阮大铖，最大的心愿是重返官场。自打被复社公子盯上，这个愿望彻底破灭。

灭掉阮大铖这个眼中钉，公子们只用了一张纸——《留都防乱公揭》。执笔《留都防乱公揭》的，是吴次尾先生（吴应箕），考虑到当时的名牌效应，落款作了技术处理，寄言于东林遗孤。

"揭帖"本是明代内阁直达皇帝的一种机密文件，后在社会使用渐广，凡公开的私人启事也称揭帖，不具名而有揭发性质者称为匿名揭帖，"公揭"则相当于公开张贴的"大字报"。《留都防乱公揭》全文约一千五百言，大约讲了四个意思：一是"逆案"乃皇帝钦定，涉案人员没杀头就是万幸，哪有不自我改造、反而到处参与政事的？二是历数阮大铖在安庆府城、在南京种种招摇撞骗、贪诈勒索的劣迹，由此而积赃私数十万之多。三是方今流寇作乱，而以阮大铖的阴险叵测、猖狂无忌，若不早行驱除，则酿祸萧墙，将危及陪都。四是既读圣人之书，自知讨贼之义，但知为国除奸，不惜以身贾祸。

"留都防乱"公案，著名的南明史专家顾诚先生认为，这纯属一群风流公子哥儿之间争风吃醋。虽说是风流公子，毕竟是高知，人家即便是乱写一气，文字也是刀刀见血的那种。

从北京混到南京，阮大铖政治是完全失意了。吴应箕、顾杲、陈贞慧这批公子哥儿，在南京平时也就是消遣，秦淮歌妓，莺歌燕舞罢了，一直与爱国主义没什么关系。见到别人也来凑热闹，政治热情才洋溢开来。"灯下随削"的次尾先生，完全是一个宣传鼓动的高手。他"灯下"的创作，由大处着眼，小处着手，这才是文章高手。这份写于崇祯十一年（1638年）的"公揭"，将行贿受贿、敲诈勒索、操纵官府、寻花问柳等一系列高帽，挂到了阮大铖头上。次年，当“公揭”呈至皇上面前时，上面已有一百四十人的签名，其中包括黄宗羲、杨廷枢等名士，而以顾杲（东林书院创始人顾宪成之侄）居首。“公揭”之言，尽管多是恶语相加，纯属政治口号式的口水仗。但是，皇上都知道了，这人再怎么样，谁也不好再沾惹了。

三年之后，周延儒得门生张溥之助，复起入相。周延儒当是一位智商超人的才子，二十岁时连中会元、状元，然后一路升迁荣登首辅，崇祯六年（1633 年）为温体仁所败。周延儒有的就是韧劲，崇祯十四年（1641 年）终于成功再入官场。阮大铖原与“荆溪相君”有深交，见他复出，认为是自己重入官场的大好良机，便重贿周延儒，恳求援手。《明史》记道：“周延儒内召。大铖辇金钱要之维扬，求湔濯。延儒曰：‘吾此行谬为东林所推。子名在逆案，可乎？’”

这是一个没有回答的回答。明确的答案没有说不可，但正确答案当然是不可，改不置可否为满口应承，周延儒也就不是吃政治饭的——早在三年之前，阮大铖成为民间红人时，他的官场生涯应该就算结束了。

击鼓传花

虽说命运多舛，总有时来运转。崇祯十七年（1644 年）李自成攻入北京，崇祯帝朱由检自尽，阮大铖在南京等来了朱由崧。

朱由崧是朱由检堂兄，封地洛阳被李自成军攻占后流落江淮。由于凤阳守备太监卢九得、凤阳总督马士英、南京守备太监韩赞周等人都投了赞成票，流浪中的朱由崧成了弘光皇帝。马士英手上有军中实力派刘良佐、黄得功，韩赞周在留都南京官员中影响力很大。中都—留都—军队，三者之间的纽带与桥梁，阮大铖则是个极微妙的人物。

由于铁哥们冯铨、马士英的缘故，阮大铖与南京的宦官私交密切。过去，南京没有皇上，南京的宦官上班跟不上班也没多大区别，特点是清闲。南京闲住的阮大铖，闲着也是闲着，隔三岔五便邀上他们搞点休闲娱乐活动。招待这些特殊领导，阮大铖水平就出来了——他负责过这方面的工作，“歌舞厅”（阮家班）阮大铖自家就有。阮大铖要把这些宦官弄得精神比皮子都舒服，他经常请他们观赏自编自演的戏曲，还在戏中借角色之口，拍出他们满口的“爽”字——《牟尼合》跋有记：“初填此曲，（其情节）实以程咬金、秦叔宝二人庆尉迟敬德生辰。

嗣以延诸阉玩赏，又改为牛、邢、裴三宦，数示歌颂功德之意。当时即刊有两种曲本，故此本初为白皮纸精印，所以媚宦官者至矣！”剧中角色改为太监，还送人家精装本，这路子太对了！

惊天国变，关键时刻这一切居然又派上了用场。阮大铖与南京的太监结成了密友，等朱由崧进宫了，这帮混在朱由崧身边的朋友，只要不是太黑，或是太窝囊，都能说上几句好话。事实上，这帮朋友完全能够说上管用的话：中都守备太监卢九德，成了弘光朝的司礼监秉笔太监。所以，阮大铖还未露面前，朱由崧对他应该会有较深并且不错的印象。

真实的朱由崧比较低调与平易近人，业余爱好是赏戏。大老板爱好喝酒、看戏，阮大铖与领导的共鸣点就有了。较长时间里，阮大铖都忙活着进献优伶入宫演戏。朱由崧很喜欢阮大铖的《燕子笺》，特意让王铎抄写剧本，方便自己品戏。王铎，不仅是明季的大官，更是大腕级的书法大家。

阮大铖与朱由崧的走近，东林党人窥伺出了自家的潜在危机：弘光帝可能要掀翻“逆案”，阮大铖这是想东山再起啊。

《桃花扇》中，孔尚任借马士英之口作出过一个精准的时相判断：“幸国家多故，正我辈得意之秋。”国家变故，让马士英从凤阳总督变成了朝廷重臣，史可法从有职无权的南京兵部尚书走上了历史的前台，而刘孔昭也由普通“勋臣”变得有话语权的历史人物。

刘孔昭，字复暘，刘伯温第十四世孙，袭诚意伯爵。崇祯十一年（1638年），领南京右府提督操江兼巡江防。李自成占领北京后，南京作为“留都”，“战时政府”的框架是基本齐全。这个时候的“留都”，除了南京兵部尚书史可法，南京勋臣集团对朝政已显出举足轻重的作用，名列榜首的是徐弘基（徐达之后），其次便是刘孔昭。

尽管是个“官十四代”，刘孔昭的脾气与“官一代”并无两样。权势日重的刘孔昭，这个时候他要隆重推出他的哥们儿——阮大铖。

阮大铖与刘孔昭走近，全在酒桌上。有钱、有闲、有酒量，两个人关系不铁也没道理。阮大铖复出的问题上，说马士英不讲规矩，任人唯亲，那是有点冤枉的。马阮最后权倾朝野，那是后话，但硬说是马士英落实周延儒的政治交代，将阮大铖拉进弘光朝，明显是作风简单粗暴。因为首荐阮大铖的，并非马士英，而是刘孔昭。

刘孔昭的举荐工作，完全是当时的官方特色。

标准的官方套路，没几年道行，那就不一定能瞧得明白。一是办什么事情，嗓门尽可能提高八度，以压倒性的声响，让对方接受自己的观点。二是什么事情指望“新闻发言人”打口水仗是不够的，自己要舍得动手，一爪落下去，五道血痕，千万不要做挠痒痒的假动作。如果前两招还不管用，就需要让领导出来“加强”一下了。

崇祯十七年（1644年）五月初三，此时的朱由崧身份尚为监国，还未称帝，也就是刚刚铺开新摊子的时候。新班子筹建，首要之事当然是研究官员任免问题，朝议监国官员。就在这次朝议中，勋臣诚意伯刘孔昭举荐了阮大铖。

但是，刘孔昭的提议遭到了史可法等人的反对。史可法反对阮大铖入朝，并非出于个人恩怨。史可法尽管倾向东林，恩师左光斗与阮大铖的矛盾至死未解，但史可法与阮大铖并未交恶，并且二人一直互有来往。他反对起用阮大铖的重要原因，是党争局面的考虑，用错一个，影响一大片，政治风险评估是必不可少的。也因为这一点，得到了朱由崧的认可，阮大铖入朝之事，也就歇菜了。

刘孔昭却没有作罢。半个月后，史可法离京了，马士英也入阁了，解决阮大铖任用问题的条件成熟了。刘孔昭很负责，再次举荐了阮大铖。卢九德也接过刘孔昭的政治气球，乘机向朱由崧宣传阮大铖的才干。随着朱由崧的正式登基，卢九德由中都守备太监升任司礼监秉笔太监，成为实力派，再不给阮大铖帮忙，也就太不够朋友了！

结果，皇上心动了，但外面反对的声音反而比第一次更大。

阮大铖的任命还是不能通过，这次的关卡在张慎言这里。张慎言，弘光朝吏部尚书。搞“人事”工作，张先生早就是一把好手。当年，著名的吏部尚书赵南星，就是他推荐的。

刘孔昭既然不肯罢休，瞄上张慎言那是肯定的了。而要实现既定目标，必须将工作推向新阶段。

朱由崧称帝的前两日，又有重要工作要集体研究。刘孔昭决定要增强火力，拉上汤国祚、赵之龙等勋臣，集体开骂张慎言。张先生是个文官，骂阵不是强项。骂急了，勉强自言自语：清者自清，清者自清……

朱由崧呢，还是好脾气，两边劝和，主要精神是请大家以工作为重，文武各官，和衷共济。

刘孔昭并不想给“一把手”面子，继续展示自己的强项——袖子里，他掏出刀子。这下，张慎言慌了，后悔当年为何不少念两年书，腾出工夫练练降龙十八掌。现在，什么都来不及了，应急方案就是老鹰捉小鸡，大殿下面无规则地跑。

严肃的办公场所，弄得相当不成样子。唱念做打一齐上，张慎言实在受不了，加上身体确实不好，他主动办理了病退手续。高弘图、姜曰广这几位老人，也看出了工作难度系数有点大，也跟着张慎言吵着要回家。

吵闹几个回合，阮大铖复出的事还是没闹成。这个时候，只有马士英了。

马士英（1591—1646年），字瑶草，贵阳人。马士英万历四十七年（1619年）中得进士，其实他万历四十四年（1616年）即已参加了会试。这一年，马士英与阮大铖一同在京城待了数月，会试后一同高中，成为“同学（同年）”。周延儒二度为相前，需要花大笔银子进行前期运作，阮大铖提了一袋银子前去“入股”，但周延儒很不厚道，收了人家的本金，却只答应了一桩“期货”，还是口头的——周延儒对阮大铖说，官员任免工作不是我一人说了算，你受朝廷处理的时间还不长，我要是勉强推荐你，万一有人举报，朝廷又不批准，对你对我都不好。你不如推荐一个条件成熟的哥们儿，我栽培他，他再栽培你。

这才是当时官场的高级黑，收钱不办事，连责任都甩出去了。其实，周延儒连马士英的忙也没帮，向崇祯皇帝推荐马士英的，是礼部侍郎王锡沄。当时，首都的形势相当不稳定，保定总兵刘超叛乱，巡抚王汉率兵进剿。结果，叛贼没剿灭，自己兵败身亡。紧急关头，王锡沄想起了消防队员马士英。马士英办事干练，长于谋略，出山的第一回合，就将刘超给灭了。因为这个缘故，马士英担任了兵部右侍郎，总督庐州、凤阳等地军务。马士英与阮大铖，则做了几十年的密友。

崇祯十七年（1644年）六月，马士英举荐阮大铖入朝。马士英毕竟是文人出身，说话办事不会像刘孔昭那样来蛮的，不成还与人骂街、动刀子。

于是，马士英上疏《冒罪特举知兵之臣阮大铖共济时艰疏》。老马为何要谦虚说自己“冒罪”？因为阮大铖是逆案中人，不是官员身份。所以，马士英措辞很得体：“原任光禄寺卿阮大铖居山林而不忘君父，未任边疆而实娴韬略。其从逆一事，向无实际确据。其才可用，罪可宥也。请遣官立诏，暂假冠带，入京陛见，而问方略，如堪实用，可补兵部右侍郎。”

他推荐阮大铖，是有几分理由的，也不是随心所欲尽说瞎话：第一，阮大铖是个学习型的官员，通过这些年的自学，已经成为适用的军事人才；第二，过去对他的处理，事实并不清楚，不能老揪着历史问题不放；第三，到底能不能用，面试以后再研究决定。

马士英本是朱由崧倚重的人物，既然言之有理，自然要表示接受。

朱由崧同意了，高弘图则不同意。高弘图，崇祯十六年（1643年）官南京兵部侍郎，继而升户部尚书。现在，是名列第三的五大阁臣之一。

就在阮大铖准备面试的时候，高弘图提出：官员的任命，不能违反规定程序——“须九卿会议”。

马士英是个明白人，知道高大人的这招更狠。官员任命走正常程序，我还要那么多废话干嘛？要绕过程序法，唯有坚持要急事急办、特事特办了。双方的口水战，比控辩双方都热闹。

高弘图见朱由崧没有表态，知道再争论也没有结果，也就不再吱声了。但高大人丝毫没有退让的意思，不说不等于不做，下班之后便使了小动作，结果又是一片反对声，搞得连起草文件的人都没有。

阮大铖复出之事一再受阻，不能统一认识，那只能“加强领导”——皇帝出场，中旨起用。

所谓“中旨”，就是不通过相关部门和正常程序，皇帝发出敕谕，直接交付有关机构执行。崇祯十七年（1644年）九月八日，邸报发布了弘光帝直接下达的谕旨：“阮大铖前时陛见，奏对明爽，才略可用。朕览群臣所进逆案，大铖并无赞导实迹。时事多艰，须人干济。着添注兵部右侍郎办事。群臣不得从前把持渎扰。”

费尽周折，朱由崧终于以中旨起用阮大铖为兵部添注右侍郎。添注，就是目前没有领导职数，但先任命一个职务。

阮大铖复出了，赶紧上了一份《孤忠被陷之由疏》，首先表明对魏党的政治态度，自己与他们事实上的“冰炭之不相容”。接着，阮大铖强调自己与魏大中、左光斗闹翻，是自己要维护弘光的祖母和老爸的声誉，而魏、左则倡“邪议”攻击自己……后一条，通常被视为狡辩。公正地说，拿别人家的事做文章，都是手段，不会是目的。退一步讲，阮大铖在那时做些手脚，也是三余氏《南明野史》讲的，“大铖尝谓人曰：‘我非不愿为君子，他人不许我为君子。’”

当上兵部侍郎后，阮大铖开始做起本职工作。他连上两疏，名曰：《联络控扼进取接应四着疏》《长江两合三要十四隙疏》，展示一下自己的见识与才能，表明“臣白发渐生，丹心未老”的决心，以“鞠躬尽瘁，死而后已”而“矢之天日”的态度。

事实上，阮大铖想静下心来做点事，根本做不到。中旨起用阮大铖后，群臣哗然，经久不息，什么骂声都有了。但东林党人的反对意见，被钱谦益平息了。

钱谦益曾是在野的东林党首，崇祯皇帝死后他来了灵感，代表东林人士主张立潞王，但因为一笔生意，影响了工作的开展——钱谦益派人通知潞王“参选”，潞王还没来得及说声“感谢支持”，就被索要十五万两工作经费，这对眼前经济困难的潞王来说，确实是个天价。潞王掏不起，于是双方开始砍价。这边业务正在洽谈，那边马士英与军阀已经出手——福王上班了。钱谦益惨了，大业务没接到，只好请阮大铖帮忙，去找马士英。马士英很大方，帮他弄了个礼部尚书。

钱谦益与阮大铖的关系密切，还与柳如是有关。柳如是认识阮大铖，是在娱乐场所——阮大铖那时不是官，绝对是个大款。得人好处，替人消灾。

这一年的十月初三，钱谦益上书歌颂马士英，同时称赞阮大铖为“慷慨块垒男子”，即英雄好汉。

倒行逆施

重新走上领导岗位，阮大铖接了一桩麻烦事。弘光朝实力小得可怜，麻烦事却多得可怕，除了严峻的军事压力，“顺案”的处理都非常棘手。

“顺案”，本叫“从逆案”。李自成占领北京，官员差不多全都“归顺”了大顺政权。李自成逃出北京，这帮人有人降清了，有人又南下重归“老东家”。投降的这帮人，不处理新朝就失去了起码的规矩，但如何处理，涉及人的问题都不好办。

自崇祯十七年（1644 年）五月福王在南京监国时起，惩治投降李自成诸臣的工作，就提上了议事日程。第一个提出来的，不是阮大铖，而是礼部尚书高弘图。作为主管思想工作的领导，政治敏锐性强，对工作中心与重点的把握，高先生很老练，主动性也是很强的。崇祯十七年七月，朱由崧命定从逆诸臣以六等罪，革从逆诸臣职。历时一年多，至弘光元年（1645 年）四月周锺等被人处死，北都降顺诸臣一案即告了结。运动只搞了一年，主要是时间太宝贵。因为这年五月，弘光帝便弃南京出奔了。所以，说北都降顺诸臣一案几与福王政权相始终，也是没多大逻辑上的问题的。

运动开始的时候，阮大铖还是普通百姓，他们想掌握运动的主动权，基本没有机会。随着运动的深入开展，运动的发展进度不以个人的意志为转移。原户部侍郎吴展中在北都陷落后来到南京，具疏待罪。当时金坛士绅传檄抨击降顺诸臣："魏阉不过弄权，凡媚魏珰，尚从逆论；李贼敢行弑帝，岂伪官可以顺存？"——百姓是真正的英雄，"逆案"与"顺案"，从此挂钩。

接着，科臣马嘉植、礼部尚书顾锡畴、左都御史刘宗周、保国公朱国弼、礼部尚书钱谦益、吏部左侍郎张捷、工科都给事中李清、御史刘勷等，果断加入。这些人中，既有与阮大铖关系密切者，也有所谓"东林鹰犬"解学龙，出身与政治背景差别很大。至于运动的首倡者高弘图，算得上一个有气节的人，他提出的事并无个人恩怨。惩治"从逆"，经高先生提出，最终导致阮大铖介入。

时阁臣马士英引荐阮大铖，引发朝野的公忿。大家反对的理由，牌子最响的，便是当年的"钦定逆案"。陈年旧事，毕竟不是当务之急。既然人家踢裤裆，你就必须掐脖子。阮大铖一琢磨："彼攻逆案，吾作顺案相对耳。"于是，阮大铖与马士英进一步统一了思想认识，并进一步加大工作力度，由马士英领衔，疏攻从逆。

任何工作，都要找到工作抓手，抓住典型，并且要稳、准、狠。好在这方面的典型，顺手就能翻出一堆。李自成在北京没风光几天，他的大顺政权就倒台了，弄得前明朝跳槽的官员俸禄都来不及领，人就"下岗"了。老家是北方的，北漂了；老家是南方的，南下了。这其中，就有一位庶吉士周锺。

周锺与周镳，系堂兄弟，金坛人。周氏一门从万历到崇祯年间，先有周应秋、周廷侍、周泰峙、周维持、周镳、周铨、周锺七个进士。但周家虽说出官，却不出厚道。周应秋的声名不佳，投靠魏忠贤，为其门下"十狗"中的"第一狗"。其弟周维持，曾为监察御史、浙江巡按，随兄归于阉党，曾上奏要求尽毁天下书院，后入"逆案"并处，在整个知识界名声很臭。周锺当年与吴中张溥订盟结交，一起创办了大名鼎鼎的复社。周镳算是复社元老，也是《留都防乱公揭》的策划者。阮大铖帮助周延儒出山时，曾经主动向复社诸君子示好，说自己愿意痛改前非。周延儒邀请周镳到虎丘商量此事，周镳毅然认为不可起用阮大铖。周延儒也不敢再提，就忽悠了阮大铖。阮大铖还曾经写信给周镳妥协求和，结果周镳连信都不看就烧掉了。

现在，正好有人讨好阮大铖："周镳之名以诟公而重，诸名士之党又以诟公者媚镳。”阮大铖由此对周镳恨之入骨，必欲杀之。正在阮大铖想杀人而找不着刀的时候，周镳主动递了一把——

周镳和周锺成名之后，两人各立门户，招收门徒，“汲引既广，败类入焉，彼讪此谤”，因此关系恶化，两家弟子途中相遇，连招呼都不打。李自成的军师牛金星，很早就认识周锺，也十分仰慕周锺的才华。攻占北京后，牛金星就把周锺举荐给了李自成，授宏文馆检讨，周锺还为李自成登基起草了诏书。李自成走了，周锺便逃回江南。那时候，信息欠发达，执法、执纪部门要找到一个“跑路”的，实在不容易。周锺从北方归来，也以为天下大乱，就算弘光朝廷要找他，也会听到风声，但他做梦也没想到周镳会举报自己。

周镳的思维是典型的东林、复社型。一来，在原则问题摆明立场，树个大义灭亲的形象；二来，顺便把自己的怨气给抖落。没想到，这事却是搬石头砸了自己的脚，让马士英、阮大铖找到了难得的突破口。

周锺被捕入狱定个死罪，那是情理之中的事。当初他荣幸执笔为李自成写登极诏，生怕同伴抢了风头，激动地扯破了对方的衣服。现在，想抵赖也难了。而周镳定罪，就有些麻烦。即便有些错误，毕竟举报有功。

但马士英还是棋高一着，他向弘光皇帝翻出了老账：“镳于陛下登极，首倡异谋。是锺罪止一身，镳实罪在社稷也。”周镳当初是拥潞王的“立贤派”，自然是“立亲派”的死敌。马士英认为，周镳罪行比周锺更严重。

周镳被捕，朋友左国棅想要救他。左国棅即左光斗次子，他与周镳当年都参与了“防乱公揭”的签名。马士英逮捕周镳，左国棅想到了陈年往事，认为这是阮大铖公报私仇，于是跑到了左良玉那里。左良玉反叛时，便将周镳被捕定性为马士英、阮大铖陷害忠良，作为自己起兵的一条理由。马士英、阮大铖大怒，反过来认为左良玉兴兵，全是周镳惹的祸，周镳不得不狱中自尽。

弘光朝的正事，当然是保家卫国。但保家卫国，光在家里咬牙切齿也不是个办法。最要紧的，是要把队伍拉出去，谁捣乱，揍扁他，国内、国外的一起揍，枪杆子里面出政权。

要打仗，空谈地盘上兵多将广，还不如纸上谈兵来得省事。最要紧又要命的，是得有银子。没有银子，谁出来送命？可一提起银子，明朝尤其是弘光朝缺的就是这玩意儿。要不是国穷民蔽，老百姓谁不愿意在家打点麻将，谁愿意提着脑袋出来造反，给国家添麻烦！国库要是有银子保障维稳经费，多大的乱子摆不平，还会害得“一把手”非正常死亡？

收银子的地盘小了，花银子的地方却明显大了——世上最让人想不通的，就是这种天理。有专家给弘光朝算过一笔经费账，把国内外的敌对势力全摆平，一年得有一千万两！一千万两，明朝最红火的时候，也没这么大的进账呀！

马士英与阮大铖在弘光朝当政，虽然不讨人喜欢，毕竟是个瓮中无米的媳妇。但做媳妇，总得有个过日子的办法。

办法，就是卖官。很多人对卖官有着天然的成见，总觉得官员选拔工作万般神圣，怎会有一手交钱一手交货这等赤裸裸的事情发生，根本就不明白，官员的本质是要管用，而不是较真。在钱最重要的时候，直接将官员指标变成银子，在当时绝对是个不错的主意。

没有更好，那就是最好！弘光朝卖官鬻爵，为的是解决燃眉之急，出于无奈。要用钱而没有钱，生财之道，也只有变政治优势为经济优势了。马士英、阮大铖承包弘光朝的卖官鬻爵，担心的不是社会反响问题，而是业务量能不能做上来。毕竟官场前景比较黯淡，预期收效要靠忽悠。

弘光朝的卖官鬻爵，起步较早，大约始于该政权成立的三个月后。

崇祯十七年（1644 年）八月，马士英决定从“教育部门”开始试点。具体要求是，你要上学，考试就不用了，先把“赞助费”交齐。

这项改革，也是充分人性化的，家庭富裕的多交点，家庭比较有困难的少交点，至于“特困户”就不必动心思了，让孩子在家里干干农活自谋职业吧！

收费标准，也不是很高，毕竟都到什么时候了。童生应试，上户纳银六两，中户四两，下户三两，折合成人民币大概千把块钱的，学校报名时直接收好递交上来。

弘光朝缺的是大钱，不是卖几个招生指标就可以搞定的。必须拿出上色货，才能卖出大价钱。所以，接着开始卖廪生，价格也是一路上扬，起步价是三百两，一直涨到六七百两。

到第二年正月，卖的更是货真价实的官帽了，要花的银子，肯定也不是一个小数目：

武英殿中书纳银九百两，文华殿中书一千五百两；

待诏三千两，拔贡一千两，推知衔二千两；

监纪、职方，万千不等……

马士英与阮大铖，都是主持这项工作的直接领导。这么重要的工作，换个一般官员，也没法放心。至于他们有没有趁机留点机动经费，这个不好说。困难时期，反正大家饿的是肚子，大脑思维并未受多大的影响。但要说他们从中得了多少好处，不好乱怀疑，毕竟是有监督的——这些卖官的钱，军队早派人在等着领了。

阮大铖任劳任怨地去卖官，不能称之为忍辱负重或自我牺牲，反正鞋湿也不怕河边走，客观上做到公私兼顾。阮大铖的一生，一直花钱如流水，买房买车，请客送礼，还养戏班高消费娱乐，这么多钱是从哪来？官员的巨额财产从来都是透明的：一是传下来的，祖宗好；二是挣出来的，本事好。

阮大铖的巨额财产，早年吴应箕在《留都防乱公揭》中揭露了两桩：崇祯八年（1635 年），流寇进逼庐江，知县吴光龙却在大款家中“纵饮”，结果城破被上级问责。阮大铖找了老同学——淮扬巡抚朱大典，吴杀头改打屁股，自己账上进了六千两。另一桩是上级考察、验收的事，明朝官制是三年一次“外计”，对外省官员进行考核，分别优劣以定赏罚。上级到了杭州，阮大铖给建德县令打招呼。这位何县令估计是个官场新手，心想德能勤绩谁比我好呀！何县令的糊涂就在这里，受香火的叫菩萨，没有的那叫鬼。果然，何县令认识没到位，接待很马虎，上级回去了，自己的帽子便飞了。

吴应箕口中出来的事不一定是真的，道理倒一定不是假的。阮大铖利用工作便利挣点钱花，逻辑上完全是可行的。

操戈内讧

弘光朝的金点子不少，经营业绩却相当惨淡。不过，这与行政不作为没太大关联。既然该用的急救措施都用了，弘光朝怎么说完就完，连一场像样的战争都没开打呢？因为除了强敌、民军，半道又蹦出个砸场子的人。

砸场子的人，是左良玉。在弘光朝，左良玉既不是马阮这方，也不是史可法那方。正因为都不是，人家才出来砸场子。

弘光朝的左良玉，人马实力排名第一，应该是没有多少问题的。弘光朝本来就已经风雨飘摇，左良玉在武昌干完坏事接着起兵东下，这兄弟究竟想干什么？美国学者魏斐德在《洪业——清朝开国史》中说：“左将军一直想找一个借口，从武昌挥师顺流而下，取代南明朝廷，铲灭他在那里的政敌。”

篡夺国家最高领导权，逆天了！

这个说法，尽管大逆不道，但也基本接近真相。左良玉是个武人，又是很有想法的武人，也是有些雄心壮志的。当初，北京城破后，军中一时大乱，左良玉一点都没有树倒猢狲散的意思，带上金银细软走人，反将自己所藏金银财物，全部散发给诸将，稳定军心。只投资，不收益，左良玉搞不来公益、慈善。

在弘光朝，左良玉也不能不有些想法。弘光登基的时候，左良玉坐镇武昌。武昌位处南京上流，扼据战略要地，左部实力又较强，弘光政权封其为宁南侯。尽管加官进爵，左良玉却并不满意——朱由崧上台，主要是靠马士英会同黄得功、高杰、刘良佐、刘泽清四镇拥立，左良玉没有参与，算不上定策功臣，星级标志上明显少了一颗星。所以，当弘光皇帝朱由崧登基诏书发到武昌时，左良玉迟迟不肯承认，后经湖广巡抚何腾蛟、巡按黄澍等人劝说，才同意开读，勉强表示拥戴。

如果就此认为左良玉是因为没有捞得首功而“心常怏怏”，那就是大错特错。这个时候的左良玉，不单是跋扈自雄，而是要干更大的一票——

弘光元年（1645 年）三月二十三日，左良玉引兵东下，直逼南京。

关键时刻，自己人打自己人，有点匪夷所思。但时局确实就是这样的：清军往西追李自成，李自成往南打左良玉，左良玉往东攻朝廷，朝廷马、阮的嫡系部队赶紧过来接招……

究竟为什么？左良玉自己的解释，是奉先帝太子密谕，前往南京“清君侧，救太子”。史家的解释，是此时李自成在清阿济格军追击下，经陕西、河南进入了湖北襄阳地区。

与李自成交手，左良玉有过教训的：崇祯十五年（1642 年），左部十余万挺进朱仙镇，为李自成大败。实践出真知，作为勇于虐民、怯于大战的军阀，避开李自成十余万南下的主力，又趁机占领东南富庶地区，左良玉脑袋开窍了。

左良玉出来砸场子不假，但开场子的都不是弱角，他有这把握吗？这个不用你操心，尽管左良玉是个抡刀起家的主，得益于长期的革命实践，难免开光成革命家、军事家了。

——左良玉决策的技术含量，已经标在了旗帜上：“清君侧”！

“君”是谁？读者会想到弘光帝。“侧”是谁？马士英、阮大铖要是不出来认账，都不好意思再往下混了。

不过，朱由崧此刻干得挺顺手，怎么会让急需干活的人跑来砸场子？马士英、阮大铖都清掉了，这不等于刮掉老朱的毛吗？

这就对了！左良玉惦记的“君”，什么时候说过是朱由崧？“清君侧，救太子”，左良玉盘算的是北来的“太子”——王之明。

连姓都姓错了，本来就是个假货，左大帅怎么会轻信谣言？左大帅要的，就是这假货，货越假成本越低，利润就越大，小摊贩都明白。左大帅需要的，就是这么玩下去，真玩成了，怎么会让一个假货当真皇帝，最多也就是干一阵子“汉献帝”。顺理成章，左良玉不做董卓，也会做曹公的。

左良玉“清君侧”，这个策划很有创意，也挺生动，《爝火录》载：“左良玉客胡以宁献计，撰伪太子手书血诏，遣人赴镇；良玉佯受诏，筑坛而哭，洒血誓师。”

不是策划人，还真看不出虚实。推出这个策划时，左良玉确实显示了统帅的谋略：一边沿途发布檄文讨伐马士英，一边派人给马士英送礼祝贺他生日快乐。直到左军到达九江，马士英等才得到确切的消息。

但是，左良玉“清君侧”方案策划的很好，买家却并不多。左良玉邀请何腾蛟同行，遭到何的拒绝。到达九江后，希望得到袁继咸的支持，反而被痛骂。左良玉的郁闷，可想而知。事业不顺，身体又不好，左良玉百感交集中吐血而死。

左良玉死后，其子左梦庚率兵继续东下。要说这左梦庚，确实是个年轻人。也不看看这是什么时候——清兵正在南下，在江北攻城略地。你在清兵与朝廷间插上一杠子，能有什么好？

好在原本就没有干大事的意思，左梦庚很快找到新业务了。夏完淳《续幸存录·南都大略》载：“左氏复下破安庆，尽杀阮氏。大铖等遂谓与左氏之来，不若虏来，我且用虏以杀左氏，并杀王之明以绝其望。”在阮大铖家乡安庆，左良玉的兵来到这一带，普通老百姓是顺便杀，姓阮的老百姓是找着杀。杀够了人，队伍继续往东拉。这回，马士英、阮大铖都明白了，如果老是一门心思卫国，最终连保家卫国的本钱都会没了。

两害相权，马士英、阮大铖“尽撤江北劲兵，堵据上江”，调江北的黄得功、刘良佐来阻击左军。在阮大铖的亲自指挥下，板子矶一战，左梦庚的军队被黄得功等部一举击溃。

左兵这一闹，捡到便宜的，唯有清兵。江北防线空虚，江淮防线崩坏，清军长驱直入南下，如入无人之境。

都说左梦庚愚蠢，其实比他爹机灵。“清君侧”不成，左梦庚赶紧换“君”——这个“君”不姓朱，也不姓王，而是爱新觉罗。清军南下，左梦庚、黄澎率部直奔清营了。

左良玉到上帝那发呆去了，朱由崧的场子也算砸得差不多了。

弘光帝的场子被砸了，爱国的难度与成本追加了不少，预期收益更加渺茫。这份上，有谁仍在坚持爱国？有，几乎净是“奸臣”：马士英，阮大铖，他们死死扛住“抗战”大旗。

马士英后来与清军战死，这个时候的阮大铖，也做到了一生事业的巅峰。朱由崧逃到黄得功军营后，办理的一项紧急公务，是下诏“（阮）大铖、（朱）大典拜左、右相”，把新的核心官员框架搭建起来。这个“左相”，阮大铖肯定是一天都没当过，甚至根本就没聆听到这个口头指示。但关键时刻领导能有这番心意，也是相当不容易的。

朱由崧显然是没有看错人。南京城破，降者蜂拥。“爱国”则褪去亮色，成为敏感词，沦为末世的一股歪风。

与朱由崧走失后，阮大铖开始摸着石头过河。红旗到底能打多久没关系，一定要找到自己的队伍——阮大铖，根本就不是后人所称的“降清”。

阮大铖首先想到的，是投奔浙东的鲁王。鲁王朱以海，也是一个有故事的人。他是第八代鲁王朱寿镛第五子，朱由崧的族叔。朱以海受封一月后，李自成攻陷北京，朱以海南奔，朱由崧命其驻守台州。清兵陷南京，张国维、钱肃乐等起兵浙东，拥他在绍兴监国。朱以海做生意，喜欢独家经营。监国后，他与唐王朱聿键大打出手，后与郑成功屡起冲突。不过，朱以海放眼世界的心思还是有的，他一度联系日本，寻求多国部队的干预，直到病逝金门。

阮大铖被鲁王拒绝了。不过，在对待阮大铖的态度上，朱以海比朱聿键还要客气点。福建的这位隆武帝朱聿键，觉得阮大铖应该抓起来问罪。

爱国，也需要含悲忍泪。

游走在浙西的阮大铖，最后来到金华，投奔了“右相”朱大典。朱大典对阮大铖的到来是欢迎的，因为他刚组建了一支私人武装，缺少人手，尤其是能撑大项目的经理型人才。

朱大典（1581—1646年），字延之，号未孩，金华人，明万历四十四年（1616年）进士，阮大铖的老同学。

这个扯起抗清大旗的爱国者朱大典，名声曾不是一般的臭，几乎就是个贪官。崇祯十四年（1641年），他总督江北及河南湖广军务，便因“不能持廉”被革职。张岱称他“真如乳虎苍鹰”，在凤阳时，“括取财贿，四府僚属，囊橐皆尽，人拟其富且敌国”。如今，这些肮脏的银子发出了爱国主义的响声——朱大典散尽家财，招募乡兵，率军坚守婺城（金华）。这个时候朱大典的爱国动作，如果适当下调一点，将其解读作保土安民，保全家财，也能说得通顺。但事实并非如此，随着天下形势的日见明朗，朱大典的爱国本性，越发暴露无遗。这个受人唾骂的垂暮贪官，执着爱国，而且悲壮——

隆武二年（1646 年）三月，清兵攻克浙东，兵临浙西。这时的阮大铖已经扔掉了爱国的大旗，跟风迈进清营了。他觉得应该帮助老同学驰书招降。朱大典怒了，裂书并杀招抚使，与部将固守金华，使清兵攻城近三个月而未得。最后，内无粮草，外无援军，城墙被炮火轰破，在清兵大举杀入城的情况下，朱大典依然顽强抵抗。直到将士大部分战死，朱大典才从容召集家人、幕僚三十二人，围坐在火药库旁，点燃了所有的炸药，集体自焚，以身殉国。

——这样一个彻头彻尾的爱国主义者，当初对阮大铖的诚挚加盟，该是怎样的热情啊！

但是，普通人从来就没有领导的高瞻远瞩。朱大典手下的人，大多不赞成朱大典的意见。金华的士绅和义兵更激烈，不仅不答应，游行示威，张贴檄文，差一点发生肢体冲突，坚决要把阮大铖驱逐出境。

要等大家都理解了，也不知是什么猴年马月的事了，真的闹出群体事件，经济损失与社会影响，也太负面了。朱大典与阮大铖沟通，爱国的道路有千万条，哪里都会大有作为。这样，在朱大典的安排下，阮大铖前往另一家抗清组织——这已是他爱国征途中，第三次吃上闭门羹了。

阮大铖奔赴的江东，当地负责人是方国安。

方国安，浙江萧山人，明朝总兵，明末兵力最盛，但军纪不整，纵兵哗掠，给事中吴适劾之。由杭州退至钱塘江东岸，他和王之仁部构成抗清主力，南明时封镇东侯。后拥兵入浙，百姓受其迫害，方国安最终降清。

在方国安这里，阮大铖遇到了老同志、老同学、老战友马士英。这对被后人描述为乱国的奸人，重新聚集，操心救国。

阮大铖与马士英的会谈，是在亲切不友好的气氛中进行的，双方坦诚交换了意见。所谓“坦诚交换”，就是你说你的，我说我的，把对方的缺点错误全抖搂出来，最后一个共同点都没有。就像两人合包一项工程，很失败，除了寂寞空虚冷，就剩纠结。意见相左，几近决裂，阮大铖与马士英从此各行其道。在太湖投长兴伯吴日生军中，马士英抗清失败被清军擒杀。

改弦更张

相对于一己之私功利性质的降清官绅群体，阮大铖的最终选择则是迫于无路可走。朱聿键的排斥与人生威胁，是阮大铖留在方国安军中的直接原因。在方国安军这里，阮大铖就不想在他身上使什么功夫了。不是老领导在曾经的下属面前放不下架子，也不是政治作为上陷入困顿，而是遇上了另一个有意义的人，一位平时未曾留意的安庆老乡——方端士。

方端士，安庆府怀宁人。论官职，方端士就小得不能再小了，他是方国安手下的一位文职官员——记室。

对阮大铖来说，方端士自个并不具有什么特别之处。一个部队文职官员，能以权谋私到哪里去？帮你解决一两顿餐费，也就很给力，很给面子了。方端士的不平凡之处，在于他自己抗清奋不顾身，同时掩护敌特分子也不遗余力。在他家里，住着另一位老乡的家属。

这位特别老乡，名叫潘映娄。他的出现，最终改变了阮大铖的思路，也为野史作家提供了另一崭新话题。

说起阮大铖与潘映娄，那就不是一般的关系了——老乡，同学，更是很要好的朋友。

潘映娄，字次鲁，安徽桐城人，明崇祯十二年（1639 年）特准贡生，曾任浙江台州推官。潘先生官当得不大，但属于偶像派。人长得帅气，也很有本事，在百姓中的口碑也不错，现在能看到的台州古城墙，就是这位潘先生修的。他与阮大铖不仅是老乡，而且一直交往甚密。潘映娄最终降清，顺治三年（1646 年）任杭州盐法道，翌年升福建福宁道、按察副使，虽说有点历史问题，但老百姓都认为他是个好官员。

通过潘映娄的家属，阮大铖联系上了潘映娄。经潘映娄的友情引荐，阮大铖投降了清军。

当初潘映娄外奔，主要是工作压力太大，失去了政治上的安全感。潘映娄在台州，维稳工作出了问题，官员和百姓联手起来闹事。本来就是乱世，稳定压倒一切，潘先生没办法正常工作，又怕上级一票否决，只好出去活动活动，找找路子，逢凶化吉。

不过，这活动的地方太好了，是杭州，是天堂，天堂有路。潘映娄跑到杭州，本想看看能不能请到军队，帮助他去台州维稳，消除不稳定的因素。至于自己工作上的责任，看看能不能找人，帮助自己免责。但这一去，就回不来了，也没必要回来了。

潘映娄到了杭州，清兵也到了杭州。昨天还是大明土地，今天就是清兵的天下了。这样，潘映娄留了下来，并且当上了杭州的“副市长”（同知）——没有问责是肯定的了，但也没有送礼，潘映娄只是简单地办理了一下有关手续，个人的政治前程就全部搞定了。

自己在“国外”，家属在“国内”，潘映娄的通信渠道，只有私下的家信来往。潘映娄的家书，内容应该丰富多彩。初期，多是抒情类。接着，变叙事了。

阮大铖的最终决策，就这么在书信往来中定下来了。很多野史认为，阮大铖降清引路人是冯铨，其实是潘映娄。但对阮大铖来说，冯铨的实用性，远远大于潘映娄。

冯铨（1595—1672 年），字伯衡，又字振鹭，号鹿庵，顺天府涿州人，万历四十一年（1613 年）进士，官至文渊阁大学士兼户部尚书，加少保兼太子太保，曾任《三朝要典》总裁官。因附和魏忠贤，崇祯处理“逆案”时，冯铨论杖徒，赎为民。顺治元年（1644 年），冯铨投靠多尔衮，以大学士原衔入内院协理机务，后累官礼部尚书，加少傅兼太子太傅，弘文院大学士，加少师兼太子太师。冯铨与大学士洪承畴曾疏请恢复明朝票拟旧制，又与大学士谢升等议定郊社、宗庙乐章，干了许多国家大事，推动了清朝政权的正规化建设。

为了给阮大铖在新“公司”谋份好职位，冯铨特意给南下的清军头领写了条子，专题推荐阮大铖。冯铨办事是认真负责的，但真到阮大铖过来正式上班时，还是遇上了一桩麻烦。尽管冯铨给清兵的头领写了条子，但条子上只有姓名没有照片。阮大铖找到潘映娄，身份终于被确认了。

新单位的工作分配，多少得益于冯铨的纸条。报到的那天，带兵的清军贝勒对阮大铖面试，问着问着，便“于衣领中出纸一条，有字数行”。这纸条，就是冯铨亲笔写的那张。面试印象很好，又有这么一张条子，顺水人情干脆做了。这样，阮大铖分配到了比较轻松又没多少风险的活，即在这支南征清军中“以军前内院从政”，主要是帮忙做地方工作。

这样的职务安排，是用人所长的，新“公司”的人事安排确实风清气正，真不是老“公司”的歪风盛行——阮大铖毕竟已近花甲之年，你让他老人家提刀上马，完成不了工作任务事小，损失“工作器材”那是不划算的。分配工作，又不是跟人赌气，除了那种老字号。

阮大铖的主动性就在这里——人家客气，你当福气；人家照顾，你还说应该。他的先进性也是主动保持的：在做好本职工作的同时，分内分外的事争着抢着干，力争超额完成工作任务。

光有这些还不够典型。现在的阮大铖，本职工作是后勤服务，技术专长则是国防军事，因为他业余自学时主攻的便是军事课程，又在兵部尚书的岗位上实习了一阵子，如果技术不熟练，浪费一些人力和原材料，那也是弘光朝给埋单了，现在正是出成果的时候。工作安排明显专业不对口，阮大铖不想消极等待，这个时候他主动找领导汇报思想，“自请于贝勒，愿为前驱破金华以报国恩”。

金华，那正是朱大典的地盘。对朱大典，阮大铖那是再熟悉不过了。那兄弟早已一根筋了，如果利用朋友间的交情，去动之以情，晓之以理，说服朱大典投降的可能性，那实在过于渺茫。你想，朱大典要是有献城的可能，怎么会倾家荡产私人投资办国有军队？正确的选择，早就收拾金银细软躲进乡下当财主了。值钱的家当全投出去了，绕一圈又回到原点，纯粹就是对自我价值的全盘否定。

破金华城，阮大铖是相当有把握的。首先，他知道金华城防的薄弱环节，知道哪里经得起打，哪里受不了一拳头。所以，清军围攻金华时，阮大铖说炮兵兄弟们，跟我上西门——西门，刚修的，工程验收都来不及做，采用的也是竹签替代钢筋之类三百年后的科学技术。清军如果使用无声大炮，估计还能接上两炮，否则炮声太大，也极大影响工程质量。

再一点，所谓“义军”，那都是用来骗后人的，让人以为他们真能铁肩担道义。“义和团”就是个例子，没敌人来时大家义愤填膺，真看见拿枪的来了，他们恨不得跑过去，把自己的刀上缴给你。这一点，阮大铖比谁都清楚。

攻下金华，阮大铖不仅立了一功。更重要的是，当初金华人张贴檄文声讨和驱逐之仇，也顺便了却了。

但硬说打下金华，是阮大铖之功，或说是阮大铖之过，都不准确。要说打仗，本来就是清兵的强项。但清兵不是没有弱项，但这个弱项正好是阮大铖的强项——攻城略地倒没什么，清军最头痛的，是吃饭问题。

吃饭为什么难？《爝火录》中有段文字写得很生动：“是时，大清兵所过，野无青草，诸内院及从政官无从得食。”

迎接清兵的到来，地上的青草都找不到，打扫环境卫生，这么干净彻底，哪个汉奸卖国贼布置得也太夸张了吧！

其实不是，老是打仗，年成又不好，所以收不上庄稼。想艰苦奋斗，找只皮鞋啃啃，前面的人早啃过了。找把野草充饥，长在哪里的都是毒草，百姓是真正的英雄，老百姓没几个真傻，能当土菜用的，早连根拔了，老百姓怎么可能搞不清什么样的野菜是绿色食品？

论吃的问题，阮大铖所在的后勤部队就更差了。先头大部队一路杀掠，能吃的早吃了，能找根骨头绝对都是“二手货”。这些做地方工作的人跟随在后，到哪去找饭吃呢？没关系，有阮大铖。“阮大铖所至，必罗列肥鲜，邀诸公大畅其口腹。争讶曰：‘此从何处得来？’阮应之曰：‘小小运筹耳！我之用兵，不可测度，不止此矣！’”

那种艰难困苦，还能吃丰盛大餐？阮大铖不是凡人！

物质文明丰富，精神文明也不能滞后。阮大铖不仅“两手抓”，而且两手都很硬。部队行军打仗，通常是生活单一又单调。阮大铖一张罗，军队文化娱乐活动开展得有声有色：“诸公因闻其有《春灯谜》《燕子笺》诸剧，问能自度曲否？即起执板顿足而唱，以侑诸公酒。诸公北人，不省吴音，乃改唱弋阳腔，（诸公）始点头称善，皆叹曰：‘阮公真才子也！’”

而且军队也真的能教人断文识字。也跟阮大铖在一起，“文盲作家”都面世了——“其中有黑内院者，满人，喜文墨，大铖教以声韵对偶，令作诗，才得押韵协律，即拊掌击节，赞赏其佳。黑大悦，情好日笃。”

阮大铖工作出色，各级官员纷纷表扬，就连顺治皇帝都准备亲自接见。但这份荣耀，被礼科给事中袁懋功所阻止。他认为应该统筹考虑，立足长远，政治需要的是政治智慧——阮大铖毕竟是个有争议的人，皇上召见他，社会各界会有一些不同的看法。

因为袁懋功，阮大铖入朝面驾之恩宠没有实现。人家业绩出众，不让人出席颁奖典礼，天底下不讲道理的也实在太多了。好在阮大铖一点思想包袱都没有，总觉得自己的工作离皇上的要求还差得很远，必须进一步严格要求自己，朝着更高的目标继续迈进。

顺治三年（1646年），清兵由浙江进军福建，阮大铖要求随军入闽。之所以是要求，是因为清军计划将他留下。

早在随清兵攻占衢州时，阮大铖的面部就出现浮肿。诸内院出于关心，告诉耿献忠：“阮公面肿，恐有病，不胜鞍马之劳。老汉不宜肿面，君可相谓，令暂驻衢州，俟我辈入关取建宁后，遣人相迓。”

耿献忠，陕西人。金华保卫战时，他任金华“副市长”（金华府同知）。金华城破，朱大典自焚了，耿献忠则当了俘虏。本来，耿献忠要被关进黑屋，吃点苦头，结果恰巧遇上了阮大铖。

当年，阮大铖被朝廷处理时，多半是在当涂的女儿家闲住，耿献忠正在那儿当县令。对犯错误的官员，耿县令不是很势利，不喜欢挖苦后进表明先进，或觉得人家不能给你批资金、引项目了，头上又戴顶坏分子的帽子，就不搭理人家了。耿县令的厚道与礼遇，让阮大铖感受到了冬天里的春天。

金华城偶遇耿献忠，阮大铖同样没有与他划清界限，而是主动上前打招呼，并在第一时间里，向诸内院推荐了他，说耿献忠的工作能力与水平，历来很高，完全可以大用。因此，耿献忠解除了“劳教”，安排了工作，二人的关系越来越铁。

清军的建议，耿献忠赶紧转告阮大铖。对耿献忠的话，阮大铖却感到大为震惊——阮大铖是一个政治敏锐性极强的人，他担心的倒不是自己的身体，而是有人在算计自己。山高路远，又是这一把年纪，阮大铖这么急着赶去福建，是因为已悄悄谋得福建巡抚的位子。关键时刻，福建巡抚躺在浙江吃空饷？天有不测风云，你们让人留在这里，万一被人爆料，位子遭人抢了，到时候还硬说照顾您老人家身体，是组织的关怀，岂不冤哉？

听了耿献忠的话，阮大铖十分惊讶：“我何病？我虽年六十，能骑生马，挽强弓，铁铮铮汉子也。幸语诸公，我仇人多，此必有东林、复社诸奸徒潜在此间，我愿诸公勿听！”

阮大铖将话挑明到这份上，耿献忠便如实回复诸内院，内院曰：“此老亦太多心，我甚知东林、复社与渠有仇，因见渠面肿，劝其在此少休息耳。既如此疑，即请同进关可耳。”

于是，阮大铖随清军开拔。来到仙霞关下，大家都骑在马上紧紧地抓住马辔缓行上岭，阮大铖则独自下马，徒步而前。旁边有人对他说：“岭路太长，你还是骑马，等到险狭的地方再下来走吧！”阮大铖左手牵着马，右手指着骑马诸人说：“看你们这副胆怯的样子，你看看我，比你们这些后生强百倍！”说完，大步向前，把队伍远远地甩在后面。等众人来到五通岭，只见阮大铖将马抛路口，自己靠在一块石头上，大家叫他，也不见回应——阮大铖死去已有一会儿了。

顺治三年（1646年）八月，阮大铖随清军征闽，猝死于浙江江山县仙霞岭上，终年六十岁。阮大铖死后，由其家僮草草收尸，葬于南京西南牛首山祖堂寺对面的吉山。苦心孤诣官场，结怨东林、复社，阮大铖一生的是是非非，其实也是一个王朝的众叛亲离。

参考书目

〔明〕采九德撰:《倭变事略》，上海：上海书店，1982 年。

〔明〕李清著:《三垣笔记》，北京：中华书局，1982 年。

〔明〕文秉撰，中国历史研究社编:《先拨志始》，上海：上海书店，1982 年。

〔明〕谈迁撰，张宗祥校:《国榷》，北京：中华书局，2006 年。

〔明〕刘三吾撰:《刘三吾集》，长沙：岳麓书社，2013 年。

〔明〕唐寅著:《唐寅集》，上海：上海古籍出版社，2013 年。

〔明〕刘若愚撰，冯宝琳点校:《酌中志》，北京：北京出版社，2018 年。

〔清〕吴应箕撰:《启祯两朝剥复录》，清光绪刘世衍写刻本。

〔清〕马其昶撰:《左忠毅公年谱定本》，光绪三十年刊本。

〔清〕钱士馨著:《甲申传信录》：上海：上海书店，1982 年。

〔清〕李逊之撰，中国历史研究社编:《三朝野记》，上海：上海书店，1982 年。

〔清〕计六奇撰，魏得良、任道斌点校:《明季北略》，北京：中华书局，1984 年。

〔清〕彭孙贻著:《流寇志》，杭州：浙江人民出版社，1983 年。

〔清〕计六奇撰:《明季南略》，北京：中华书局，1984 年。

〔清〕留云居士辑:《明季稗史初编》，上海：上海书店，1988 年。

〔清〕戴笠、吴乔撰:《流寇长编》，北京：书目文献出版社，1991 年。

〔清〕张廷玉撰，中华书局编辑部编:《明史》，北京：中华书局，2000 年。

〔清〕徐鼒编:《小腆纪年附考》，北京：中华书局，2010 年。

〔清〕徐鼒编:《小腆纪传》，北京：中华书局，2010 年。

〔清〕夏燮撰，沈仲九点校:《明通鉴》，北京：中华书局，2014 年。

〔清〕谷应泰撰，河北师范学院历史系点校:《明史纪事本末》，北京：中华书局，2015 年。

郑天挺、孙钺等编：《明末农民起义史料》，北京：中华书局，1954 年。

陈懋恒著：《明代倭寇考略》，北京：人民出版社，1957 年。

王纲著：《张献忠大西军史》，长沙：湖南人民出版社出版，1987 年。

苗棣著：《魏忠贤专权研究》，北京：中国社会科学出版社，1994 年。

曹国庆著：《严嵩年谱》，北京：中国人事出版社，1995 年。

刘聿鑫、凌丽华著：《戚继光年谱》，济南：山东大学出版社，1999 年。

刘海峰著：《中国科举史》，上海：东方出版中心，2004 年。

胡金望著：《人生喜剧与喜剧人生：阮大铖研究》，北京：中国社会科学出版社，2004 年。

钱国莲著：《于谦年谱》，长春：吉林文史出版社，2005 年。

邱云飞、孙良玉著：《中国灾害通史》（明朝卷），郑州：郑州大学出版社，2009 年。

南炳文、吴彦玲辑校：《辑校万历起居注》，天津：天津古籍出版社，2010 年。

南炳文校正：《校正泰昌天启起居注》，天津：天津古籍出版社，2012 年。

伊永文著：《明代衣食住行》，北京：中华书局，2012 年。

杨国宜编：《明代灾异野闻编年录》，芜湖：安徽师范大学出版社，2012 年。

汤纲、南炳文著：《明史》，上海：上海人民出版社，2013 年。

谢国桢著：《明清之际党社运动考》，北京：北京出版社，2014 年。

朱永嘉著：《明代政治制度的源流与得失》，北京：中国长安出版社，2015 年。

中研院历史语言研究所校印，黄彰健校勘：《明实录》，北京：中华书局，2015 年。

王桐龄著：《中国历代党争史》，苏州：古吴轩出版社，2017 年。

胡丹著：《明代宦官制度研究》，杭州：浙江大学出版社，2018 年。

杜婉言著：《失衡：明代宦官与党争》，北京：东方出版社，2020 年。

李鸿然：《海瑞年谱》，《海南大学学报》（社会科学版），1995 年第三期。

〔加拿大〕史元庆著：《史可法年谱》，北京：中国友谊出版社，1991 年。

〔日〕中岛乐章著：《明代乡村纠纷与秩序》，南京：江苏人民出版社，2010 年。

〔美〕本杰明 · 艾尔曼著：《经学 · 科举 · 文化史》，北京：中华书局，2010 年。

〔美〕施珊珊著，邵长财（译）：《小天命：生祠明代政治》，广州：广东人民出版社，2022 年。